IT Campus

프론트엔드 입문자를 위한

리액트의 정석 with 타입스크립트

이창현 지음

길벗캠퍼스

이창현 | jamsuham75@naver.com

컴퓨터공학을 전공하고 20여 년 간 다양한 산업체에서 소프트웨어(SW) 개발자로 활동했다. 최근에는 AI 활용 솔루션 및 데이터 보안 연구에 깊은 관심을 가지고 있으며, 평소에도 연구한 기술을 정리하고 소통하는 것을 즐긴다. 이러한 성향 덕분에 집필, 번역, 강의 등을 통해 독자 및 학생들과 활발히 소통하고 있으며, 특히 미래의 IT 개발자를 꿈꾸는 학생들을 교육하는 데 주력하고 있다.

현) 이창현코딩연구소 대표
전) 성신여자대학교 융합보안공학과 겸임교수
전) 서울시중부기술교육원 응용소프트웨어과 교수
전) ㈜SK 이노에이스 모바일엔진개발
전) ㈜웹젠 3D엔진 개발

대표 저서
『백엔드 입문자를 위한 모던 자바스크립트&Node.js』 길벗캠퍼스, 2023
『나혼자 C언어』 디지털북스, 2021
『나혼자 파이썬』 디지털북스, 2020
『C# 프로그래밍의 정석』 혜지원, 2019 등 총 9권

번역서
『스파크를 이용한 자연어 처리』 한빛미디어, 2021
『데이터 익명화를 위한 파이프라인』 한빛미디어, 2022

블로그 : https://blog.naver.com/jamsuham75
유튜브 : https://www.youtube.com/@jamsuham75

프론트엔드 입문자를 위한

리액트의 정석 with 타입스크립트

The Essentials of React with TypeScript for Frontend Beginners

---

초판 1쇄 발행 • 2025년 3월 31일 | **지은이** • 이창현 | **발행인** • 이종원 | **발행처** • (주)도서출판 길벗 | **브랜드** • 길벗캠퍼스
출판사 등록일 • 1990년 12월 24일 | **주소** • 서울시 마포구 월드컵로 10길 56(서교동) | **대표 전화** • 02)332-0931 | **팩스** • 02)323-0586
홈페이지 • www.gilbut.co.kr | **이메일** • gilbut@gilbut.co.kr
기획 및 책임편집 • 신유진(backdoosan@gilbut.co.kr) | **표지·본문 디자인** • 강은경 | **제작** • 이준호, 이진혁
마케팅 • 박성용(psy1010@gilbut.co.kr) | **유통혁신** • 한준희 | **영업관리** • 김명자 | **독자지원** • 윤정아
편집진행 • 앤미디어 | **전산편집** • 앤미디어 | **CTP 출력 및 인쇄** • 정민인쇄 | **제본** • 정민제본

ISBN 979-11-407-1293-9 93000(길벗 도서번호 060111)
정가 34,000원

독자의 1초까지 아껴주는 정성 길벗출판사
(주)도서출판 길벗(www.gilbut.co.kr) • IT단행본, 성인어학, 교과서, 수험서, 경제경영, 교양, 자녀교육, 취미실용
길벗스쿨(www.gilbutschool.co.kr) • 국어학습, 수학학습, 주니어어학, 어린이단행본, 학습단행본

프론트엔드 학습 방향의 새로운 시각

프론트엔드 개발을 시작하는 대부분의 사람은 HTML, CSS, 그리고 자바스크립트(JavaScript)로 기본기를 다진 후 자연스럽게 리액트(React)를 학습하는 방향으로 나아갑니다. 실제로 리액트는 쉽게 따라 할 수 있는 코드 예제들이 많고, 공식 문서나 오픈소스 프로젝트도 잘 정리되어 있어 초보자들이 접근하기에 용이한 라이브러리입니다. 그 결과, 많은 개발 입문자들이 웹 프론트엔드 분야로 진입하고 있습니다.

하지만 이러한 학습 방식에는 치명적인 단점이 존재합니다. 많은 입문자들이 클론 코딩이나 튜토리얼을 따라 하며 단순히 '작동하는 코드'를 만드는 것에 집중합니다. 그러나 코드의 작동 원리를 깊이 이해하지 않고 기계적으로 따라 하다 보면 결국 스스로 문제를 해결하는 능력을 기르기 어려워집니다. 프로젝트를 진행하다가 문제가 발생하면 원인을 제대로 분석하지 못하고 인터넷 검색에 의존하는 경우가 많아집니다.

또한, 자바스크립트가 동적 타입을 기반으로 하는 언어라는 점도 큰 문제입니다. 처음부터 타입을 명확히 정의하지 않고도 쉽게 코드를 작성할 수 있지만, 이런 유연함은 곧 예측하기 어려운 버그로 이어질 수 있습니다. 특히 규모가 큰 프로젝트에서는 데이터의 구조를 명확하게 정의하지 않으면 유지 보수와 확장성이 떨어집니다.

그렇기 때문에 자바스크립트의 한계를 극복하기 위해 타입스크립트(TypeScript)가 등장한 것입니다. 하지만 많은 개발자들이 타입스크립트를 단순히 자바스크립트의 보조 도구로만 여기고 '어떤 경우에, 왜 사용해야 하는가?'에 대한 깊은 고민 없이 이를 적용하고 있습니다.

프로그래밍의 본질을 이해해야 한다

프로그래밍 언어를 학습할 때 단순히 문법을 익히는 것만으로는 충분하지 않습니다. 특히 자바스크립트나 파이썬(Python)과 같은 비교적 접근성이 높은 언어를 처음 배울 때 메모리 구조나 컴퓨터 시스템의 동작 원리를 깊이 이해하지 않고 코딩을 하게 됩니다. 그러나 이런 기초 개념들은 모든 프로그래밍의 근간을 이루는 요소이며, 이를 제대로 이해하지 않으면 코드의 최적화나 효율적인 설계를 고민하는 것이 어렵습니다.

객체지향 프로그래밍(OOP) 역시 마찬가지입니다. 자바스크립트는 기본적으로 객체 기반의 언어이므로 객체지향 개념을 제대로 이해하는 것이 매우 중요합니다. 하지만 많은 프론트엔드 개발자들이 자바스크립트에서 객체지향 개념을 깊이 다루지 않고, 함수형 프로그래밍 패턴에 의존하는 경우가 많습니다. 리액트를 배우면서도 클래스형 컴포넌트보다는 함수형 컴포넌트와 Hooks만 익히는 경우가 많아 객체지향적인 설계에 대한 개념이 부족한 상태에서 개발을 진행하는 경우가 많습니다.

왜 이 책이 필요한가?

이 책은 기존의 리액트 및 타입스크립트 학습서들과는 전혀 다른 시각에서 구성되었습니다. 단순히 타입스크립트 기반에서 리액트만 다루는 것이 아니라 그 근본이 되는 프로그래밍 원리부터 객체지향 개념, 타입스크립트의 기초까지 탄탄히 익힐 수 있도록 설계되었습니다.

이 책은 크게 네 개의 마당(파트)으로 나뉩니다.

첫째 마당 – 프로그래밍의 기본 원리

컴퓨터 시스템의 기본 동작 원리와 메모리 구조, 프로그래밍의 핵심 개념을 다룹니다. 이를 통해 코드가 실제로 어떻게 실행되는지 이해할 수 있습니다.

둘째 마당 – 객체지향 개념의 이해

객체지향 프로그래밍(OOP)의 개념과 자바스크립트에서의 객체지향 구현 방식을 살펴봅니다. 여기서는 클래스, 프로토타입, 상속, 캡슐화 등 객체지향의 개념을 다룹니다.

셋째 마당 – 타입스크립트의 기초

타입스크립트의 핵심 문법과 개념을 정리하고, 정적 타입 시스템이 코드의 안정성과 유지보수성을 어떻게 향상시키는지 설명합니다.

넷째 마당 – 타입스크립트 기반의 리액트

타입스크립트를 적용한 리액트 개발 방식에 대해 학습하고, 실무에서 자주 접할 수 있는 패턴과 모범 사례를 소개합니다.

이 책을 통해 단순히 "타입스크립트로 리액트를 개발하는 방법"만 배우는 것이 아니라 왜 타입스크립트가 필요한지, 객체지향 개념이 어떻게 적용되는지, 프로그래밍의 기본 원리를 어떻게 활용할 수 있는지를 깊이 있게 학습할 수 있습니다.

기존의 프론트엔드 학습 방식에서 벗어나기

기존의 프론트엔드 학습 방식이 겉핥기식으로 진행되는 경향이 있는 만큼 이 책은 한 단계 더 깊이 있는 학습을 목표로 합니다.

"왜 리액트를 사용하는가?"
"왜 타입스크립트가 필요한가?"
"프로그래밍의 기본 원리는 무엇인가?"라는 근본적인 질문에 대한 답을 찾는 과정에서 여러분은 단순한 웹 개발자가 아닌, 진정한 소프트웨어 개발자로 성장할 수 있을 것입니다.

이 책이 프론트엔드 개발을 학습하는 여러분에게 새로운 시각과 깊이 있는 이해를 제공할 수 있기를 바랍니다.

감사한 분들

사랑하는 아내 경화와 아들 주성, 은성에게 바빠서 많은 시간을 함께 보내지 못한 점에 미안함과 감사한 마음을 전합니다. 가족은 저에게 삶의 이유가 됩니다.

이 책을 집필하기까지 교육과정 수업을 통해 동기부여가 되었던 모든 제자들에게 감사의 말씀을 전합니다. 또한 원고의 시작부터 도서 출간까지 모든 과정을 매끄럽게 진행해주신 신유진 부장님과 길벗캠퍼스 관계자분들에게 감사의 인사를 드립니다.

마지막으로 지금까지의 모든 순간은 주님의 은혜임을 고백합니다. 내 삶의 주관자이신 하나님께 이 모든 감사와 영광을 돌립니다.

무한한 우주, 영원한 시간 속에서 우리가 같은 시대, 같은 공간에서 만나 함께 살아갈 수 있음에 감사하며.

저자 이창현

3장 | 코드 안에서 일어나는 동작 원리

둘째 마당. 객체지향에 대한 이해

4장 | 객체지향 철학의 이해

5장 | 객체지향 기반의 재사용과 유연한 동작

셋째 마당. 타입스크립트의 기초

넷째 마당.
타입스크립트 기반의 리액트

9장 | 리액트 시작하기

10장 | 리액트의 기본 개념

11장 | 리액트의 활용

12장 | 리액트 라우팅

13장 | 리액트 훅

14장 | 데이터 통신과 페이지 구현하기

15장 | 리덕스 툴킷을 사용한 상태 관리

책 내용을 따라할 수 있는 소스 코드는 길벗 홈페이지를 통해 제공됩니다. 길벗 출판사 홈페이지(www.gilbut.co.kr) 검색란에 '리액트', '타입스크립트'를 검색 → 해당 도서 자료실의 '실습예제' 항목 → 실습에 필요한 소스 코드를 다운받습니다.

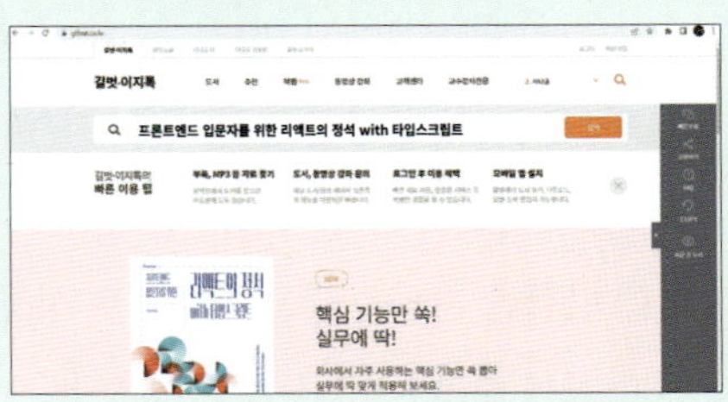

초보자가 쉽게 따라할 수 있는 리액트 입문서

리액트를 배우고 싶지만, 끝까지 책을 완독할 수 있을지 걱정하는 초보자에게 자신 있게 추천하는 책이다. 시중에는 많은 리액트 책이 있지만, 초보자가 처음부터 끝까지 읽기 쉬운 책을 찾는 것은 항상 고민이 될 수 있다.
이 책은 어려운 용어를 피하고, 누구나 쉽게 이해할 수 있도록 친절하게 설명한다. 저자는 코드 한 줄 한 줄이 왜 그렇게 동작하는지 세심하게 풀어주며, 그 설명을 따라가다 보면 자연스럽게 리액트를 이용한 웹사이트를 완성할 수 있을 것이다. 이 과정에서 얻는 개발에 대한 이해와 성취감, 자신감은 덤으로 따라온다.
저자는 현장에서 오랜 시간 동안 비전공자와 초심자들을 가르쳐오며 프로그래밍의 어려운 부분을 잘 이해하고 있다. 그 어려움을 해결하기 위한 깊은 고민이 책 곳곳에 녹아 있다.
리액트를 배우는 것을 넘어, 프로그래밍의 기초를 탄탄하게 다지고 싶은 사람이라면 꼭 읽어보길 추천한다.

백엔드 개발자 **김종현**

"왜 이렇게 동작하는지" 이해하는 개발자가 되기 위해 꼭 한 번 읽어봐야 할 책

일자리를 위협하는 생성형 AI의 등장과 쏟아지는 신입 개발자들 속에서 취업 시장이 요구하는 역량은 점점 더 높아지고 있습니다. 기업은 분야에 구애받지 않고 충분한 이해도를 바탕으로 자유롭게 소통할 수 있는 개발자를 원합니다.
이 책은 C 언어부터 시작합니다. 자유도가 높은 파이썬이나 자바스크립트 대신, 엄격한 컴파일 기반의 C 언어와 타입스크립트를 배우는 것은 마치 '하드모드'로 프로그래밍을 시작하는 것과 같습니다. 그리고 실무에서 맞닥뜨리는 난해한 오류와 정신 없는 협업을 헤쳐 나가다 보면, 언젠가 이 하드모드의 경험에 감사하게 될 순간이 올 것입니다.
베타테스터로 참여하면서 저 역시 그동안의 여정을 되돌아보는 의미 있는 시간이었습니다. 이 책과 함께 탄탄한 지식을 쌓고 개발자로 성장할 수 있는 기초를 다지시길 바랍니다. 저도 초심을 잃지 않고 함께 하겠습니다!

프론트엔드 엔지니어 **임새별**

본 학습은 총 4개의 마당으로 구성되어 있다. 첫째부터 셋째 마당까지는 프로그래밍 기본 원리, 객체지향 철학, 타입스크립트 기초를 다루며, 원리 이해 중심의 학습 비중이 크다. 각 개념에 대하여 간단한 코드가 제공되므로 중간고사 전까지 진도를 나가는 것을 추천한다. 넷째 마당인 리액트는 이론보다는 애플리케이션 제작을 통해 코드 실습 위주로 진행된다. 기말고사 전까지 기본 쇼핑몰 형태를 제작하고, 학생들이 스스로 주제를 선정해 리액트 프로젝트 과제를 수행하는 것으로 마무리하는 것이 적절하다.

주차별	장	설명
1주차	1장	과목 소개, 프로그래밍 개념, 개발 환경 구축, 'HelloWorld' 출력
2주차	2장	조건문, 반복문, 함수, 배열
3주차	3장	포인터, 포인터와 배열, 함수 포인터, 구조체, 공용체, 열거형, 동적 메모리 할당
4주차	4장	객체지향 철학에 관하여 추상화, 캡슐화, 클래스의 구조와 사용 이유
5주차	5장	상속성, 다형성, 자바스크립트 기반 클래스 구조와 사용, 인터페이스, 화살표 함수
6주차	6~7장	타입스크립트란, 타입스크립트 실행 환경, 프로젝트 생성, 데이터 타입과 추론, 타입 명시, 함수의 데이터 타입, 배열과 튜플 타입
7주차	8장	객체의 데이터 타입, 인터페이스, 열거형과 유니온 타입, 타입 별칭과 리터럴 타입, 타입 가드
8주차	중간고사	
9주차	9장	리액트란, 리액트 동작 원리, 타입스크립트를 사용하는 이유, 환경 설정, 리액트 실행 구조
10주차	10장	일정 관리 앱 프로젝트, JSX 기본 문법, 컴포넌트 만들기, 변수와 상태, 구조 분해 할당, 반복 루틴 처리하기, 부트스트랩 UI 적용하기
11주차	11장	게시물 입력하기, 타이머로 현재 시각 출력하기, 게시물 삭제하기, 상세보기 모달 대화상자, 프롭스 사용하기
12주차	12~13장	도서 쇼핑몰 제작하기, 메인 UI 구성하기, 도서 상품 가져오기, 푸터 만들기, 라우팅하기, 컴포넌트 라이프 사이클, 훅(Hooks)에 관하여
13주차	14장	Ajax 기반 데이터 송수신, 도서 목록 페이지 구현하기, About 페이지 구현하기, Contact 페이지 구현하기, 로그인 페이지 구현하기
14주차	15장	카트 페이지 만들기, 리덕스 사용 이유 및 설치, store 상태 저장 및 사용, store 상태 변경, 다양한 타입의 상태 업데이트, 카트 페이지 기능 개선, 리액트 배포하기
15주차	기말고사	

- 프로그래밍의 기본 원리와 필수 문법, 그리고 코드 동작의 핵심 개념을 학습한다.
- 변수의 구조부터 조건문, 반복문, 함수, 배열 등의 동작 원리 및 필수 문법을 학습한다.
- 포인터의 기본 원리 및 동적 메모리 관리 등의 코드 내부 동작 원리를 학습한다.

첫째 마당

프로그래밍의 기본 원리

1 장

프로그래밍을 시작할 결심

학 습 목 표

- 프로그래밍의 기본 개념과 원리를 이해하고, 프로그램 개발 과정을 알아가는 데 중점을 둔다.
- 개발 환경을 설정하고, 첫 번째 프로그램인 "Hello World"를 출력하여 프로그래밍의 시작과 기본 원리를 경험한다.

1.1 REACT

왜 컴파일 기반의 언어를 이해해야 하는가

모든 프로그래밍 언어의 동작 원리는 거의 동일하다

이 책을 읽는 독자들 중 대부분은 생애 첫 번째 언어로 자바스크립트나 파이썬을 접한 분들이 많을 것이다. 이러한 스크립트 언어부터 학습하면 언어의 본질에 대한 이해가 부족할 수 있다. 그 이유는 학습하기 쉬운 언어들이 사용하기 편리한 대신, 원리를 파악하기 어렵게 래핑(Wrapping : 포장되어 내부를 볼 수 없게 만들었다는 의미)되어 있기 때문이다. 그래서 프로그래밍을 처음 학습할 때는 근본적인 언어부터 배우는 것이 좋은데, 특히 C 언어 학습을 강력히 추천한다.

"그러면 C 언어와 자바스크립트를 따로 배워야 하나요?"라고 걱정하는 분들도 있을 텐데, 모든 프로그래밍 언어는 개념과 문법이 거의 비슷하다. 그래서 원리를 이해할 수 있는 C 언어를 학습하면 자바스크립트나 파이썬이 거의 비슷하다는 것을 느낄 수 있을 것이다.

왜 컴파일 기반의 언어를 학습해야 하는가

컴퓨터가 코드를 해석하는 방식에 따라 프로그래밍 언어는 컴파일 언어와 인터프리터 언어로 나눠진다. 전체 코드를 한 번에 해석해 기계어로 변환하여 실행하는 언어를 컴파일 언어라고 하고, 코드를 한 라인씩 해석하며 실행하는 언어를 인터프리터 언어라고 한다.

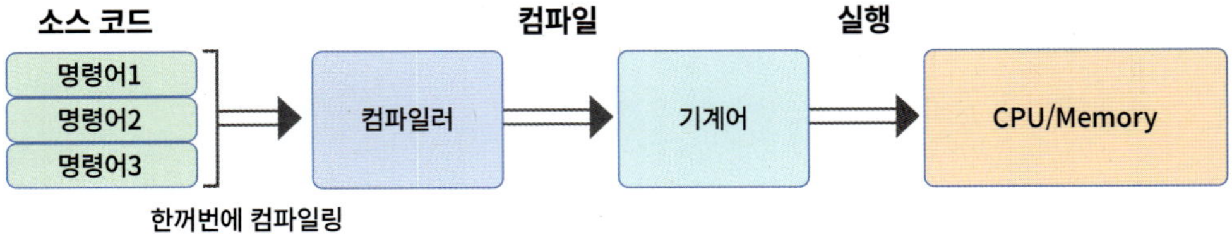

컴파일 방식

컴파일 방식은 모든 명령을 한꺼번에 번역하는 과정을 거치며, 이를 컴파일 과정이라고 한다. 기계어로 변환된 코드는 운영체제(OS) 기반에서 실행할 수 있는 파일이 된다. 컴파일 방식의 대표적인 언어로는 C, C++, 자바, C# 등이 있다.

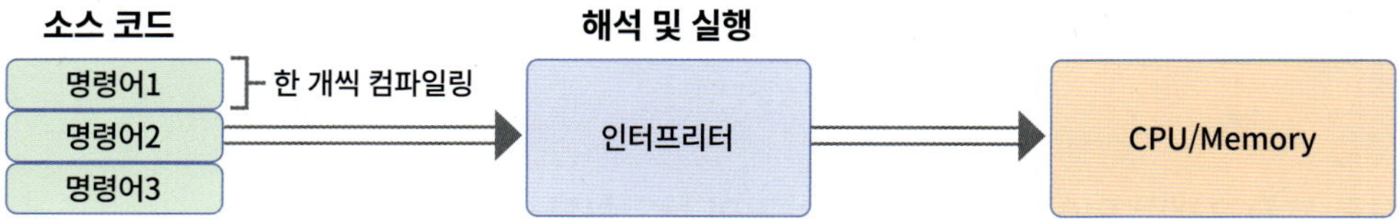

인터프리터 방식

인터프리터 방식은 명령어를 한 라인씩 읽어 해석기인 인터프리터에 의해 직접 해석하여 실행되는 방식으로 구현된 언어이다. 대표적인 언어로는 파이썬, 자바스크립트, PHP 등이 있다.

그렇다면 우리는 왜 컴파일 기반 언어를 배워야 할까? 그 이유는 우리가 타입을 사용하는 타입스크립트를 사용하기 때문이다. 타입스크립트는 실행되기 전에 자바스크립트 코드로 변환되어야 하는데, 이 과정을 컴파일 과정이라고 한다. 타입스크립트의 본질은 타입을 선언하지 않은 자바스크립트 코드에 여러 타입을 추가한 형태이다. 따라서 컴파일 언어를 이해하는 것이 타입스크립트를 이해하는 데 매우 유리하며, 코드의 메모리 동작 구조와 원리를 이해하는 데에도 큰 도움이 될 것이다.

여러분이 만약 지금까지 자바스크립트와 같은 언어를 사용 방법 위주의 문법 위주로 학습했다면, 이번에 컴파일 기반 언어인 C 언어를 학습하면서 내가 작성한 코드가 메모리 상에서 어떻게 동작하는지 머릿속으로 그려 볼 수 있을 것이다. 이 책을 완독하면 기존의 자바스크립트 사용자는 자바스크립트 언어를 새로운 관점으로 바라보게 될 것이다. 아울러, 자바스크립트를 전혀 모르는 독자분들이라 할지라도 타입에 대한 개념을 확실히 이해하게 되어, 타입스크립트를 더욱 풍성하게 학습할 수 있을 것이다.

자, 그러면 시작해 보자.

1.2 REACT

프로그래밍의 개념

프로그래밍이란

프로그래밍이라는 용어는 일상에서도 자주 사용한다. 필자는 프로그램이라는 용어를 어릴 때 TV 프로그램에서 처음 들었던 것 같다. TV 프로그램은 방송국 PD가 제작하여 시청자에게 제공하는 서비스를 말한다. 결국 프로그램을 만드는 과정을 프로그래밍이라고 할 수 있으며, 방송국 PD는 개발자라고 할 수 있다.

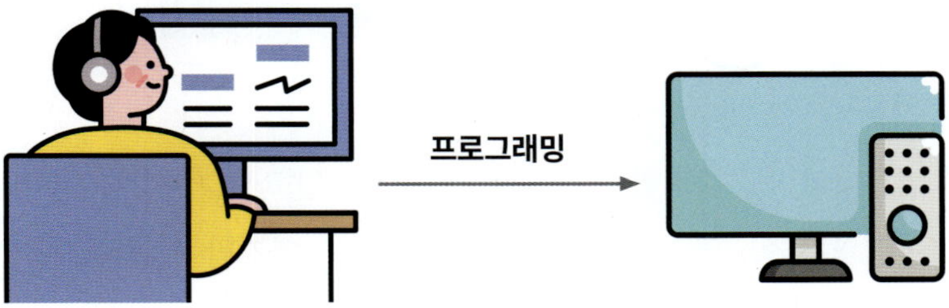

우리가 제작하는 프로그램 또한 마찬가지이다. 소프트웨어 개발자가 프로그램을 만들면 사용자에게 서비스를 제공할 수 있다. 결국, 개발자가 소프트웨어를 개발하는 과정을 프로그래밍이라고 할 수 있다.

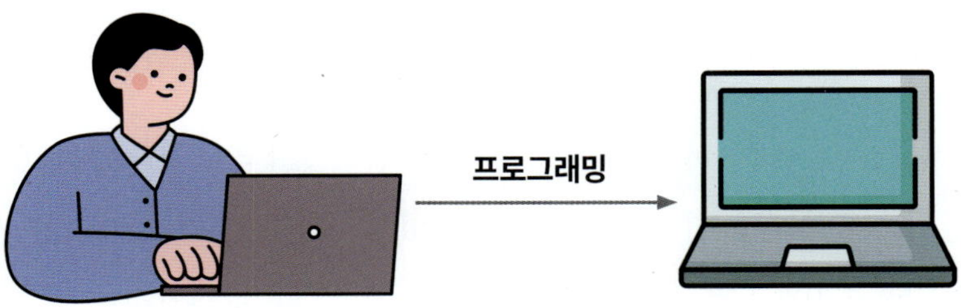

프로그램이 결과라면, 프로그래밍은 과정이라고 생각하면 된다.

프로그래밍 언어란

언어는 사람 간의 소통 수단이다. 그렇다면 프로그래밍 언어는 누군가가 컴퓨터 프로그램을 만들기 위해 컴퓨터와 소통하는 수단이라고 할 수 있다. 컴퓨터를 통해 무언가를 만든다고 말할 수 있지만, 정확히 말하면 프로그래밍 언어를 통해 만드는 것이다. 예를 들어, 미국 사람과 대화하려면 내가 영어를 할 수 있거나, 혹은 미국 사람이 한국어를 알아야 의사소통이 제대로 이루어질 수 있다.

마찬가지로 컴퓨터와 대화하려면 내가 컴퓨터 언어를 알고 있거나, 컴퓨터가 사람의 자연어를 알아야만 의사소통이 제대로 이루어질 수 있다. 하지만 상식적으로 컴퓨터를 학습시켜 사람의 자연어를 알게 할 수는 없다. 대신, 사람이 컴퓨터 언어를 배워 명령을 내려야 한다. 이때 사용하는 것이 바로 프로그래밍 언어이다.

컴퓨터 언어와 사람을 위한 언어

여러분이 알고 있는 자바스크립트, 파이썬, C 언어는 컴퓨터 언어일까? 아니면 사람을 위한 언어일까?

컴퓨터는 기본적으로 0과 1만 인식한다. 0과 1로만 구성된 수를 이진수라고 하는데, 컴퓨터는 모든 코드를 이진수 기반에서 실행할 수 있다. 0과 1로 구성된 언어를 기계어라고 한다. 즉, 컴퓨터는 0과 1로 구성된 이진수만 인식할 수 있고, 자바스크립트나 C 언어와 같은 프로그래밍 언어는 해석하지 못한다. 그래서 보통 프로그래밍 언어를 컴퓨터 언어라고 생각하기 쉽지만, 사실 이는 사람을 위한 언어이다. 즉, 사람이 이해하기 쉽게 만들어진 언어라는 뜻이다. 만약 우리에게 01010110과 같은 이진수로 코딩하라고 하면 상상만 해도 매우 어려울 것이다. 참고로 최초의 컴퓨터인 에니악(ENIAC)은 이렇게 이진수로 코딩했다고 한다.

> **알아두세요** 에니악은 1946년 미국 펜실베이니아 대학교에서 개발된 세계 최초의 전자식 범용 컴퓨터로, 현대 컴퓨터의 초석이 된 기계다. 전쟁 중 군사 계산을 빠르게 처리하기 위해 설계됐다.

우리가 사람을 위한 언어로 작성한 코드는 컴퓨터가 이해할 수 있는 이진수로 변환해 주어야 한다. 이 과정을 컴파일 과정이라고 하는데, 외국인과 대화할 때 번역기나 통역관이 역할을 하듯, 컴파일 과정도 비슷한 역할을 한다. 이때 코드를 변환해 주는 도구를 컴파일러라고 한다.

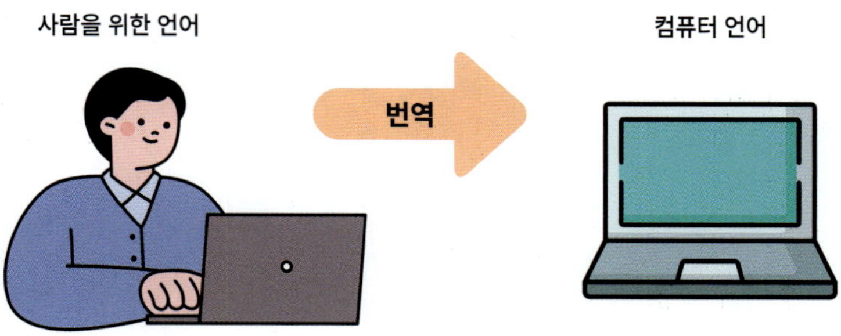

프로그래밍 작성 과정

프로그래밍 작성 과정은 크게 다음과 같은 네 가지로 구분할 수 있다.

❶ 설계

먼저 아이디어를 머릿속으로 구상한 후 그 내용을 문서화하는 과정이 필요하다. 이 과정이 바로 설계 과정이다. 요리에 비유하자면 레시피를 기록하는 과정과 같다.

❷ 원시 코드 작성

설계가 끝났다면 레시피가 완성된 상태이다. 이 레시피대로 요리하는 것처럼 설계 내용을 바탕으로 프로그래밍 언어를 사용하여 소스 코드 파일을 구현해야 한다.

❸ 컴파일

원시 코드는 사람이 이해할 수 있는 언어일 뿐, 컴퓨터가 이해할 수 있는 언어는 아니다. 작성한 코드를 컴퓨터에서 실행하려면 이 코드를 이진 코드로 변환해야 한다. 이 과정을 컴파일이라고 하며, 원시 코드를 이진 코드로 변환하는 과정이다.

❹ 링크

컴파일된 파일을 바탕으로 실행 파일을 만드는 과정을 링크 과정이라고 한다. 링크는 '연결한다'는 의미로, 컴파일된 코드와 여러 라이브러리를 연결해 하나의 실행 파일을 생성하는 과정이다. 요즘은 컴파일과 링크 과정을 빌드 과정으로 통합하여 따로 구분하지 않는다.

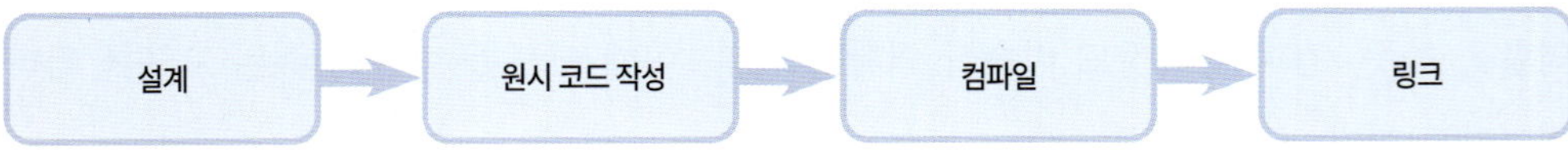

알아두세요 라이브러리(Library)는 특정 기능을 수행하는 코드의 집합으로, 개발자가 반복적으로 사용할 수 있도록 미리 작성된 프로그램 모듈이다.

1.3 개발 환경 구축하기

REACT

어떤 컴파일러를 사용해야 할까?

C/C++ 프로그래밍을 작성하기 위해 필요한 개발 환경은 마이크로소프트의 비주얼 스튜디오 커뮤니티(Visual Studio Community)이다. 2005 버전부터 2022 버전까지 있고, 모두 무료로 제공되며 어떤 버전을 사용해도 학습용으로는 문제가 없다. 단, C 언어 학습만을 위해 설치하기에는 다소 무겁다는 단점이 있어, 대안으로 다른 C 컴파일러를 설치하거나 온라인 컴파일러를 사용하는 방법도 있다. 우리는 Visual Studio 2022 Community 버전을 설치하여 사용해 보자.

Visual Studio 2022 Community 설치하기

❶ 설치를 위해 Visual Studio 2022 Community URL에 접속한다.

> 사이트 주소 – https://visualstudio.microsoft.com/ko/

❷ 왼쪽의 〈Visual Studio 다운로드〉 버튼을 클릭하여 설치 파일을 다운로드한다.

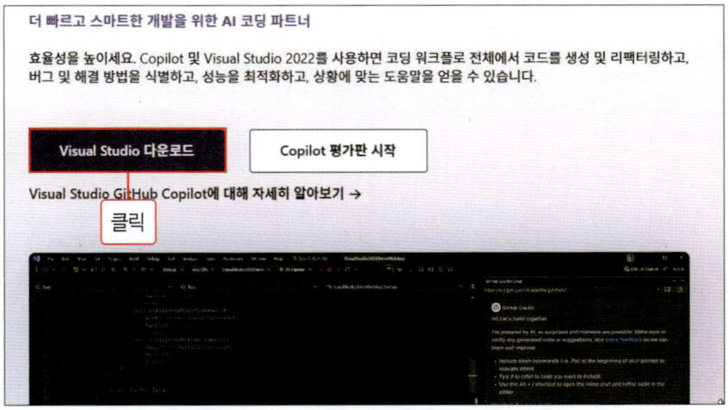

❸ 다운로드가 끝나면 다음과 같이 다운로드 완료 메시지가 나타난다.

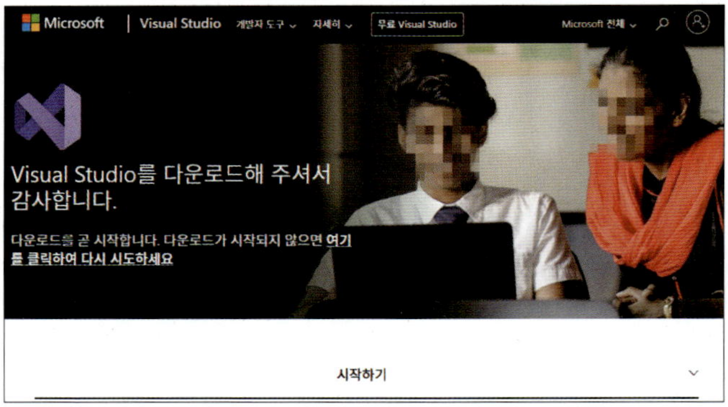

❹ 다운로드한 설치 파일에서 마우스 오른쪽 버튼을 클릭하고 [관리자 권한으로 실행]을 선택한다.

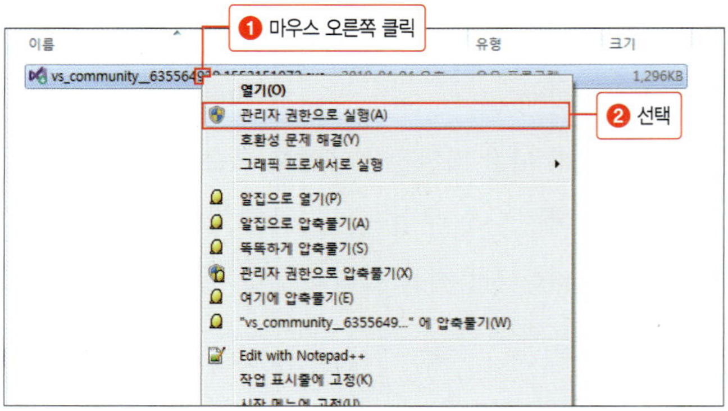

❺ Visual Studio Installer가 실행되고 다음과 같이 설치가 진행된다.

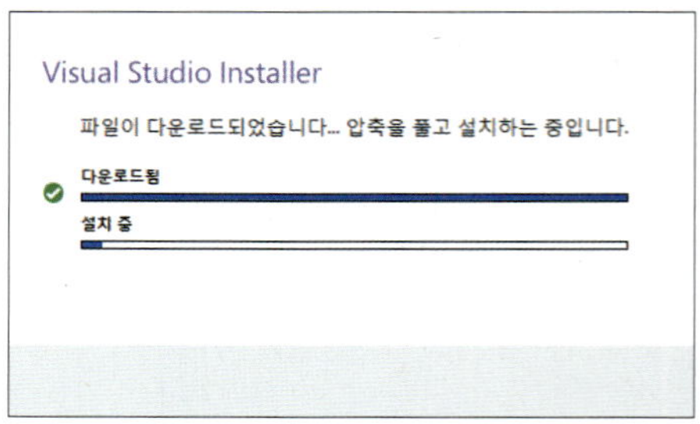

❻ 다운로드 파일의 압축이 해제되면 개발 항목에 따라 워크로드를 설정할 수 있다. C 언어를 학습할 것이므로 [C++를 사용한 데스크톱 개발]을 선택한 후 〈설치〉 버튼을 클릭하여 설치를 시작한다.

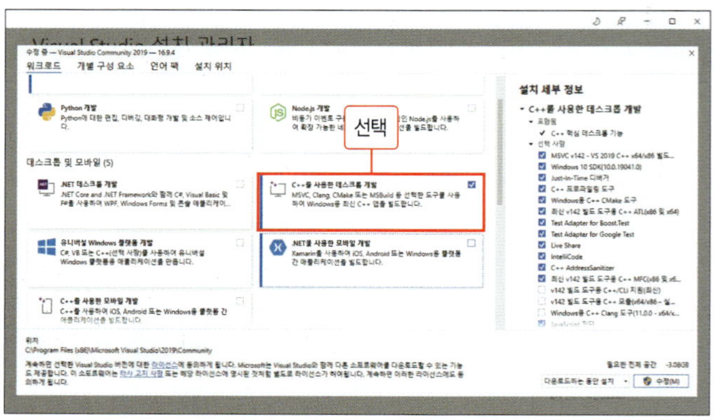

새 프로젝트 만들기

Visual Studio 설치가 끝나면 이제 직접 프로젝트를 만들어 보자.

❶ 설치된 Visual Studio를 실행하기 위해 먼저 ⊞ 키를 누르고 [Visual Studio 2022]를 선택한다.

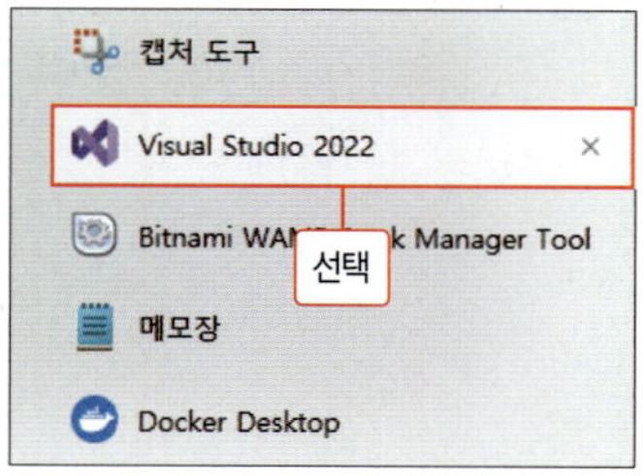

❷ 새 프로젝트를 만들거나 기존 프로젝트를 열 수 있는 메뉴가 나타나면 [새 프로젝트 만들기]를 선택한다.

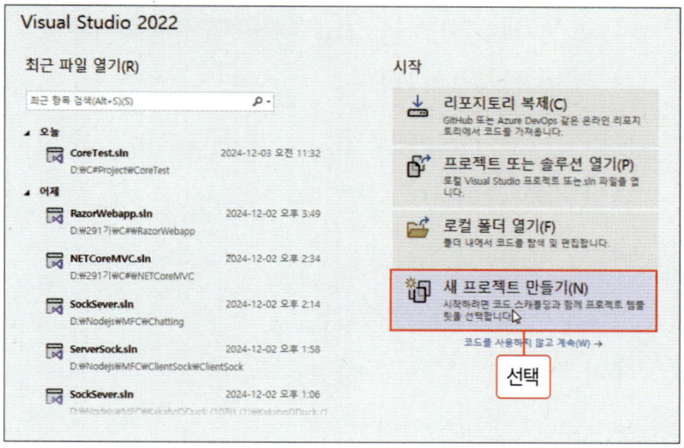

❸ C 언어 기반의 프로젝트를 만들 것이므로 대화창 왼쪽 상단의 '언어'를 클릭하고 [C++]을 선택한다. 필터링된 항목 중에서 [빈 프로젝트]를 선택한 후 〈다음〉 버튼을 클릭한다.

❹ [새 프로젝트 구성] 창이 나타나면 프로젝트 이름에 'First'를 입력한 다음 〈만들기〉 버튼을 클릭한다.

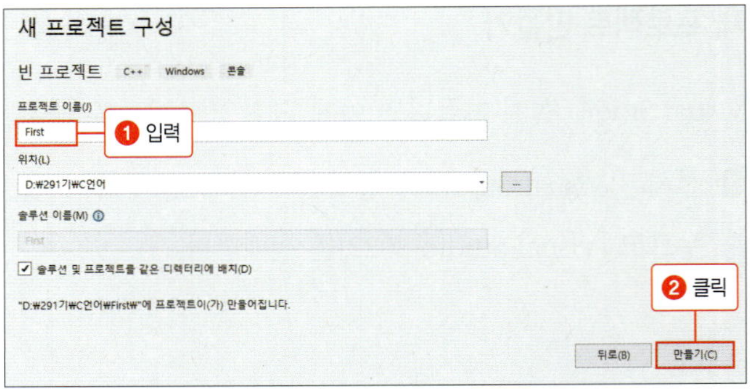

❺ First 프로젝트가 생성되고 왼쪽 패널에는 [솔루션 탐색기]가 나타나며, 트리 구조로 First 프로젝트의 세부 폴더들이 나열된다. 세부 요소들로는 리소스 파일, 소스 파일, 헤더 파일, 외부 종속성 등으로 구성되어 있다.

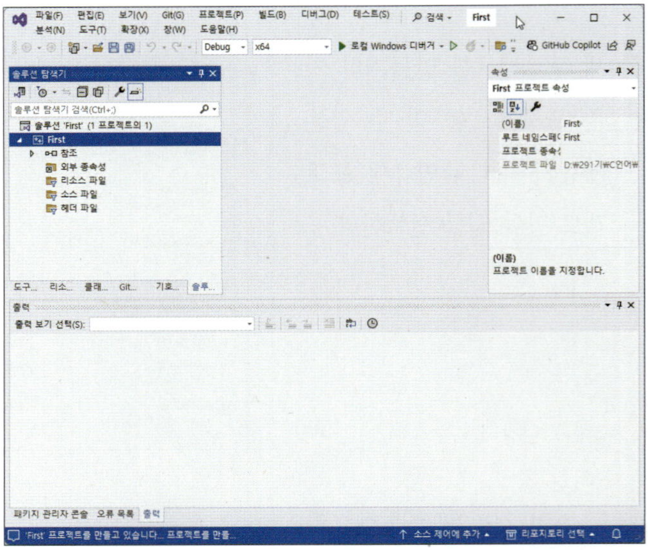

❻ 현재는 단순히 빈 프로젝트만 생성된 상태이므로 소스 코드를 작성할 파일을 생성해야 한다. '소스 파일'을 선택하고 마우스 오른쪽 버튼을 클릭한 다음 [추가] → [새 항목]을 선택한다.

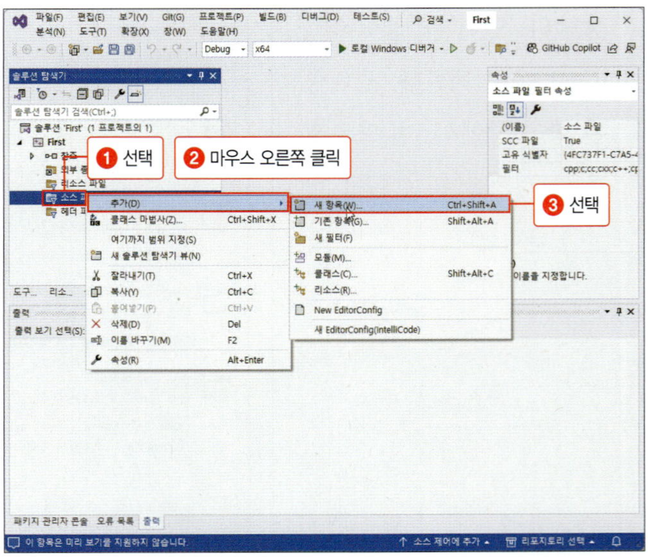

❼ [새 항목 추가] 창에서 [C++ 파일]을 선택한 후 이름에 'Hello.c'를 입력한다. 별도의 확장자를 입력하지 않으면 C++ 언어의 '.cpp' 확장자로 생성된다. C 문법을 사용하는 데 지장은 없지만, C++이 C를 포함하므로 C 문법에 매우 관대하다. 따라서 C 문법을 정확하게 사용하려면 파일 확장자를 '.c'로 설정한다.

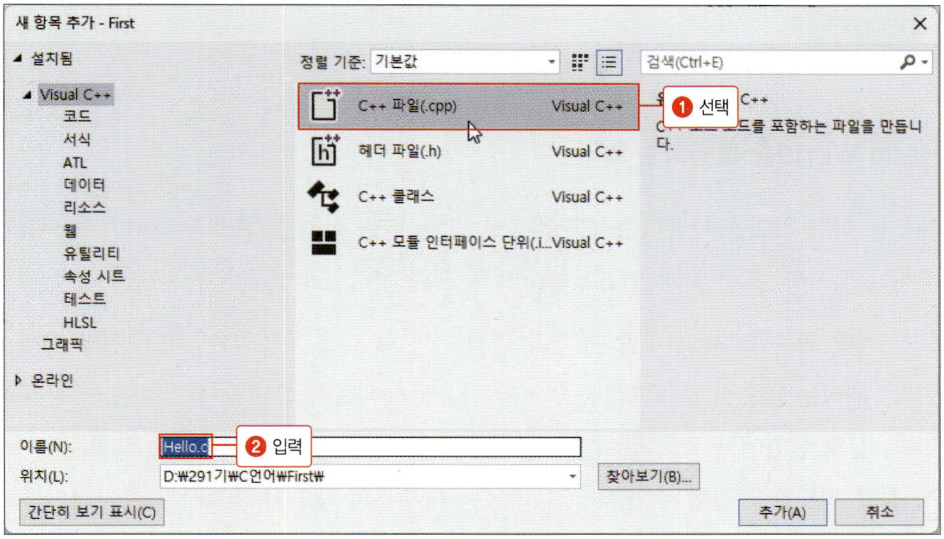

❽ First 프로젝트에 'Hello.c'라는 소스 파일이 생성되었다. 이제 이 소스 파일에 작성하고자 하는 코드를 작성하면 된다.

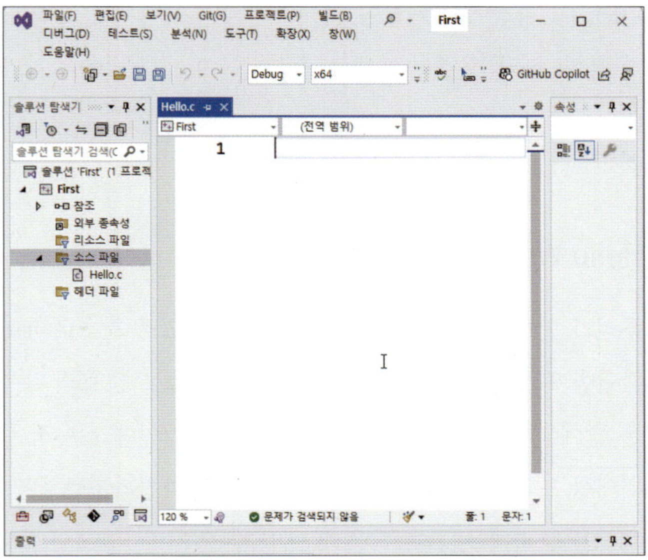

알아두세요 Visual Studio는 컴파일러이면서 동시에 코드를 작성하고 편집할 수 있는 편집기 역할도 한다. 이러한 통합 도구를 IDE(통합 개발 환경, Integrated Development Environment)라고 한다.

1.4 생애 최초 C 언어로 Hello World 출력하기

Hello World를 출력하는 의미

대부분 어떤 언어를 학습하든지 간에 가장 먼저 하는 작업은 "Hello World" 문자열을 출력하는 것이다. 그런데 왜 "Hello World"와 같은 문자열을 출력하는 걸까?

보통 개발 프로젝트를 시작할 때 가장 먼저 해야 할 일은 무엇일까? 바로 개발 환경 설정이다. 우리는 단순히 프로그래밍 언어만 사용하기 때문에 IDE만 설치하면 큰 문제가 없지만, 실제 현업에서 프로젝트 개발을 위한 환경 설정은 적어도 1~2주, 많게는 1~2개월이 걸릴 정도로 복잡할 수 있다. 그 이유는 대부분의 개발이 혼자서가 아니라 협업으로 진행되기 때문에 모든 팀원의 개발 환경을 동일하게 맞춰야 한다. 모든 환경 설정이 끝나면, 이 환경에서 개발이 문제없이 이루어지는지 확인하기 위해 "Hello World"를 출력해 본다. 이 문자열이 제대로 출력되면 이제 개발을 시작해도 좋다는 신호로 받아들일 수 있다.

Hello World 무작정 작성하기

우리가 만든 프로젝트에서 C 언어를 기반으로 최초로 "Hello World" 문자열을 출력하는 간단한 프로그램을 작성해 보자. 미국 아폴로 11호의 우주인 닐 암스트롱(Neil Armstrong)은 달에 최초로 착륙했을 때 "이것은 한 개인에게는 작은 일보일 뿐이지만, 인류에게는 위대한 도약이다."라는 메시지를 남겼다. 마찬가지로 우리가 C 언어로 "Hello World" 한 문장을 출력하는 것이 작은 일보일 수 있지만, 앞으로 프로그래머로 나아가는 위대한 도약이 될 것이다.

자, 이제 코드를 작성해 보자.

Hello.c

```c
#include <stdio.h>
int main(void)
{
        printf("Hello World\n");
        return 0;
}
```

아직 C 언어 문법에 대해 잘 모른다면, 이해할 수 있는 문장은 "Hello World"뿐일 것이다. 코드 설명은 나중에 하고, 우선 빌드 및 실행을 해 보자.

❶ 메뉴에서 [빌드] → [솔루션 빌드]를 선택하거나, 단축키 F6을 누른다.

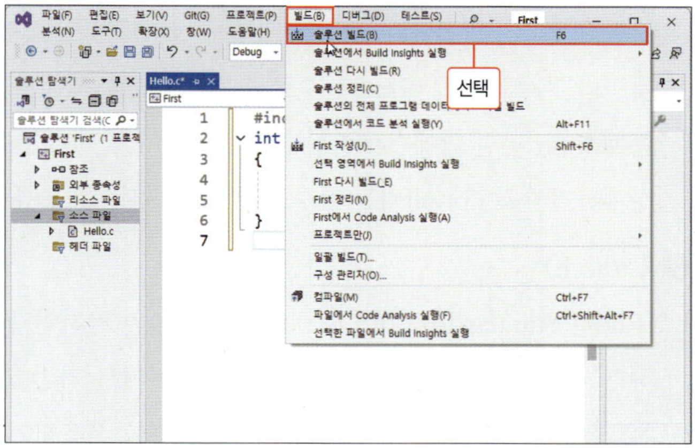

❷ 빌드 과정에 문제가 없다면 생성된 실행 파일을 실행하는 단계를 수행한다. 메뉴에서 [디버그] → [디버그하지 않고 시작]을 선택하거나 단축키 Ctrl+F5를 누른다.

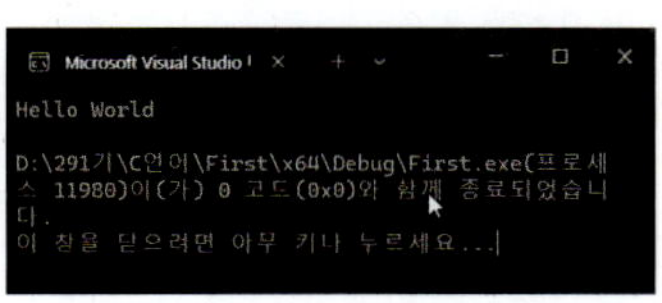

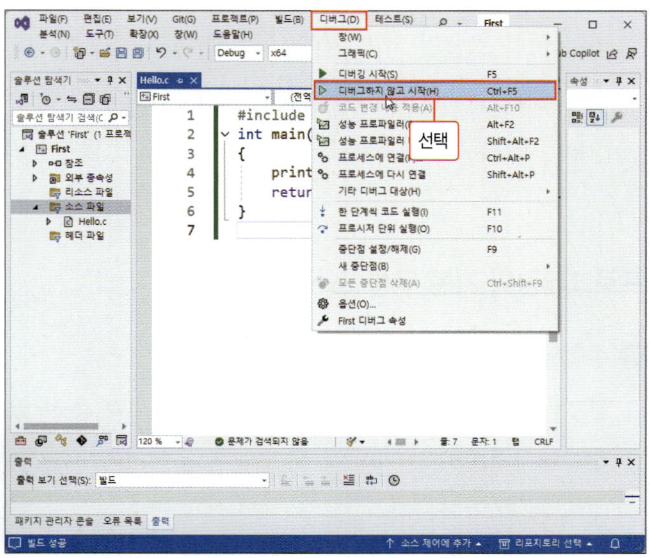

소스 코드는 모든 라인의 코드들이 유기적으로 연결되어 있으므로 순차적으로 설명하고 이해하는 것이 쉽지 않다. 그래도 한 문장씩 짚어 가면서 이해해 보자.

헤더 파일에 관하여

❶ #include

소스 코드의 첫 번째 라인에 #include가 있다. 'include'라는 단어는 사전적 의미로 '~을 포함한다'는 뜻을 가지고 있다. 이는 특정 라이브러리를 가져오는 기능으로, .h(header) 확장자를 가진 헤더 파일들을 포함한다. #include〈stdio.h〉는 stdio.h 파일을 포함하겠다는 의미이다. 즉, 그 내부에 정의되어 있는 여러 기능들을 사용할 수 있다는 뜻이다. 예를 들어, printf 함수로 화면에 "Hello World" 문자열을 출력할 수 있는 이유는 stdio.h 파일 안에 printf 함수가 정의되어 있기 때문이다. 만약 #include를 제거하고 실행하면 "나는 printf라는 함수를 알지 못한다."는 오류 메시지가 표시될 것이다.

❷ 〈stdio.h〉

stdio는 Standard Input Output(표준 입출력)의 약자이다. .h의 확장자를 가진 파일들을 헤더 파일이라고 하는데 stdio.h는 C 언어에서 가장 기본적인 입출력 기능을 제공하는 라이브러리로, printf와 같은 출력 함수를 사용하기 위하여 #include를 통해 포함하는 것이다. printf 함수는 컴파일러 개발자들이 미리 stdio.h에 정의했기 때문에 우리는 이를 호출만 하면 된다. 이렇게 미리 기능이 정의된 파일을 만들어놓고, 편리하게 호출하여 사용할 수 있도록 한 것을 라이브러리라고 한다. stdio.h는 라이브러리로, printf 함수뿐만 아니라 표준 입출력에 필요한 많은 함수가 정의되어 있다.

프로그래밍의 기본 구성 요소 함수

❶ 수학에서의 함수 형태

함수라는 용어는 보통 중고등학교 수학에서 배운 바 있다. 수학에서의 함수와 프로그래밍에서의 함수는 개념이 유사하다. 우리가 알고 있는 함수의 형태를 통해 그 본질에 대해 좀 더 알아보자.

y = f(x)

f(x)는 어떤 기능을 가진 블랙박스와 같다. 즉, f(x)에는 다양한 기능이 올 수 있다는 뜻이다. 입력값 x에 의해 y값이 결정된다. 만약 입력값에 대해 2배의 출력 결과를 가지는 함수를 정의한다면, 다음과 같이 정의할 수 있다.

y = 2x

입력하는 임의의 x값에 따라 2배의 결괏값이 y로 리턴된다.

❷ 프로그래밍 언어에서의 함수 형태

프로그래밍 언어에서도 함수의 형태는 유사하다. 앞서 작성했던 코드에서 함수는 무엇이었을까? 소스 코드의 2~6번째 라인이 바로 함수이다.

```
int main(void)
{
}
```

모양을 보면 수학의 함수와 별로 비슷해 보이지 않는다. 간단하게 설명하면 main이 함수의 이름, int는 함수의 출력값, void는 입력값, 중괄호({ }) 사이에 함수의 내용을 정의하면 된다. 함수에 대한 구조는 [**2장 5절의 함수**]에서 더 자세하게 살펴보자.

출력 함수 printf에 대한 이해

printf는 C 언어에서 사용하는 대표적인 출력 함수로 stdio.h에 정의되어 있다. printf는 문자형, 정수형, 실수형, 문자열 등 다양한 형태의 출력을 지원한다. 함수 자체는 복잡할 수 있지만, 사용자 입장에서는 매우 편리하다. 작성한 코드는 printf("Hello World")를 통해 문자열을 출력하며, printf는 괄호 안의 문자열을 화면에 그대로 출력하는 기능을 한다.

```
printf("Hello World\n");
```

문장의 끝 세미콜론(;)

자유로운 자바스크립트를 사용하던 사용자가 비교적 엄격한 컴파일 기반의 C 언어를 사용하면 불편하고 답답함을 느낄 것이다. 그런데 자바스크립트 사용자는 그 경험을 그대로 타입스크립트에서도 똑같이 느끼게 된다. 그렇다면 왜 이런 엄격한 문법을 사용하는 걸까? 그 이유는 명확한 코드 작성을 통해 모호한 상황이나 오류를 방지하기 위해서이다.

자바스크립트 코드에서는 문장 끝에 세미콜론(;)을 붙이기도 하고, 안 붙이기도 한다. 세미콜론 여부로 오류가 발생하지 않지만, C 언어에서는 세미콜론을 생략하면 컴파일 단계에서 바로 오류가 발생한다. 세미콜론은 어떤 기능을 할까? 컴파일러는 코드를 세미콜론 단위로 해석한다. 이는 국어에서 마침표를 보고 한 문장이 끝났음을 알 수 있는 것과 비슷한 의미이다. 따라서 코드 문장 끝에 세미콜론이 없으면 컴파일러는 그다음 문장과 연결해서 해석하게 된다.

알아두세요

자바스크립트에서는 문장 끝에 세미콜론이 없어도 왜 오류가 발생하지 않을까?

그 이유는 자바스크립트가 코드를 한 라인씩 해석하는 인터프리터 방식으로, 세미콜론이 없어도 라인 단위로 해석하고 실행하기 때문이다.

리턴값에 관하여

리턴(return)은 '반환한다'는 의미로, 함수의 결괏값을 되돌려주는 역할을 한다.

```
return 0;
```

return 0은 0이라는 값을 리턴한다는 뜻이다. 여기에는 두 가지 의미가 있다. 첫 번째는 함수를 종료하고 빠져나가겠다는 의미이고, 두 번째는 특정 값을 함수 외부로 전달하겠다는 의미이다. 이 코드에서 리턴은 함수를 종료하겠다는 의미가 강하고, 0은 크게 의미가 없다.

주석문을 사용하자

❶ 주석문을 사용하는 이유

보통 어떤 문장이나 단어에 대한 자세한 설명을 주석이라고 한다. 코드에서도 주석을 사용할 수 있는데, 주로 다른 사람에게 내 코드를 이해하기 쉽게 설명을 추가하기 위해 사용한다. 하지만 사실 시간이 지나면 내가 작성한 코드도 기억하지 못할 때가 많기 때문에 주석은 나를 위한 설명이기도 하다. 이 코드가 어떤 기능과 의미를 가지는지 간략하게 기록해 놓으면, 나중에 코드를 리뷰하거나 유지 보수할 때 매우 유용하다. 주석은 코드의 부연 설명을 위한 용도로 사용될 뿐만 아니라, 특정 코드의 실행을 임시로 막고 싶을 때도 유용하다.

❷ 짧은 문장의 주석문

한 라인 또는 짧은 구간을 주석 처리할 경우 '//'를 사용하고, 그 뒤에 설명을 작성할 수 있다. 주석문은 컴파일 시 무시되기 때문에 주석으로 인한 성능 저하는 전혀 걱정할 필요가 없다.

```
// Hello World 문자열을 출력한다.
```

❸ 긴 문장의 주석문

주석문이 항상 짧을 거라는 보장은 없다. 때로는 여러 문장을 주석 처리해야 할 경우도 있다. 이러한 긴 주석문을 작성할 때는 '/* */' 구문을 사용한다. '/*'와 '*/' 사이에 여러 라인에 걸쳐 원하는 주석 내용을 자유롭게 작성할 수 있다.

```
/*
Date : 2025.03.05
author : chang hyun lee
remark : "Hello World to the screen output"
*/
```

긴 문장의 주석은 주로 함수를 생성하거나 수정할 때 사용되며, 이때 날짜, 작성자, 간단한 설명 등을 필수적으로 적는 것이 좋다.

2 장

꼭 알아두어야 할 기본 문법과 원리

학 습 목 표

- 프로그래밍에서 반드시 알아야 할 핵심 문법과 원리를 다룬다.
- 변수와 자료형, 연산자, 조건문, 반복문, 함수, 배열 등을 배우며 기본적인 코드 작성 능력을 학습한다.

REACT

2.1 변수와 자료형

변수란

변수에 대해 제대로 생각해 본 적이 있는가? 변수는 값을 변경할 수 있는 저장소를 의미하며, 변수에 어떤 값이 들어갈지 예측할 수 없다. 특히 자바스크립트에서 사용했던 변수는 어떤 타입의 데이터든 대입할 수 있었다.

```
var a = 10;
a = '문자열';
```

우리가 자바스크립트 문법에서 파악할 수 있는 변수에 대한 내용은 변수의 자유로운 사용법 정도에 그친다. 변수의 선언과 데이터 할당이 컴퓨팅에서 어떤 동작을 일으키는지는 현재 자바스크립트 문법만으로는 정확히 알기 어렵다. 적어도 변수는 데이터를 담고 있기 때문에 특정 크기의 메모리를 차지한다고 예측할 수 있다. 즉, 변수는 데이터를 담는 그릇이나 용기라고 볼 수 있다. 그런데 이 그릇의 크기, 즉 메모리 크기는 얼마나 될까? 해당 메모리의 크기는 선언된 타입이나 입력된 값의 타입에 따라 시스템이 결정한다.

● 변수를 사용하는 이유

메모리의 기본 단위는 바이트이다. 따라서 메모리 구조는 바이트 단위로 주소값(0x1000, 0x1001, 0x1002, 0x1003)이 할당되어 있다. 예를 들어, 정수 하나는 4바이트 크기의 메모리를 차지하며, 그 안에 50이라는 값이 할당되어 있다고 가정해 보자.

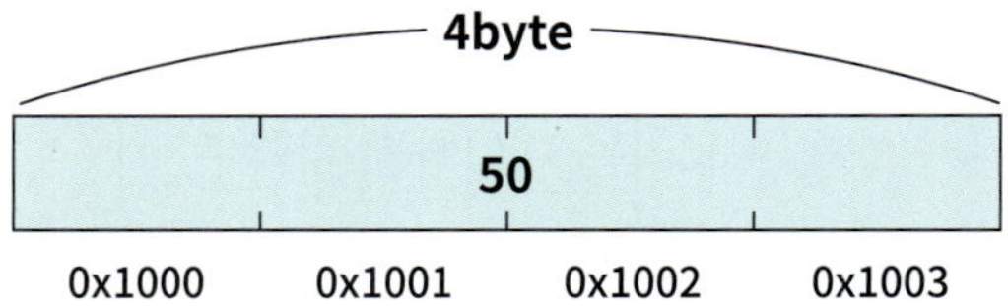

이러한 형태의 데이터는 수없이 존재한다. 즉, 그에 따른 메모리 또한 무수히 많다. 그렇다면 메모리에 저장된 50과 같은 데이터에 접근하려면 어떠한 방법을 사용할 수 있을까? 바로 주소값을 이용하면 된다. 주소값은 메모리에서 중복될 수 없는 유일한 값이다. 마치 주민등록번호와 같은 것이다. 그런데 이러한 메모리를 1~2개만 사용하는 것은 아닐 것이다. 수십 개, 수백 개의 메모리를 사용하는데 그 많은 메모리 주소를 사람이 일일이 기억할 수 있을까? 아마 우리는 2~3개의 주소를 기억하기도 어려울 것이다.

어릴 적 우리가 친구 집에 찾아갈 때 집 주소를 알고 가는 것이 아니라 보통 친구의 이름을 기억하고 그 집을 찾아갔다. 마찬가지로 할당된 메모리에 기억하기 쉬운 이름을 부여하면 해당 메모리에 이름으로 접근할 수 있다. 이것이 바로 변수이며, 변수를 사용하는 이유다.

앞으로는 해당 메모리 주소 대신 age라는 변수를 통해 메모리에 접근할 수 있다. 이 메모리 값을 40으로 변경하고 싶다면, age = 40과 같이 메모리 주소를 참조하지 않고 변수를 사용해 해당 값만 변경할 수 있다.

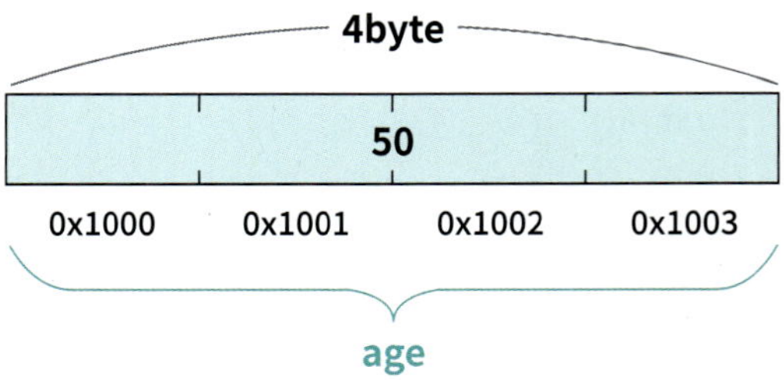

● 메모리 영역

메모리는 크게 코드 영역, 스택 영역, 힙 영역, 데이터 영역의 총 네 가지로 나눌 수 있는데, 그중 스택과 힙에 대해서만 이해하고 넘어가자.

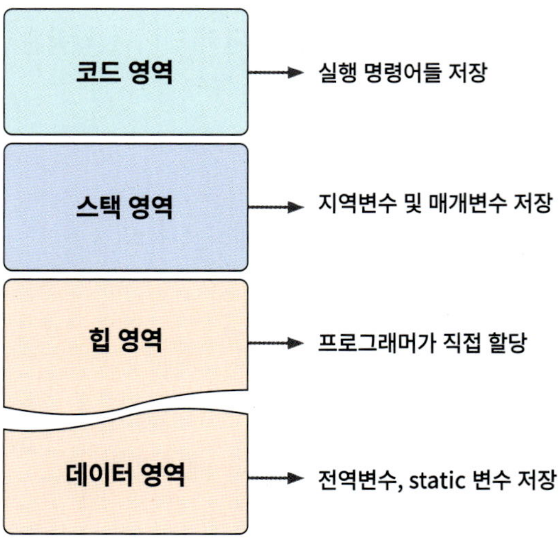

먼저 스택(Stack)의 의미는 무엇일까? 사전적 의미로 '쌓는다'는 뜻이다. 따라서 스택 메모리는 데이터를 바닥부터 차곡차곡 쌓는 자료구조이다. 데이터는 들어온 순서대로 바닥부터 쌓이고, 빠져나갈 때는 나중에 들어온 데이터부터 빠져나간다. 이러한 구조를 FILO(First-In-Last-Out)라고 한다.

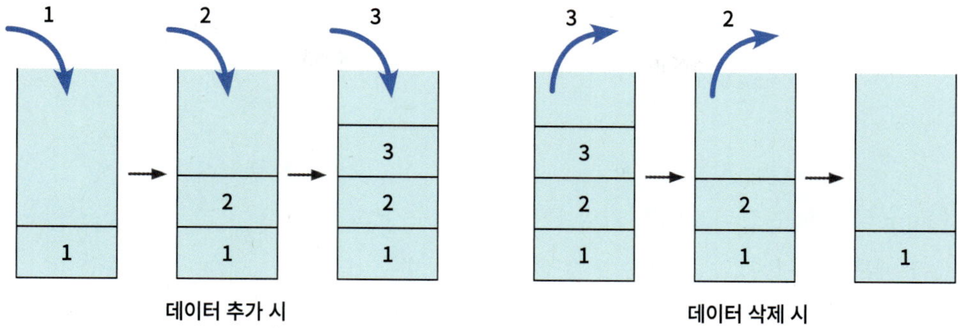

구내식당의 식판이나 뷔페의 접시를 생각해 보자. 아래쪽은 막혀 있고, 위쪽만 뚫려 있는 구조이다. 처음에는 가장 아래쪽부터 쌓이지만, 가져가는 사람들은 가장 위에서부터 가져간다.

두 번째로 힙 메모리는 다른 말로 큐 메모리라고도 하는데, 이 구조는 스택과 달리 먼저 들어간 데이터가 먼저 빠져나가는 방식이다. 그래서 힙의 구조는 FIFO(First-In-First-Out)라고 한다.

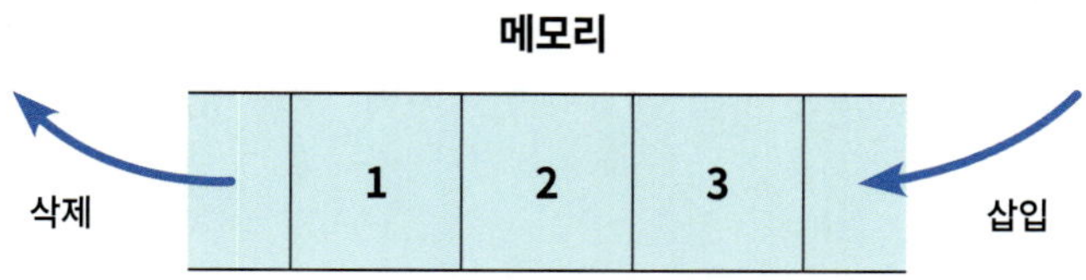

일반 자판기에서 종이컵이 나오는 구조를 생각하면 된다. 사장님이 자판기에 종이컵을 리필할 때 넣은 순서대로 종이컵이 서비스된다. 이 구조가 바로 힙 구조이다.

● 어디에 적용되는가

스택과 큐의 구조 자체는 이해하기 어렵지 않다. 다만, 궁금한 점은 이러한 이론이 실제로 어디에 적용되는지이다.

❶ 스택 구조

스택은 우리가 사용하는 지역변수와 매개변수에 적용된다.

```
void Func(int a)
{
        char b = 'A';
        int c = 1;
        double d = 3.14;
}
```

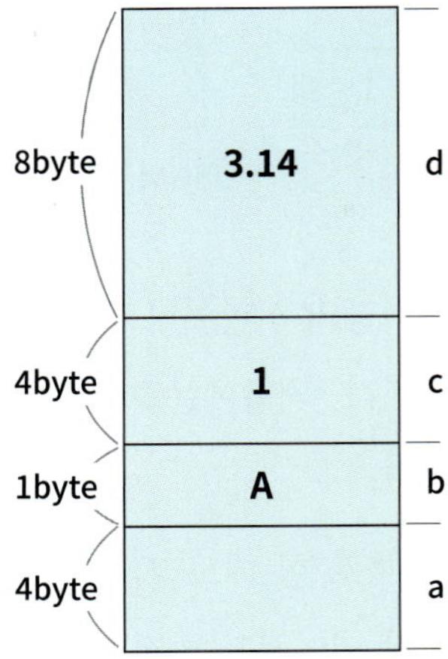

Func라는 함수가 호출되면 가장 먼저 매개변수가 스택 메모리에 쌓이고, 그다음 변수 b, 변수 c, 변수 d 순서대로 쌓인다.

이 함수가 기능을 마치고 종료되면 어떻게 될까? 스택의 구조인 FILO에 의거하여 위쪽 데이터부터 d-c-b-a 순으로 소멸하게 된다. 우리는 함수를 사용하면서 의식하지 못했을 수도 있지만, 이미 지역변수와 매개변수에서 스택 구조를 사용하고 있었던 것이다.

❷ 큐 구조

힙 메모리는 주로 사용자가 필요에 따라 동적으로 메모리를 할당할 때 사용된다. 실행 중에 메모리를 할당하고 회수하는 작업이 반복되며, 주로 참조 데이터에서 사용된다.

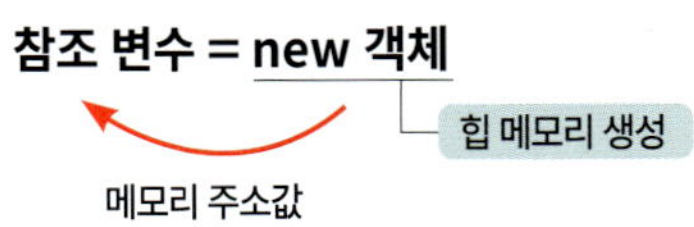

자바스크립트와 같은 대부분의 객체 기반 언어에서 사용하는 데이터는 모두 참조 데이터이므로 힙 메모리의 큐 구조를 사용한다.

자료형이란

요리할 때 어떤 음식을 만들고, 몇 인분을 준비하느냐에 따라 필요한 용기의 크기가 달라진다. 따라서 미리 준비를 해놓고 시작해야 한다.

마찬가지로 변수를 선언할 때 어떤 데이터를 사용할지 미리 결정해야 한다. 그래야 시스템이 그에 맞는 메모리 공간을 확보할 수 있기 때문이다.

● 기본 자료형의 종류 및 표현 범위

C 언어에서 제공하는 기본 자료형의 종류와 표현 범위를 간략히 살펴보자. 굳이 외우거나 완전히 숙지할 필요는 없다.

자료형(Data Type)		크기(Byte)	데이터 표현 범위
정수형	char	1바이트	−128～+127
	short	2바이트	−32768～+32767
	int	4바이트	−2147483648～+2147483647
	long	4바이트	−2147483648～+2147483647
실수형	float	4바이트	3.4*10−38～3.4*1038
	double	8바이트	1.7*10−308～1.7*10308
	long double	10～16바이트	1.2*10−4932～3.4*104932

왜 이렇게 다양한 자료형을 제공하는 것일까? 그 이유는 용도에 맞는 자료형을 선택함으로써 효율적으로 메모리 공간을 활용하기 위해서이다.

● 정수형 사용하기

정수는 0을 포함한 부호가 있는 수를 의미하며, 대표적으로 int를 사용한다. 정수형 변수를 선언하고 사용하는 코드를 작성해 보자.

Hello.c

```
1  #include <stdio.h>
2  int main(void)
3  {
4          int width = 100;
5          int height = 200;
6          printf("사각형의 넓이 : %d\n", width * height);
7          return 0;
8  }
```

4라인 : width 변수를 int 타입으로 선언하고 정수값 100을 대입한다.

5라인 : height 변수를 int 타입으로 선언하고 정수값 200을 대입한다.

6라인 : 두 정수 width와 height를 곱한 결과를 출력한다.

만약 width와 height에 정수가 아닌 다른 값이 들어오면 오류가 발생한다. 빌드(F6) 및 실행(Ctrl+F5)을 해 보자.

```
사각형의 넓이 : 20000
```

실수형 사용하기

실수는 소수점을 포함하는 수를 의미하며, 대표적으로 double을 사용한다. 실수형 변수를 선언하고 사용하는 코드를 작성해 보자.

Hello.c

```
#include <stdio.h>
int main(void)
{
        double area = 0.0;
        int radius = 5;
        area = radius * radius * 3.14;
        printf("원의 넓이 : %f\n", area);
        return 0;
}
```

4라인 : area는 실수형인 double로 선언하고 0.0을 대입한다.

5라인 : 원의 반지름인 radius는 정수형으로 선언하고 5를 대입한다.

6라인 : 변수 radius와 실수 3.14를 연산하여 실수형 area 변수에 대입한다.

만약 area에 실수가 아닌 다른 값이 들어오면 오류가 발생할 것이다. 빌드(F6) 및 실행(Ctrl+F5)을 해 보자.

```
원의 넓이 : 78.500000
```

상수에 관하여

상수는 변수의 반대 개념이다. 즉, 변하지 않는 값을 의미한다. 그렇다면 실제로 어떤 형태가 상수일까? 예를 들어, 10+20과 같은 연산이 있다고 하자. 여기서 10과 20 각각이 상수이다. 10 자체를 11이라고 말할 수 없고, 20을 30이라고 말할 수 없다. 그 자체로 고유한 값이기 때문이다. 이것이 기본적인 상수의 개념이다.

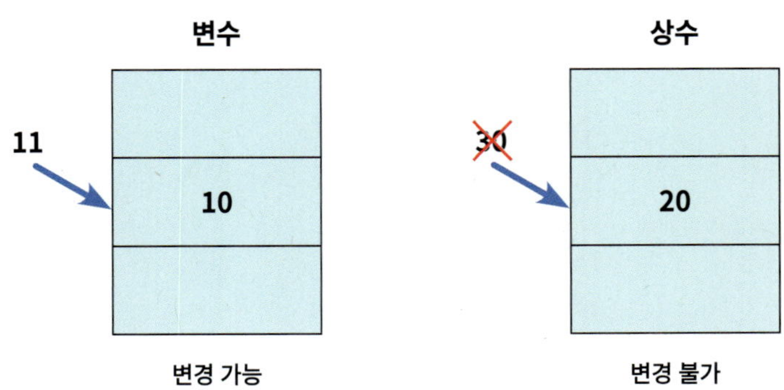

그렇다면 상수도 메모리 공간을 차지할까? 한번 생각해 보자.

상수는 메모리 공간을 차지한다. 예를 들어, 상수들 간의 연산인 10+20을 보면, 30이라는 결과가 나오는데, 이 연산은 CPU가 수행한다. CPU는 메모리에 올라온 데이터를 연산하므로 상수 역시 메모리 공간을 차지한다고 결론지을 수 있다.

const 기호

기존 변수를 상수로 만들 수도 있다. 변수 선언 시 타입 앞에 const 키워드를 붙이면 상수화가 된다.

```
const double PI = 3.14;
```

단, 주의할 점은 선언과 동시에 초기화해야 한다. 예를 들어, PI라는 변수에 3.14로 초기화하고 앞에 const를 붙이면 PI는 변수가 아닌 3.14라는 값을 가진 상수가 된다. 따라서 이후에 PI값을 4.14로 변경하려고 하면 오류가 발생한다.

```
const double PI = 3.14;
PI = 4.14;
```

const는 변수의 값을 변경하지 못하도록 상수화하는 역할을 한다. 예를 들어 3.14와 같은 원주율은 불변의 수이므로 누군가 실수로 변경해서는 안 된다. 따라서 절대 변경돼서는 안 되는 수인 경우 일반적으로 const를 사용하여 상수화한다.

2.2 연산자

연산자란

연산자는 변수와 상수 데이터를 조합하여 새로운 결과를 만들어내는 기호나 키워드이다. 요리로 비유하자면 모든 재료를 준비한 후 하나씩 혼합하는 과정과 같다. 예를 들어 학생들의 과목별 성적 데이터는 개별적으로는 큰 의미가 없을 수 있지만, 연산을 통해 구한 총점과 평균은 의미가 있을 수 있다. 연산자의 종류에는 크게 산술, 대입, 부호, 증감, 관계, 논리, 비트 연산자들이 있다.

기능별 분류	연산자 종류	기능별 분류	연산자 종류
산술 연산자	+ − * / %	관계 연산자	== != < > <= >=
대입 연산자	= += −= *= /= %=	논리 연산자	|| && !
부호 연산자	+ −	비트 연산자	! & >> << ~
증감 연산자	++ −−		

산술 연산자

산술 연산자는 기본적으로 사칙 연산을 다룬다. 일상에서 자주 사용하는 연산자이므로 이해하는 데 어려움이 없을 것이다.

산술 연산자의 종류	산술 연산자의 의미
+	왼쪽과 오른쪽에 있는 값을 더한다. 예) a = 5 + 3
−	왼쪽의 값에서 오른쪽의 값을 뺀다. 예) a = 5 − 3
*	왼쪽과 오른쪽의 값을 곱한다. 예) a = 5 * 3
/	왼쪽의 값을 오른쪽의 값으로 나눈다. 예) a = 5 / 3
%	왼쪽에 있는 값을 오른쪽에 있는 값으로 나누어서 나머지를 반환한다. 예) a = 5 % 3

산술 연산자로 산술 연산 코드를 작성해 보자.

Operator.c

```
1   #include <stdio.h>
2   int main(void)
3   {
4           int a = 20;
5           int b = 10;
6   
7           printf("합 : %d\n", a + b);
8           printf("차 : %d\n", a - b);
9           printf("곱 : %d\n", a * b);
10          printf("나누기 : %d\n", a / b);
11          return 0;
12  }
```

7~10라인 : 선언한 변수 a와 b를 사칙 연산인 +, −, *, / 연산자를 통하여 계산 결과를 출력한다.

빌드(F6) 및 실행(Ctrl+F5)을 해 보자.

```
합 : 30
차 : 10
곱 : 200
나누기 : 2
```

대입 연산자

대입 연산자는 오른쪽에 있는 값을 왼쪽에 대입하는 역할을 한다. 대표적으로 a = b 형태로 표현하며, '같다'는 표현과 혼동하지 않도록 주의해야 한다. '같다'는 표현은 a == b이다. 대입 연산자에서 자주 사용하는 표현식은 a = a + 1; 또는 a = a + b;이다. 이는 a에 1 또는 b의 값을 더한 후, 다시 a에 누적하는 형태의 연산이다. 이러한 표현은 자주 사용하므로 잘 기억해두기 바란다. 또한, 축약해서 +=와 같이 사용할 수도 있지만, 굳이 이렇게 축약해서 사용할 필요는 없다.

대입 연산자의 종류	대입 연산자의 의미
=	연산자를 기준으로 오른쪽에 있는 값을 왼쪽으로 대입한다. 예) a = b
+=	연산자를 기준으로 왼쪽의 값을 오른쪽 값과 더해서 다시 왼쪽의 값에 대입한다. 예) a += b → a = a + b와 같은 의미이다.
−=	연산자를 기준으로 왼쪽의 값에서 오른쪽의 값을 빼고 다시 왼쪽의 값에 대입한다. 예) a −= b → a = a − b와 같은 의미이다.
*=	연산자를 기준으로 왼쪽의 값을 오른쪽 값과 곱해서 다시 왼쪽의 값에 대입한다. 예) a *= b → a = a * b와 같은 의미이다.
/=	연산자를 기준으로 왼쪽의 값을 오른쪽 값으로 나누어서 다시 왼쪽의 값에 대입한다. 예) a /= b → a = a / b와 같은 의미이다.
%=	연산자를 기준으로 왼쪽의 값을 오른쪽 값으로 나누어서 남은 나머지를 다시 왼쪽의 값에 대입한다. 예) a %= b → a = a % b와 같은 의미이다.

대입 연산자로 대입 연산 코드를 작성해 보자.

Operator.c

```
1   #include <stdio.h>
2   int main(void)
3   {
4           int a = 20;
5           int b = 10;
6
7           printf("누적 합 : %d\n", a += b);
8           printf("누적 차 : %d\n", a -= b);
9           printf("누적 곱 : %d\n", a *= b);
10          printf("누적 나누기 : %d\n", a /= b);
11          return 0;
12  }
```

7~10라인 : 선언한 변수 a와 b에서 각각 누적 합, 누적 차, 누적 곱, 누적 나누기의 연산 및 출력을 한다.

빌드(F6) 및 실행(Ctrl+F5)을 해 보자.

```
누적 합 : 30
누적 차 : 20
누적 곱 : 200
누적 나누기 : 20
```

증감 연산자

증감 연산자는 증가 연산자와 감소 연산자의 줄임말로, 코드 작성 시 자주 사용하는 연산자이다.

증감 연산자의 종류	증감 연산자의 의미
++a	a의 값을 1 증가시킨 후 연산을 진행한다.
a++	연산을 진행한 후 a의 값을 1 증가시킨다.
--a	A의 값을 1 감소시킨 후 연산을 진행한다.
a--	연산을 진행한 후 a의 값을 1 감소시킨다.

증감 연산자에서 주의할 점은 연산자가 변수 앞에 붙느냐 뒤에 붙느냐에 따라 의미가 달라진다는 것이다. ++a는 해당 코드 라인에서 a를 먼저 1 증가시킨 후, 그다음 코드를 수행한다. 반면 a++는 해당 코드 라인의 기능을 먼저 수행한 뒤, 다음 코드로 넘어가기 직전에 a를 1 증가시킨다.

증감 연산자 코드를 작성해 보자.

Operator.c

```c
#include <stdio.h>
int main(void)
{
        int a = 20;
        int b = 10;

        printf("++a : %d\n", ++a);
        printf("a++ : %d\n", a++);
        printf("a : %d\n", a);

        printf("--b : %d\n", --b);
        printf("b-- : %d\n", b--);
```

```
13        printf("b : %d\n", b);
14        return 0;
15    }
```

7라인 : a의 값을 먼저 1 증가시킨 후 출력 기능을 수행해서 a는 21이 출력된다.

8라인 : a의 값을 먼저 출력하고 다음 라인으로 넘어가기 직전에 1 증가시킨다. 현재 라인에서 a는 21이다.

9라인 : a의 값을 다시 출력해 보면 앞 라인에서 넘어오기 직전에 1 증가했기 때문에 22가 출력된다.

11라인 : b의 값을 먼저 1 감소시킨 후 출력 기능을 수행해서 b는 9가 출력된다.

12라인 : b의 값을 먼저 출력하고 다음 라인으로 넘어가기 직전에 1 감소시킨다. 현재 라인에서 b는 9이다.

13라인 : b의 값을 다시 출력해 보면 앞 라인에서 넘어오기 직전에 1 감소했으므로 8이 출력된다.

빌드(F6) 및 실행(Ctrl+F5)을 해 보자.

```
++a : 21
a++ : 21
a : 22
--b : 9
b-- : 9
b : 8
```

관계 연산자

관계 연산자는 두 개의 피연산자 간의 관계를 비교하는 연산자로, 값이 같은지 다른지, 어느 쪽이 큰지 작은지 등을 판단한다. 조건문에서 관계를 비교할 때 반드시 사용하는 매우 중요한 연산자이다.

관계 연산자의 종류	관계 연산자의 의미
==	두 값의 값이 같다. 예) a == b
!=	두 값의 값이 다르다. 예) a != b
>	연산자를 기준으로 왼쪽의 값이 오른쪽의 값보다 크다. 예) a > b
<	연산자를 기준으로 오른쪽의 값이 왼쪽의 값보다 크다. 예) a < b
>=	연산자를 기준으로 왼쪽의 값이 오른쪽의 값보다 크거나 같다. 예) a >= b
<=	연산자를 기준으로 오른쪽의 값이 왼쪽의 값보다 크거나 같다. 예) a <= b

관계 연산의 결과는 bool 타입으로, 참일 경우 true(정수로 표현하면 1), 거짓일 경우 false(정수로 표현하면 0)를 리턴한다. 이는 자바스크립트의 boolean 타입과 동일하다.

관계 연산자 코드를 작성해 보자.

Operator.c

```
1   #include <stdio.h>
2   int main(void)
3   {
4           int a = 20;
5           int b = 10;
6   
7           printf("a > b : %d\n", a > b);
8           printf("a < b : %d\n", a < b);
9           printf("a == b : %d\n", a == b);
10          return 0;
11  }
```

7라인 : a가 b보다 큰지 비교한다. 결과는 true인데 정수 서식인 %d이므로 1이 출력된다.

8라인 : a가 b보다 작다는 식은 거짓이므로 false이다. 0이 출력된다.

9라인 : a가 b와 같다는 식 또한 거짓이므로 false이다. 0이 출력된다.

빌드(F6) 및 실행(Ctrl+F5)을 해 보자.

```
a > b : 1
a < b : 0
a == b : 0
```


논리 연산자

논리 연산자는 두 개의 조건식을 결합하여 하나의 결괏값을 만드는 연산자이다. 이 연산자는 모든 프로그래밍 언어에서 공통으로 사용되는 중요한 연산자이므로 잘 이해해 두는 것이 좋다.

논리 연산자의 종류	논리 연산자의 의미
!	피연산자의 결과를 모두 반대로 만든다. 피연산자가 true이면 false를 리턴하고, 피연산자가 false이면 true를 리턴한다. 예) !a
&&	피연산자가 모두 참이어야만 true를 리턴한다. 예) a && b
||	피연산자가 모두 참이어야만 true를 리턴한다.

먼저 !는 부정 연산자로, 피연산자의 결과를 반대로 바꾼다. 결과가 true이면 false로, false이면 true로 반환된다. 그다음 && 연산자는 두 개의 피연산자가 모두 true일 때만 전체가 true가 된다. 만약 둘 중 하나라도 false이면 전체는 false가 된다. 마지막으로 || 연산자는 두 개의 피연산자 중 하나만 true이면 전체가 true가 된다. 둘 다 false일 경우에만 전체가 false가 된다. 이 동작을 진리표로 정리해 보자.

&& 연산자의 진리표

A	B	결과
1	1	1
1	0	0
0	1	0
0	0	0

|| 연산자의 진리표

A	B	결과
1	1	1
1	0	1
0	1	1
0	0	0

논리 연산자 코드를 작성해 보자.

Operator.c

```
1   #include <stdio.h>
2   int main(void)
3   {
4           int a = 20;
5           int b = 10;
6           int c = 30;
7
8           printf("!(a == 20) : %d\n", !(a == 20));
9           printf("(a < b) && (a < c) : %d\n", (a < b) && (a < c));
10          printf("(a < b) || (a < c) : %d\n", (a < b) || (a < c));
11          return 0;
12  }
```

8라인 : a == 20은 true이다. 앞에 ! 부정 연산자가 붙으므로 반전시켜 false가 리턴된다.

9라인 : a < b는 false이고, a < c는 true이다. 이를 && 연산자로 결합하면 진리표에 의거하여 false가 리턴된다. 0이 출력된다.

10라인 : 마찬가지의 식을 이번에는 || 연산자로 결합하면 진리표에 따라 true가 리턴된다. 1이 출력된다.

빌드(F6) 및 실행(Ctrl+F5)을 해 보자.

```
!(a == 20) : 0
(a < b) && (a < c) : 0
(a < b) || (a < c) : 1
```

REACT

2.3 조건문

조건문이란

조건문은 특정 조건에 따라 수행 흐름을 분기하는 문법이다. 대부분의 프로그래밍 언어에서 대표적으로 사용하는 조건문은 if 문이다. if 문의 사전적 의미는 '만약에 ~라면'이라는 가정법이다. 이는 아직 일어나지 않은 상황을 가정해 그 상황에 대한 처리를 미리 구현하는 것이다. 예를 들어, '만약 내가 로또 1등에 당첨된다면?' 또는 '만약 내일 지구가 멸망한다면?'과 같은 가정은 실제로 일어나지 않았지만, 그런 상황이 발생했을 때 어떻게 할지 미리 코드로 구현하는 방식이다.

if 문의 기본 원리

if 문은 괄호 안에 조건을 입력하고, 그 조건이 참이면 중괄호 안의 내용을 실행하며, 조건이 거짓이면 중괄호를 건너뛰고 다음 라인부터 실행한다.

```
if(수행 조건)
{
        수행하고 싶은 일
}
```

수행 조건에 만족되면 {} 내부로 진입하여 '수행하고 싶은 일'을 수행한다.

수행 조건에는 우리가 앞서 살펴보았던 관계 연산자를 주로 사용한다. 대소 비교나 동일 여부를 통해 동작을 분기하게 된다.

관계 연산자의 종류	관계 연산자의 의미
==	두 값의 값이 같다. 예) a == b

관계 연산자의 종류	관계 연산자의 의미
!=	두 값의 값이 다르다. 예) a != b
>	연산자를 기준으로 왼쪽 값이 오른쪽 값보다 크다. 예) a > b
<	연산자를 기준으로 오른쪽 값이 왼쪽 값보다 크다. 예) a < b
>=	연산자를 기준으로 왼쪽 값이 오른쪽 값보다 크거나 같다. 예) a >= b
<=	연산자를 기준으로 오른쪽 값이 왼쪽 값보다 크거나 같다. 예) a <= b

간단한 if 문 코드를 작성해 보자.

Condition.c

```
1   #include <stdio.h>
2   int main(void)
3   {
4           int age = 0;
5           printf("나이를 입력하세요 : ");
6           scanf_s("%d", &age);
7   
8           if (age > 18) {
9                   printf("성인입니다.\n");
10          }
11          return 0;
12  }
```

4라인 : 정수형 변수 age를 선언하고 초깃값을 0으로 설정한다.

6라인 : scanf_s는 표준 입력 함수로 %d 서식 지정자를 사용하여 정수값을 입력받는다. 입력된 값은 age에 저장된다.

8~10라인 : if 조건문은 age가 18보다 큰 조건을 검사하고 이 조건이 참이면 중괄호({ }) 내부를 실행한다. 만약 조건이 거짓이면 중괄호 바깥쪽으로 건너뛴다.

빌드(F6) 및 실행(Ctrl+F5)을 해 보자.

```
나이를 입력하세요 : 20
성인입니다.
```

18보다 큰 수를 입력하면 "성인입니다."가 출력되고, 18보다 작은 수를 입력하면 아무것도 출력되지 않는다.

> **알아두세요** scanf_s는 마이크로소프트의 Visual Studio C 컴파일러에서만 사용되며, 보통 다른 컴파일러에서는 대부분 scanf로 사용된다.

작성한 코드를 보면 조금 불편한 점이 있다. age가 18보다 크면 메시지가 출력되지만, age가 18보다 작거나 같으면 아무 메시지 없이 종료된다. 이 경우에도 조건에 따른 메시지가 출력되면 좋을 것 같다. 그렇다면 어떻게 처리하면 좋을까?

Condition.c

```
1   #include <stdio.h>
2   int main(void)
3   {
4           int age = 0;
5           printf("나이를 입력하세요 : ");
6           scanf_s("%d", &age);
7
8           if (age > 18) {
9                   printf("성인입니다.\n");
10          }
11          if (age < 18) {
12                  printf("미성년입니다.\n");
13          }
14          if (age == 18) {
15                  printf("미성년입니다.\n");
16          }
17          return 0;
18  }
```

8~10라인 : age가 18보다 큰 경우 "성인입니다."를 출력한다.

11~13라인 : age가 18보다 작은 경우 "미성년입니다."를 출력한다.

14~16라인 : age가 18과 같은 경우 "미성년입니다."를 출력한다.

빌드(F6) 및 실행(Ctrl+F5)을 해 보자.

```
나이를 입력하세요 : 20
성인입니다.
```

```
나이를 입력하세요 : 18
미성년입니다.
```

```
나이를 입력하세요 : 5
미성년입니다.
```

실행 결과를 보면 우리가 원하던 대로 18보다 큰 경우, 같거나 작은 경우 모두 출력할 수 있게 되었다. 그런데 코드의 순서를 보면 조금 이상한 점이 느껴지지 않는가?

이 코드를 일상 상황에 비유해서 생각해 보자. 누군가 처음에 "나이가 18세 이상인가?"라고 물어봤을 때, 내 나이가 20세라면 참이 되어 조건에 만족한다. 한 번 판명되면 그걸로 끝이어야 하지만, 그다음 조건문에서는 "나이가 18세보다 적은가?"라고 묻고, 또 그다음 조건에서는 "나이가 18세와 같은가?"라고 묻는다. 즉, 이미 판명이 끝났는데도 의미 없는 조건 비교를 반복하고 있어 이 수행 코드 흐름의 문제를 개선할 필요가 있다.

if~else 문

if 문에 else 문을 함께 사용할 수 있다. else는 사전적 의미로 '그 밖의'라는 뜻을 가진다. else 문을 추가함으로써 조건이 참일 때와 거짓일 때 각각 선택할 수 있는 양자택일 선택을 할 수 있다.

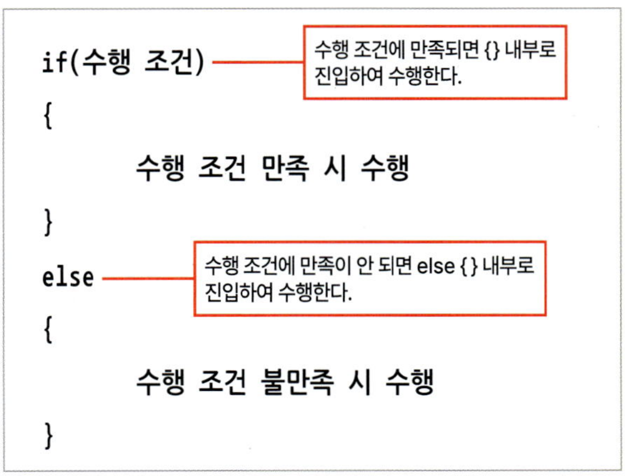

수행 흐름을 보면 수행 조건이 참일 때 if 문의 중괄호 내부를 실행하고, 거짓일 때는 else 문으로 넘어가 중괄호 내부를 실행한다. 이제 앞의 코드를 개선해 보자.

Condition.c

```
1   #include <stdio.h>
2   int main(void)
3   {
4       int age = 0;
5       printf("나이를 입력하세요 : ");
6       scanf_s("%d", &age);
7
8       if (age > 18) {
9           printf("성인입니다.\n");
10      }
11      else {
12          printf("미성년입니다.\n");
13      }
14      return 0;
15  }
```

11~13라인 : age가 18보다 같거나 작을 때 이 코드를 수행한다.

빌드(F6) 및 실행(Ctrl+F5)을 해 보자.

```
나이를 입력하세요 : 18
미성년입니다.
```

결과는 동일하지만, 앞서 문제가 되었던 중복 검사 코드를 else 문을 사용해 효율적으로 개선하였다.

if~else if~else 문

조건이 이분법적으로만 나누어지면 수많은 조건을 처리하기에는 한계가 있다. 우리가 사는 인생이 양자택일만 있는 게 아니듯이 말이다. 다양한 조건을 처리하기 위해서는 if~else if~else와 같은 형태로 조건을 확장할 수 있다.

```
if(수행 조건 1)
{
        수행 조건 1 만족 시 수행
}
else if(수행 조건 2)
{
        수행 조건 2 만족 시 수행
}
else
{
        수행 조건 1, 수행 조건 2 불만족 시 수행
}
```

if(수행 조건 1): 수행 조건에 만족되면 {} 내부로 진입하여 수행한다.

else if(수행 조건 2): 수행 조건에 만족되면 {} 내부로 진입하여 수행한다.

else: 수행 조건 1, 수행 조건 2 모두 불만족 시 {} 내부로 진입하여 수행한다.

if의 수행 조건 1을 만족하면 해당 중괄호 안의 흐름을 실행하고, 이 수행 흐름은 종료된다. 만약 조건 1을 만족하지 않으면, 그다음 else if에서 조건 2를 비교한다. 조건 2가 만족하면 해당 중괄호 안의 코드를 실행한 후 종료되며, 만족하지 않으면 다시 다음 else if에서 다른 조건을 비교하거나, 마지막 else 문에서 처리하고 해당 흐름이 종료된다. 이제 앞의 코드를 개선해 보자.

Condition.c

```c
#include <stdio.h>
int main(void)
{
        int age = 0;
        printf("나이를 입력하세요 : ");
        scanf_s("%d", &age);

        if (age > 18) {
                printf("성인입니다.\n");
        }
        else if (age < 18) {
                printf("미성년입니다.\n");
        }
        else if (age == 18) {
                printf("곧 성인될 겁니다.\n");
```

```
16         }
17         else {
18                 printf("잘못 입력하였습니다.\n");
19         }
20         return 0;
21 }
```


11~13라인 : else if를 통해 age가 18보다 작을 때 "미성년입니다." 문자열을 출력한다.

14~16라인 : else if를 통해 age가 18과 같을 때 "곧 성인될 겁니다." 문자열을 출력한다.

17라인 : 어떤 조건도 만족하지 않을 경우 else 문에서 처리하는데 현재 조건에서는 else 문으로 넘어올 경우는 없다.

빌드(F6) 및 실행(Ctrl+F5)을 해 보자.

```
나이를 입력하세요 : 18
곧 성인될 겁니다.
```

결과는 동일하지만, 앞의 흐름은 단순한 양자택일 구조였던 반면, 이 흐름은 다양한 조건을 판별한 후 해당 조건이 만족되면 바로 처리하고 해당 흐름을 종료하는 구조이다. 이 방식이 if 조건문에서 가장 효율적인 구조이다.

2.4 REACT

반복문

반복문이란

반복문은 특정 조건이 참(true)인 동안 동일한 작업을 반복해서 실행하는 구조이다. 주로 for 문과 while 문이 가장 많이 사용된다. 먼저 for 문의 사용 방법을 살펴보자.

for 문의 기본 원리

for 문은 사전적 의미로 '~하는 동안'을 뜻한다. 이 의미 그대로 특정 조건이 참인 동안 for 문의 내부를 반복해서 수행하는 구조이다.

```
for(초기문; 조건문; 증감문)
{
        반복하고자 하는 내용
}
```

for 문은 기본적으로 초기문, 조건문, 증감문을 포함한다. 초기문은 반복문에 처음 진입할 때 변수를 한 번만 초기화하는 루틴이고, 조건문은 반복할 반복 조건을 설정하며, 증감문은 한 번 반복할 때마다 변수를 증가 또는 감소시키는 연산이다. for 문의 수행 순서는 다음과 같다.

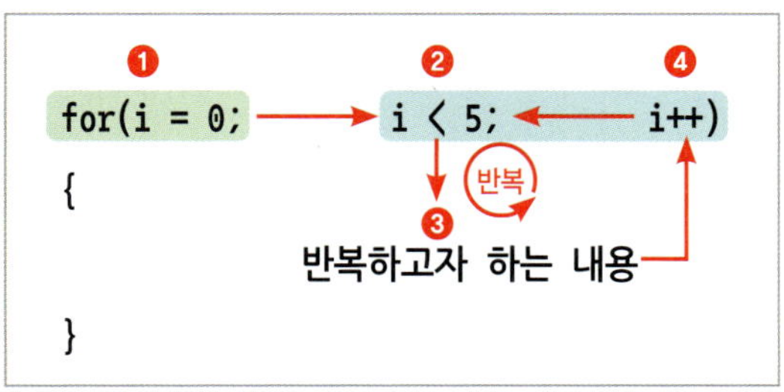

가장 먼저 for 문에 진입하면 변수 i를 0으로 초기화한다. 그 후 i 〈 5라는 조건을 검사하고, 조건이 만족되면 중괄호 내부를 수행한다. 그다음 i++를 통해 i를 1 증가시킨 후, 2번 반복 조건으로 돌아간다. 처음에는 ①부터 시작하고, 그 이후부터는 ②-③-④의 과정을 반복하며 조건을 만족할 때까지 계속 수행된다. for 문을 사용하여 1부터 5까지 출력해 보자.

Loop.c

```
1   #include <stdio.h>
2   int main(void)
3   {
4           for (int i = 0; i < 5; i++) {
5                   printf("%d\n", i+1);
6           }
7           return 0;
8   }
```

4~6라인 : 반복 조건 i 〈 5를 만족하는 동안 반복문이 실행되는 구조이다. i가 최초 0이므로 반복 조건을 만족한다. 반복문 내부에서 i를 출력하면 될 것 같은데 1부터 5까지의 출력이므로 i에 1을 더한다.

i값은 반복할 때마다 0, 1, 2, 3, 4처럼 1씩 증가하고, i가 5가 되면 i 〈 5 조건에 맞지 않으므로 반복문을 빠져나가게 된다. 결국 5번의 반복이 수행된다.

빌드(F6) 및 실행(Ctrl+F5)을 해 보자.

```
1
2
3
4
5
```

for 문의 활용

for 문을 사용하여 1월부터 12월까지 출력하는 코드를 작성해 보자.

Loop.c

```
1  #include <stdio.h>
2  int main(void)
3  {
4          for (int i = 0; i < 12; i++) {
5                  printf("%d월 ", i+1);
6          }
7          printf("\n");
8          return 0;
9  }
```

4~6라인 : 반복 조건 i 〈 12를 만족하는 동안 반복문이 실행된다. i는 0부터 시작해 1씩 증가하므로 12번 반복하면 된다. 대신 1부터 출력하기 위해 i+1로 처리한다.

```
1월 2월 3월 4월 5월 6월 7월 8월 9월 10월 11월 12월
```

반복문을 사용하면 구구단을 출력할 수 있는데, 반복문으로 이해하기가 좋다. 가장 기본적인 구구단 2단 출력을 구현해 보자. 먼저 2단을 출력할 때 반복할 부분을 살펴보자.

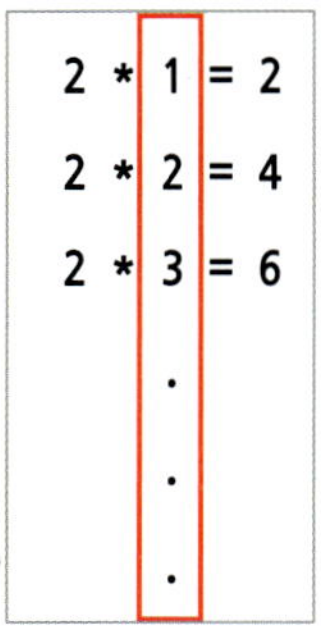

단수와 곱해지는 수가 각각 1씩 증가하여 결국 2 * 9에서 끝난다. 즉, 반복되는 부분은 단수인 2와 곱해지는 수가 1부터 9까지라는 것이다. 이제 수행 흐름이 머릿속에 그려지는가?

Loop.c

```
#include <stdio.h>
int main(void)
{
        for (int i = 1; i < 10; i++) {
                printf("2 * %d = %d\n", i, 2*i);
        }
```

```
7          return 0;
8      }
```

4~6라인 : 단수와 곱해지는 수는 시작값이 1이므로 i의 초깃값을 1로 설정한다. 반복 조건은 i가 9까지 포함되어야 하므로 i 〈 10으로 설정한다. 출력 결과는 2 * i를 통해 2 * 1부터 2 * 9까지 출력되도록 구현한다.

```
2 * 1 = 2
2 * 2 = 4
2 * 3 = 6
2 * 4 = 8
2 * 5 = 10
2 * 6 = 12
2 * 7 = 14
2 * 8 = 16
2 * 9 = 18
```

이번에는 for 문을 사용하여 1부터 10까지의 합을 출력해 보자. 보통 1부터 반복하는 식은 대입 연산자를 사용하면 된다.

Loop.c

```
1      #include <stdio.h>
2      int main(void)
3      {
4          int sum = 0;
5          for (int i = 1; i < 11; i++) {
6              sum = sum + i;
7          }
8          printf("%d\n", sum);
9          return 0;
10     }
```

4라인 : 합을 저장할 변수 sum을 0으로 초기화한다.

5라인 : 1부터 10까지의 합이므로 i는 1로 초기화하고 반복 조건은 10까지 포함되도록 i 〈 11로 한다.

6라인 : 현재 값 i를 sum에 누적하여 누적 합을 구한다.

```
55
```

이중 반복문

구구단을 출력할 때 반복문을 사용해 단수와 곱해지는 수를 반복하면서 한 개의 반복문을 출력했다. 만약 2단부터 9단까지 출력하는 코드를 작성하라고 한다면, 이 역시 차근차근 생각해 보면 된다.

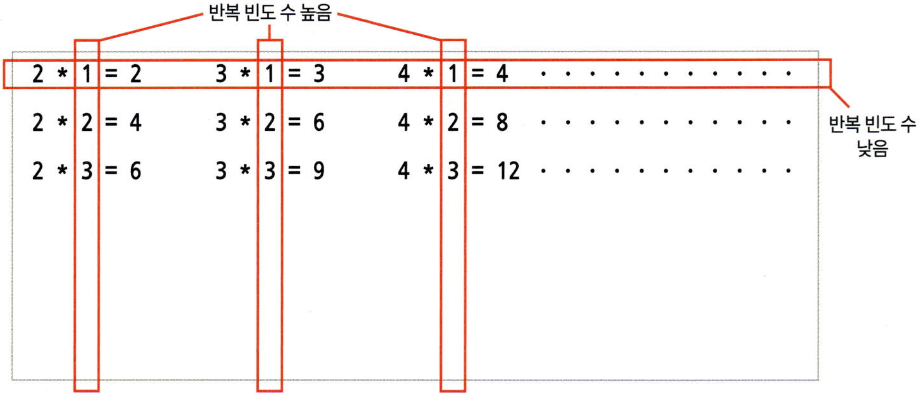

2단 구구단 코드가 끝나면 단수를 3단으로 증가시키고, 3단에 대해 1부터 9까지 곱한 후 출력하면 된다. 이 작업이 끝나면 단수를 1 증가시켜 같은 방식으로 반복하면 된다. 여기서 고려해야 할 점은 단수의 증가 빈도와 단수와 곱해지는 수의 증가 빈도이다. 당연히 단수는 천천히 증가하고, 단수와 곱해지는 수는 빠르게 증가한다. 구구단 전체를 출력하는 수행 코드는 이중 반복문을 사용하여 구현할 수 있다.

```
for(...)
{
    for(...)
    {
        ...
    }
}
```

바깥쪽 for 문에서는 단수에 대한 반복 처리를 하고, 안쪽 for 문에서는 단수와 곱해지는 수에 대한 반복 처리를 하면 된다. 이를 육상 트랙에 비유하면 바깥쪽을 도는 사람이 더 느리고, 안쪽을 도는 사람이 더 빠른 원리와 같다. 코드를 구현해 보자.

Loop.c

```
1   #include <stdio.h>
2   int main(void)
3   {
4           for (int dan = 2; dan < 10; dan++) {
5                   for (int i = 1; i < 10; i++) {
6                           printf("%d * %d = %d ", dan, i, dan * i);
7                   }
8                   printf("\n");
9           }
10          return 0;
11  }
```

4라인 : 단을 나타내는 변수 dan을 2로 초기화한다. 구구단은 2단부터 시작하므로 dan을 2로 설정한다. 또한 9단까지 출력하므로 dan < 10 조건으로 반복문이 실행된다.

5라인 : 단수와 곱해지는 수를 나타내는 i의 값을 1로 초기화한다. 반복 조건은 i < 10으로 9까지 곱해지도록 한다.

6라인 : dan과 i를 곱한 결과를 출력한다.

```
2 * 1 = 2 2 * 2 = 4 2 * 3 = 6 2 * 4 = 8 2 * 5 = 10 2 * 6 = 12 2 * 7 = 14
2 * 8 = 16 2 * 9 = 18
3 * 1 = 3 3 * 2 = 6 3 * 3 = 9 3 * 4 = 12 3 * 5 = 15 3 * 6 = 18 3 * 7 = 21
3 * 8 = 24 3 * 9 = 27
4 * 1 = 4 4 * 2 = 8 4 * 3 = 12 4 * 4 = 16 4 * 5 = 20 4 * 6 = 24 4 * 7 = 28
4 * 8 = 32 4 * 9 = 36
5 * 1 = 5 5 * 2 = 10 5 * 3 = 15 5 * 4 = 20 5 * 5 = 25 5 * 6 = 30 5 * 7 = 35
5 * 8 = 40 5 * 9 = 45
6 * 1 = 6 6 * 2 = 12 6 * 3 = 18 6 * 4 = 24 6 * 5 = 30 6 * 6 = 36 6 * 7 = 42
6 * 8 = 48 6 * 9 = 54
7 * 1 = 7 7 * 2 = 14 7 * 3 = 21 7 * 4 = 28 7 * 5 = 35 7 * 6 = 42 7 * 7 = 49
7 * 8 = 56 7 * 9 = 63
8 * 1 = 8 8 * 2 = 16 8 * 3 = 24 8 * 4 = 32 8 * 5 = 40 8 * 6 = 48 8 * 7 = 56
8 * 8 = 64 8 * 9 = 72
9 * 1 = 9 9 * 2 = 18 9 * 3 = 27 9 * 4 = 36 9 * 5 = 45 9 * 6 = 54 9 * 7 = 63
9 * 8 = 72 9 * 9 = 81
```

무한 반복

무한 반복은 반복 조건이 항상 true로 설정되어, 반복이 끝없이 수행되는 것을 의미한다. 코드를 실행하면 출력이 끝없이 반복되는 것을 확인할 수 있다.

Loop.c

```
1  #include <stdio.h>
2  int main(void)
3  {
4          for (int i = 1;true;i++)
5          {
6                  printf("%d\n", i);
7          }
8          return 0;
9  }
```

4라인 : 반복 조건이 무조건 true이므로 이 반복문을 빠져나갈 수 있는 조건은 없다. 변수 i는 초기에 1로 시작해 반복할 때마다 1씩 증가하는데 끝없이 증가하게 된다.

그렇다면 무한 반복 수행 흐름은 어디에서도 사용하면 안 될 것처럼 보일 수 있다. 현재 코드만 보면 그렇게 생각할 수 있지만, 사실 그렇지 않다. 무한 반복은 의외로 많이 사용되고 있으며, 지금 이 순간에도 무한 반복을 활용하고 있다. 그 이유는 모든 이벤트 기반 애플리케이션에서 무한 반복 로직 없이는 이벤트를 처리할 수 없기 때문이다.

예를 들어, 메모장과 같은 간단한 애플리케이션을 생각해 보자. 키보드로 "abcd"라는 글자를 입력하면 메모장에 그 내용이 출력된다. 즉, 글자 입력에 대한 이벤트가 발생하는데, 메모장은 어떻게 입력된 문자를 인식할 수 있을까? 그 비밀은 키보드에서 입력된 데이터가 운영체제를 거쳐 메모장 애플리케이션으로 전달되는 방식에 있다. 메모장 애플리케이션 내부에서는 무한 루프를 통해 이러한 이벤트를 지속적으로 감시하고 있기 때문에 글자 입력에 대한 처리를 즉시 할 수 있는 것이다.

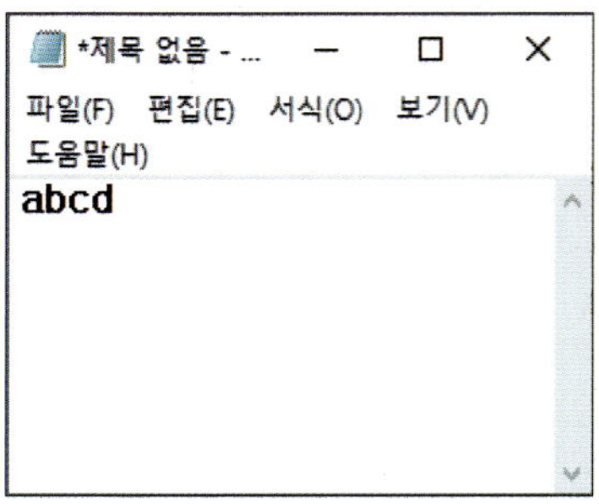

무한 반복이 영원히 계속되도록 두어서는 안 된다. 무한 반복은 반드시 특정 시점에 종료되도록 설계해야 한다. 예를 들어, 메모장에서 × 버튼이나 종료 메뉴를 선택하면 애플리케이션이 종료되며 무한 반복이 끝난다. 무한 반복도 특정 조건을 만족하면 종료될 수 있도록 설계하면 문제가 없다. 이때 break나 return 문을 사용해 조건을 만족할 때 반복을 빠져나가도록 처리할 수 있다.

while 문의 기본 원리

반복문 중에서 for 문과 함께 자주 사용되는 while 문의 사용 방법에 대해 살펴보자. 기본 원리는 for 문과 유사하다.

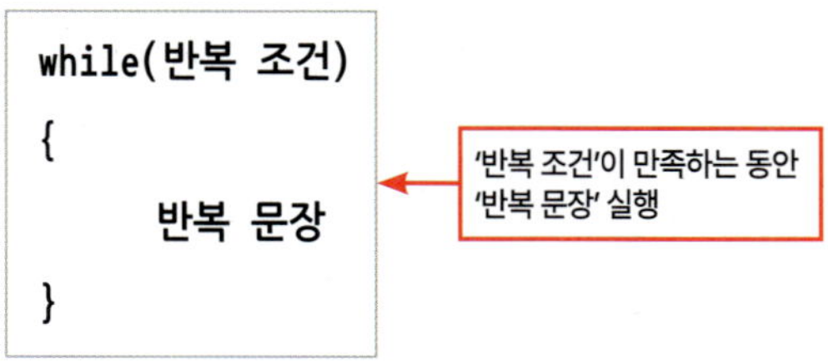

while 문 괄호 안에 반복 조건을 작성하고, 해당 조건이 참이면 중괄호 안의 내용을 수행한다. 만약 조건이 거짓이면 중괄호 밖으로 빠져나간다. 마치 if 문과 매우 비슷하지만, while 문은 중괄호를 수행한 후 반복 조건을 다시 비교한다는 점에서 차이가 있다. 조건이 거짓이 될 때까지 이 루틴을 반복한다. while 문을 사용해 1부터 5까지 출력해 보자.

Loop.c

```
#include <stdio.h>
int main(void)
{
        int i = 0;
        while (i < 5) {
                printf("%d\n", i+1);
                i++;
```

```
8           }
9           return 0;
10  }
```

4라인 : 반복문과 달리 변수를 while 문 바깥쪽에 별도로 선언해야 한다. 이를 위해 i를 0으로 초기화한다.

5라인 : i가 5보다 작을 동안 반복문이 실행된다.

7라인 : i의 값을 1씩 증가시켜 반복문의 조건을 변화시킨다. 이 부분이 없으면 i가 계속 0이 되므로 무한 루프에 빠진다.

빌드(F6) 및 실행(Ctrl+F5)을 해 보자.

```
1
2
3
4
5
```

2.5 함수

함수란 무엇인가

수학에서 함수는 y = f(x)와 같이 표기된다. 여기서 x는 입력값, y는 출력값, f는 함수이다. 함수는 어떤 기능을 의미하며, 예를 들어 y = 2x와 같이 입력값 x에 대해 2배의 결과를 리턴하는 기능을 정의할 수 있다. 즉, 함수의 기능은 내가 어떻게 구현하느냐에 따라 달라진다.

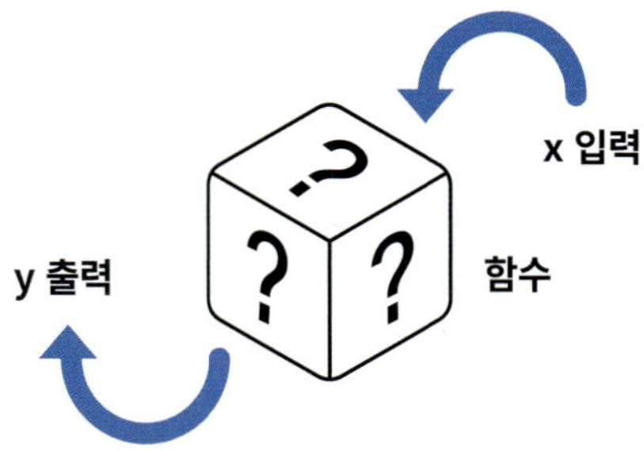

생텍쥐페리의 소설 「어린 왕자」를 읽어본 적이 있는가? 내용 중에 주인공 어린 왕자가 사막에 추락한 비행사에게 그림을 그려달라고 부탁하는 장면이 있다. 양을 그려달라, 여우를 그려달라 등 여러 가지 요구를 하고 비행사는 그에 맞춰 그림을 그려주지만 어린 왕자는 그것들을 마음에 들어하지 않는다. 비행사는 고민 끝에 상자를 하나 그려놓고, '네가 원하는 것은 이 상자 안에 있다.'고 말하자, 어린 왕자는 매우 만족해 한다. 즉, 상자 안에는 어린 왕자가 생각한 내용이 들어 있는 것이다. 함수로 비유하자면, 이 상자는 f(x)처럼 어떤 기능을 의미한다.

주변에서 볼 수 있는 대표적인 함수가 바로 커피 자판기다. 동전 x를 넣으면 그에 대응하는 출력값 y는 커피가 된다. 자판기의 기능은 커피 음료를 제공하는 함수라고 할 수 있다.

이 외에도 우리 주변에서 입력을 통해 서비스를 제공하는 함수에는 어떤 것들이 있을지 생각해 보자.

함수를 왜 사용할까

두 개의 문서를 한번 비교해 보자.

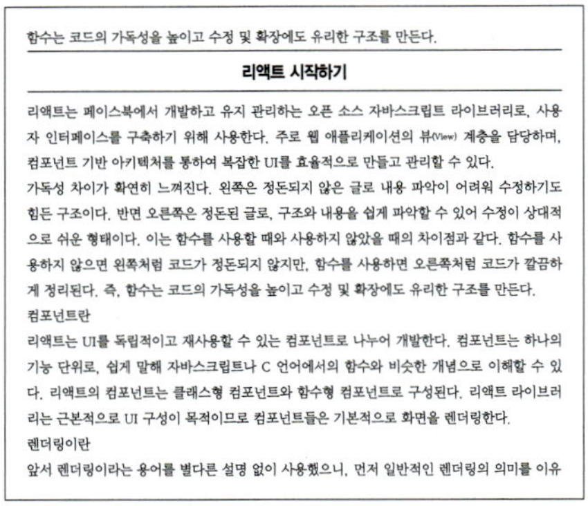

함수는 코드의 가독성을 높이고 수정 및 확장에도 유리한 구조를 만든다.

리액트 시작하기

리액트는 페이스북에서 개발하고 유지 관리하는 오픈 소스 자바스크립트 라이브러리로, 사용자 인터페이스를 구축하기 위해 사용한다. 주로 웹 애플리케이션의 뷰(View) 계층을 담당하며, 컴포넌트 기반 아키텍처를 통하여 복잡한 UI를 효율적으로 만들고 관리할 수 있다.
가독성 차이가 확연히 느껴진다. 왼쪽은 정돈되지 않은 글로 내용 파악이 어려워 수정하기도 힘든 구조이다. 반면 오른쪽은 정돈된 글로, 구조와 내용을 쉽게 파악할 수 있어 수정이 상대적으로 쉬운 형태이다. 이는 함수를 사용할 때와 사용하지 않았을 때의 차이점과 같다. 함수를 사용하지 않으면 왼쪽처럼 코드가 정돈되지 않지만, 함수를 사용하면 오른쪽처럼 코드가 깔끔하게 정리된다. 즉, 함수는 코드의 가독성을 높이고 수정 및 확장에도 유리한 구조를 만든다.
컴포넌트란
리액트는 UI를 독립적이고 재사용할 수 있는 컴포넌트로 나누어 개발한다. 컴포넌트는 하나의 기능 단위로, 쉽게 말해 자바스크립트나 C 언어에서의 함수와 비슷한 개념으로 이해할 수 있다. 리액트의 컴포넌트는 클래스형 컴포넌트와 함수형 컴포넌트로 구성된다. 리액트 라이브러리는 근본적으로 UI 구성이 목적이므로 컴포넌트들은 기본적으로 화면을 렌더링한다.
렌더링이란
앞서 렌더링이라는 용어를 별다른 설명 없이 사용했으니, 먼저 일반적인 렌더링의 의미를 이유

정돈되지 않은 문장

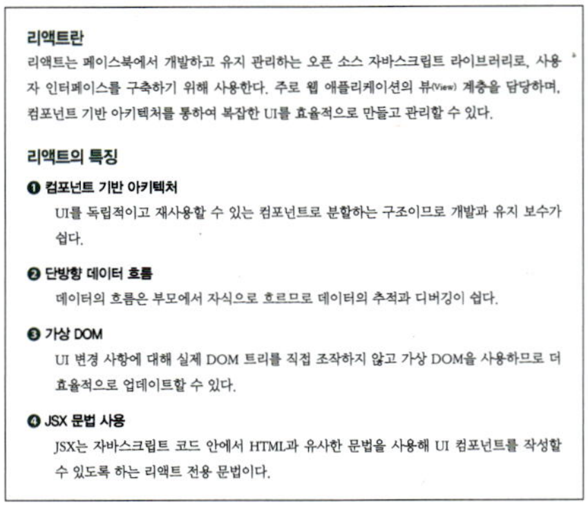

리액트란

리액트는 페이스북에서 개발하고 유지 관리하는 오픈 소스 자바스크립트 라이브러리로, 사용자 인터페이스를 구축하기 위해 사용한다. 주로 웹 애플리케이션의 뷰(View) 계층을 담당하며, 컴포넌트 기반 아키텍처를 통하여 복잡한 UI를 효율적으로 만들고 관리할 수 있다.

리액트의 특징

❶ 컴포넌트 기반 아키텍처
UI를 독립적이고 재사용할 수 있는 컴포넌트로 분할하는 구조이므로 개발과 유지 보수가 쉽다.

❷ 단방향 데이터 흐름
데이터의 흐름은 부모에서 자식으로 흐르므로 데이터의 추적과 디버깅이 쉽다.

❸ 가상 DOM
UI 변경 사항에 대해 실제 DOM 트리를 직접 조작하지 않고 가상 DOM을 사용하므로 더 효율적으로 업데이트할 수 있다.

❹ JSX 문법 사용
JSX는 자바스크립트 코드 안에서 HTML과 유사한 문법을 사용해 UI 컴포넌트를 작성할 수 있도록 하는 리액트 전용 문법이다.

정돈된 문장

가독성 차이가 확연히 느껴진다. 왼쪽은 정돈되지 않은 글로 내용 파악이 어려워 수정하기도 힘든 구조이다. 반면 오른쪽은 정돈된 글로, 구조와 내용을 쉽게 파악할 수 있어 수정이 상대적으로 쉬운 형태이다. 이는 함수를 사용할 때와 사용하지 않았을 때의 차이점과 같다. 함수를 사용하지 않으면 왼쪽처럼 코드가 정돈되지 않지만, 함수를 사용하면 오른쪽처럼 코드가 깔끔하게 정리된다. 즉, 함수는 코드의 가독성을 높이고 수정 및 확장에도 유리한 구조를 만든다.

함수형 기반 언어의 구조

대부분의 프로그래밍 언어는 함수의 집합체라고 해도 과언이 아니다. 프로그램은 main 함수로 시작되며, 제공되는 표준 함수나 사용자가 정의한 함수들을 조합하여 애플리케이션을 구성한다.

C 언어의 함수 동작 형태

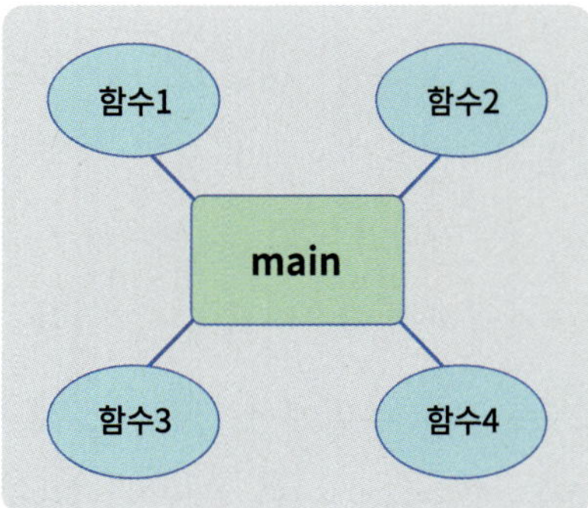

C 언어의 함수 동작 형태와 컴퓨터 내부 동작 형태의 비교

C 언어의 동작 구성 형태를 보면 main 함수를 중심으로 여러 함수의 유기적인 연동 구조로 구성되어 있음을 확인할 수 있다.

함수형 종류

함수의 종류는 크게 표준 함수와 사용자 정의 함수로 구분할 수 있다.

❶ 표준 함수

표준 함수는 프로그래밍 언어에서 기본적으로 제공하는 함수들이다. 예를 들어, 데이터 출력 시 사용하는 대표적인 함수인 printf는 C 언어에서 제공하는 기본 기능으로, 이를 표준 함수라고 한다. 만약 이러한 표준 함수들이 제공되지 않았다면 우리는 이러한 기능을 직접 구현해야 했을 텐데, 이는 매우 어려운 일이었을 것이다. 표준 함수는 이러한 기본 기능들을 제공함으로써 생산성을 높여주는 중요한 역할을 한다.

```
_Check_return_opt_
_CRT_STDIO_INLINE int __CRTDECL printf(
    _In_z_ _Printf_format_string_ char const* const _Format,
    ...)
#if defined _NO_CRT_STDIO_INLINE
```

studio.h 내 printf 함수의 정의

이 함수는 stdio.h의 라이브러리 내부에 정의되어 있으므로 표준 함수를 사용하기 위해서는 해당 라이브러리를 #include를 통하여 포함해야 한다.

알아두세요 자바스크립트 안에서는 표준 객체 형태로 제공되는데, 예를 들면 Date, Array, Math 객체 등이 대표적이다.

❷ 사용자 정의 함수

우리가 원하는 기능을 직접 구현한 함수가 바로 사용자 정의 함수이다. 표준 함수는 기본적인 기능만 제공하기 때문에 다양한 사용자의 요구를 모두 만족시킬 수 없다. 그래서 사용자는 표준 함수의 기능을 바탕으로 자신만의 새로운 기능을 만들어낼 수 있다. 우리가 작성하는 대부분의 함수는 사용자 정의 함수라고 볼 수 있다. 이를 비유하면 완구점에서 판매되는 이미 만들어진 완구는 표준 함수와 같고, 레고처럼 사용자가 직접 조합하여 만들어야 하는 완구는 사용자 정의 함수와 같다.

함수의 기본 형태

함수의 기본 형식은 함수 이름 뒤 괄호 안에 인수 목록(매개변수)을 넣고, 왼쪽에는 자료형(타입)을 명시하는 구조이다. 그리고 중괄호 안에서는 함수의 기능을 정의하면 된다.

```
❶        ❷        ❸
자료형 함수 이름(인수 목록)
{
              ❹
          함수의 내용
}
```

❶ **자료형 :** 함수 리턴값의 타입을 표기한다.

❷ **함수 이름 :** 함수 기능과 밀접한 이름으로 만드는 것이 좋다.

❸ **인수 목록 :** 함수에 필요한 값을 전달할 때 사용한다.

❹ **함수의 내용 :** 중괄호({ }) 사이의 영역에 작성한다.

알아두세요 자바스크립트도 함수 형식이 비슷한데. 차이점은 자료형 자리에 function 키워드가 표기된다는 점이다.

```
function 함수 이름(인수 목록)
{
        함수의 내용
}
```

두 수를 전달받아 더한 후 리턴하는 함수를 만들어 보자. 함수의 이름은 Plus로 정하고, 두 개의 인수 a와 b를 전달받는 함수를 작성한다.

```
int Plus(int a, int b)
{
        return a + b;
}
```

함수의 기능은 a와 b를 더한 결과를 리턴하는 것이다. 이때 리턴값의 타입이 정수형이므로 함수 이름 앞에 int를 표시한다.

함수 정의 및 호출하기

사용자 함수를 작성하고 main 함수 안에서 호출하여 실제 함수가 동작하는 결과를 확인해 보자.

Func.c

```
#include <stdio.h>
int Plus(int x, int y)
{
        return x + y;
}

int main(void)
{
        int a = 20;
        int b = 10;
```

```
11          int hap = Plus(a, b);
12
13          printf("두 정수의 합 : %d\n", hap);
14
15          return 0;
16  }
```

2~5라인 : Plus라는 이름으로 사용자 정의 함수를 작성한다. 매개변수 x와 y로 전달받아 두 수를 더한 결괏값을 리턴한다.

12라인 : Plus 함수를 호출한다. 이때 실매개변수인 a와 b의 값을 전달하고 리턴된 결괏값을 변수 hap에서 받는다.

```
두 정수의 합 : 30
```

이 코드의 프로그램 흐름을 살펴보자.

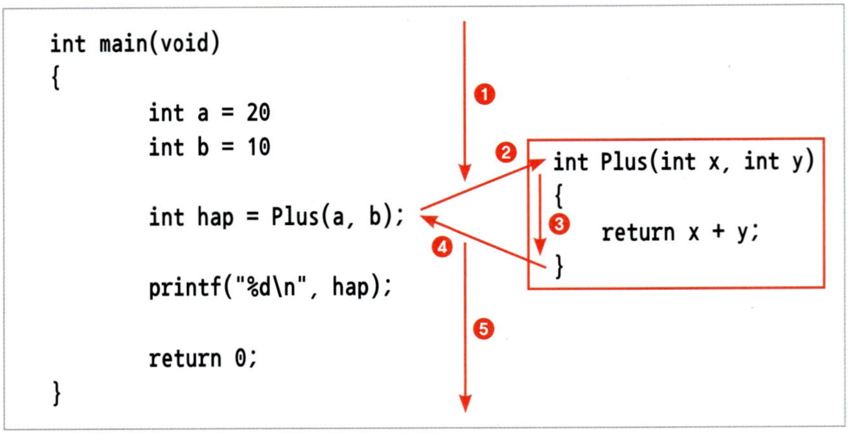

프로그램 수행 중 함수의 호출 및 반환 시점

main 함수가 시작되어 수행되다가 Plus 함수 호출부를 만나면 해당 함수로 이동한다. 실매개변수 a와 b는 형식 매개변수 x와 y에 복사되고, 함수가 수행되면서 x + y의 결과가 리턴된다. 이후 함수 호출 지점으로 돌아가서 결괏값을 hap 변수에 전달하고, 나머지 코드를 수행한다.

2.6 배열

배열이란 무엇인가

배열은 같은 속성을 가진 요소들을 나열한 것을 말한다. 우리 생활 속에서도 배열의 형태를 쉽게 찾아볼 수 있으며, 대표적으로 달걀 한 판이 있다. 같은 속성을 가진 달걀들이 여러 개 모여 집합을 이루고 있다. 만약 이 중 하나를 빼고 오리알로 교체한다면 이것을 배열이라고 할 수 있을까? 그렇게 되면 '같은 속성'이라는 특징이 깨지므로 배열이라고 할 수 없다.

배열은 왜 사용할까

다양한 프로그래밍 언어는 공통적으로 배열을 사용한다. 만약 정수형 변수 하나를 선언해야 한다면 int a라고 표기할 것이다. 정수형 변수 두 개를 선언해야 한다면 int b를 추가하면 된다. 정수형 변수 10개를 선언하려면 int c, int d, int e처럼 변수를 늘리면 된다. 그렇다면 변수 100개도 선언할 수 있을까? 가능하긴 하지만, 이 많은 변수를 일일이 선언하는 것은 번거롭다. 그래서 배열을 사용하면 다량의 변수 선언을 한 번에 해결할 수 있다. 예를 들어, 100개의 변수가 필요하다면 다음과 같이 선언할 수 있다.

```
int arr[100];
```

변수가 100개 선언되었다. 이제 변수가 200개, 300개, 1000개가 필요하다면 이렇게 단 한 라인의 배열로 간단하게 선언할 수 있다.

배열의 구조

배열의 구조는 크게 배열의 타입, 배열의 이름, 배열의 길이로 구성된다.

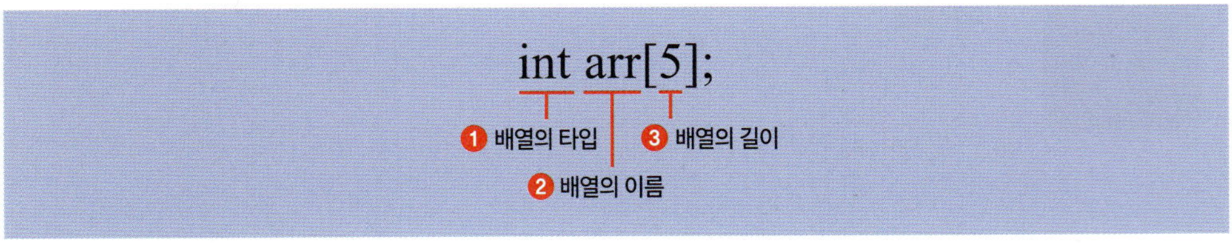

❶ **배열의 타입 :** 각 배열 요소의 타입을 나타낸다.

❷ **배열의 이름 :** 각 배열 요소에 접근하기 위해서 배열의 이름이 필요하다.

❸ **배열의 길이 :** 선언한 변수의 개수라고 생각하면 된다.

int arr[5]는 배열 요소가 정수형임을 의미하고, 배열의 이름은 arr이다. 이 배열은 길이가 5이므로 정수형 변수 5개가 선언된 것과 같다. 이 배열이 선언되었을 때 메모리의 구조는 다음과 같다.

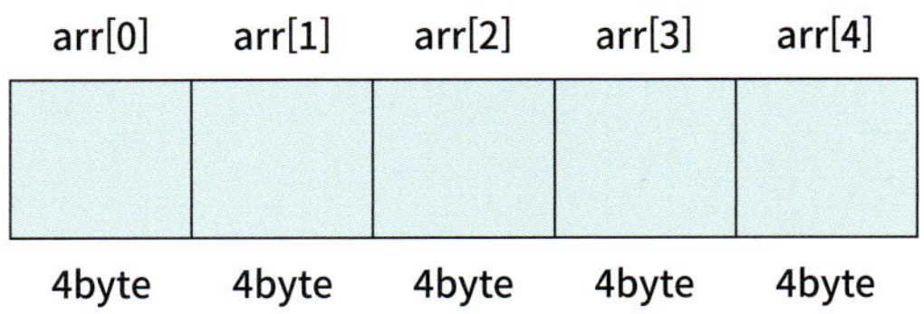

각 배열 요소는 4바이트를 차지하고, 배열 전체는 총 20바이트를 차지한다. 배열의 각 요소는 인덱스를 통해 접근할 수 있는데 인덱스는 0부터 시작하므로 첫 번째 요소는 arr[0], 두 번째 요소는 arr[1] 등으로 표현된다. 각 배열 요소에 접근할 때도 인덱스를 사용할 수 있다.

```
int arr[3];
arr[0] = 1;
arr[1] = 2;
arr[2] = 3;
```

총 12바이트의 배열을 선언하고 각 요소에 인덱스를 통해 접근하여 원하는 값을 대입할 수 있다.

Arr.c

```
1	#include <stdio.h>
2	int main(void)
3	{
4		int arr[3];
5		arr[0] = 1;
6		arr[1] = 2;
7		arr[2] = 3;
8
9		for (int i = 0; i < 3; i++) {
10			printf("arr[%d] = %d\n", i, arr[i]);
11		}
12		return 0;
13	}
```

4라인 : arr은 정수형의 배열로 크기는 3이다.

5~7라인 : 배열의 인덱스는 0부터 시작하여 각 요소에 1, 2, 3 값을 할당한다.

9~11라인 : 배열의 해당 요소 값을 출력한다.

```
arr[0] = 1
arr[1] = 2
arr[2] = 3
```

이렇게 배열의 각 요소에 일일이 값을 대입하는 것은 매우 번거롭기 때문에 문법적으로 한 번에 초기화하는 방법이 있다.

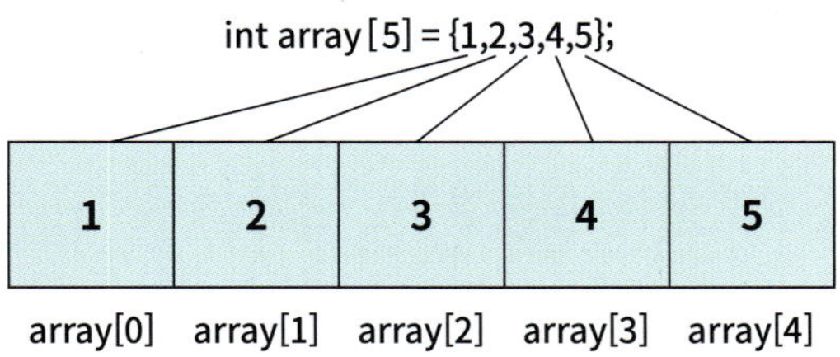

배열의 길이와 초깃값의 개수가 일치하는 경우

선언한 배열 오른쪽에 중괄호를 열고 배열의 길이만큼 초깃값을 입력하면 된다.

Arr.c

```
1   #include <stdio.h>
2   int main(void)
3   {
4           int arr[3] = {1,2,3};
5           int total = 0;
6
7           for (int i = 0; i < 3; i++) {
8                   total += arr[i];
9           }
10          printf("배열의 총합 = %d\n", total);
11          return 0;
12  }
```

4라인 : arr은 정수형의 배열로, 선언과 동시에 각 배열의 요소를 1, 2, 3으로 초기화한다.

5라인 : 배열의 요소 합을 저장할 total을 선언하고 초깃값을 0으로 설정한다.

7~9라인 : 반복으로 배열의 각 요소 arr[i] 값을 total에 더한다.

10라인 : 배열의 최종 합을 출력한다.

```
배열의 총합 = 6
```

배열을 사용할 때 다량의 데이터를 다룰 경우 필요한 양을 미리 알 수 없는 경우가 많다. 이때 배열의 크기를 지정하지 않고 원하는 만큼의 초깃값만 지정하면 컴파일러가 초깃값 개수를 보고 자동으로 배열의 길이를 계산한다. 보통 이 방법을 많이 사용한다.

```
int arr[] = {1,2,3};
```

4라인의 배열 선언부를 이렇게 수정해도 결과는 동일하게 출력된다.

배열의 복사

배열을 복사하는 구조를 살펴보자. 일반적으로 같은 타입의 변수끼리는 복사할 수 있다. 예를 들어 a = b;와 같은 식으로 말이다. 그렇다면 배열도 본질적으로 변수이기 때문에 복사할 수 있을 것 같다.

Arr.c

```
1   #include <stdio.h>
2   int main(void)
3   {
4           int arr1[3] = {1,2,3};
5           int arr2[3];
6
7           arr2 = arr1;
8
9           return 0;
10  }
```


7라인 : 배열 arr1을 배열 arr2에 복사한다.

변수의 관점에서 생각해 보면 arr1이 arr2에 그대로 복사될 것 같지만 다음과 같이 오류가 발생한다.

```
error C2106: '=': 왼쪽 피연산자는 l-value이어야 합니다.
```

오류의 내용을 보면 배열은 상수이기 때문에 값을 넘겨받을 수 없다고 나온다. 즉, 배열의 이름 자체는 상수라는 뜻이다. 그렇다면 배열과 배열은 어떻게 복사해야 하는가? 배열은 요소끼리 복사해야 한다.

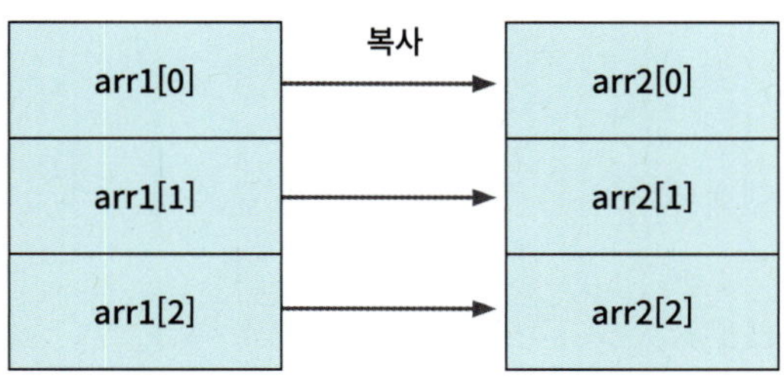

첫 번째 인덱스는 첫 번째 인덱스끼리, 두 번째 인덱스는 두 번째 인덱스끼리 요소를 복사해야 한다. 자바스크립트나 파이썬과 같은 언어에서는 배열을 복사할 때 변수 복사처럼 간편하게 사용했을 것이다. 하지만 이는 사용자에게 편리한 문법을 제공하기 위한 것이고, 실제로 내부적으로는 요소끼리 복사가 이루어진다.

Arr.c

```c
1 #include <stdio.h>
2 int main(void)
3 {
4         int arr1[3] = {1,2,3};
5         int arr2[3];
6 
7         for (int i = 0; i < 3; i++) {
8                 arr2[i] = arr1[i];
9         }
10        for (int i = 0; i < 3; i++) {
11                printf("arr2[%d]=%d\n", i, arr2[i]);
12        }
13        return 0;
14 }
```

7~9라인 : 배열 arr1의 각 요소를 배열 arr2에 복사한다. 이 반복이 종료되면 arr2는 arr1과 동일한 값을 갖는다.

10~12라인 : arr2의 각 요소를 순차적으로 출력한다. arr1에서 복사된 배열의 요소값이 그대로 출력된다.

```
arr2[0]=1
arr2[1]=2
arr2[2]=3
```

문자열 변수

지금까지 우리가 사용했던 문자열은 수정할 수 없는 문자열 상수였다.

```c
printf("Hello World");
```

하지만 배열을 이용하면 문자열도 변수로 사용할 수 있는데, char형으로 배열을 선언한 후 문자열을 대입하면 문자열 변수를 만들 수 있다.

```c
char str[12] = "Hello World";
```

"Hello World"라는 문자열을 대입했을 때 메모리상에 문자열을 살펴보면 문자 수는 공백을 포함하여 11개인데, 총 12개의 메모리 공간을 할당한 것을 볼 수 있다.

H	e	l	l	o		W	o	r	l	d	\0

문자열 끝에 null 문자가 반드시 추가되어야 하기 때문이다.

Str.c

```
1    #include <stdio.h>
2    int main(void)
3    {
4            char str[12] = "Hello World";
5            printf("%s\n", str);
6            return 0;
7    }
```

4라인 : "Hello World"는 문자열 리터럴로 11개의 문자와 문자열의 끝을 나타내는 널(\0)로 구성된다. 따라서 총 12바이트로 구성된다.

5라인 : %s는 문자열 출력 서식 지정자로 문자열 전체를 출력한다.

```
Hello World
```

null 문자에 관하여

문자열 끝에는 반드시 null 문자가 추가된다고 하였다. 왜 null 문자가 필요할까?

```
char str[100] = "Beautiful";
```

예를 들어, 문자형 100바이트 배열에 "Beautiful" 문자열을 대입해 보자. 배열의 크기는 100인데, 문자열의 길이는 9개 문자이다. 그렇다면 91개의 공간은 사용하지 않게 된다. 이 공간에는 어떤 값들이 들어가 있을까? 아마 쓰레기값으로 채워져 있을 것이다.

```
Beautiful39fj09wur098ef03209dcuw3dhfuwye38e….
```

우리는 이 문자열을 보면서 유효한 문자열이 "Beautiful"이라는 것을 알 수 있지만, 컴퓨터는 구분할 수 있을까? 컴퓨터 입장에서는 Beautiful이나 나머지 쓰레기값들이나 똑같이 문자열인 것이다. 사람이 의미 있는 문자열을 컴퓨터가 인식할 수 있도록 하려면 문자열 끝에 null을 추가해 컴퓨터에게 null까지만 인식하라고 알려주는 것이다. 그래서 "Beautiful" 문자열에 필요한 공간은 9개가 아니라, null을 포함한 10개가 필요하다.

Str.c

```
1  #include <stdio.h>
2  int main(void)
3  {
4          char str[100] = "Beautiful";
5          printf("%s\n", str);
6          return 0;
7  }
```

4라인 : "Beautiful" 문자열은 9개의 문자와 문자열의 끝을 나타내는 널(\0)로 구성된다. 배열의 크기는 100이지만 널 문자를 만나면 초기화되지 않으며 메모리상에 쓰레기값으로 남는다.

5라인 : str 배열의 시작 주소를 받아 문자열의 널(\0)까지 출력한다.

```
Beautiful
```

3 장

코드 안에서 일어나는 동작 원리

학 습 목 표

- 코드 내부에서의 동작 원리를 이해하는 데 초점을 맞춘다.
- 포인터의 원리부터 함수 포인터, 동적 메모리 할당, 사용자 정의 타입 등을 학습하며 프로그래밍 내부의 원리와 심화 개념을 이해한다.

REACT

3.1 포인터

포인터를 알아야 하는 이유

C 언어에서 포인터는 마치 통곡의 벽과 같다. 우리가 포인터에 대해 배우는 이유는 자바스크립트를 비롯한 다른 객체지향 언어를 다룬 적이 있다면 사실 이미 포인터를 자주 사용하고 있기 때문이다. 그런데도 우리는 포인터의 개념과 원리를 잘 이해하지 못하고 있는 경우가 많다. 포인터를 이해하는 것은 메모리의 동작 구조를 이해하는 것과 같다. 우리가 직접 포인터로 연산할 필요는 없지만, 객체지향 언어에서 사용하는 많은 객체 기반 동작들이 모두 포인터 기반이라는 점만 이해하면 된다.

변수 선언 시 메모리 구조

만약 a, b, c 변수를 각각의 타입으로 선언하고 초기화하면 메모리 구조는 다음과 같을 것이다.

```
char a = 'A';
int b = 100;
double c = 4.99;
```

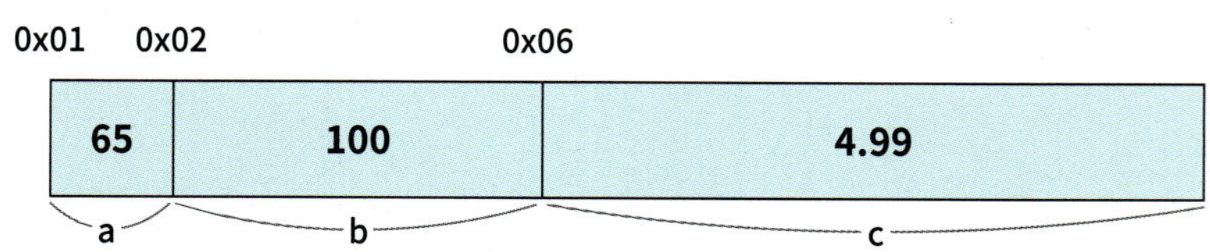

a는 문자 타입이므로 1바이트, b는 정수 타입이므로 4바이트, c는 실수 타입이므로 8바이트를 할당한다. 그리고 각 변수에 맞는 데이터를 대입한다. 주목할 점은 각각의 바이트

마다 주소값이 할당된다는 것이다. 여기까지 변수 선언에 따른 메모리 구조를 이해하는 데 어려움은 없을 것이다.

포인터의 개념

이제 포인터의 개념에 대해 살펴보자. 앞서 살펴본 메모리 구조를 확장한 형태이다.

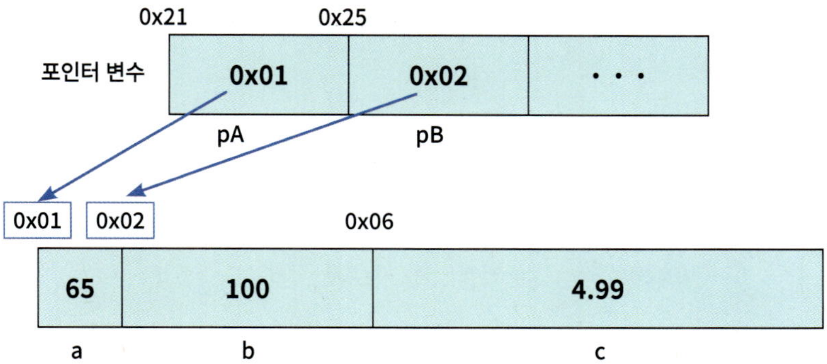

메모리는 일렬로 이어져야 하지만, 편의상 위아래 두 부분으로 나누어 설명했다. 위쪽에 4바이트를 차지하는 pA라는 이름의 메모리에는 0x01이라는 주소값이 저장되어 있는데, 이 값은 무엇일까? 바로 변수 a의 주소값이다. 즉, 변수 a의 주소값을 저장하는 변수 pA인 것이다. 이렇게 특정 주소값만 저장하는 변수를 포인터 변수라고 한다. 마찬가지로 0x02 주소값을 저장하는 변수 pB의 메모리가 있으며, 이는 변수 b의 주소값을 저장하는 포인터 변수이다.

정리하면 포인터는 포인터 변수의 줄임말로, 어떤 메모리 변수의 주소값만을 저장하는 변수라고 할 수 있다. 이것이 포인터 개념의 핵심이다.

포인터 개념을 이해하기 위한 쉬운 예로 컴퓨터의 원격 데스크톱 제어 기능을 들 수 있다. 내 컴퓨터에서 다른 컴퓨터를 원격으로 제어하는 기능이다. 예를 들어, 회사에서 작업을 하다가 퇴근했는데 집에서 회사 컴퓨터에 접속하고 싶다면, 이 기능을 통해서 회사 컴퓨터에 접속해 마치 내 컴퓨터처럼 모든 기능을 제어할 수 있다. 이때 필요한 정보가 바로 회사 컴퓨터의 호스트 주소 정보, 즉 IP 주소이다. IP 주소를 통하여 해당 컴퓨터에 접근할 수 있는 것이다.

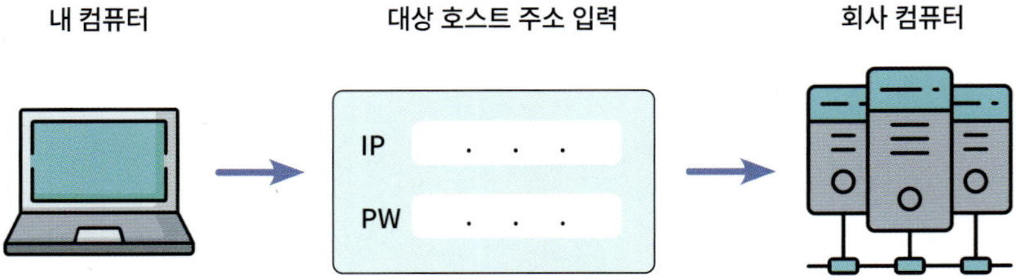

포인터는 이러한 원격 데스크톱 기능과 비슷하다. 포인터 변수가 집 컴퓨터로 어떤 대상 메모리 변수의 주소값(회사 컴퓨터의 주소값)을 저장하고 있다면 해당 변수를 장악해서 마치 내 변수인 것처럼 마음대로 제어할 수 있다.

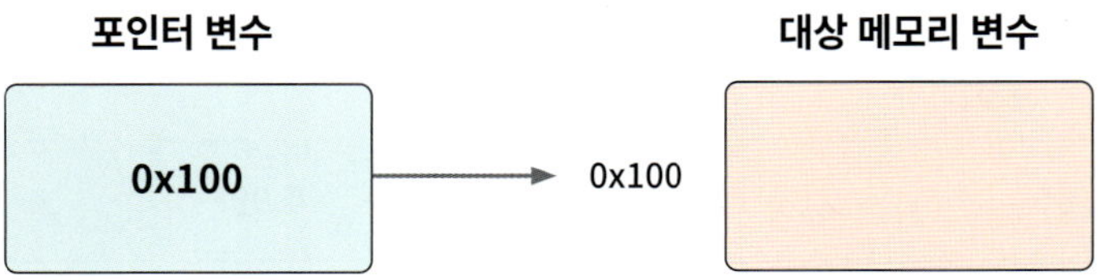

포인터의 기본 사용법

C 언어에서 포인터 변수를 표현할 때 일반 변수와 구분하기 위해서 변수명 앞에 * 기호를 붙인다. 그러면 이 변수는 주소값만 저장할 수 있는 변수가 된다.

```
int *pA;
```

포인터 변수에 일반 변수의 주소값을 어떻게 전달할 수 있을까? 바로 주소 연산자 &을 사용하면 된다.

```
int a = 100;
int *pA = &a;
```

&a와 같이 값을 넘겨주면 변수 a의 값이 아니라 변수 a의 메모리 주소값을 리턴한다. 즉, 변수 pA에는 a의 주소값이 저장된다.

포인터 변수가 대상 변수를 '가리킨다'고 표현하기도 하는데, 만약 헷갈린다면 '대상 변수의 주소값을 저장하고 있다.'라고 표현해도 된다.

Pointer.c

```c
1   #include <stdio.h>
2
3   int main(void)
4   {
5           int a = 100;
6           int* pA = &a;
7
8           printf("a = %d\n", a);
9           printf("&a = %p\n", &a);
10          printf("pA = %p\n", pA);
11          printf("*pA = %d\n", *pA);
12          return 0;
13  }
```

6라인 : &a는 변수 a의 메모리 주소값으로 포인터 변수 pA에 저장한다.

8라인 : 변수 a의 값을 출력한다.

9라인 : 변수 a의 메모리 주소값을 출력한다. %p는 포인터(메모리 주소값)를 출력할 때 사용하는 서식 지정자이다.

10라인 : 포인터 변수 pA에 저장된 값을 출력한다. 주소값을 저장하고 있기 때문에 &a와 동일한 값이 출력된다.

11라인 : 포인터 변수 선언부를 제외하고 이후 코드에서 포인터 변수 이름 앞에 *를 붙이면 이것은 포인터 변수가 가리키는 대상 메모리의 실제 값을 가져온다. 이 경우에는 변수 a의 값인 100이 출력된다.

```
a = 100
&a = 0000001BF5CFFA44
pA = 0000001BF5CFFA44
*pA = 100
```

알아두세요 포인터 변수를 선언할 때의 *pA와 출력할 때의 *pA에서 * 기호의 의미는 다르다. 선언 시 *pA는 pA가 주소값만 저장할 수 있는 포인터 변수임을 나타내고, 출력 시 *pA에서 *는 가리키는 해당 메모리의 실제 값을 참조한다는 의미이다.

이 코드의 메모리 구조를 보면 다음과 같다.

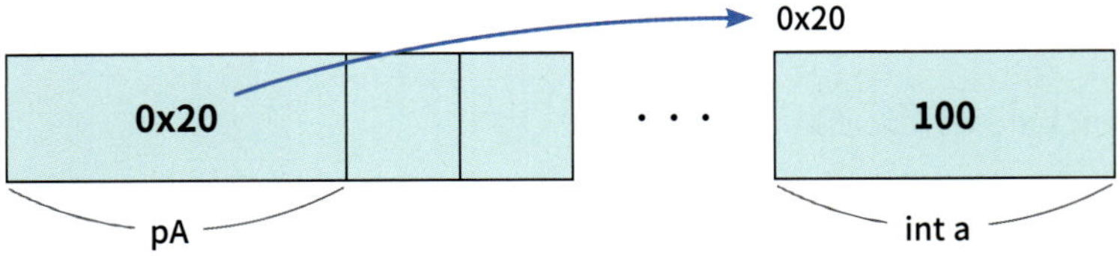

int a의 변수는 4바이트를 차지하고 100이라는 변수를 담고 있다. 이 메모리 주소를 pB라는 변수가 담고 있으므로 이 변수를 포인터 변수라고 한다. pB는 변수 b의 주소값을 가지고 있으므로 실제 값을 참조하거나 제어할 수 있다.

3.2 포인터와 배열

배열 이름의 의미

배열의 이름은 엄밀하게 말하면 배열의 첫 번째 주소값을 가지고 있는 메모리이다. 즉, 배열의 첫 번째 요소의 주소값을 가리키는 포인터라는 의미이다.

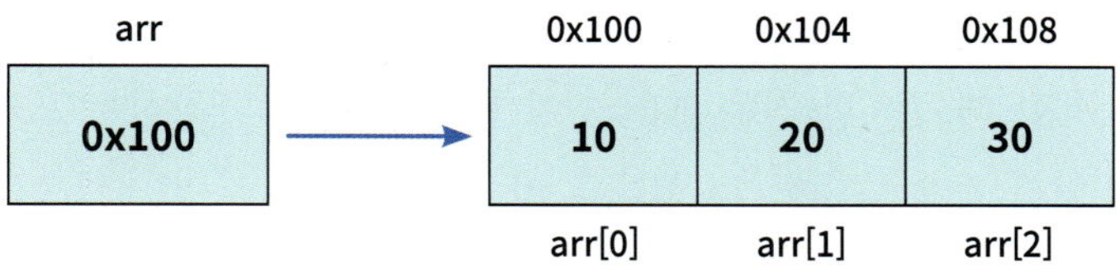

배열의 이름은 주소값을 저장하는 포인터이기는 하지만 변수가 아니라 상수이다. 그래서 이것을 포인터 상수라고 한다.

PointerArr.c

```
1   #include <stdio.h>
2
3   int main(void)
4   {
5           int arr[] = { 10, 20, 30 };
6
7           for (int i = 0; i < 3; i++) {
8                   printf("%p\n", &arr[i]);
9           }
10          printf("%p\n", arr);
11          return 0;
12  }
```

7~9라인 : 반복을 통해 배열의 각 요소에 대한 주소값을 출력한다. 배열의 각 요소가 연속된 메모리 공간에 저장되어 있음을 확인할 수 있다.

10라인 : 배열의 이름을 출력한다. 배열의 첫 번째 요소의 주소값과 동일함을 확인할 수 있다. 즉 arr은 &arr[0]과 같다.

```
00000059F35CF748
00000059F35CF74C
00000059F35CF750
00000059F35CF748
```

결과를 보면 가장 첫 번째 출력한 주소값인 &arr[0]과 가장 마지막에 출력한 주소값인 arr의 값이 동일함을 확인할 수 있다.

배열의 이름과 포인터 변수의 차이점

배열 이름을 사용할 때 주의할 점은 배열의 이름이 주소값을 저장하는 포인터라 해도 일반 포인터 변수처럼 값을 대입할 수 없다는 것이다. 그 이유는 배열의 이름이 상수이기 때문이다.

PointerArr.c

```
1   #include <stdio.h>
2
3   int main(void)
4   {
5           int arr1[] = { 10, 20, 30 };
6           int arr2[] = { 40, 50, 60 };
7
8           printf("%p\n", arr1);
9           printf("%p\n", arr2);
10
11          arr1 = arr2;
12          return 0;
13  }
```

8~9라인 : 배열의 이름은 첫 번째 요소의 주소를 나타내므로 출력값은 arr1과 arr2가 저장된 메모리의 시작 주소이다.

11라인 : 배열 이름은 포인터 상수이므로 다른 주소값을 대입받을 수 없다. arr1에 값을 할당하려고 시도하면 오류가 발생한다.

```
error C3863: 배열 형식 'int [3]'은(는) 할당할 수 없습니다.
```

컴파일 오류가 발생하는 이유는 배열 이름이 상수이기 때문이다. 즉, 상수에 값을 대입하려고 시도했기 때문에 오류가 발생하는 것이다. 이는 마치 3 = 5처럼, 5를 3에 대입할 수 없는 원리와 동일하다.

3.3 함수 포인터

함수 포인터 사용

함수를 포인터처럼 사용할 수 있는 기능이 있다. 바로 함수 포인터인데, 용어를 외우거나 완전히 숙지할 필요는 없고 이 개념만 이해하면 된다. 왜냐하면 자바스크립트를 비롯한 여러 객체지향 언어에서 함수를 변수에 담는 기능이 바로 함수 포인터의 원리이기 때문이다.

리턴 타입(*함수 포인터 이름)(매개변수 리스트);

형태가 다소 특이해 보일 수 있다. 가장 먼저 함수의 리턴 타입을 선언하고, 그다음 포인터 변수의 이름을 지정한다. 주소값만 저장하는 변수이므로 반드시 * 기호를 붙여야 한다. 그 후 괄호 안에는 사용할 대상 함수의 매개변수 리스트를 지정한다.

만약 어떤 함수가 정수형 리턴 타입을 가지고, 두 개의 매개변수를 받는 함수의 주소값을 받는 함수 포인터라면, 다음과 같이 선언할 수 있다.

```
int (*func_ptr)(int, int);
```

두 수를 더해서 리턴하는 Plus 함수를 함수 포인터에 대입하여 호출해 보자.

FuncPtr.c

```
#include <stdio.h>

int Plus(int a, int b) {
    return a + b;
}

int main(void) {
```

```
8        int (*func_ptr)(int, int);
9
10       func_ptr = Plus;
11
12       int result = func_ptr(10, 20);
13       printf("Result: %d\n", result);
14       return 0;
15   }
```

8라인 : 함수 포인터 func_ptr을 선언한다. 이 포인터는 리턴값이 int이고 매개변수 int가 2개인 함수의 주소값을 받을 수 있다.

10라인 : func_ptr은 Plus 함수의 주소를 저장한다.

12라인 : 함수 포인터 func_ptr를 사용하여 Plus 함수를 호출한다.

```
Result: 30
```

함수를 직접 호출하는 것이 일반적이지만, 이렇게 함수 포인터를 통해 간접적으로 함수를 호출할 수도 있다.

함수 포인터를 사용하는 이유

함수 포인터를 사용하면서 이런 의문이 들 수 있다. '왜 직접 함수를 호출하면 되지, 굳이 함수 포인터에 주소를 넘기고 간접적으로 호출해야 할까?' 지금은 불필요하고 번거롭게 느낄 수 있지만, 이는 나중에 함수의 동적 바인딩을 구현하는 중요한 기반이 된다.

메모리의 크기와 위치가 컴파일 타임에 결정되면 이를 정적 바인딩이라고 하고, 런타임 시점에 결정되면 동적 바인딩이라고 한다. 예를 들어, 자바스크립트는 입력한 값에 따라 타입이 결정되므로 동적 바인딩을 사용하고, C 언어는 타입을 미리 정의하고 값을 할당하므로 기본적으로 정적 바인딩을 사용한다. 하지만 실무에서 코드를 작성하다 보면 런타임 시점에 결정해야 하는 경우가 있다. 이때 함수 포인터를 사용하면 동적 바인딩을 구현할 수 있다.

대표적인 사례가 플러그인과 같은 확장 기능이다. 우리가 자주 사용하는 비주얼 스튜디오 코드와 같은 도구에서 확장 기능은 필수적으로 사용된다. 확장 기능을 어떻게 추가할까? 스토어에서 검색해 설치만 하면 비주얼 스튜디오 코드에 기능이 간단하게 추가된다. 그런데 비주얼 스튜디오 코드는 이미 컴파일된 애플리케이션인데, 어떻게 새로운 모듈이 코드에 내장되지 않고 추가될 수 있을까? 바로 함수 포인터의 원리 덕분이다. 내부 코드에 func_ptr을 구현해 두고, 외부에서 확장된 내용을 Plus 함수와 같은 형태로 전달하는 방식이다. 즉, 코드를 규격에 맞춰 놓고 함수 포인터를 사용해 동적으로 기능을 추가하는 것이다. 완벽하게 이해하지 못해도 괜찮다. 지금은 그 개념만 기억해 두자.

어릴 적 가지고 놀던 합체 로봇에서 대표적인 플러그인 형태를 볼 수 있다. 원래 합체된 형태는 왼쪽과 같지만, 어느 날 로봇의 무기가 업그레이드되면서 팔 한쪽이 떨어져 나가고, 새로운 무기가 자연스럽게 합체된다. 일반적으로 모듈이 추가되려면 설계를 다시 해야 하지만, 여기서는 설계를 변경하지 않고 외부 모듈이 그냥 합체된 것이다. 즉, 처음 설계할 때 규격을 맞춰 놓으면 모듈을 손쉽게 끼웠다 뗐다 할 수 있다. 이것이 바로 플러그인 방식이다.

3.4 구조체, 공용체, 열거형

REACT

구조체란

다량의 변수를 한꺼번에 선언하려면 배열을 사용한다. 하지만 변수를 사용하다 보면 서로 다른 변수이지만 연관된 데이터를 하나로 묶어야 할 때가 있는데, 이럴 때 구조체를 사용하면 된다. 구조체를 사용하면 연관된 여러 데이터 타입을 묶어 사용자가 정의한 새로운 데이터 타입을 만들 수 있다. 구조체는 객체지향 언어에서는 클래스의 형태로 확장되는데, 두 개의 본질은 모두 사용자가 정의한 데이터 타입이라는 점에서 같다.

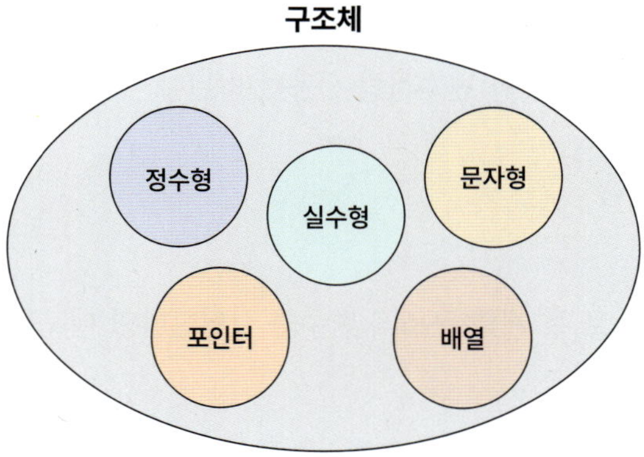

구조체를 사용하는 이유

구조체를 사용하는 이유는 연관된 변수들을 하나로 묶어 관리하기에 유용하기 때문이다. 같은 타입의 연관된 변수들을 묶는다면 배열로 충분하지만, 서로 다른 타입의 연관된 변수들을 묶으려면 구조체가 더 적합하다. 예를 들어, 학생 관리 시스템을 정의한다고 가정해 보자. 한 명의 학생 정보에는 이름, 나이, 성적 등의 정보가 있는데, 이 변수들을 별도로 관리하면 서로 간의 연관성을 알기 어렵다. 학생 수가 10명 이하면 어떻게든 관리할 수 있겠지만, 학생 수가 100명이라면 이름, 나이, 성적 정보를 하나로 그룹화해야 한다.

만약 그룹화하지 않으면 이름, 나이, 성적을 별도로 관리해야 해서 누가 어떤 나이이고, 누가 어떤 성적인지 알 수 없게 된다. 이럴 때 구조체를 사용하면 학생 1명을 이름, 나이, 성적으로 하나의 그룹으로 묶을 수 있다.

구조체 정의하기

구조체를 생성하는 기본 형태는 struct라는 키워드를 작성한 뒤 구조체 이름을 지정하는 것이다. 그다음 중괄호 안에 구조체로 묶을 데이터 변수들을 입력하는데, 이 변수들을 구조체 멤버라고 한다.

```
struct Student{
        char name[10];
        int age;
        char grade;
};
```

Student라는 구조체 이름으로 새로운 데이터 타입을 생성한 것이다. 구조체도 본질적으로 데이터 타입이기 때문에 일반 변수처럼 사용하면 된다.

```
struct Student st1, st2;
```

이렇게 Student 타입으로 두 개의 구조체 변수를 선언한다면 메모리 구조는 다음과 같다.

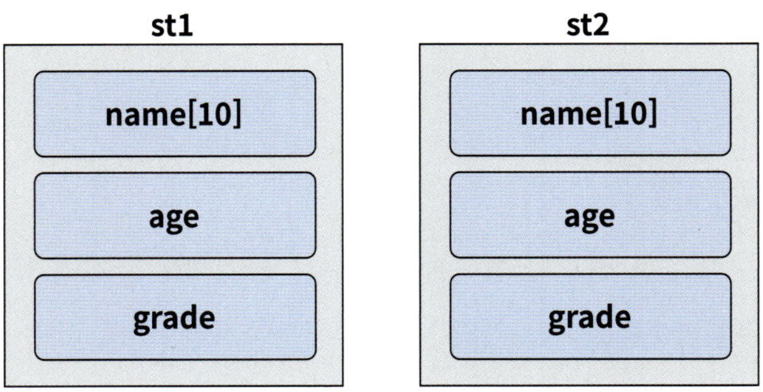

Student가 하나의 데이터 타입이므로 st1과 st2 구조체 멤버는 각각 독립적인 메모리 구조를 갖는다. 현재 Student 타입의 총 크기는 15바이트이다. 즉, 1명의 학생이 갖는 정보의 데이터 크기를 의미한다.

● 구조체 멤버에 접근하기

실질적인 데이터는 구조체 멤버에 저장된다. 데이터는 각각 name, age, grade에 저장되며, 구조체 멤버에 접근하려면 구조체 변수를 통해 직접 접근 연산자를 사용하여 멤버의 값을 참조해야 한다.

[구조체 변수명].[구조체 멤버]

Student 타입의 구조체를 기반으로 구조체 멤버에 접근한다면 다음과 같이 접근할 수 있다.

```
st1.name
st1.age
st1.grade
```

구조체 멤버에 접근할 때 점(.)을 사용하는데 이를 직접 접근이라고 한다.

Struct.c

```
1   #include <stdio.h>
2
3   struct Student {
4           char name[10];
5           int age;
6           char grade;
7   };
8
9   int main(void)
10  {
11          struct Student st1 = { "jamsuham", 30, 'A' };
12
13          printf("Name : %s\n", st1.name);
14          printf("Age : %d\n", st1.age);
15          printf("Grade : %c\n", st1.grade);
16          return 0;
17  }
```

11라인 : 구조체 변수 st1에 대하여 초기화한다. 선언과 동시에 초기화하는 경우 중괄호({ }) 사이에 데이터를 입력한다.

13라인 : 구조체 변수 st1을 통해 구조체 변수 name에 접근하여 데이터를 출력한다.

14라인 : 구조체 변수 st1을 통해 구조체 변수 age에 접근하여 데이터를 출력한다.

15라인 : 구조체 변수 st1을 통해 구조체 변수 grade에 접근하여 데이터를 출력한다.

```
Name : jamsuham
Age : 30
Grade : A
```

구조체 변수 1개의 메모리는 각각 name 10바이트, age 4바이트, grade 1바이트로 총 15바이트를 갖는다.

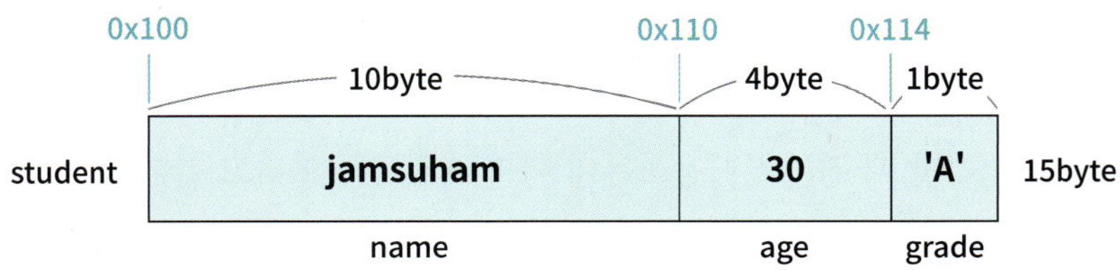

공용체

공용체는 구조체와 마찬가지로 서로 연관된 다른 타입의 데이터를 묶어 새로 정의한 사용자 정의 타입이다. 공용체는 union 키워드를 사용하고, 그 뒤에 공용체 이름을 지정한다. 사용 방법은 구조체와 동일하다.

```
struct stTemp
{
    char a;
    int b;
    double c;
}st;
```

```
union unTemp
{
    char a;
    int b;
    double c;
}un;
```

구조체와의 구조적 차이점은 공용체의 경우 메모리를 공유한다는 점이다.

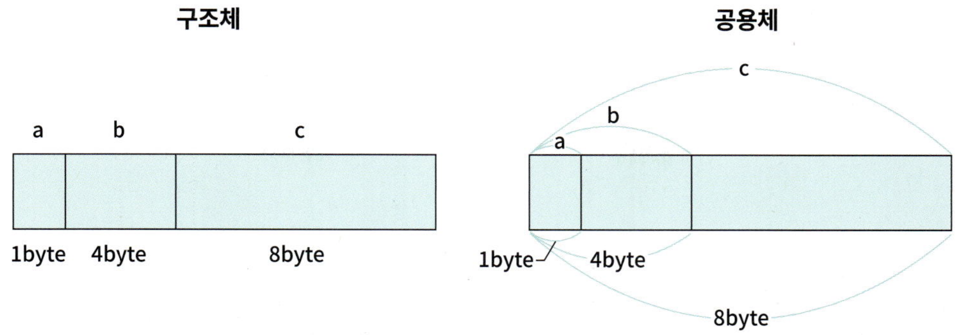

공용체는 타입스크립트에서도 사용되므로 잘 익혀두는 것이 좋다. 공용체에서 데이터의 메모리를 공유하는 것처럼 타입스크립트의 유니온도 타입을 공유한다. 유니온에 대해서는 이후 타입스크립트에서 다시 자세히 살펴볼 것이다.

열거형

열거형은 상수 값을 관리하기 위해 사용되는 데이터 타입이다. 열거형을 사용하면 관련된 정수형 상수를 의미 있는 이름으로 정의할 수 있어 코드의 가독성과 유지 보수성을 향상시킬 수 있다. 열거형도 사용자가 직접 만든 사용자 정의 타입으로, enum 키워드를 사용하여 정의하며 그 뒤에 열거형 이름을 지정한다. 그리고 중괄호({ }) 안에 사용할 멤버 이름을 나열하면 된다.

```
enum 열거형 이름{
    상수1,
    상수2,
    상수3,
    ……
};
```

예를 들어, RGB 색상을 나타내는 열거형을 작성한다면 Color라는 이름으로 열거형을 생성하고 내부에 멤버로 RED, GREEN, BLUE로 나타낸다.

```
enum Color{
    RED = 0,
    GREEN,
    BLUE,
};
```

첫 번째 멤버인 RED를 0으로 설정하면 그다음 멤버는 1씩 증가하면서 자동으로 설정된다. 보통 열거형은 구조체나 공용체와 달리 연속적인 데이터에 사용된다. 그래서 한 주의 요일이나 1년간의 월과 같이 순서가 중요한 데이터를 관리할 때 열거형이 적합하다.

Enum.c

```
1   #include <stdio.h>
2
3   enum Color {
4       RED = 0,
5       GREEN,
6       BLUE
7   };
8
9   int main(void) {
10      enum Color color = GREEN;
11
12      printf("선택한 색상 : %d\n", color);
13      return 0;
14  }
```

3라인 : 열거형 Color는 세 가지 색상을 정의한다. RED = 0이므로 그다음 값은 1씩 증가한다.

10라인 : 열거형 변수 Color를 선언하고 GREEN으로 초기화한다. 초기화된 값은 1이다.

12라인 : Color 변수의 값을 정수 형태로 출력한다. GREEN이 대입되어 1이 출력된다.

```
선택한 색상 : 1
```

열거형의 원리는 이후 타입스크립트에서도 동일하게 적용된다. 타입스크립트에서는 열거형 멤버를 정수형 상수뿐만 아니라 문자열로도 설정할 수 있다. 이 부분은 타입스크립트에서 다시 자세히 살펴보도록 하겠다.

3.5 동적 메모리 할당

동적으로 메모리를 할당해야 하는 이유

먼저 '동적'이라는 용어부터 살펴보자. 동적이란 움직인다는 뜻이며, 그 반대는 정적이다.

```
int a;
double b;
```

우리가 일반 변수를 int a, double b라고 선언하면, 시스템이 각 타입에 맞춰 4바이트, 8바이트의 메모리를 할당한다. 이렇게 컴파일 단계에서 미리 결정되는 메모리를 정적 메모리라고 한다. 예를 들어, 학교의 학생 수를 관리하는 student라는 변수가 있다고 가정해 보자. 전교생이 10명이라면 student[10]으로 선언하면 된다.

```
int student[10];
```

갑자기 이 학교에 학생 수가 10배로 늘었다고 가정해 보자. 그렇다면 코드에서 student 배열의 크기를 100으로 늘리면 된다.

```
int student[100];
```

하지만 잘 생각해 보자. 정적 메모리는 컴파일 타임에 크기가 결정된다고 했었다. 이 경우 학생 수가 변경될 때마다 매번 컴파일을 다시 해야 한다. 예를 들어, 누군가 전학을 오거나 가면 학생 수 배열의 크기를 다시 조정하고, 그에 맞게 다시 컴파일해야 한다. 과연 이 방식이 효율적일까? 당연히 그렇지 않다. 결국 학생 수는 유동적이기 때문에 이를 고정하지 않고 실행(런타임)할 때 결정하는 것이 더 효율적이다. 동적 메모리를 사용하는 이유가 바로 여기에 있다.

```
int num = 0;
printf("학생 수 : ");
scanf_s("%d", &num);
int student[num];
```

이처럼 사용자로부터 배열의 길이를 입력받으면 될 것 같지만, 실제로 이 코드에서는 오류가 발생한다. 왜 오류가 발생하는지 생각해 보자.

int student[num] 배열의 메모리 결정 시점은 언제일까? 바로 컴파일 타임이다. 그런데 scanf_s는 언제 실행될까? 이는 런타임이다. 시점이 어떻게 되는지 잘 생각해 보면 컴파일 타임이 먼저이고 런타임이 나중이다. 그런데 지금은 런타임에 입력받은 변수를 컴파일 타임의 변수에 대입하려는 상황이다. 이는 마치 내일 입력받은 값을 오늘 대입하려는 것과 같은 논리다. 즉, 시간 시점이 맞지 않아 생기는 문제이다.

이 문제는 실행 중에 학생 수를 입력받기 때문에 동적 메모리 할당 기법을 통해 해결할 수 있다.

동적 메모리 할당 및 해제

C 언어에서 동적 메모리를 할당하려면 malloc 함수를 사용해야 한다. malloc 함수의 사용법은 다음과 같다.

```
void* malloc(size_t size);
```

❶ **size :** 바이트 단위로 입력한다. 이 크기만큼 메모리를 할당해서 리턴한다.

❷ **리턴값 :** 힙 메모리에 size만큼의 메모리 할당에 성공하면 생성된 메모리의 주소값을 리턴한다. 만약 메모리가 부족하면 NULL 포인터를 리턴한다.

❸ **void* 의미 :** void는 타입이 없다는 뜻이다. 그래서 타입이 지정되지 않는 포인터를 의미한다. 이를 해석하면 '나는 당신이 원하는 메모리 크기만큼 할당할 테니, 메모리는 당신이 원하는 타입으로 정해서 사용하라.'는 뜻이다.

가장 특이한 부분은 void*일 것이다. 비유하면, 정육점에 가면 고기가 용도별로 나누어

판매된다. 국거리용, 구이용, 장조림용 등으로 말이다. 그런데 void* 타입은 용도가 정해져 있지 않다. 대신 고기를 덩어리째로 얼마큼 달라고 요청하는 것과 같다. 받은 고기의 용도는 내가 알아서 정해서 쓰겠다는 의미다. 그래서 void*로 받은 메모리는 반드시 타입 캐스팅을 통해 적절히 사용해야 한다.

Dynamic.c

```
1   #include <stdio.h>
2   #include <stdlib.h>
3
4   int main(void) {
5       int num;
6       int* student;
7
8       printf("학생 수 : ");
9       scanf_s("%d", &num);
10
11      student = (int*)malloc(sizeof(int) * num);
12
13      if (student == NULL)
14      {
15          printf("메모리가 부족합니다.\n");
16          return 0;
17      }
18
19      printf("할당된 메모리 크기 : %d\n", sizeof(int) * num);
20      free(student);
21      return 0;
22  }
```

6라인 : 동적으로 할당된 메모리를 가리키는 포인터 변수이다.

9라인 : 사용자로부터 학생 수를 입력받아 변수 num에 대입한다.

11라인 : malloc 함수는 동적으로 메모리를 할당한다. 할당 크기는 sizeof(int) * num으로 바이트 수를 계산한다. 리턴값은 void*로 (int*)로 타입 캐스팅한다.

13라인 : 메모리 할당에 실패하면 malloc은 NULL을 반환한다. student 포인터 변수가 NULL인 경우 프로그램을 종료한다.

19라인 : 할당된 메모리 크기를 출력한다.

20라인 : malloc으로 할당된 메모리를 해제하여 메모리 누수를 방지한다.

```
학생 수 : 5
할당된 메모리 크기 : 20
```

동적 메모리의 구조

코드의 메모리 구조는 다음과 같다.

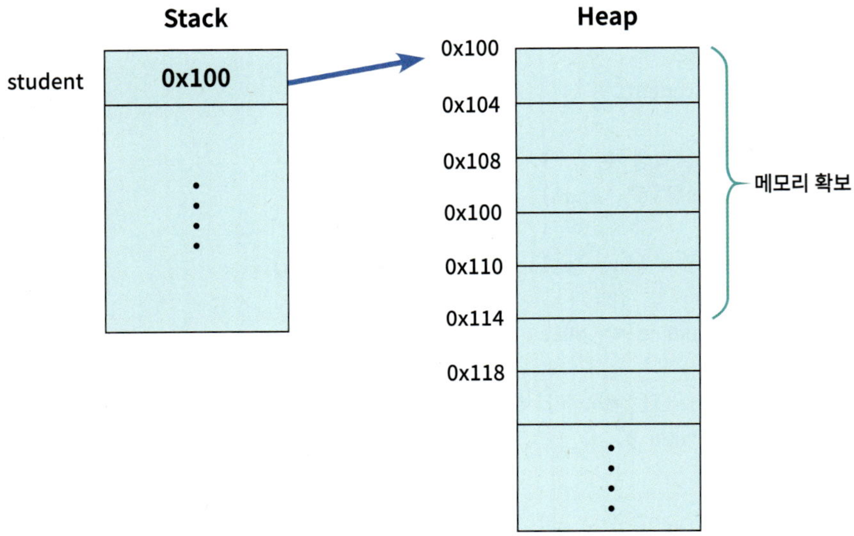

사용자가 malloc을 통해 요청한 동적 메모리는 힙(Heap) 영역에 할당된다. 할당된 메모리의 첫 번째 주소값은 student라는 포인터 변수에 저장된다. 즉, student는 동적 메모리를 가리키고 있다. 힙 메모리에 할당된 메모리는 단독으로 사용할 수 없으며, 반드시 스택(Stack) 메모리의 포인터 변수를 통해서만 접근할 수 있다. 결국 동적 메모리를 사용할 때는 이를 참조할 포인터 변수가 반드시 필요하다.

메모리 사용이 끝나면 C/C++의 경우 반드시 메모리를 해제해야 한다. 그렇지 않으면 메모리 누수가 발생할 수 있다. 이를 '메모리 릭(Leak)'이라고 하며, 메모리 누수는 시스템에 치명적인 문제를 일으킬 수 있으므로 반드시 방지해야 하는 오류다. 그러나 C/C++ 외의 언어, 예를 들어 자바스크립트, C#, 자바와 같은 프레임워크 기반 언어들은 가비지 컬렉터(Garbage Collector)가 자동으로 메모리를 해제하므로 메모리 누수에 대해 걱정할 필요는 없다.

다만, 원리적으로 동적 메모리를 할당할 때는 사용이 끝난 후 반드시 메모리를 해제해야 한다는 점을 기억하는 것이 중요하다.

> 알아두세요
>
> **가비지 컬렉터(Garbage Collector, GC)**
>
> 프로그래밍 언어에서 사용하지 않는 메모리를 자동으로 회수해 메모리 누수를 방지하는 기능이나 시스템을 가비지 컬렉터(Garbage Collector)라고 한다. 이는 메모리 관리의 복잡성을 줄이고 안정성을 높이는 데 도움이 되지만, 성능 저하와 예측 불가능성 같은 단점도 있다. 가비지 컬렉터를 사용하는 대표적인 언어로는 C#, 파이썬(Python), 자바(Java), 자바스크립트(JavaScript) 등이 있다.

동적 메모리를 알아야 하는 이유

지금 동적 메모리를 다루는 이유는 C 언어에서 동적 메모리 할당을 잘 하자는 것이 아니다. 사실 이 코드는 실용적이지 않거나 쓸모없을 수도 있다. 그렇다면 왜 동적 메모리를 다루고 있는 것일까? 그 이유는 이 개념이 앞으로 우리가 다룰 객체지향 언어에서 객체 생성 시 동작하는 기본 원리가 될 것이기 때문이다. 동적 메모리 구조는 객체지향 언어에서 객체를 생성할 때 new 연산자를 사용해 힙 메모리에 동적 메모리를 할당하고, 사용이 끝나면 메모리를 소멸시키는 방식과 동일하게 작동한다. 이 내용이 아직 명확하게 이해되지 않을 수 있지만, 지금은 런타임에 사용자가 원하는 크기의 메모리를 할당하여 사용하는 개념 정도로만 이해해도 충분하다.

- 객체지향의 핵심 개념인 추상화, 캡슐화, 상속성, 다형성을 통하여 복잡한 시스템을 단순화하고 코드의 재사용성과 유연성을 극대화하는 방법을 학습한다.
- 자바스크립트의 클래스 구조와 인터페이스를 사용해 객체지향 원리를 실제 코드에 적용하고 람다 함수를 통해 더 직관적이고 간결한 코드 작성법을 학습한다.

둘째 마당

객체지향에 대한 이해

4 장

객체지향 철학의 이해

학 습 목 표

- 객체지향 프로그래밍을 하려면 기본 철학을 이해해야 한다. 먼저 핵심 개념인 추상화와 캡슐화의 철학을 통해 전통적인 클래스 구조의 필요성을 학습하고 설계한다.

REACT

4.1 객체지향 철학에 관하여

객체지향 철학을 왜 이해해야 하는가

객체지향 철학을 왜 알아야 할까? 자바스크립트도 객체를 사용하는 객체 기반 언어이다. 이미 만들어진 객체를 사용하는 데 집중할 수도 있지만, 객체 생성 원리를 이해하면 객체를 더 효과적으로 활용하고 필요할 때 새로운 객체를 설계할 수도 있다. 또한, 객체지향의 원리를 이해하면 자바스크립트의 동작 원리와 클래스, 인터페이스, 접근 지정자 등 타입스크립트의 구조적인 특성에 대해서도 더 깊이 이해할 수 있다. 이로 인해 코드의 효율적인 설계와 유지 보수에 큰 도움이 될 수 있다.

객체지향이란

객체지향 철학을 한번에 완전히 이해하는 것은 어렵다. 객체지향을 제대로 이해하려면 많은 시간과 경험이 필요하다. 필자 또한 객체지향 철학을 완전히 이해하는 데 꽤 오랜 시간이 걸렸던 것 같다. 이론 뿐만 아니라 실무 코드를 통해 직접 체득해야 하는 부분이 있기 때문이다. 그래서 이번에는 객체지향에 대한 첫걸음을 내딛는 과정이라 생각하고, 천천히 한 걸음씩 객체지향의 본질을 느껴보기를 바란다.

❶ **객체 :** 객체는 영어로 'object'로, 사전적 의미는 '사물'을 나타낸다. '사물'하면 무엇이 떠오르는가? 아마 딱히 특정한 이미지가 떠오르지 않을 것이다. 왜냐하면 사물은 이 세상에 존재하는 모든 것을 포함하는 개념이라서 매우 추상적이기 때문이다.

❷ **지향 :** 지향은 영어로 'oriented'로, 사전적 의미는 '~향한다'는 뜻이다.

'객체지향'이라는 단어를 해석하면 '사물을 향한다'는 뜻이다. 따라서 객체지향 프로그래밍은 '이 세상의 모든 사물을 프로그래밍하겠다.'는 의미로 해석할 수 있다.

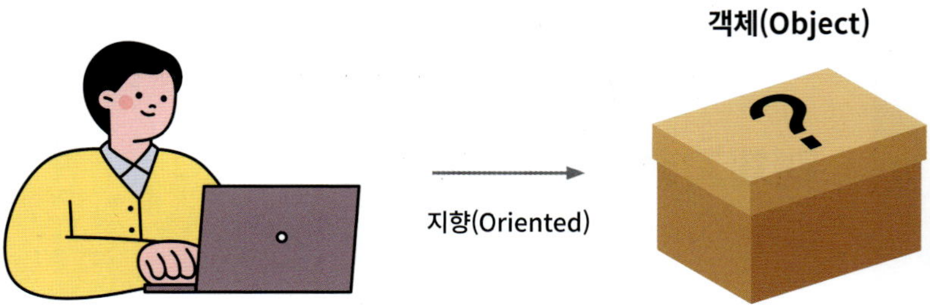

이 세상의 사물들은 모두 쪼갤 수 있는 기본 단위로 볼 수 있는데, 여러 사물이 결합하여 새로운 사물을 만들기도 하고, 또 그 사물이 쪼개져 다른 형태의 사물이 되기도 한다. 마치 블록 완구처럼 말이다.

블록 완구는 정해진 설계대로 완제품을 만드는 것이 아니라 유연하게 구성 요소를 변경하며 새로운 형태의 제품을 만들 수 있다. 각 요소를 조합하여 새로운 시스템을 구성할 수 있는 것이다. 집도 하나의 사물이며, 그 집을 구성하는 벽돌, 창문, 굴뚝, 자동차, 사람 등도 각각 하나의 사물이다. 실제 프로그래밍에서 객체의 속성도 이와 비슷하다. 여러 객체를 결합해 새로운 객체를 만들거나 변형하여 다른 형태의 객체로 만들 수 있다.

객체지향 철학은 크게 네 가지로 나눌 수 있는데, 추상화, 캡슐화, 상속, 다형성이다.

추상화

추상화(抽象化)와 추상화(抽象畫)

추상은 공통적으로 같은 의미를 지니지만, 객체지향 철학에서의 '추상화(抽象化)'를 이해하기 위하여 하나의 추상화(抽象畫)를 통해 그 의미를 살펴보자. 다음 그림은 무엇으로 보이는가?

사실 이 그림은 무언가를 표현한 것인데 아이들의 시각에서 바라봐야 그 의미를 알 수 있을 것이다. 왜냐하면 이 그림은 필자네 막둥이 꼬마가 그린 것이기 때문이다. 아마 가운데에 있는 형태가 일반적인 공룡의 특징을 나타낸 것이라고 알 수 있을 것이다. 그런데 그 위쪽에 길게 늘어선 저 형태는 무엇일까? 한참을 보다 보니, 막둥이는 아마 브라키오사우루스를 그리려고 했던 게 아닐까 하는 생각이 들었다. 왜냐하면 브라키오사우루스는 공룡 중에서 몸집이 크고 목이 아주 길기 때문이다. 오른쪽 위에는 하늘을 나는 익룡을, 왼쪽 아래에는 바다에 사는 수장룡을 표현한 것 같기도 하다. 막둥이는 자신이 아는 각 공룡들의 특징을 잘 뽑아서 그렸다.

이제 막둥이가 진짜 그리려고 했던 공룡의 모습과 실제로 그린 그림을 한번 비교해 보자.

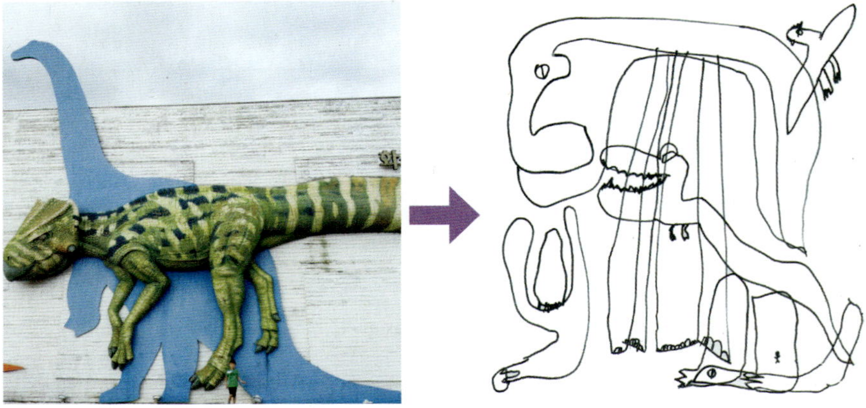

공룡의 몸통 크기, 이빨, 눈, 목 길이 등 본질적인 특징만을 잘 뽑아 표현했다. 물론 막둥이가 의도적으로 추상화를 그린 것은 아니지만, 이렇게 특징만을 그린 그림을 추상화(抽象畵)라고 한다. 객체지향 철학에서의 추상화도 이와 비슷한 방식으로 이해할 수 있다. 추상화에 대해 조금 더 구체적으로 알아보자.

추상화란 무엇인가

앞서 살펴본 추상화를 통해 알 수 있는 점은 최소한의 표현으로 ㅇㅇㅇ을 나타냈다는 것이다. 즉, 그 대상의 본질적인 특징만을 추출한 것이다. 이제 추상의 사전적 의미를 살펴보자.

추상(抽象) : 대상에서 특징만 뽑아낸 것

이와 같은 맥락에서 보면 객체지향 철학에서 대상의 특징만을 추출하는 추상화 개념이 왜 필요할까? 우리 주변을 살펴보면 관념적이고 추상적인 개념들이 정말 많다. 예를 들어 반려견을 생각해 보자. '개'라는 동물을 떠올리면 어떤 이미지가 떠오르는가? 아마 진돗개, 삽살개, 치와와 등 여러 종류의 개들 중 하나를 생각했을 것이다. 그렇다면 이 각각의 개들의 특징은 무엇일까? 모두 눈, 코, 입, 귀, 4개의 다리, 꼬리 등 눈에 보이는 속성들을 가지고 있고, 먹고 자고 짖고 달리는 등의 동작을 한다. 이 속성과 동작은 진돗개, 삽살개, 치와와라는 3종류의 구체적인 개들이 공통적으로 갖는 특징들이다. 그래서 이 세 마리 개의 공통적인 특징만을 뽑아놓은 것을 '추상화'라고 한다.

'개'라는 것은 특정 품종의 '개'가 아니라 그저 '개' 자체이다. 이 '개'는 관념적이고 추상적인 개념이다. 진돗개, 삽살개, 치와와는 구체적인 객체라면, 이들의 공통점을 추려낸 '개'는 추상적인 객체라고 할 수 있다. 앞으로 객체지향 코드에서는 이러한 추상화 지향적 사고를 바탕으로 공통점을 묶는 추상화 작업을 통하여 설계하거나 리팩토링해야 한다.

추상화를 사용하는 이유

추상화가 공통점을 묶는 작업이라는 개념은 이해했지만, 그 사용 이유가 궁금하다. 그러나 지금 상태에서 정확하게 이해하기는 쉽지 않다. 왜냐하면 아직 상속이나 클래스에 대한 학습이 이루어지지 않았기 때문이다. 진돗개, 삽살개, 치와와와 같은 구체적인 개들의 공통적인 특징을 도출해낸 과정을 추상화라고 하는데, 이러한 관계를 상속 관계라고 부른다. 만약 상속 개념이 없다면 각각의 개의 구체적인 특성들을 따로따로 정의해야 할 것이다. 이럴 경우 매우 비효율적이지 않을까?

진돗개, 삽살개, 치와와 모두 눈 2개, 코 1개, 입 1개, 귀 2개, 다리 4개, 꼬리 1개와 같은 공통된 요소와 달린다, 짖는다, 잔다 등의 공통된 기능을 가지고 있다면, 각각의 개에 따로 구현하는 것보다는 공통된 '개' 클래스에 구현하여 공유하는 것이 훨씬 더 효율적일 것이다.

플라톤의 이데아론

객체지향 철학은 플라톤의 이데아론과 매우 비슷한 개념을 가지고 있다. 플라톤의 이데아론은 본질이 관념과 이성에 있으며, 우리가 보는 현실은 그 본질이 투영된 여러 가지 현상이라는 논리이다. 즉, 우리가 현실에서 보는 사물은 우리의 관념, 즉 이성으로 투영된 현상이라는 것이다. 만약 플라톤이라면 아마 제자들에게 이렇게 질문했을지도 모른다.

플라톤 : 자네, 개를 본 적 있는가?

제자들 : 네, 보았습니다. 저는 진돗개도 본 적 있고, 삽살개도 본 적 있고, 치와와도 본 적 있습니다.

여기서 플라톤은 '개를 본 적 있는가?'라고 묻는 것이지, '어떤 개를 본 적 있는가?'라고 묻는 것이 아니다. 플라톤의 이데아론에 따르면 우리는 실제로 개를 본 적이 없다고 말하는 게 맞는 답이다. 플라톤에 의하면 개라는 것은 현상 세계에서는 볼 수 없지만, 그 본질은 이데아의 세계, 즉 우리의 관념 속에 존재한다고 한다. 플라톤은 이데아 세계의 원리를 동굴의 비유를 통해 설명한다.

동굴 안에 개의 원형이 있는데, 불빛을 비추면 그 원형이 그림자로 나타난다. 불빛의 방향에 따라 개의 원형이 다양한 모양으로 비쳐지며, 그 결과로 진돗개, 삽살개, 치와와 등의 형태가 보인다는 논리이다. 즉, '개'라는 본질은 이데아의 세계에 존재하고, 진돗개, 삽살개, 치와와 등은 이데아에서 파생된 현상적인 표현에 불과하다. 이데아의 세계는 추상적이지만, 이를 통해 모든 개를 이해하고 설명할 수 있다.

마찬가지로 객체지향의 추상화 또한 본질적인 공통 속성을 정의하고, 이를 바탕으로 구체적인 객체를 생성하는 구조를 가지고 있다. 이를 상속 구조라고 하는데, 상속에 대해서는 이후에 더 자세히 다루겠다.

4.3 캡슐화

캡슐화란

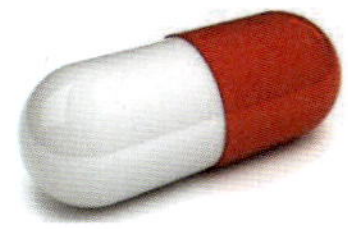

객체지향의 핵심 철학 중 두 번째로, 캡슐화에 대해 살펴보자. 캡슐화는 추상화와 함께 객체지향의 근간을 이루는 중요한 개념이다. '캡슐'하면 가장 먼저 떠오르는 이미지는 무엇인가? 감기약의 캡슐 형태가 먼저 떠오른다.

이와 같이 생긴 보호막을 우리는 캡슐이라고 부른다. 이 캡슐 안에는 감기를 낫게 하는 여러 성분의 약이 들어 있는데, 감기약을 먹을 때는 캡슐을 열어서 성분을 하나하나 확인하고 먹지 않는다. 그저 캡슐 안에 들어 있는 약 성분이 감기를 치료해줄 것이라는 믿음을 가지고 먹을 뿐이다. 즉, 약은 캡슐로 보호된 형태이다.

이와 같은 개념이 객체지향 철학에 어떻게 적용될까? 객체지향 코드는 데이터에 아무나 접근하지 못하도록 캡슐화를 통해 데이터를 보호한다. 감기약을 캡슐에 담은 것처럼 객체지향에서의 캡슐화는 연관된 데이터와 메소드를 하나로 묶는 형태를 말한다. 우리는 이 묶음을 클래스라고 부르며, 지금 당장 클래스라는 개념을 모르더라도 연관된 데이터와 메소드를 하나의 단위로 묶는 것이 바로 캡슐화(Encapsulation)라고 이해하면 된다.

캡슐화

클래스 = 데이터 + 메소드

은닉된 데이터의 인터페이스

캡슐화를 통해 연관된 데이터를 클래스라는 단위로 묶어주었다. 이를 통해 코드의 재사용성과 유지 보수성이 향상되고, 데이터가 외부에 노출되지 않도록 보호할 수 있다. 그런데 감기약의 경우 약에 대한 캡슐화는 성공했지만, 문제는 우리가 먹은 캡슐이 제대로 녹아 약의 내용물이 몸 안에 퍼지지 않는다면 약을 먹은 의미가 있을까? 약의 효과를 보기 위해서는 캡슐이 몸속에서 녹고, 그 안의 내용물이 퍼져야 비로소 약이 효과를 발휘하는 것이다.

마찬가지로 숨겨진 데이터는 외부로 나와 사용되어야 비로소 의미가 있다. 하지만 데이터를 외부에 공개하면 보안에 문제가 생길 수 있다. 그래서 숨겨진 데이터는 특정 인터페이스를 통해서만 외부에 공개할 수 있는데, 그 역할을 하는 것이 바로 메소드이다.

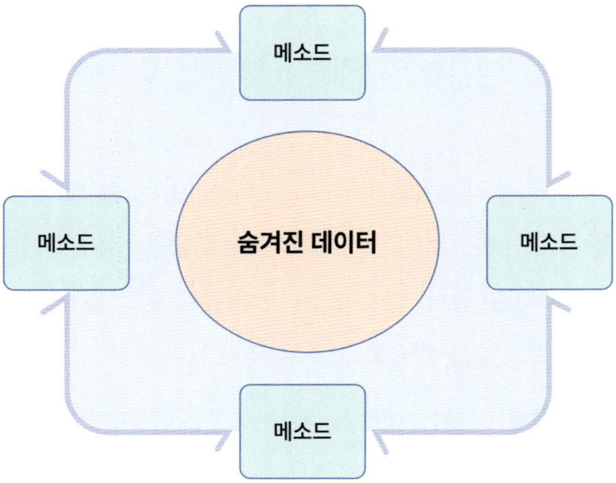

조선시대에는 성벽을 쌓아 외부 침략으로부터 국민을 보호했다. 그러나 성벽으로 출입을 완전히 차단하면 외부 침입은 막을 수 있지만, 외교나 경제 활동에 문제가 생긴다. 그래서 동대문, 서대문, 남대문과 같은 정해진 문을 통해 인증된 사람들만 외부와 출입할 수 있도록 허용했다.

이와 같은 원리로 캡슐화된 단위는 은닉된 데이터와 메소드로 구성되며, 은닉된 데이터는 오직 메소드를 통해서만 입출력할 수 있도록 허용된다.

4.4 전통적인 클래스의 구조와 사용 이유

클래스란

객체지향의 기본 단위인 객체를 사용하기 위해서는 먼저 클래스라는 사용자 정의 타입을 이해해야 한다. 클래스의 사전적 의미를 먼저 살펴보자.

클래스(Class) : 학급

클래스는 '학급'이라는 사전적 의미를 가지고 있다. 즉, 하나의 그룹이라고 생각하면 된다. 연관된 데이터와 메소드를 묶어 놓은 단위 개념을 캡슐화라고 했는데, 이렇게 묶은 하나의 단위를 클래스라고 한다. 클래스는 사용자가 정의한 데이터 타입으로, 표준 타입이 아니라 내가 정의한 타입이기 때문에 추상적인 데이터 타입이라고 할 수 있다.

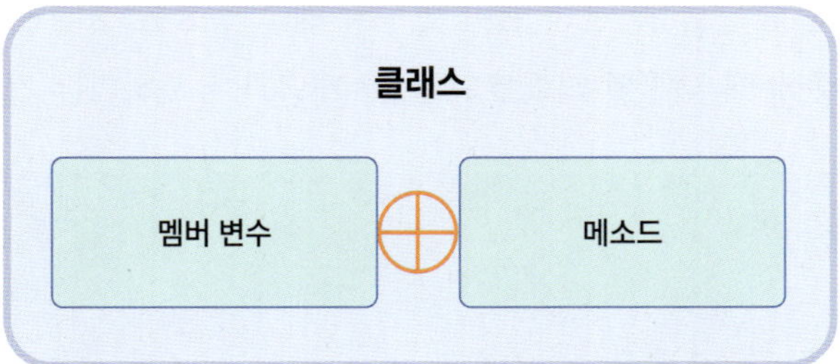

객체지향을 처음 학습하는 사람들이 클래스를 특별한 무언가로 생각하는 경우가 많지만, 클래스의 본질은 데이터 타입이라는 점을 잊지 말아야 한다. 클래스에서 은닉된 데이터는 클래스의 멤버이므로 이를 멤버 변수라고 부르고, 기능은 함수의 형태를 띠지만 클래스 안에서 구현된 함수이므로 이를 메소드(Method)라고 한다. 멤버 변수는 우리가 눈으로 볼 수 있는 요소들이고, 메소드는 기능이나 동작을 정의한다.

클래스로 구성할 사물들을 예로 들어보자. 사람, 차, 노트북 등은 각기 보여지는 변수와 기능적인 메소드로 나눌 수 있다. 우리는 멤버 변수를 속성, 필드, 상태 등으로 표현할 수 있고, 메소드는 멤버 함수 등으로도 표현할 수 있다.

클래스 이름	멤버 변수	메소드
사람(Person)	이름(name) 나이(age) 성별(gender) 직업(job)	걷다(walk()) 말하다(speak()) 생각한다(think())
자동차(Car)	브랜드(brand) 모델(model) 색상(color) 연료 유형(fueltype)	운전하다(drive()) 멈추다(stop()) 경적을 울리다(honk())
노트북(Laptop)	브랜드(brand) 모델(model) CPU(cpu) 메모리(memory)	전원을 켜다(poweron()) 전원을 끄다(poweroff()) 애플리케이션을 실행한다(run())

클래스의 선언 형식

클래스를 실제 코드로 어떻게 정의하는지 살펴보자. 앞서 사용자 정의 타입인 구조체를 정의했던 방식과 비슷하다. 마찬가지로 class라는 키워드를 먼저 쓰고, 그 뒤에 클래스 이름을 붙인다. 그리고 중괄호({ }) 안에 멤버 변수와 메소드 등을 정의한다. 멤버 변수와 메소드의 한 쌍은 나중에 배우게 될 리액트의 state 개념과 유사하다는 점을 알 수 있다.

```
class 클래스 이름                                   // 클래스 선언
{
        접근 지정자 클래스 이름() {...}             // 생성자
        접근 지정자 ~클래스 이름() {...}            // 소멸자
        접근 지정자 데이터형 멤버 변수(필드);       // 변수 선언
        접근 지정자 데이터형 메소드() {...};        // 메소드 선언
}
```

생성자와 소멸자는 지금 당장 알 필요는 없다. 멤버 변수를 선언할 때는 데이터 타입과 변수명만 적으면 된다. 그리고 맨 앞에 접근 지정자가 있는데, 이는 캡슐화를 위한 기능

으로 나중에 더 자세히 살펴보겠다. 메소드도 멤버 변수와 마찬가지로 접근 지정자와 데이터 타입을 함께 선언하면 된다. 예를 들어, Dog라는 클래스를 만들어 보자. 객체지향 개념을 배우기 위한 기본 언어로는 C++, C#, Java가 있으며, 우리는 C# 문법을 기반으로 작성할 것이다. C# 문법을 몰라도 괜찮다. 클래스 구조와 객체지향 개념만 다룰 것이기 때문에 학습에 어려움은 없을 것이다.


```
class Dog
{
        private int eyes, nose, mouth, ears;
        public void bark(){ }
}
```

접근 지정자

클래스 선언 시 지정한 접근 지정자에 대해 살펴보자.

접근 지정자	설명
public	모든 클래스가 접근할 수 있다.
private	현재 클래스 안에서만 접근할 수 있고, 외부에서는 절대 접근할 수 없다.
protected	상속 관계에 있을 때 상속받은 자식 클래스에서 접근할 수 있다.

접근 지정자는 private와 public 두 가지만 알면 된다. protected는 상속에서 사용하므로 현재 단계에서는 몰라도 된다. public으로 지정된 멤버는 외부의 모든 클래스에서 접근할 수 있다. 보통 외부에서 접근해야 하는 메소드는 public으로 지정된다. 반면, private로 지정된 멤버는 외부 클래스에서는 접근할 수 없고, 오직 해당 클래스 내에서만 접근할 수 있다. 캡슐화가 필요한 데이터는 private로 지정한다.

이해를 돕기 위해 누구나 사용할 수 있는 공중화장실을 public, 나만 사용할 수 있는 우리 집 화장실을 private로 생각하면 쉽게 이해할 수 있을 것이다.

객체의 선언

클래스의 본질은 무엇일까? 클래스는 사용자가 정의한 데이터 타입이라고 할 수 있다. 우리가 흔히 쓰는 정수형 int, 실수형 double 같은 것이 데이터 타입인데, 클래스도 이와 같은 데이터 타입에 속한다. 차이점이 있다면 하나는 표준 데이터 타입이고 다른 하나는 사용자 정의 데이터 타입이라는 점이다. 그러면 데이터 타입을 통해 무엇을 할 수 있을까? 예를 들어, int a;나 double b;처럼 클래스를 이용해서 변수를 선언할 수 있다.

```
Dog a;
```

클래스도 타입이므로 변수 선언을 할 수 있다. a는 타입에 대한 변수라고 할 수 있는데, 이를 표준 타입에서의 변수와 구분하기 위해 사용자 정의 타입인 클래스로 선언된 변수는 '객체(오브젝트)'라고 부른다.

객체의 생성

모든 객체지향 프로그래밍에서는 보통 객체를 생성할 때 기본적으로 동적 메모리를 할당한다. 우리는 앞서 C 언어에서 동적 메모리 할당의 기본 원리를 배운 적이 있다. malloc 함수를 사용하면 사용자가 원하는 크기만큼 메모리를 런타임에 할당받을 수 있다. 이때 메모리가 할당되는 영역은 힙(Heap)이다. 객체지향 언어에서도 마찬가지로 new 연산자를 통해 런타임에 동적으로 메모리를 할당한다. 객체 생성 시 이는 기본적으로 이루어지는 과정이다.

```
Dog a = new Dog();
```

하지만 malloc과의 차이점은 메모리 크기를 명시하지 않는다는 점이다. 그 이유는 new Dog()라는 코드가 Dog 클래스의 데이터 크기를 자동으로 계산하여 메모리를 할당하기 때문이다.

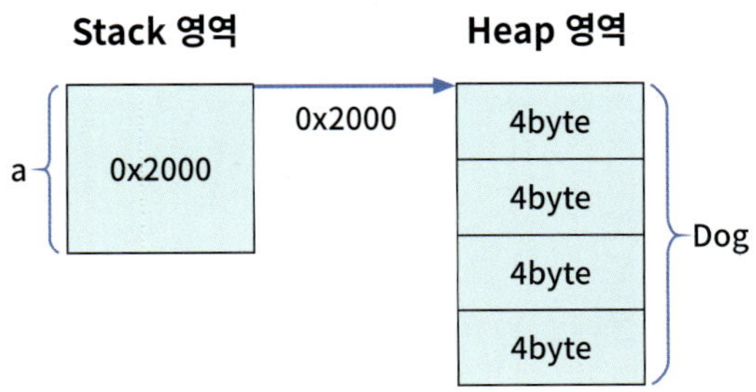

Dog 클래스에는 eyes, nose, mouth, ears 등 총 4개의 데이터가 선언되어 있으므로 객체 생성 시 힙 메모리에 16바이트가 할당되고, 이 메모리의 첫 번째 주소값이 a에 전달된다. 엄밀히 말하면 new Dog()가 객체를 생성한 것이고, a는 해당 주소값을 가진 포인터 변수이다. 하지만 편의상 우리는 변수 a를 객체라고 부른다.

이제 Dog 클래스를 이용하여 객체 생성 코드를 작성해 보자. 먼저 C# 코드 작성을 위한 환경 설정이 필요하다. 클래스 선언과 객체 생성만 다룰 것이므로 C# 온라인 컴파일러를 사용하는 것이 좋다. 검색창에 "C# 온라인 컴파일러"를 검색해 원하는 컴파일러를 선택한 후 다음과 같이 코드를 작성하자.

DogClass.cs

```
1   using System;
2   class HelloWorld {
3     class Dog{
4         private int eyes, nose, mouse, ears;
5         public void Bark(){
6             Console.WriteLine("멍멍");
7         }
8     }
9
10    static void Main() {
11      Dog a = new Dog();
12      a.Bark();
13    }
14  }
```

3라인 : Dog의 이름으로 클래스를 생성한다.

4라인 : eyes, nose, mouth, ears는 private 접근 지정자에 의해 모두 캡슐화된다.

5~7라인 : Bark( ) 메소드는 public 접근 지정자에 의해 외부에서 호출할 수 있다. 문자열 "멍멍"을 출력한다.

11라인 : new 연산자를 통해 Dog 객체를 생성한다.

12라인 : a 객체를 통해 Bark( ) 메소드를 호출한다.

```
멍멍
```

new Dog()를 통해 객체를 생성하고 메모리 주소값을 받은 a를 통하여 메소드를 호출할 수 있다.

생성자의 개념

모든 변수는 선언 시 초기화해야 한다. 객체도 본질적으로 변수이기 때문에 초기화할 수 있어야 한다. 그렇다면 Dog a = 10;과 같은 형식으로 초기화할 수 있을까? Dog는 내가 만든 사용자 정의 타입으로 이 타입에 맞게 값을 초기화해야 한다. Dog 안에는 eyes, nose, mouth, ears라는 4개의 변수가 있으므로 진정한 초기화는 이 4개의 변수에 초깃값을 대입하는 것이다. 그렇다면 별도의 초기화 메소드를 만들면 되지 않을까?

```
class Dog{
      private int eyes, nose, mouth, ears;
      public void Bark(){
          Console.WriteLine("멍멍");
      }
      public void setInit(){
          eyes = 2; nose = 1; mouth = 1; ears = 2;
      }
 }
```

그런데 특정 클래스를 만들 때마다 setInit과 같은 초기화 메소드를 매번 만들어야 한다면 매우 불편하지 않을까? 그래서 객체지향에서는 초기화 전용 메소드로 생성자를 제공한다. 이제는 생성자를 사용하면 setInit과 같은 메소드를 따로 만들 필요가 없다. 생성자의 특징은 클래스의 이름과 동일하고, 리턴 타입이 없다는 것이다.

> **알아두세요** 자바스크립트의 최신 문법에도 class가 도입되면서 같은 구조로 사용하고 있다. 자바스크립트 class에서 생성자 이름은 constructor이다.

코드에 생성자를 추가해 보자.

DogClass.cs

```
using System;
class HelloWorld {
  class Dog{
      private int eyes, nose, mouth, ears;
      public Dog(){
```

```
6               eyes = 2;
7               nose = 1;
8               mouth = 1;
9               ears = 2;
10              Console.WriteLine($"Dog Initialized: Eyes = {eyes}, Nose = {nose},
11              Mouth = {mouth}, Ears = {ears}");
12          }
13          public void Bark(){
14              Console.WriteLine("멍멍");
15          }
16      }
17
18      static void Main() {
19        Dog a = new Dog();
20        a.Bark();
21      }
22  }
```

5~12라인 : 생성자의 특징대로 클래스 이름과 동일하고 리턴값이 없는 Dog( ) 메소드를 정의한다. 이 내부에 각 멤버 변수 eyes, nose, mouth, ears 값을 초기화한다. 그리고 초기화된 각 멤버 변수를 콘솔에 출력한다.

19라인 : new 연산자로 Dog 객체를 생성할 때 Dog( ) 생성자가 자동으로 호출된다.

```
Dog Initialized: Eyes = 2, Nose = 1, Mouth = 1, Ears = 2
멍멍
```

초기화했던 멤버 변수들이 출력됨을 확인함으로써 객체 생성 시 생성자가 자동 호출됨을 확인할 수 있다.

클래스를 사용하는 이유

전통적인 클래스 구조는 복잡한 데이터를 체계적으로 관리하고, 현실 세계의 개념을 추상화하며, 코드의 재사용성과 유지 보수성을 극대화한다. 이러한 이유들 때문에 클래스를 사용한다.

❶ 데이터와 메소드의 결합을 통한 캡슐화

클래스는 멤버 변수와 메소드를 하나의 단위로 묶는다. 이 구조는 데이터를 보호하고, 외부에서는 메소드를 통해서만 접근할 수 있게 하여 불필요한 결합을 최소화하고 코드의 안정성을 높인다. 예를 들어, Dog 클래스에서 eyes, nose, mouth, ears 등의 변수는 private로 선언되어 외부에서 직접 접근할 수 없고, Bark() 메소드는 public으로 선언되어 외부에서 접근할 수 있다.

❷ 코드의 재사용성과 유지 보수성 향상

클래스는 객체지향의 핵심적인 특징인 상속을 지원한다. 부모 클래스로부터 공통 기능을 상속받아 자식 클래스에서 재사용하거나 새로운 기능을 추가할 수 있다. 예를 들어 추상적인 Dog 클래스를 기반으로 진돗개, 삽살개, 치와와와 같은 구체적인 개 클래스를 생성하여 추가적인 속성과 동작을 정의할 수 있다.

❸ 추상적인 데이터 타입으로 복잡한 시스템 모델링

클래스는 사용자가 정의한 데이터 타입으로, 복잡한 현실 세계의 개념이나 객체를 추상적으로 표현한다. 이를 통해서 현실 세계의 개념을 코드로 모델링할 수 있다. Dog 클래스는 모든 개의 공통적인 속성과 동작을 캡슐화하고, 이를 객체로 생성하여 현실 세계의 개를 프로그래밍으로 구현한다.

❹ 동적 메모리 할당과 객체 생성의 효율성

클래스를 사용하면 객체를 생성하고 동적으로 메모리를 할당할 수 있다. 생성자를 통해 객체의 초기 상태를 설정하며, 객체 생성 시 필요한 메모리 크기를 컴파일러가 자동으로 계산하므로 개발자가 직접 메모리를 관리할 필요가 없다. 예를 들어, Dog a = new Dog() 코드가 실행되면 내부의 eyes, nose, mouth, ears 데이터 크기를 자동으로 계산하여 메모리를 할당한다.

5 장

객체지향 기반의 재사용과 유연한 동작

학 습 목 표

- 상속성으로 기존 클래스를 확장하고, 다형성을 통해 재사용하는 방법을 학습한다.
- 자바스크립트 클래스 구조를 살펴보고, 인터페이스를 사용하여 일관된 메소드 구현을 강제한다.
- 람다와 화살표 함수의 문법을 통해 간결하고 직관적인 코드를 작성한다.

5.1 상속성

현실 세계에서의 상속

상속성은 객체지향 철학의 핵심 개념으로, 이를 통해 코드의 재사용성, 유지 보수성, 확장성을 향상시킬 수 있으며, 현실 세계를 모델링하는 데 적합한 프로그래밍 구조를 제공한다.

❶ 부모로부터 유전적으로 물려받는 속성

현실에서 부모는 자녀에게 신체적 특징(눈, 머리 색, 체형 등)이나 성격적 특징을 물려줄 수 있다. 이를 부모의 유전적 상속이라고 한다. 부모가 가진 속성들을 자녀에게 기본적으로 물려줄 수 있지만, 자녀는 부모와 똑같은 존재가 아니며 자신만의 고유한 속성을 가질 수 있다.

❷ 부모로부터 재산을 물려받는 경우

현실에서 부모가 가진 재산(집, 자동차, 돈 등)을 자녀에게 물려주는 것도 상속에 포함된다. 자녀는 부동산을 상속받을 수도 있고, 돈을 상속받을 수도 있다.

현실 세계에서 부모와 자녀 간의 관계를 통해 상속의 기본 개념을 이해할 수 있다. 부모로부터 물려받은 속성이나 메소드를 자녀가 재사용하거나 자신만의 방식으로 확장하는 구조가 객체지향 상속의 핵심이다.

클래스의 상속

클래스에서도 현실 세계처럼 상속할 수 있다. 상속을 제공하는 클래스를 부모 클래스, 상속을 받는 클래스를 자식 클래스라고 한다. 클래스 기반에서 상속 관계를 표현하면 다음과 같다.

코드를 통해 클래스를 실제로 상속하는 방법을 살펴보자. 클래스를 상속하려면 먼저 이미 완성된 클래스가 있어야 한다. 만약 새로 정의하려는 클래스가 이미 완성된 클래스의 기능과 일부 중복되는 부분이 있다면 이를 그대로 상속받아 사용할 수 있다.

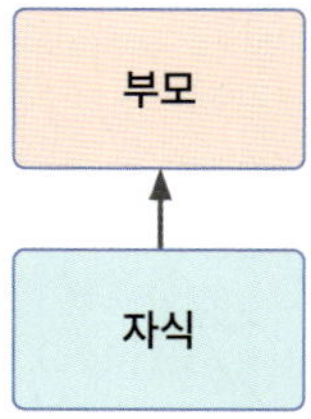


```
class 클래스 이름 : 부모 클래스
{
    // 멤버 목록
}
```

새로운 클래스를 생성할 때는 class 키워드 뒤에 클래스 이름을 적는다. 만약 상속하려는 클래스가 있다면 클래스 이름 뒤에 콜론(:)을 사용하여 구분한다. 자바나 자바스크립트의 경우는 콜론(:) 대신 extends를 사용한다.

기존의 Dog 클래스는 매우 추상적이다. Poodle 클래스를 만들어 Dog 클래스를 상속해 보자.

PoodleClass.cs

```
using System;
class HelloWorld {
  class Dog{
      protected int eyes, nose, mouth, ears;
      protected string kinds;
      public Dog(){
        eyes = 2;
        nose = 1;
        mouth = 1;
        ears = 2;
        kinds = "개";
        Console.WriteLine($"{kinds} Initialized: Eyes = {eyes}, Nose =
        {nose}, Mouth = {mouth}, Ears = {ears}");
      }
      public void Bark(){
          Console.WriteLine("멍멍");
      }
```

```
18      }
19      class Poodle : Dog{
20        public Poodle(){
21          base.kinds = "푸들";
22          Console.WriteLine($"{kinds} Initialized: Eyes = {eyes}, Nose =
23          {nose}, Mouth = {mouth}, Ears = {ears}");
24        }
25      }
26      static void Main() {
27        Dog a = new Dog();
28        a.Bark();
29        Poodle pd = new Poodle();
30      }
31    }
```

4라인 : private에서 protected로 접근 지정자를 변경한 이유는 상속받은 클래스에서는 접근할 수 있고 외부에서는 접근할 수 없게 하기 위해서이다.

5라인 : 문자열 타입으로 개의 종류를 나타내는 멤버 변수이다.

11라인 : Dog 클래스의 kinds 데이터를 "개"로 초기화한다.

19라인 : Poodle 클래스는 Dog 클래스를 상속받는다.

21라인 : base를 통해 Dog 클래스의 생성자를 호출해 초기화한 후 kinds를 "푸들"로 설정한다.

22라인 : 푸들의 초기화 상태를 출력한다.

29라인 : Poodle 클래스의 객체를 생성하여 초기화 상태를 확인한다.

```
개 Initialized: Eyes = 2, Nose = 1, Mouth = 1, Ears = 2
푸들 Initialized: Eyes = 2, Nose = 1, Mouth = 1, Ears = 2
```

Poodle 클래스에서 왜 Dog 클래스를 상속받았을까? Dog 클래스에는 개에 대한 공통적인 속성들이 이미 정의되어 있기 때문에 Poodle 클래스에서 동일한 속성을 다시 만들 필요가 없다. 상속을 사용하면 자식 클래스는 부모 클래스의 속성을 그대로 물려받을 수 있다. 그래서 Poodle 클래스 내에 eyes, nose, mouth, ears 속성이 없더라도 부모 클래스인 Dog의 속성을 그대로 상속받아 사용할 수 있는 것이다.

프로젝트 관점의 상속

예전에 반도체 검사 소프트웨어를 개발한 적이 있다. 이 소프트웨어는 커다란 PCB 보드를 카메라로 촬영해 보드 하나당 400장의 고해상도 이미지를 서버에 저장한 후 이미지 프로세싱을 통하여 결함을 검사하는 시스템이다.

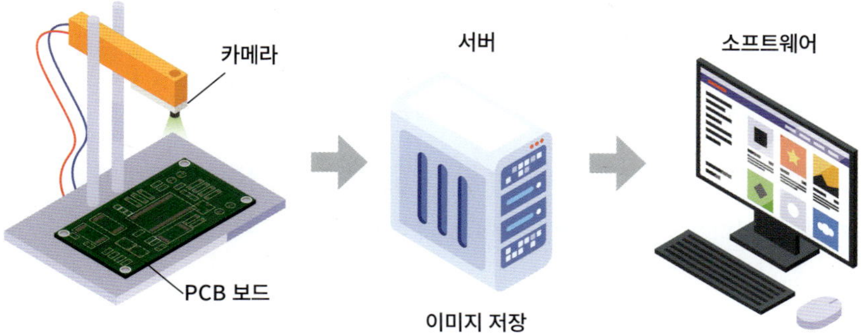

1년여에 걸친 프로젝트가 무사히 마무리되고 그다음 해에는 곧바로 2차 검사 시스템을 기획하게 되었다. 기획 단계에서 시스템 분석을 해보니 1차 검사 시스템과 전체적인 동작 플로우가 유사한 부분이 많았다. 그래서 기존 1차 프로젝트의 로직을 상당 부분 그대로 상속받아 사용하고 추가하거나 수정해야 할 사항만 분류하여 진행했다. 그 결과 1년여가 걸렸던 프로젝트를 약 6개월 만에 완료할 수 있었다. 상속은 이처럼 개발 시간과 비용을 획기적으로 줄여주는 강력한 기능이다.

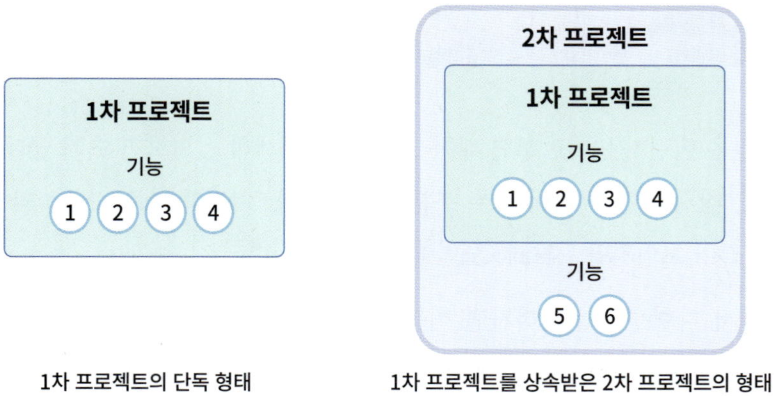

❶ 1차 프로젝트(종료됨) ❷ 2차 프로젝트(신규 과제)

❸ 1차 프로젝트 기능이 2차 프로젝트의 기능과 유사함

❹ 2차 프로젝트는 1차 프로젝트를 상속받고 추가 기능만 구현하면 됨

5.2 다형성

다형성의 의미

객체지향 철학의 핵심 개념 중 하나인 다형성에 대해 살펴보자. 다형성의 의미는 다양한 형태를 가질 수 있다는 것이다. 먼저 다형성이 무엇인지 가늠해 보자.

다른 그림 찾기

두 개의 그림은 어떤가? 얼핏 보면 같아 보이지만, 자세히 살펴보면 여러 군데에서 차이점이 보인다. 잠시 시간을 내어 다른 부분을 찾아보자. 이것이 바로 다형성의 느낌이다. 겉보기에는 같아 보이지만, 자세히 보면 다르다는 것이다.

코드 관점에서 다형성을 설명하자면 이름이 같은 함수들은 기본적으로 같은 코드처럼 보이지만, 전달 인자의 타입이나 개수에 따라 다른 함수로 구분된다. 또는 함수의 이름과 형식이 같더라도 부모 클래스와 자식 클래스의 상속 관계에 따라 서로 다른 함수로 구분될 수도 있다. 이 두 가지 기법은 다형성에서 '오버로딩(Overloading)'과 '오버라이딩(Overriding)'이라고 하며 매우 중요한 개념이다.

오버로딩의 개념

먼저 오버로딩에 대해 살펴보자. 오버로딩(Overloading)의 사전적 의미는 '과적하다', '적재하다'라는 뜻을 가지고 있다. 이는 마치 여러 개의 동일한 모양의 컨테이너 박스를 쌓는 것처럼 같은 형태의 물건을 적재하는 것을 의미한다. 겉모습은 똑같지만 각 박스 안에 들어 있는 내용물은 다르다.

일반적으로 프로그래밍에서는 함수 이름이 같으면 중복으로 인해 오류가 발생한다. 하지만 객체지향 프로그래밍에서는 이름이 같은 함수라도 전달 인자의 타입이나 개수에 따라 다른 함수로 취급한다. 이 역시 함수의 겉모습은 동일하지만, 내용물이 다른 형태라고 할 수 있다. 이를 함수 오버로딩이라고 한다.

전략 게임인 스타크래프트에서 특정 종족에 '오버로드'라는 유닛이 있다. 이 유닛은 다른 유닛들을 태워 이동하는 수송기 역할을 한다. 예를 들어 A, B, C 세 가지 타입의 유닛이 있다고 가정해 보자. 그리고 3개의 오버로드 유닛이 준비되어 있다고 하자. 각 오버로드 유닛에는 각각 4마리씩 유닛이 탑승할 수 있다면 그 예시는 다음과 같다.

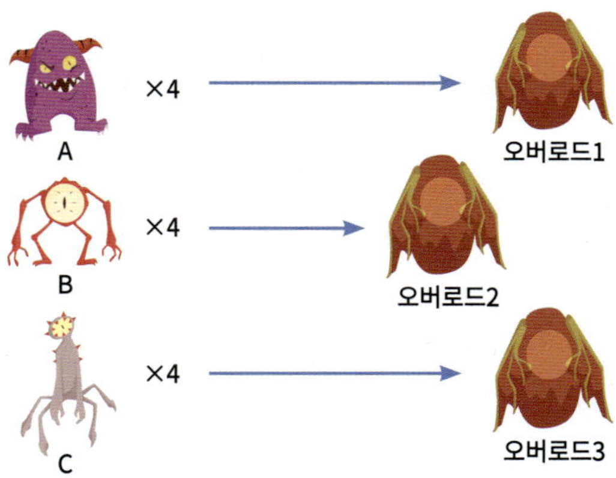

오버로드는 겉모습이 모두 똑같아서 구분되지 않는다. 그래서 사용자가 오버로드를 클릭해야만 안에 어떤 유닛들이 얼마나 탔는지 알 수 있다. 현재 각 유닛은 4마리씩 동일한 개수가 탑승하고 있지만, 유닛 타입이 A, B, C로 서로 다르기 때문에 각각 다른 오버로드로 인식된다. 즉, 이 경우 오버로딩이 성립된다고 할 수 있다.

이번에는 A 타입 유닛으로 통일하고, 각 오버로드에 4마리, 5마리, 6마리씩 다른 개수로 탑승한다고 가정해 보자. 타입은 동일하지만 개수가 다르므로 이 경우도 오버로딩이 성립된다. 동일하게 A 타입의 유닛으로 통일하되, 이번에는 각 오버로드에 4마리씩 탑승하면 타입과 개수가 모두 같아지므로 오버로딩이 성립하지 않는다.

결론적으로 유닛의 타입이나 개수를 다르게 오버로드에 태우면 각 오버로드는 서로 다른 오버로드로 인식된다. 이 개념을 코드에 적용해 보자. 같은 이름의 함수를 오버로드 유닛이라고 한다면 함수의 매개변수는 A, B, C 유닛과 같다고 볼 수 있다. 즉, 함수 이름은 같지만, 매개변수의 타입이나 개수에 따라 각각 다른 함수로 인식되는 것이 바로 함수 오버로딩이다.

오버로딩의 구현

함수 오버로딩(Overloading)을 코드 형식로 풀어보면 다음과 같다.

```
int Plus(int a, int b)
{
        return a + b;
}
char Plus(char a, char b)
{
        return a + b;
}
double Plus(double a, double b)
{
        return a + b;
}
```

Plus라는 이름의 함수가 3개 있다. 이름은 같지만 매개변수를 살펴보면 각각 2개의 매개변수를 가지며 타입이 다르다. 이 경우 오버로딩이 성립할까? 그렇다. 함수 이름은 같지만 매개변수의 타입이 다르기 때문에 오버로딩이 성립한다. 그렇다면 이번에는 정수형 전달 인자 3개인 Plus 함수를 추가한다고 가정해 보자. 이 경우에도 오버로딩이 성립할까?

```
int Plus(int a, int b, int c)
{
        return a + b + c;
}
```

이 경우에도 오버로딩이 성립된다. 이유는 함수의 이름과 매개변수의 타입은 동일하지만, 매개변수의 개수가 다르기 때문이다.

앞서 예로 든 오버로드 유닛을 바탕으로 오버로딩 코드를 작성해 보자.

Overloading.cs

```
1   using System;
2   class HelloWorld {
3     class Unit
4     {
5         public void Overload(int A){
6             Console.WriteLine("A {0}마리", A);
7         }
8         public void Overload(int A, int B){
9             Console.WriteLine("A {0}마리 + B {1}마리", A, B);
10        }
11        public void Overload(int A, int B, int C){
12            Console.WriteLine("A {0}마리 + B {1}마리 + C {2}마리", A, B, C);
13        }
14        public void Overload(char A){
15            Console.WriteLine("A {0}등급", A);
16        }
17    }
18    static void Main() {
19      Unit unit = new Unit();
20      unit.Overload(10);
21      unit.Overload(10, 20);
22      unit.Overload(10, 20, 30);
23      unit.Overload('B');
24    }
25  }
```


3라인 : 동일한 이름을 가진 여러 메소드를 포함하는 Unit 클래스를 생성한다.

5~7라인 : Overload라는 이름을 가진 int 타입 1개의 매개변수를 갖는 메소드이다.

8~10라인 : Overload라는 이름을 가진 int 타입 2개의 매개변수를 갖는 메소드이다.

11~13라인 : Overload라는 이름을 가진 int 타입 3개의 매개변수를 갖는 메소드이다.

14~16라인 : Overload라는 이름을 가진 char 타입 1개의 매개변수를 갖는 메소드이다.

19라인 : Unit 클래스의 객체 unit을 생성한다.

20라인 : Overload 함수 호출 시 정수값 1개 10을 인수로 전달한다.

21라인 : Overload 함수 호출 시 정수값 2개 10과 20을 인수로 전달한다.

22라인 : Overload 함수 호출 시 정수값 3개 10, 20, 30을 인수로 전달한다.

23라인 : Overload 함수 호출 시 문자값 1개 'B'를 인수로 전달한다.

```
A 10마리
A 10마리 + B 20마리
A 10마리 + B 20마리 + C 30마리
A B등급
```

Unit 객체를 생성한 후 Overload 함수를 호출하면 함수 이름은 같지만 매개변수의 타입이나 개수에 따라 다르게 동작하는 것을 확인할 수 있다. 오버로딩은 객체지향 프로그래밍에서 자주 사용하는 개념이므로 이를 잘 숙지하는 것이 중요하다.

오버라이딩

이번에는 오버라이딩(Overriding)에 대하여 살펴보자. 오버라이딩의 사전적 의미는 '위로 올라탄다' 또는 '덮어버린다'는 뜻을 가지고 있다. 이는 기존의 것을 덮어쓰는 개념이다. 따라서 오버라이딩은 반드시 상속을 기반으로 해야 한다.

용어상으로 오버로딩과 오버라이딩은 비슷해서 헷갈릴 수 있다. 하지만 이 두 개념은 큰 차이점이 있다. 오버로딩은 중첩의 개념으로 같은 이름의 메소드들이 수평적으로 동등한 관계에 있다. 반면, 오버라이딩은 부모-자식 간의 상속 관계에서 이루어지므로 같은 이름의 메소드들이 수직적인 관계를 맺는다.

예를 들어, 자녀가 부모로부터 30년 된 집을 상속받았다면 자녀는 그 집에서 그대로 거주할 수 있다. 하지만 집의 욕실이나 주방이 마음에 들지 않으면 리모델링할 수도 있다.

이것은 상속받은 자녀의 권한과 같다. 코드에서도 마찬가지다. 부모 클래스에서 정의한 메소드를 자식 클래스에서 그대로 상속받아 사용할 수도 있지만, 마음에 들지 않으면 부모 클래스의 메소드를 리모델링하듯이 재정의해 사용할 수 있다. 이를 오버라이딩이라고 한다.

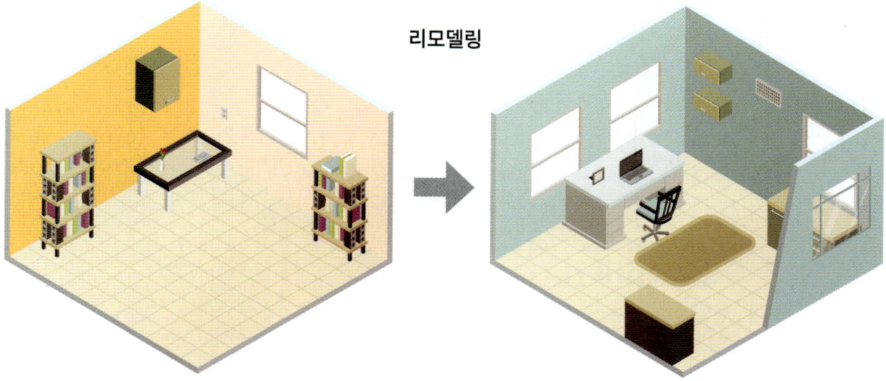

앞서 작성했던 Poodle 클래스 코드를 다시 살펴보자. Poodle 클래스는 Dog 클래스를 상속받기 때문에 Dog 클래스의 모든 속성과 메소드를 사용할 수 있다. 그래서 Poodle 객체에서도 eyes, nose와 같은 속성에 접근할 수 있었고, Bark() 메소드도 사용할 수 있다. Bark() 메소드는 개가 짖는 소리를 담당하는 기능인데, 모든 개가 "멍멍"이라고 짖지는 않는다. 만약 푸들이 "왈왈"이라고 짖게 하고 싶다면 상속받은 Bark() 메소드를 자식 클래스에서 재정의할 수 있다. 이것이 바로 오버라이딩이며, 앞서 말한 상속받은 집을 리모델링하는 개념과 동일하다.

PoodleClass.cs

```
using System;
class HelloWorld {
   class Dog{
      protected int eyes, nose, mouth, ears;
      protected string kinds;
      public Dog(){
        eyes = 2;
        nose = 1;
        mouth = 1;
        ears = 2;
        kinds = "개";
        Console.WriteLine($"{kinds} Initialized: Eyes = {eyes}, Nose =
        {nose}, Mouth = {mouth}, Ears = {ears}");
      }
      public virtual void Bark(){
          Console.WriteLine("멍멍");
      }
  }
```

```
19      class Poodle : Dog{
20          public Poodle(){
21           base.kinds = "푸들";
22            Console.WriteLine($"{kinds} Initialized: Eyes = {eyes}, Nose =
23            {nose}, Mouth = {mouth}, Ears = {ears}");
24          }
25          public override void Bark(){
26              Console.WriteLine("왈왈");
27          }
28      }
29
30      static void Main() {
31        Dog a = new Dog();
32        a.Bark();
33        Poodle pd = new Poodle();
34        pd.Bark();
35      }
36    }
```

15라인 : virtual은 부모 클래스에서 메소드가 재정의할 수 있도록 허용할 때 사용하는 키워드이다.

19라인 : Dog와 Poodle 클래스는 상속 관계이다. Dog가 부모 클래스이고, Poodle은 자식 클래스이다.

25라인 : Dog 클래스의 Bark( ) 메소드와 리턴 타입, 전달 인자 모두 동일하게 정의하되 구현 내용만 다르게 작성한다. override는 자식 클래스에서 부모 클래스의 virtual 메소드를 재정의할 때 사용한다.

34라인 : Poodle 객체로 Bark( ) 메소드를 호출하면 오버라이딩된 Bark( ) 메소드가 호출된다.

```
개 Initialized: Eyes = 2, Nose = 1, Mouth = 1, Ears = 2
멍멍
개 Initialized: Eyes = 2, Nose = 1, Mouth = 1, Ears = 2
푸들 Initialized: Eyes = 2, Nose = 1, Mouth = 1, Ears = 2
왈왈
```

여기서 주의할 점은 오버라이딩 메소드는 부모 클래스의 메소드와 자식 클래스의 메소드의 형식이 완전히 똑같아야 한다는 점이다. 일단 Bark() 메소드의 오버라이딩은 성공이다. 다음과 같은 형태로 객체를 생성해 보자.

PoodleClass.cs

```
1   ······································· 생략 ·······································
2
3   static void Main() {
4       Dog a = new Dog();
5       a.Bark();
6       Poodle pd = new Poodle();
7       pd.Bark();
8       a = new Poodle();
9       a.Bark();
10    }
```

8라인 : 변수 a의 타입은 부모 타입인 Dog인데, new Poodle( )로 생성한 자식 객체의 주소 값을 넘겨받는다.

9라인 : 부모 타입의 참조 변수인 a를 통하여 Bark( ) 메소드를 호출하면 동적 바인딩에 의해 실제 객체의 Bark( ) 메소드가 호출된다.

```
개 Initialized: Eyes = 2, Nose = 1, Mouth = 1, Ears = 2
멍멍
개 Initialized: Eyes = 2, Nose = 1, Mouth = 1, Ears = 2
푸들 Initialized: Eyes = 2, Nose = 1, Mouth = 1, Ears = 2
왈왈
개 Initialized: Eyes = 2, Nose = 1, Mouth = 1, Ears = 2
푸들 Initialized: Eyes = 2, Nose = 1, Mouth = 1, Ears = 2
왈왈
```

마지막 객체 생성 형식을 보면 타입은 Dog인데 생성된 객체는 Poodle이다. 이러한 구조는 실무에서 자주 사용되는데 왜 이렇게 사용하는 것일까? Dog가 부모 타입이므로 자식 클래스인 Poodle 객체도 받을 수 있다. a.Bark() 코드는 변경 없이 그대로 두고 new Poodle()과 같은 객체만 다른 종류의 개들로 교체하면 결과가 달라질 수 있다. 예를 들어 Jindo 클래스를 추가하고, Jindo는 "컹컹"이라고 짖는다고 가정해 보자. 이 경우 코드는 다음과 같이 수정할 수 있다.

```
a = new Jindo()
a.Bark()
```

이때 a.Bark() 코드는 변경 없이 "컹컹"이라고 출력될 것이다. 즉, 생성된 객체에 따라 출력 결과가 달라진다.

앞서 살펴본 함수 포인터가 플러그인 형태의 베이스가 된다고 했던 것처럼 오버라이딩은 함수 포인터를 객체 포인터로 확장한 형태라고 볼 수 있다. Dog 클래스에는 생성된 객체의 주소값이 넘어오는데 이 객체는 언제든지 다른 객체로 변경할 수 있다. 그에 따라 오버라이딩된 메소드인 a.Bark()는 다른 출력 결과를 가져오게 된다. 이러한 형태의 오버라이딩 코드는 실제로 매우 많이 사용되며, 객체지향 기반 코드에서는 반드시 이해하고 있어야 하는 중요한 개념이다.

5.3 자바스크립트 기반의 클래스 구조와 사용 방법

자바스크립트의 클래스 구조

자바스크립트는 ES6(ES2015)에서 클래스 문법을 도입해 객체지향 프로그래밍을 지원한다. 기존의 프로토타입 방식보다 더 유연하고 동적인 환경을 고려하여 설계되었으며, 직관적으로 구현할 수 있는 구조를 제공한다. 클래스의 구성 요소는 다음과 같다.

❶ **속성(Property)** : 클래스 내부에서 정의된 변수이다.

❷ **메소드(Method)** : 클래스 내부에 정의된 함수로 객체의 동작을 정의한다.

❸ **생성자(Constructor)** : 객체를 초기화하는 메소드이다.

❹ **접근 지정자(Access Modifiers)** : #을 사용하여 변수의 접근을 제한한다.

기존의 전통적인 클래스와 구조, 요소는 거의 동일하다.

자바스크립트 클래스의 사용 방법

자바스크립트의 클래스는 전통적인 클래스와 개념적으로나 문법적으로 유사하다. 앞서 작성했던 DogClass.cs 코드를 자바스크립트 기반으로 변환하여 작성해 보자.

DogClass.js

```
class Dog {
  constructor() {
    this.eyes = 2;
    this.nose = 1;
    this.mouth = 1;
    this.ears = 2;
    this.kinds = "개";
```

```
8        console.log(`${this.kinds} Initialized: Eyes = ${this.eyes}, Nose
9        = ${this.nose}, Mouth = ${this.mouth}, Ears = ${this.ears}`);
10   }
11
12     Bark() {
13       console.log("멍멍");
14     }
15   }
16
17   const a = new Dog();
18   a.Bark();
```

2라인 : 자바스크립트에서 생성자는 constructor( ) 메소드이다. 여기에서 eyes, nose와 같은 속성들을 초기화한다.

12~14라인 : Bark( ) 메소드를 정의한다. 콘솔에 "멍멍"을 출력한다.

17라인 : 객체 생성은 동일하게 new 연산자를 사용한다. 자바스크립트는 기본적으로 타입을 지정하지 않으므로 const 키워드로 선언한다.

```
개 Initialized: Eyes = 2, Nose = 1, Mouth = 1, Ears = 2
멍멍
```

자바스크립트 클래스의 상속과 오버라이딩

Poodle 클래스를 생성할 때 Dog 클래스를 상속받아 기능을 확장할 수 있으며, 함수 오버라이딩도 할 수 있다. 앞서 작성했던 PoodleClass.cs 코드를 자바스크립트로 변환해 보자.

PoodleClass.js

```
class Dog {
  constructor() {
    this.eyes = 2;
    this.nose = 1;
    this.mouth = 1;
    this.ears = 2;
    this.kinds = "개";
    console.log(`${this.kinds} Initialized: Eyes = ${this.eyes}, Nose =
    ${this.nose}, Mouth = ${this.mouth}, Ears = ${this.ears}`);
  }
```

```
11
12     Bark() {
13       console.log("멍멍");
14     }
15   }
16
17   class Poodle extends Dog {
18     constructor() {
19       super();
20       this.kinds = "푸들";
21       console.log(`${this.kinds} Initialized: Eyes = ${this.eyes}, Nose
22       = ${this.nose}, Mouth = ${this.mouth}, Ears = ${this.ears}`);
23     }
24
25   Bark() {
26       console.log("왈왈");
27     }
28   }
29
30   const a = new Dog();
31   a.Bark();
32
33   const pd = new Poodle();
34   pd.Bark();
```

17라인 : Poodle 클래스는 Dog 클래스를 상속받는다. 상속 키워드는 extends를 사용한다.

18라인 : 생성자는 constructor( )를 사용한다. 여기에서 속성의 초기화를 한다.

19라인 : Poodle 클래스는 super( )를 통해 부모 클래스 Dog의 생성자를 호출한다.

25~27라인 : Poodle 클래스에서 Bark( ) 메소드를 "왈왈"로 출력하도록 재정의한다.

33~34라인 : new Poodle( )을 통해 객체를 생성하고 Bark( ) 메소드를 호출하여 결과를 출력한다.

```
개 Initialized: Eyes = 2, Nose = 1, Mouth = 1, Ears = 2
멍멍
개 Initialized: Eyes = 2, Nose = 1, Mouth = 1, Ears = 2
푸들 Initialized: Eyes = 2, Nose = 1, Mouth = 1, Ears = 2
왈왈
```

자바스크립트에서는 자식 클래스에서 부모 클래스의 동일한 이름의 메소드를 재정의하면 자동으로 메소드 오버라이딩이 이루어진다.

5.4 인터페이스

인터페이스란

인터페이스는 여러 객체지향 기반 언어에서 사용하는 중요한 개념으로 특히 타입스크립트에서도 널리 활용된다. 인터페이스는 클래스와 마찬가지로 사용자 정의 타입이지만, 몇 가지 차이점이 있다. 가장 큰 특징은 내부에 메소드를 구현하지 않고 선언만 한다는 점이다. 즉, 인터페이스는 메소드 목록을 정의하는 명세(Specification)라고 할 수 있다. 그리고 이 인터페이스를 상속받은 자식 클래스에서 메소드를 오버라이딩하여 구현하도록 한다.

```
접근 지정자 interface 인터페이스 이름
{
    메소드 선언
}
```

인터페이스 이름은 보통 I로 시작하는 것이 일반적이다. 예를 들어 IAnimal, IShape와 같이 말이다. 클래스를 통해 인터페이스를 상속받아 구현하는 방식은 다음과 같다.

```
접근 지정자 class 자식 클래스 이름 : 인터페이스 이름
{
            메소드 오버라이딩
}
```

클래스가 인터페이스를 구현할 때는 인터페이스 이름 형식으로 상속받는다. 구현하는 클래스는 인터페이스에 선언된 모든 멤버를 반드시 구현해야 한다.

인터페이스 구현

Dog 클래스의 인터페이스로 IAnimal을 선언하여 구현해 보자.

DogClass.cs

```
using System;
public interface IAnimal{
    void Eat();
    void Sleep();
}
class Dog : IAnimal
{
  protected int eyes, nose, mouth, ears;
  protected string kinds;
  public Dog(){
    eyes = 2;
    nose = 1;
    mouth = 1;
    ears = 2;
    kinds = "개";
    Console.WriteLine($"{kinds} Initialized: Eyes = {eyes}, Nose =
    {nose}, Mouth = {mouth}, Ears = {ears}");
  }
  public void Bark(){
      Console.WriteLine("멍멍");
  }
  public void Eat(){
       Console.WriteLine($"{kinds} is eating.");
  }
  public void Sleep(){
       Console.WriteLine($"{kinds} is sleeping.");
  }
}
class Poodle : Dog{
  public Poodle(){
    base.kinds = "푸들";
    Console.WriteLine($"{kinds} Initialized: Eyes = {eyes}, Nose =
    {nose}, Mouth = {mouth}, Ears = {ears}");
  }
}
class HelloWorld {
  static void Main() {
```

```
38            Dog a = new Dog();
39            a.Bark();
40            a.Eat();
41            a.Sleep();
42        }
43    }
```

2~5라인 : IAnimal이라는 이름으로 동물의 공통 동작을 정의한 인터페이스를 선언한다. 동물의 동작 중에 대표적인 두 가지 기능으로 Eat( )와 Sleep( ) 메소드를 선언만 하고 내용은 구현하지 않는다.

6라인 : Dog 클래스는 IAnimal 인터페이스를 상속받는다.

22~24라인 : IAnimal 인터페이스에 선언된 Eat( ) 메소드의 내용을 구현한다.

25~27라인 : IAnimal 인터페이스에 선언된 Sleep( ) 메소드의 내용을 구현한다.

40라인 : 오버라이딩한 Eat( ) 메소드를 호출한다.

41라인 : 오버라이딩한 Sleep( ) 메소드를 호출한다.

```
개 Initialized: Eyes = 2, Nose = 1, Mouth = 1, Ears = 2
멍멍
```

인터페이스를 활용하면 동일한 인터페이스를 구현한 여러 클래스가 각기 다른 동작을 가질 수 있도록 설계할 수 있다. IAnimal 인터페이스를 구현한 클래스마다 Eat() 및 Sleep() 동작을 다르게 구현할 수 있다.

인터페이스를 사용하는 이유

보통 클래스를 상속하는 목적은 기존 기능을 확장하거나 수정하는 데 있다. 그러나 인터페이스는 메소드가 선언만 되어 있고 구현은 되어 있지 않다는 특징이 있다. 즉, 인터페이스는 기존의 상속처럼 기능을 확장하거나 수정하는 용도가 아니라, 새로운 기능을 정의하고자 할 때 사용된다. 인터페이스는 대규모 프로젝트에서 표준을 설정하거나 새로운 기능에 대한 명세를 작성할 때 매우 유용하다.

추상 클래스를 상속하는 경우

추상 클래스는 인터페이스와 비슷하게 구현하지 않은 메소드를 포함하는 클래스이지만 그 차이점만 잘 이해하면 된다. 보통 클래스를 상속하는 목적은 기능을 확장하는 데 있다. 예를 들어 스마트폰의 기본 기능들이 이미 구현되어 있다고 가정해 보자. 이 기능들을 브랜드별로 확장하고 싶다면 기본 기능을 그대로 상속받고 그 위에 자신만의 기능을 추가하는 방식이다.

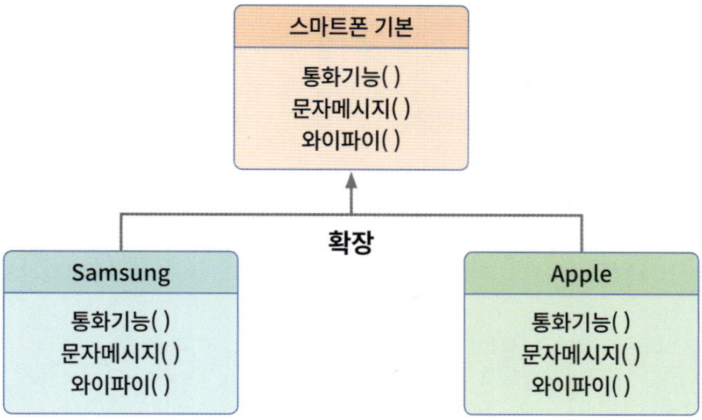

클래스 간의 상속은 기능의 확장을 목적으로 한다.

인터페이스를 상속하는 경우

인터페이스는 클래스와는 조금 다른 개념이다. 특정 기능에 대한 요구 사항만 정의되어 있고 실제 구현은 되지 않은 형태다. 예를 들어 스마트폰의 기능을 처음 설계할 때, 어떤 기능을 추가할지 구체적인 정의나 구현이 아직 되어 있지 않은 초기 단계에서 인터페이스를 사용하는 것이 유용하다.

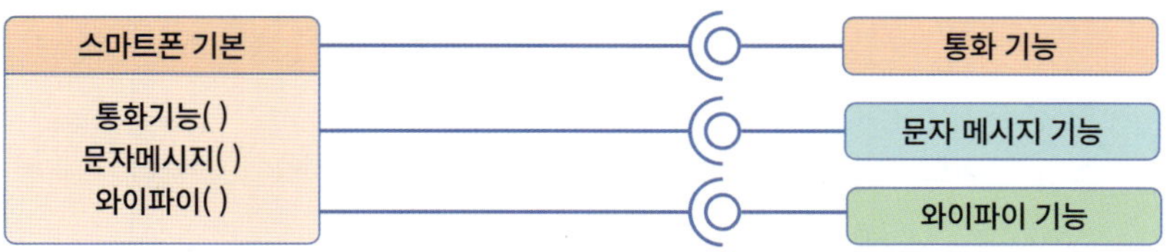

스마트폰의 기본 클래스는 통화 기능, 문자 메시지 기능, 와이파이 기능 등을 인터페이스로 상속받아 해당 명세에 정의된 내용을 반드시 구현해야 한다는 의미이다. 스마트폰 기능 클래스는 앞서 살펴본 추상 클래스나 일반 클래스가 될 것이다. 인터페이스는 특정 클래스를 설계할 때, 즉 초기 설계 단계에서 고려하면 된다.

스마트폰 기본 기능에 대한 인터페이스 코드를 작성해 보자.

SmartPhone.cs

```
1   using System;
2   public interface 통화기능{
3       void callPhone();
4   }
5   public interface 문자메시지기능{
6       void sms();
7   }
8   public interface 와이파이기능{
9       void wifi();
10  }
11  class 스마트폰기본 : 통화기능, 문자메시지기능, 와이파이기능
12  {
13      public void callPhone(){
14          Console.WriteLine("전화걸기");
15      }
16      public void sms(){
17          Console.WriteLine("문자보내기");
18      }
19      public void wifi(){
20          Console.WriteLine("와이파이연결하기");
21      }
22  }
23  class HelloWorld {
24    static void Main() {
25      스마트폰기본 sp = new 스마트폰기본();
26      sp.callPhone();
27      sp.sms();
28      sp.wifi();
29    }
30  }
```

2~4라인 : 스마트폰의 기능인 통화 기능을 정의한 인터페이스이다. 구현해야 할 callPhone( ) 메소드를 선언한다.

5~7라인 : 스마트폰의 기능인 문자 메시지 기능을 정의한 인터페이스이다. 구현해야 할 sms( ) 메소드를 선언한다.

8~10라인 : 스마트폰의 기능인 와이파이 기능을 정의한 인터페이스이다. 구현해야 할 wifi( ) 메소드를 선언한다.

11~22라인 : 스마트폰 기본 클래스를 선언한다. 통화 기능, 문자 메시지 기능, 와이파이 기능 인터페이스를 상속받기 때문에 해당 인터페이스의 선언 메소드를 구현해야 한다. callPhone( ), sms( ), wifi( ) 메소드를 오버라이딩한다.

25~28라인 : 스마트폰 기본 객체 sp를 생성하고 callPhone( ), sms( ), wifi( ) 메소드를 실행한다.

```
전화걸기
문자보내기
와이파이연결하기
```

5.5 람다를 통한 화살표 함수의 이해

익명 메소드

자바스크립트에서는 콜백 메소드를 자주 사용한다. 이벤트와 콜백 메소드라는 용어는 익숙하게 들었을 것이고, 이미 학습한 분들도 있을 것이다. 이벤트나 콜백 메소드에 대한 자세한 학습은 따로 진행하지 않지만, 람다식을 통한 모던 자바스크립트의 화살표 함수에 대해 언급하는 이유는 콜백 메소드로 사용되는 익명 메소드와 화살표 함수의 원리를 이해하기 위해서다. 만약 자바스크립트에서 익명 메소드나 화살표 함수의 사용 방법을 배웠다면, 그 기초가 되는 람다식에 대해 이해하고 그 원리에 대하여 살펴보는 기회가 될 것이다. 화살표 함수가 무엇인지 몰라도 학습에는 큰 지장이 없다.

```
(function() {
    console.log("익명 메소드");
})();
```

자바스크립트에서 콜백 메소드를 대부분 익명 메소드로 사용하는 이유는 무엇일까? 콜백 메소드를 꼭 익명 메소드로 정의해야 하는 것은 아니다. 하지만 기본적으로 함수는 이름을 통해 호출되는데, 콜백 메소드는 이벤트 기반에서 이벤트가 발생할 때 등록된 함수를 호출하는 구조다. 만약 이 함수가 특정 이벤트가 발생했을 때만 사용된다면 굳이 이름을 붙일 필요가 없다. 그래서 이름을 생략한 익명 메소드로 사용하는 것이다. 익명 메소드를 사용할 때는 코드가 간결하고 복잡하지 않아야 하며, 별도의 메소드를 만들지 않기 때문에 코드의 오버헤드를 줄일 수 있다. 이러한 방식은 주로 람다식에서 사용된다.

람다식이란

기존 익명 메소드의 문법을 더 짧고 간결하게 표현하기 위해 만들어진 구문이다. 문법에 불과하므로 너무 큰 의미를 부여할 필요는 없다.

❶ 일반 메소드 기반

일반 메소드를 정의하는 형식이다.

```
using System;
class HelloWorld {
  static int Plus(int a, int b){
    return a + b;
  }
  static void Main() {
    int hap = Plus(10, 20);
    Console.WriteLine(hap);
  }
}
```

Plus라는 메소드를 정의하고 Main 메소드에서 호출하여 실행하는 코드이다.

❷ 익명 메소드 기반

이번에는 익명 메소드 기반의 코드를 살펴보자. C#에서 익명 메소드를 구현하려면 델리게이트(Delegate)를 사용해야 하는데, 우리의 학습 목적은 델리게이트에 대한 이해가 아니므로 이 부분은 크게 신경 쓰지 않아도 된다. 다만, 델리게이트는 함수 포인터 역할을 한다고 이해하면 된다.

```
using System;
class HelloWorld {
  delegate int CalDel(int a, int b);
  static void Main() {
    CalDel d = delegate(int a, int b){ return a + b;};
    Console.WriteLine(d(10, 20));
  }
}
```

메소드를 외부에서 별도로 정의하지 않고, delegate를 사용해 함수 타입을 선언한 후 중괄호({ }) 안에 함수 내용을 정의하고, return 키워드로 반환하고 있다. 이것이 바로 익명 메소드이다. 익명 메소드를 d라는 함수 포인터에 넘기고, d를 호출하는 형태다. 이전에 함수 포인터에 대해 학습했으므로 이 부분은 충분히 이해할 수 있을 것이다.

람다식 표현

지금까지는 일반적인 익명 메소드를 사용한 형태였다. 익명 메소드를 좀 더 간결하게 표현할 수 있는데, 이를 람다식으로 바꿀 수 있다. 람다식에서 사용하는 것이 바로 화살표이며, 자바스크립트에서 말하는 화살표 함수가 바로 이와 같은 개념이다. C#에서는 delegate 키워드를 생략하고 화살표를 사용해 간결하게 표현할 수 있다.

(인수) => 표현식 또는 명령문

기존의 코드를 이와 같은 식으로 변경해 보자.

delegate(int a, int b) {return a + b;}

↓

(a, b) => a + b;

```
using System;
class HelloWorld {
  delegate int CalDel(int a, int b);
  static void Main() {
    CalDel d = (a, b) => a + b;
    Console.WriteLine(d(10, 20));
  }
}
```

훨씬 간단해졌다. 자바스크립트에서도 ES6 버전에서 화살표 함수가 도입되었는데, 이는 새로운 문법이 추가된 것이 아니라 이미 자바, C# 등 객체지향 기반 언어에서 사용되던 람다식에서 가져온 문법이라는 점을 이해하면 된다.

자바스크립트 기반 화살표 함수

자바스크립트 기반 화살표 함수는 ES6(ECMAScript 2015)에서 도입된 더 간결한 함수 표현식이다. 기존 function 키워드를 사용한 선언 방식보다 문법이 짧고 직관적이다. 앞의 C# 델리게이트 기반 람다식 코드를 자바스크립트 기반 화살표 함수로 변환해 보자.

```
const calDel = (a, b) => a + b;
console.log(calDel(10, 20));
```

여기서 calDel은 두 개의 매개변수 a와 b를 받아 더한 결과를 리턴하는 화살표 함수이다.

화살표 함수를 사용하는 이유

❶ 문법이 간결함

function 키워드를 사용한 기존 방식보다 코드가 짧아지고 가독성이 좋아진다.

❷ 익명 함수 표현식으로 적합

콜백 함수나 이벤트 핸들러 등에서 함수 선언 및 호출 없이 바로 사용할 수 있어서 매우 유용하다.

❸ this 바인딩 방식이 다름

일반 함수는 호출된 객체에 따라 this가 동적으로 변하지만, 화살표 함수는 자신을 감싸는 상위 범위의 this를 유지한다. 그래서 this가 필요하지 않는 단순한 함수에 적합하다.

```
function normalFunction() {
    console.log(this); // 호출하는 객체에 따라 다름
}

const arrowFunction = () => {
    console.log(this); // 상위 스코프의 `this`를 유지
};
```

- 타입스크립트의 기본 개념과 실행 환경을 이해하고 프로젝트에서 타입스크립트를 효과적으로 활용하는 방법을 학습한다.
- 기본 데이터 타입, 타입 추론, 타입 명시를 통하여 타입 안정성을 높이고, 배열, 튜플, 함수의 데이터 타입을 정의하는 방법을 학습한다.
- 객체 데이터 타입을 사용해 인터페이스, 열거형, 유니온 타입, 타입 별칭과 타입 가드를 통해 복잡한 데이터 구조를 안전하고 효율적으로 관리하는 방법을 학습한다.

셋째 마당

타입스크립트의 기초

6 장

타입스크립트와 실행 환경

학 습 목 표

- 타입스크립트가 무엇인지, 자바스크립트와의 차이를 이해하고 타입 안정성을 통해 코드의 품질을 높이는 방법을 학습한다.
- 타입스크립트 실행 환경의 구성과 동작 원리를 배우며, 실제 타입스크립트 기반 프로젝트를 설정하고 활용하는 방법을 학습한다.

6.1 타입스크립트

REACT

타입스크립트란

타입스크립트는 자바스크립트에 타입을 추가한 언어로, 자바스크립트를 포함하고 있다고 볼 수 있다.

타입스크립트 = 자바스크립트 + 타입

즉, 타입스크립트는 자바스크립트에 타입 체크 기능을 추가한 언어이다. 기존 자바스크립트 문법에 타입을 추가한 업그레이드 버전으로, 자바스크립트를 더 쉽고 강력하게 만들어주는 한 단계 발전된 형태라고 할 수 있다. 이처럼 자바스크립트가 타입스크립트를 기반으로 발전한 관계이기 때문에 타입스크립트 환경에서는 자바스크립트를 작성할 수 있지만, 반대로 자바스크립트 환경에서는 타입스크립트를 작성하면 오류가 발생한다.

데이터 타입을 표기하면 좋은 점

자바스크립트의 장점 중 하나는 변수 선언 시 데이터 타입을 신경 쓸 필요가 없다는 점이다. 이로 인해 변수에 자유롭게 값을 대입할 수 있는 이점이 있지만, 프로젝트 규모가 커지고 협업이 이루어지면 오히려 이 점이 단점이 될 수 있다. 변수의 의도를 정확히 알지 못한 채 잘못된 값이 대입되거나 결괏값의 유효성을 파악하기 어려워질 수 있기 때문이다. 따라서 타입을 명시하면 코드가 더 명확해지고 예측 가능해지며, 오류를 컴파일 단계에서 미리 발견할 수 있어 안전한 코드를 작성할 수 있다. 이제 두 가지 코드를 비교해 보자.

❶ 자바스크립트 코드

```
function plus(a, b) {
  return a + b;
}

console.log(plus(5, 3));    // 8
console.log(plus(5, "3"));  // "53" (예상치 못한 결과)
```

자바스크립트 코드에서는 plus 함수에 어떤 타입의 값이 들어올지 명시하지 않았기 때문에 숫자와 문자열이 더해질 경우 의도하지 않은 결과가 발생할 수 있다.

❷ 타입스크립트 코드

```
function plus(a: number, b: number): number {
  return a + b;
}

console.log(plus(5, 3));    // 8
console.log(plus(5, "3"));  // 오류: Argument of type 'string' is not
assignable to parameter of type 'number'.
```

타입스크립트에서는 a와 b에 number 타입을 명시함으로써 숫자 타입이 아닌 값이 들어오면 컴파일 단계에서 오류가 발생한다. 이렇게 타입을 명시하면 실수를 방지할 수 있고 코드가 더 안전하게 동작한다.

타입스크립트의 컴파일

자바스크립트만 다뤄본 경우 컴파일이나 컴파일 오류에 익숙하지 않을 수 있다. 하지만 우리는 앞서 C 언어와 같은 컴파일 언어를 학습했기 때문에 타입스크립트의 동작 방식을 이해하는 데 큰 어려움은 없을 것이다.

앞에서 언급했듯 타입스크립트는 자바스크립트 환경에서 바로 실행될 수 없다. 그 이유는 자바스크립트가 실행될 수 있는 브라우저가 타입스크립트를 이해하지 못하기 때문이다. 따라서 타입스크립트로 작성된 코드는 자바스크립트로 변환되어야 하며, 이 과정이 바로 컴파일이다.

컴파일이란 한 언어의 코드를 다른 언어로 변환하는 과정이다. 예를 들어 C 언어에서는 원시 코드를 목적 코드로 변환하는 과정을 컴파일이라고 했으며, 이는 운영체제가 해석할 수 있는 기계어로 변환하기 위한 과정이다. 타입스크립트에서의 컴파일은 브라우저가 해석할 수 있는 자바스크립트 코드로 변환하는 과정이라고 보면 된다.

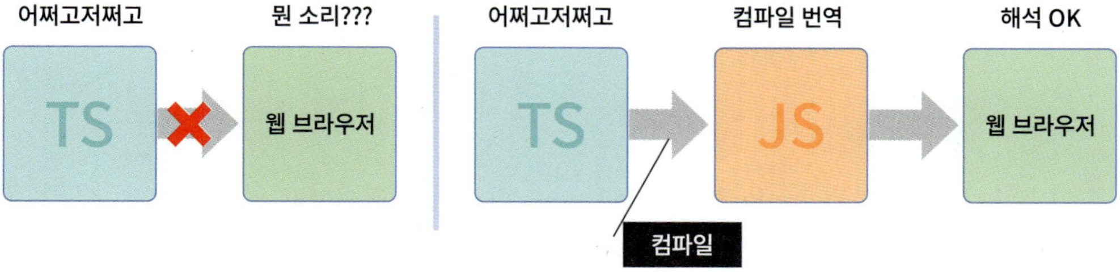

타입스크립트로 코드를 작성하면 타입스크립트 내부에서 컴파일이 진행되며 동시에 브라우저 환경에서 해석할 수 있는 자바스크립트로 변환된다.

타입스크립트의 사용 이유

타입스크립트를 사용하는 핵심적인 이유는 더 안전하고 유지 보수가 쉬운 코드를 작성하기 위함이다. 이제 그 이유를 몇 가지 살펴보자.

❶ 정적 타입 검사

타입스크립트는 자바스크립트와 달리 컴파일 타임에 타입 오류를 미리 잡을 수 있다. 자바스크립트는 동적 타입 언어로 런타임에서만 타입 관련 오류가 발생하는 반면, 타입스크립트는 코드 작성 중이나 빌드 시점에 문제를 미리 탐지할 수 있다.

```
let count: number = 10;
count = "hello";  // 오류: 'string' 타입을 'number' 타입에 할당할 수 없다.
```

count 변수는 number 타입이기 때문에 문자열이 할당되면 컴파일 타임에 컴파일러가 오류를 발생한다.

❷ 코드 가독성 및 유지 보수성 향상

타입을 명시적으로 선언함으로써 코드가 더 직관적이고 읽기 쉬워진다. 특히 협업 환경이나 대규모 프로젝트에서는 코드의 의미를 쉽게 파악할 수 있어 유지 보수가 용이해진다.

```
function calculateTotal(price: number, quantity: number): number {
    return price * quantity;
}
```

이 함수는 price와 quantity가 모두 number 타입임을 명시하고 있기 때문에, 다른 개발자가 이 함수를 사용하려면 어떤 타입의 값을 매개변수로 전달해야 하는지 쉽게 파악할 수 있다.

❸ 객체지향 프로그래밍 지원

타입스크립트는 클래스, 인터페이스, 상속 등 객체지향 프로그래밍 패턴을 지원한다. 이는 대규모 애플리케이션을 개발할 때 구조를 체계적으로 관리하는 데 유리하다. 클래스와 인터페이스를 활용하면 코드의 재사용성과 확장성을 높일 수 있다.

```
interface Vehicle {
  move(): void;
}

class Car implements Vehicle {
  move() {
    console.log("The car is moving");
  }
}

class Plane implements Vehicle {
  move() {
    console.log("The plane is flying");
  }
}
```

6.2

REACT

타입스크립트 실행 환경

Node.js와 npm 설치하기

Node.js는 웹 브라우저 외부에서 자바스크립트 코드를 실행할 수 있는 자바스크립트 런타임 환경이다. 앞서 언급했듯이 Node.js는 웹 브라우저의 도움 없이 자바스크립트 코드를 실행할 수 있는 환경을 제공한다. 먼저 Node.js를 설치하려면 Node.js를 다운로드해야 하며, npm은 Node.js 설치할 때 자동으로 함께 설치된다.

❶ 검색 엔진에서 "node.js"를 검색하여 공식 사이트(https://nodejs.org/ko/)로 이동한다. 보통 LTS 버전과 Current 버전이 출시되는데, 안정성이 중요한 LTS 버전을 다운로드 받는다. 개인적인 차이는 있겠지만 LTS 버전이 더 안정적이기 때문이다. 또한, 여러분의 개발 환경은 대부분 윈도우 운영체제일 것이다. 다양한 운영체제가 사용되지만, 실제로 개발 환경은 윈도우가 더 편리하게 사용되는 경우가 많으므로 윈도우 기반 파일을 다운로드 받는다. 사실 만약 윈도우 64비트 운영체제를 사용하고 있다면 사이트에서 자동으로 해당 버전을 추천해 주므로 버전에 대해 크게 신경 쓸 필요는 없다.

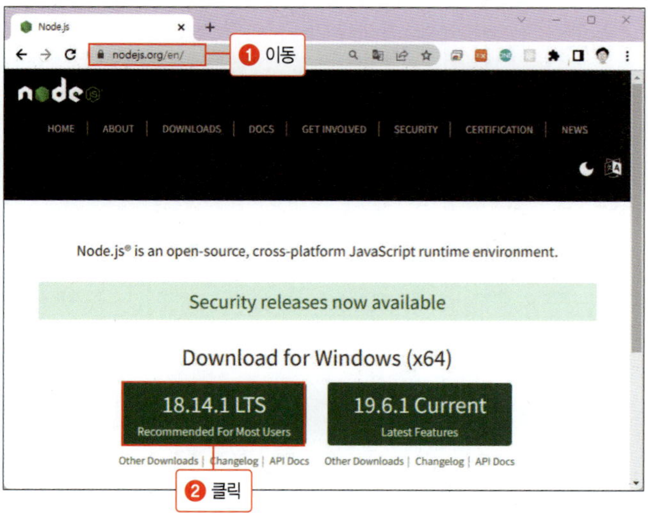

❷ 설치 과정은 동의 항목에 체크한 후 〈Next〉 버튼을 계속 클릭하며 진행한다.

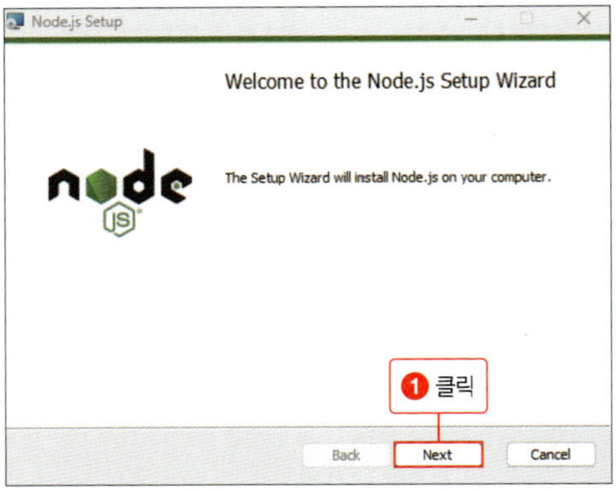

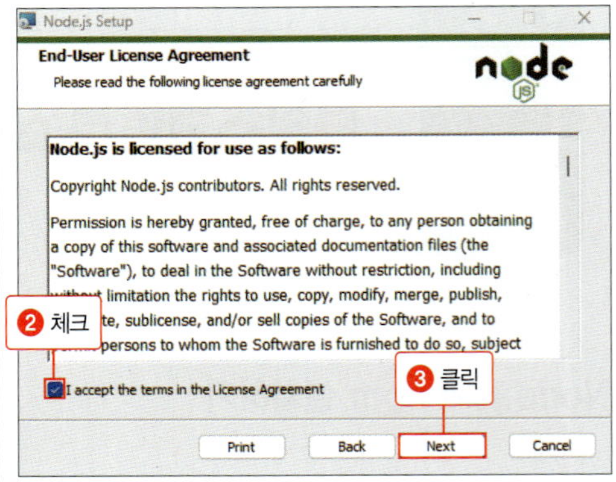

❸ 기본 설치 경로로 지정되어 있는데 특별한 이유가 없다면 설치 경로를 변경할 필요는 없다. 따라서 〈Next〉 버튼을 클릭하여 다음 단계로 넘어간다.

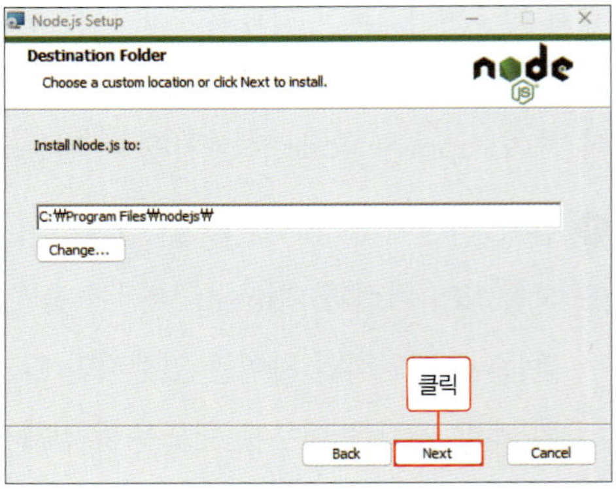

❹ 사용자 설정 과정에서 〈Next〉 버튼을 클릭하여 다음 단계로 넘어간다.

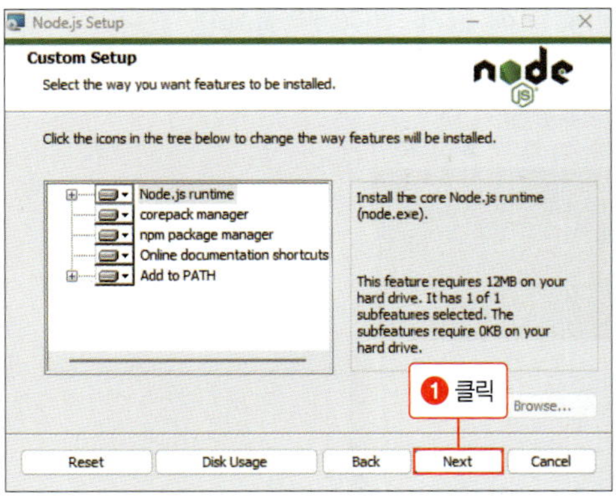

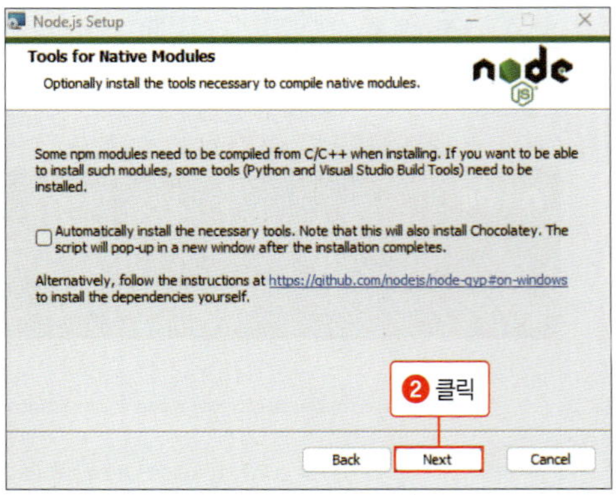

❺ 〈Install〉 버튼을 클릭하여 Node.js 설치를 시작한다.

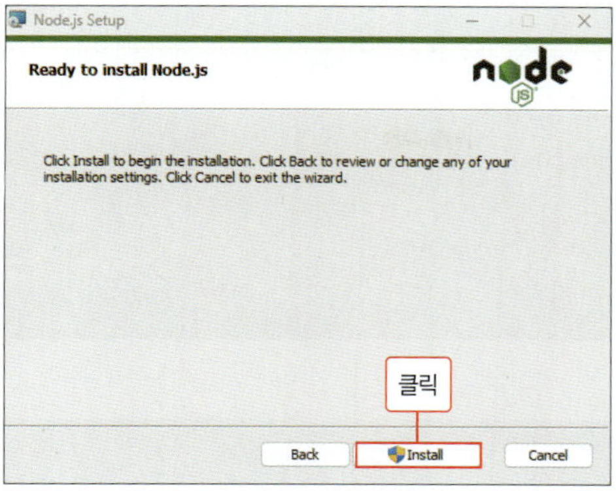

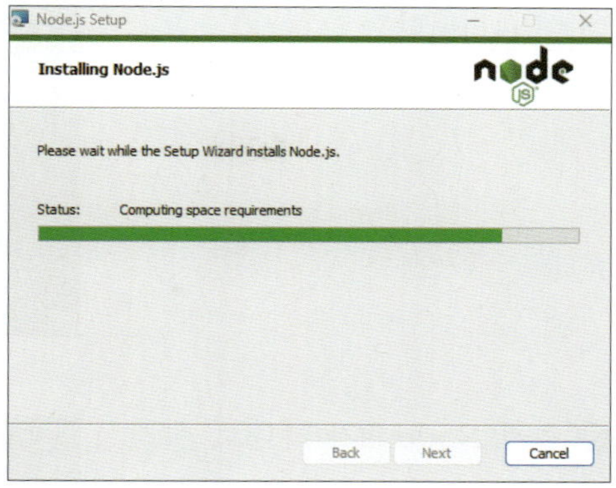

❻ 설치가 완료되면 〈Finish〉 버튼을 클릭한다.

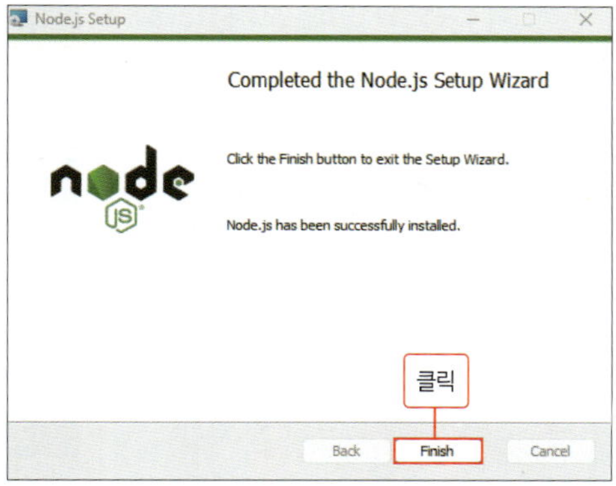

명령 프롬프트로 Node.js 확인하기

Node.js 설치가 끝나면 명령 프롬프트 창에서 확인해 보자.

❶ 윈도우 검색창에 "cmd"를 입력하거나 ⊞+R을 누르면 나타나는 실행창에 "cmd"를 입력하면 명령 프롬프트 창이 나타난다.

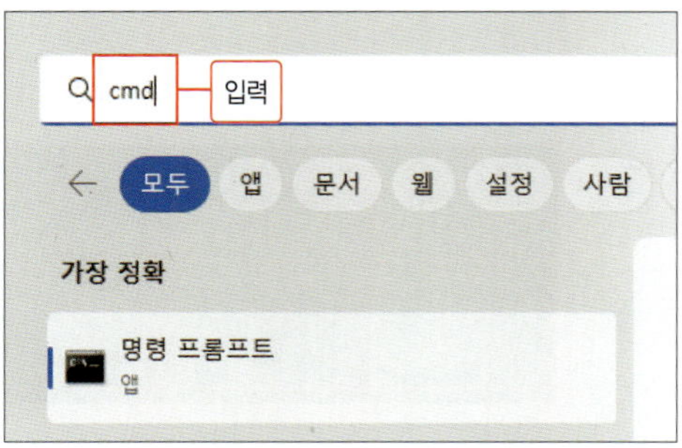

윈도우 검색창에 입력한 경우

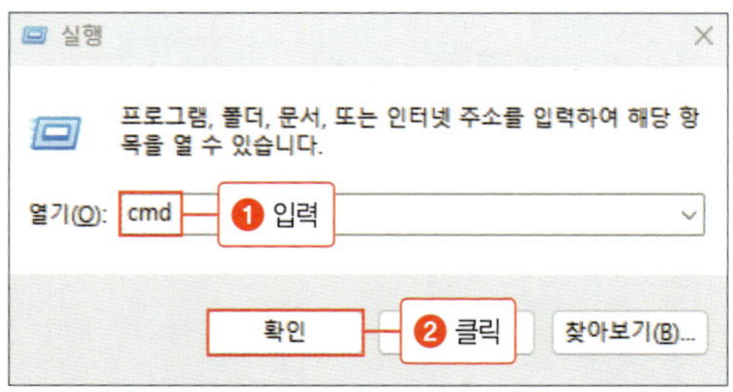

⊞+R을 눌러 입력한 경우

6 타입스크립트와 실행 환경

❷ 명령 프롬프트 창이 다음과 같이 나타난다.

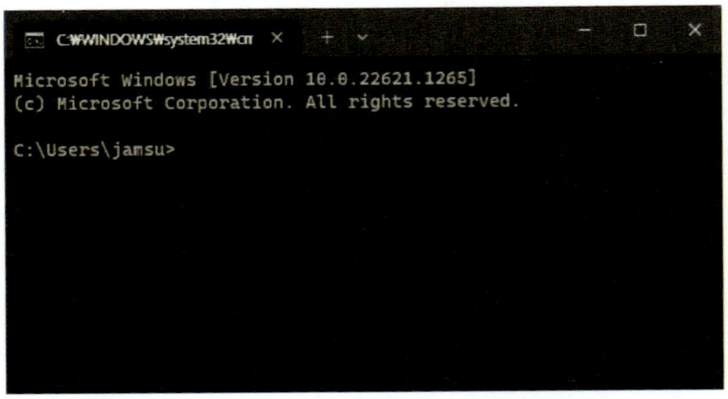

❸ 먼저 Node.js가 제대로 설치되었는지 명령 프롬프트 창에서 버전을 확인해 보자. 프롬프트에 "node -v"를 입력하면 Node.js 버전 18.14.1이 표시된다.

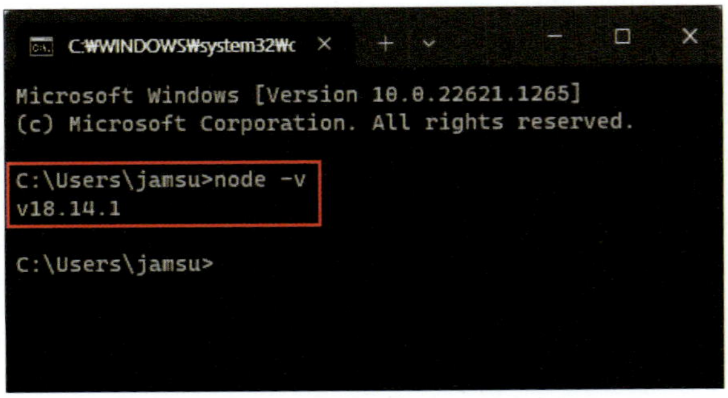

❹ 이번에는 Node.js가 정상적으로 동작하는지 직접 확인해 보자. 프롬프트에 "node"를 입력한다.

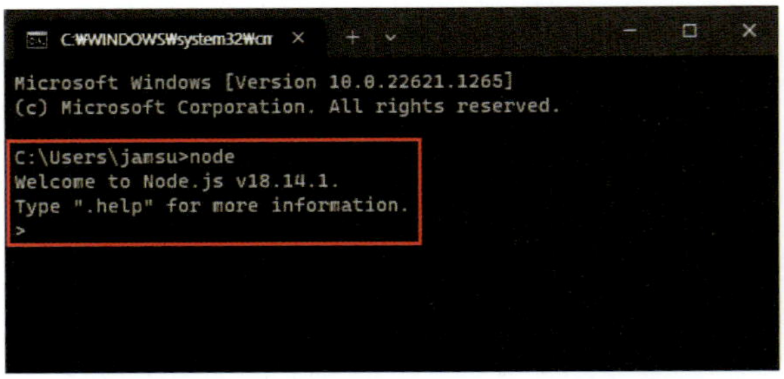

❺ 특이한 점은 node가 실행되면서 프롬프트 모양이 〉로 변경된 것이다. 즉, Node.js가 실행되면서 자바스크립트 코드를 입력하고 실행할 수 있는 환경이 마련된 것이다. 이 환경을 REPL(Read Eval Print Loop)이라고 부르며, 자바스크립트 코드를 한 라인씩 간단하게 실행해 볼 수 있는 공간이다.

이제 간단하게 문자열을 출력하는 코드를 한 줄 입력해 보자.

```
> console.log('Hello World');
```

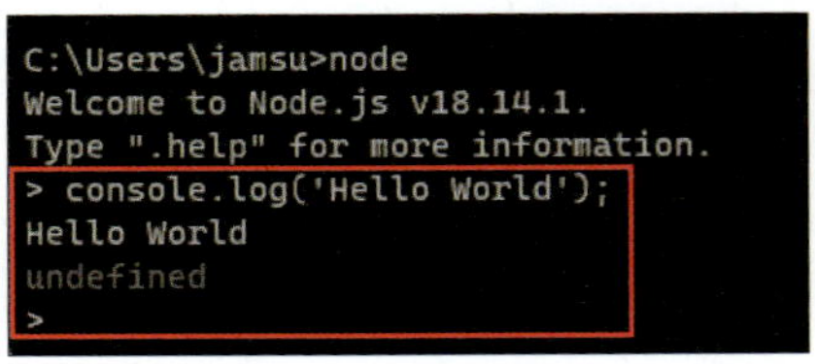

❻ 코드가 정상적으로 실행되어 'Hello World' 문자열이 출력되면 Node.js가 정상적으로 설치된 것이다. 만약 REPL 환경에서 빠져나가고 싶은 경우 Ctrl+C를 두 번 누르면 원래의 명령 프롬프트로 돌아간다.

명령 프롬프트 창을 통해 Node.js의 버전과 실행 여부를 확인할 수 있다.

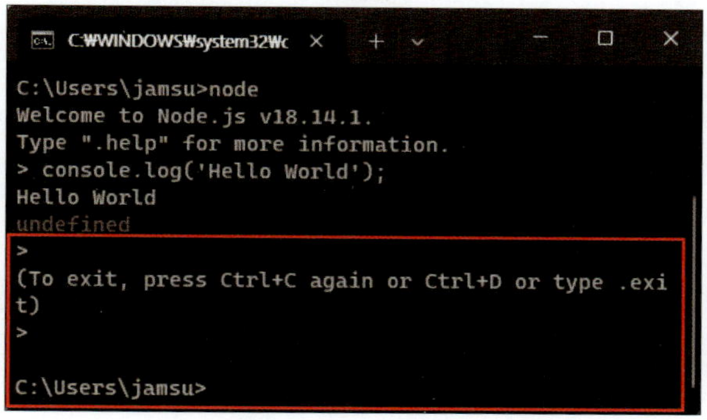

타입스크립트 설치하기

Node.js 설치가 완료되면 이제 타입스크립트를 설치할 수 있다. 프롬프트에 다음과 같이 설치 명령어를 입력한다.

```
$ npm install -g typescript
```

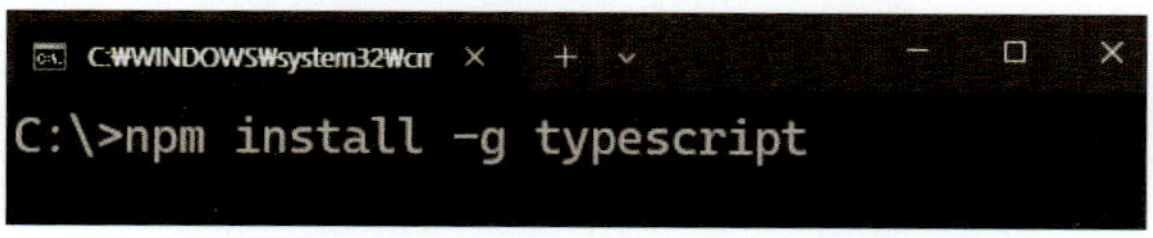

방금 설치한 것은 타입스크립트를 자바스크립트로 변환해 주는 컴파일러이다. 이제 tsc 명령어를 사용하여 타입스크립트를 자바스크립트로 컴파일할 수 있다.

Visual Studio Code 다운로드 및 설치하기

Visual Studio Code를 다운로드하고 설치해 보자.

❶ 검색창에 "Visual Studio Code" 또는 "비주얼 스튜디오 코드"를 입력해 첫 번째 공식 사이트로 이동한다. 〈Download for Windows〉 버튼을 클릭한다.

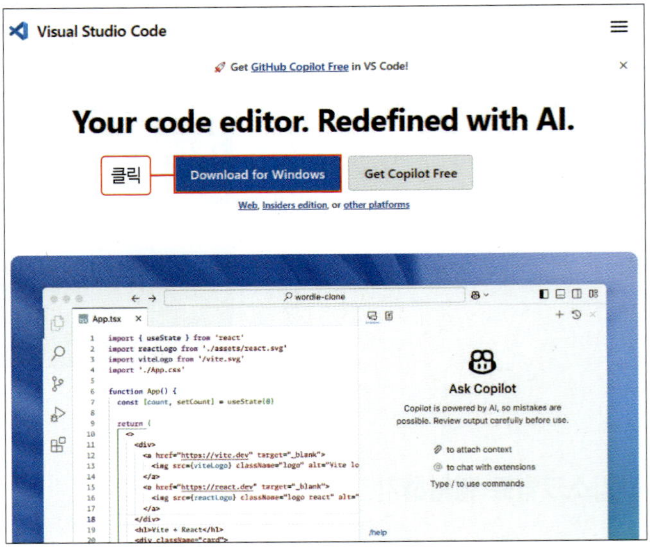

❷ 다운로드가 완료되면 실행 파일을 클릭하여 설치를 시작한다. 사용권 계약에 동의한 후 〈다음〉 버튼을 클릭한다.

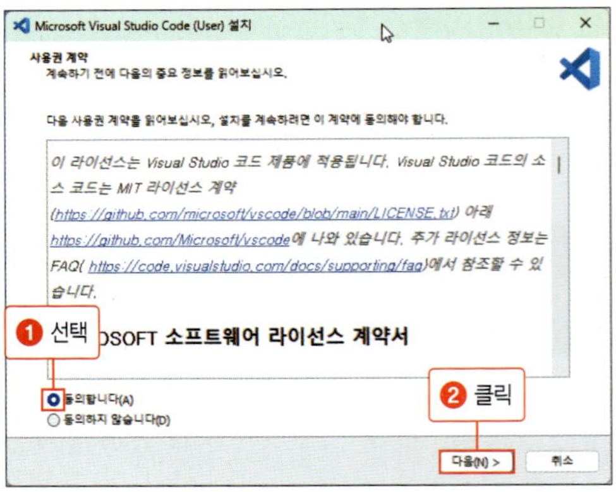

❸ 주의할 점은 [PATH에 추가] 항목을 반드시 체크해야 한다. 이 항목을 체크하지 않으면 별도로 환경 변수를 추가해야 하는 번거로움이 있기 때문이다. 나머지 항목은 편의에 따라 선택하며 크게 상관 없다. 그 후 〈다음〉 버튼을 클릭한다.

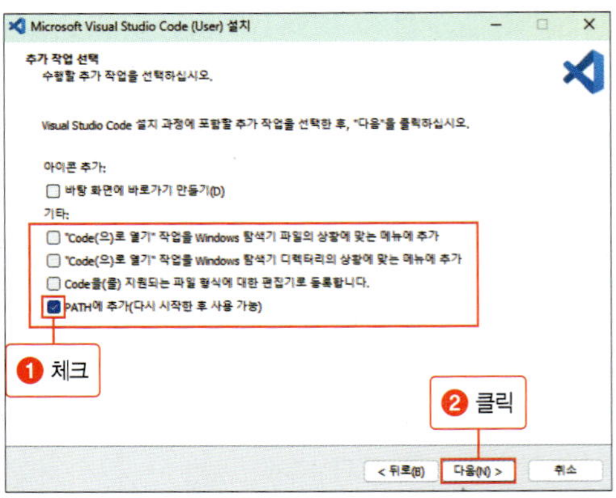

❹ 준비가 완료되면 〈설치〉 버튼을 클릭한다.

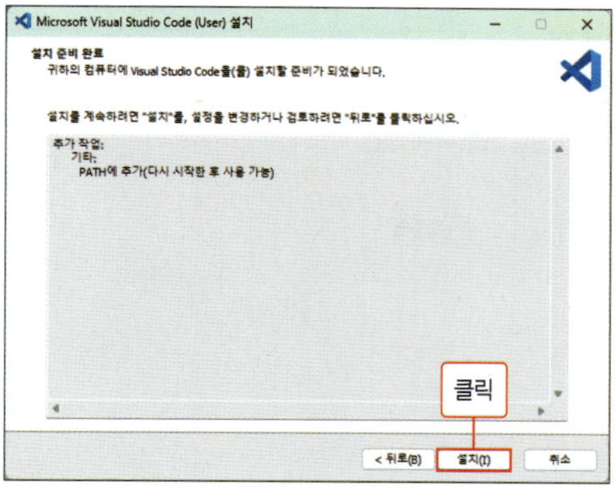

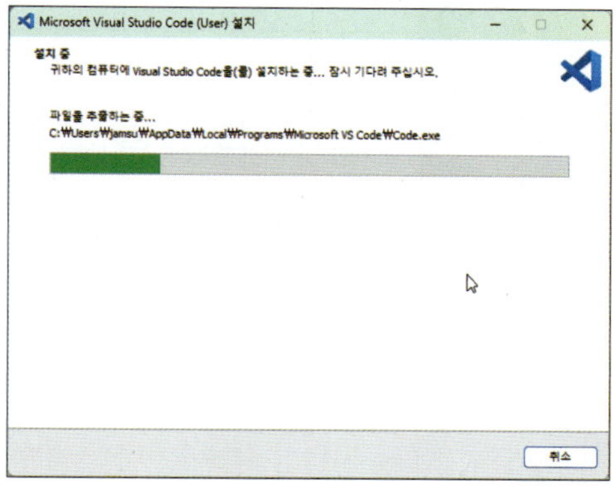

❺ 설치가 완료되면 [Visual Studio Code 실행]을 체크한 상태에서 〈종료〉 버튼을 클릭한다.

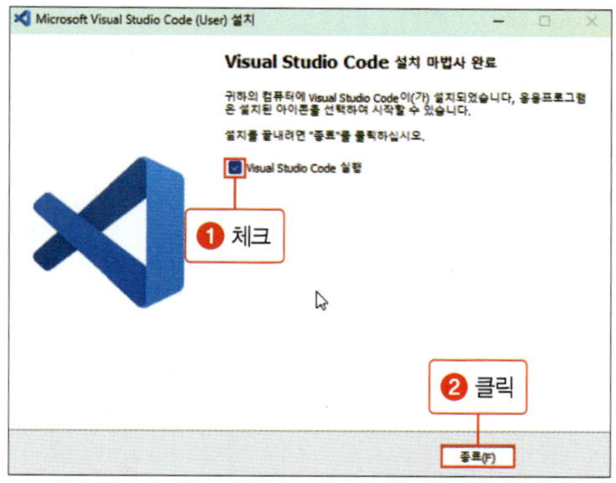

Visual Studio Code 실행하기

Visual Studio Code를 실행하려면 ⊞ 키를 눌러 나타나는 앱 목록에서 선택한다.

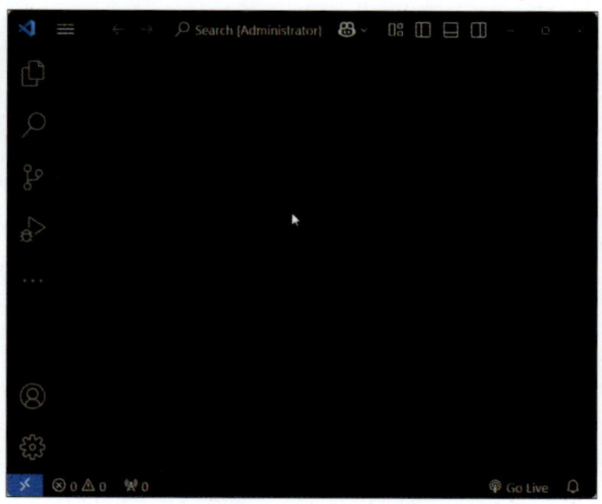

6.3 타입스크립트 기반 프로젝트

첫 번째 타입스크립트 코드 만들기

❶ 먼저 작업할 프로젝트 폴더를 생성한 다음 폴더 이름은 'tsproject'로 정한다.

tsproject

❷ Visual Studio Code에서 'tsproject' 폴더를 연다.

❸ 'tsproject' 폴더 하위에 'app.ts' 파일을 생성한다. 확장자 ts는 타입스크립트의 줄임말이다.

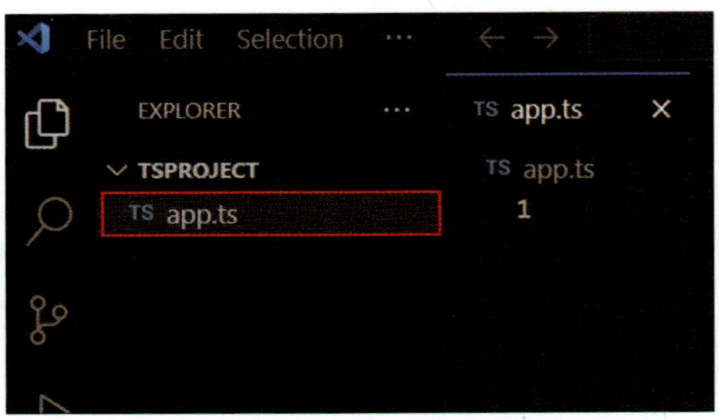

❹ greet이라는 이름의 함수 코드를 타입스크립트로 작성해 보자.

app.ts

```
function greet(name : string) : string{
```

```
2        return `Hello, ${name}`;
3    }
4
5    const message = greet('Typescript');
6    console.log(message);
7
```

1라인 : greet 함수에 name 전달 인자 1개를 갖는다. string 타입으로 설정되어 있기 때문에 문자열 값만 들어올 수 있다. 또한 리턴 타입도 string으로 설정되어 있어 이 함수는 문자열 값을 리턴해야 한다.

2라인 : 인사말의 문장인 `Hello, xxxx` 문자열을 리턴한다. greet 함수 호출 시 전달받은 변수 name을 문자열에 포함하기 위해 백틱(``)을 사용했다.

5라인 : greet 함수를 호출하면서 'Typescript'를 전달 인자로 전달한다. 함수의 리턴값 'Hello, Typescript'는 message 변수가 받는다.

6라인 : 변수 message의 값을 출력한다.

❺ 이 코드는 타입스크립트이므로 브라우저에서 직접 해석할 수 없다. 브라우저가 해석할 수 있도록 컴파일 과정을 거쳐야 한다. 메뉴의 터미널에서 [새 터미널]을 연 후 다음과 같이 컴파일 명령어를 실행한다.

```
$ tsc app.ts
```

❻ 실행이 끝나면 다음과 같이 app.js 파일이 생성된다.

❼ app.js 파일을 열면 방금 작성했던 타입스크립트 코드가 자바스크립트 코드로 변환된 것을 확인할 수 있다.

app.js

```
function greet(name) {
```

```
    return "Hello, ".concat(name);
}
var message = greet('Typescript');
console.log(message);
```

❽ 타입스크립트 코드를 자바스크립트 코드로 변환한 것이다. 이제 코드를 실행할 준비가 되었다. 다시 터미널로 이동하여 node app.js를 입력해 보자. 터미널 창에 로그가 출력되는 것을 확인할 수 있다.

```
$ node app.js
Hello, Typescript
```

중복 선언 문제 해결하기

실행에는 문제가 없지만 다시 app.ts로 돌아가면 함수명 greet과 변수명 message 아래에 빨간 줄이 표시되는 것을 볼 수 있다.

```
function greet(name : string) : string{
    return `Hello, ${name}`;
}

const message = greet('Typescript');
console.log(message);
```

이 오류의 원인은 각각 함수와 변수의 중복 선언 때문이다. 문제는 app.ts를 컴파일하면서 생성된 app.js 파일에 있다. 타입스크립트는 .ts와 .js 파일 모두를 컴파일 대상으로 인식한다. 그래서 각 코드에 동일한 이름의 함수와 변수(greet과 message)가 존재하게 되어 오류가 발생하는 것이다. 이 문제를 해결할 방법은 여러 가지가 있다. 일반적으로는 .ts 파일과 .js 파일을 물리적으로 분리하는 방법이 있으며, 또 다른 방법은 컴파일러가 .js 파일을 컴파일 대상에서 제외하고 무시하도록 설정하는 것이다. 이를 위해서는 타입스크립트 설정 파일을 생성해야 한다. 터미널에 다음과 같이 명령어를 입력한다.

```
$ tsc -init
```

수행이 끝나면 tsconfig.json 파일이 생성된다.

다시 app.ts로 이동해서 오류 상태를 확인하면 greet 함수명과 message 변수명에 빨간 줄이 사라진 것을 볼 수 있다. tsconfig.json 파일이 기본적으로 타입스크립트 .ts 파일만 컴파일 대상으로 설정하기 때문이다. 즉 .js 파일은 컴파일 대상에서 제외되어 더 이상 오류 표시가 발생하지 않는다.

자동 컴파일하기

이번에는 app.ts 코드를 수정해 보자. 입력 문자열을 'Javascript'로 변경한다.

app.ts

```
function greet(name : string) : string{
    return `Hello, ${name}`;
}

const message = greet('Javascript');
console.log(message);
```

하지만 타입스크립트 코드를 변경해도 자바스크립트 코드는 자동으로 변경되지 않는다. 즉, 매번 수동으로 tsc app.ts 명령어를 입력해야 하는데 이는 꽤 번거로운 작업이다. 다행히 이 문제를 해결할 방법이 있다. 다음과 같이 명령어에 옵션 하나만 추가하면 자동으로 컴파일할 수 있다.

```
$ tsc -w app.ts
```

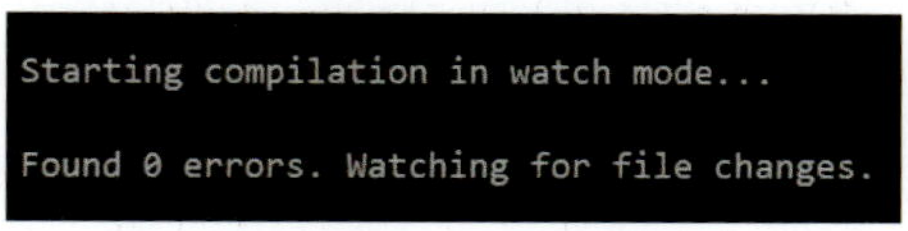

옵션 w는 watch의 약자로, 파일 변경을 계속 감시하겠다는 의미이다. 타입스크립트 컴파일러가 코드 변경을 감지하면 자동으로 컴파일을 실행한다. 이번에는 app.ts에서 입력 문자열을 "React"로 수정해 보자.

app.ts

```
function greet(name : string) : string{
    return `Hello, ${name}`;
}

const message = greet('React');
console.log(message);
```

app.js로 이동하여 자동으로 변경되었는지 확인한다.

app.js

```
function greet(name) {
    return "Hello, ".concat(name);
}
var message = greet('React');
console.log(message);
```

app.ts 변경 시 app.js도 변경되는 것을 확인할 수 있다.

7 장

기본 데이터 타입 사용하기

학 습 목 표

- 데이터 타입과 추론을 통해 타입스크립트의 타입 시스템을 이해하고, 타입 명시로 명확한 코드를 작성하는 방법을 학습한다.
- 함수의 데이터 타입을 정의하여 입력과 출력의 타입을 명확히 하고, 배열과 튜플 타입을 사용해 다양한 데이터 구조를 다루는 방법을 학습한다.

7.1 데이터 타입과 추론

자바스크립트의 데이터 타입

자바스크립트의 변수에는 어떠한 데이터 타입도 할당될 수 있다.

```
let myname ='lee';
myname =1;
```

myname 변수는 문자열로 사용하기 위하여 선언된 변수인데, 문제는 누군가가 의도와 관계없이 실수로 값을 1과 같은 정수로 변경했을 때 이를 사전에 막기 어렵다는 것이다.

타입스크립트의 데이터 타입과 추론

타입스크립트의 특징은 자바스크립트에 정적 타이핑 기능을 제공한다는 점이다. 정적 타이핑이란, 타입을 선언하고 그 타입에 맞는 값만 할당하거나 반환되어야 한다는 의미이다. 앞서 작성한 코드를 타입스크립트에서 테스트해 보자.

app.ts

```
let myname ='lee';
myname =1;
```

결과는 어떻게 나왔을까? myname에서 오류가 발생한다. 터미널에서 컴파일을 시도하면 오류 메시지가 출력될 것이다. 이 오류는 처음 할당한 값이 문자열인데, 재할당한 값이 숫자여서 할당할 수 없다는 내용이다. 이러한 현상이 발생하는 이유는 타입스크립트의 타입 추론 때문이다. 타입스크립트는 타입 표기가 없더라도 초깃값의 타입에 따라 자동으로 타입을 추론하며, 잘못된 타입의 값이 입력되면 이번처럼 오류를 발생시킨다.

```
error TS2322: Type 'number' is not assignable to type 'string'.
```

app.ts

```
let myname ='lee';
myname ='kim';
```

myname을 1이 아닌 kim으로 변경해 보자. 발생했던 오류가 사라지는 것을 확인할 수 있다.

이번에는 number 타입으로 변수 값을 할당해 보자. 해당 변수는 number 타입의 값만 입력해야 한다.

app.ts

```
let count = 49;
count = 'lee';
```

이때 역시 count 변수에서 오류가 발생한다. 재할당 시 count에 입력된 값이 숫자가 아니라 문자열이기 때문에 오류가 발생하는 것이다. 이와 같은 현상이 나타나는 이유는 타입스크립트의 타입 추론 기능 때문이다.

> **알아두세요** 타입 추론 기능은 코드를 간결하게 작성하는 데 도움이 되지만, 타입을 명시적으로 지정하는 것이 더 명확하다. 타입 추론이 모호하거나 복잡한 로직에서는 타입을 명시하는 것이 좋다.

배열 타입 추론

```
let numbers = [1, 2, 3, 4, 5];
```

변수 numbers는 배열 [1, 2, 3, 4, 5]를 가지고 있으며, 이 배열은 모두 숫자로 이루어져 있으므로 타입스크립트는 변수 numbers를 number[] 타입으로 추론한다. 배열 내 요소들이 모두 숫자임을 자동으로 인식하며, 만약 문자열과 같은 다른 타입의 값을 배열에 추가하려고 하면 오류가 발생한다.

함수 리턴 타입 추론

```
function add(x: number, y: number) {
  return x + y;
}
```

함수 add는 두 개의 매개변수 x와 y를 받으며, 두 변수 모두 number 타입이다. 함수 본문에서 x와 y를 더한 후 그 결과를 반환하는데, 반환값 역시 숫자이므로 타입스크립트는 이 함수의 반환 타입을 number로 추론한다. 즉, 타입을 명시하지 않았더라도 반환 타입을 자동으로 number로 인식한다.

객체 리터럴 타입 추론

이번에는 일반 변수가 아니라 조금 더 복잡한 객체 형태의 타입을 살펴보자.

```
let student = {
    name: 'kim',
    age: 25,
    course :'Typescript'
};
```

변수 student는 객체 리터럴 형태의 값을 할당받는다. 이 객체는 name 속성이 string 타입, age 속성이 number 타입, course 속성이 string 타입임을 타입스크립트가 추론한다. 따라서 student 객체의 타입은 { name: "kim", age: 25, course: 'Typescript' }로 결정된다. 객체의 속성에 다른 타입의 값을 할당하려고 하면 오류가 발생한다.

app.ts

```
let student = {
    name: 'kim',
    age: 25,
    course :'Typescript'
};

student.course = 'Javascript';
```

```
8    student.name = 10;
```

7라인 : course 속성의 경우 string 타입으로 재할당하므로 문제없다.

8라인 : name 속성은 타입 추론에 의해 string 타입으로 설정되어 있는데 number 타입인 10의 값이 할당되면서 오류가 발생한다.

타입스크립트의 데이터 타입 종류

타입스크립트에서는 다양한 데이터 타입을 지원한다. 데이터 타입은 크게 기본 데이터 타입, 객체 타입, 특수 타입의 세 가지로 나눌 수 있다.

❶ 기본 데이터 타입

기본 데이터 타입은 자바스크립트와 동일하게 숫자, 문자열, 불리언 등과 같은 데이터를 표현한다.

타입	내용
number	숫자형 데이터, 정수와 부동 소수점 값을 모두 포함한다.
string	문자열 데이터 타입이다.
boolean	참 또는 거짓을 나타내는 불리언 데이터 타입이다.
null	값이 없음을 명시하는 타입이다.
undefined	변수에 값이 할당되지 않았음을 나타내는 타입이다.
symbol	고유하고 변경할 수 없는 데이터를 나타낸다. 주로 객체의 고유한 속성 키를 만들기 위해 사용된다.
bigint	큰 정수(2^53 이상)를 표현하는 데이터 타입이다.

❷ 객체 타입

객체(Object) 타입은 더 복잡한 데이터 구조를 표현한다. 배열, 함수, 객체 등 다양한 형태의 데이터를 다룰 수 있으며, 기본 데이터 타입을 조합해 사용한다. 객체는 속성과 메소드로 구성된 데이터를 표현한다.

타입	내용
객체(Object)	속성과 값으로 구성된 데이터 구조이다.
배열(Array)	여러 값들을 순차적으로 저장하는 데이터 구조이다.
함수(Function)	특정 작업을 수행하는 코드 블록이다.
튜플(Tuple)	고정된 길이와 타입의 배열이다.
인터페이스(Interface)	객체 구조의 형식을 정의하는 타입이다.
클래스(Class)	객체를 생성하기 위한 템플릿이다.

❸ 특수 타입

특수 타입은 타입스크립트에서 기본 데이터 타입과 객체 타입 외에 타입 시스템을 더 유연하게 사용하기 위해 제공되는 여러 데이터 타입들이다. 대표적으로 유니온 타입과 열거형 등이 있다.

타입	내용
유니온 타입(Union Type)	여러 타입 중 하나의 값을 가질 수 있는 타입이다.
열거형(Enum)	열거할 수 있는 값들을 정의하는 타입이다.
any	모든 타입을 허용하는 매우 유연한 타입이다.
unknown	타입을 알 수 없는 값에 대한 타입이다.
void	반환 값이 없음을 명시하는 타입이다.
never	절대 반환되지 않는 값에 대한 타입이다.

7.2 타입 명시

기본 데이터 타입 명시

변수를 선언할 때 변수의 타입을 명시함으로써 데이터 타입을 지정할 수 있다. 타입을 명시하면 코드의 의도가 명확해지고, 자동으로 타입을 추론할 수 없는 경우에도 오류를 방지할 수 있다. 또한 팀 협업이나 코드 유지 보수 시 코드의 가독성을 높여준다. 타입을 명시하는 문법은 매우 간단하다.

```
let lang : string = "Typescript";
let age : number = 30;
let isAvailable : boolean = true;
```

lang은 string, age는 number, isAvailable은 boolean 타입으로 명시적으로 선언되었다. 변수에 값이 할당될 때마다 타입스크립트는 해당 변수의 타입을 확인하고, 선언된 타입과 맞지 않으면 오류를 발생시킨다. 이처럼 명시적인 타입 선언은 코드의 의도를 명확히 하고 타입의 일관성을 유지하는 데 매우 유용하다.

비주얼 스튜디오 코드(Visual Studio Code)에서 편집기 창을 왼쪽은 app.ts, 오른쪽은 app.js로 분리하면 비교하면서 보기 편리하다. 이제 코드를 작성해 보자. 타입스크립트를 tsc -w로 실행하면 자동으로 자바스크립트 파일로 컴파일된다.

app.ts

```
let lang : string = "Typescript";
let age : number = 30;
let isAvailable : boolean = true;
```

```
$ tsc -w app.ts
```

```typescript
// app.ts
1 let lang : string = "Typescript";
2 let age : number = 30;
3 let isAvailable : boolean = true;
4
```

```javascript
// app.js
1 var lang = "Typescript";
2 var age = 30;
3 var isAvailable = true;
4
```

예를 들어, 2라인에 30 대신 'Hello'와 같은 문자열을 대입하면 터미널 창에 오류 메시지가 발생한다.

```
error TS2322: Type 'string' is not assignable to type 'number'.
```

이를 컴파일 오류라고 하는데, 컴파일 오류는 코드에서 문법을 잘못 작성했을 때 발생하는 오류이다. 여기서 입력한 문자열을 숫자로 변경하면 오류가 사라진다.

null과 undefined 타입 명시

타입스크립트에서는 null과 undefined 타입을 명시할 수 있다.

app.ts

```typescript
let value : string | null = null;
value = "Typescript";
console.log(value);
value = null;
console.log(value);
```

변수 value는 string 또는 null 타입을 가질 수 있도록 명시한다. 타입스크립트에서는 여러 타입을 허용하려면 | 기호를 사용해 유니온 타입으로 선언한다. 이 코드는 value가 문자열이거나 null일 수 있음을 명확히 표현하며, 해당 변수에 다른 타입의 값을 할당하려 하면 오류가 발생한다. 자바스크립트 코드를 실행하여 결과를 확인해 보자.

```
$ node app.js
Typescript
null
```

7.3 함수의 데이터 타입

함수 매개변수와 반환 타입 명시

타입스크립트에서는 함수를 사용할 때 매개변수와 반환 값의 데이터 타입을 지정할 수 있다. 이를 통해 코드의 안정성과 가독성을 높일 수 있다.

app.ts

```
function multiply(a: number, b: number): number {
    return a * b;
}

let result = multiply(5, 3);
console.log(result);
```

함수 multiply는 두 개의 매개변수 a와 b를 받으며, 두 변수의 타입이 모두 number로 명시되어 있다. 함수의 반환 타입 또한 number로 지정되었다. 이 코드는 명시적으로 정의된 타입 덕분에 함수의 입출력 결과를 명확히 한다. 만약 함수가 다른 타입의 값을 받거나 반환하면 타입스크립트는 이를 오류로 인식한다. 자바스크립트 코드를 실행해 결과를 확인해 보자.

```
$ node app.js
15
```

함수에서 매개변수를 생략할 수 없는 경우

타입스크립트에서 함수를 사용할 때 매개변수를 생략할 수 없는 경우가 있다.

app.ts

```
function sayHello(name: string) : string {
    return `Hello, ${name}!`;
}

let greet = sayHello("Typescript");
console.log(greet);
```

이 함수는 name이라는 매개변수를 받으며, 그 타입이 string으로 명시되어 있다. 따라서 sayHello 함수를 호출할 때는 반드시 문자열 데이터를 인자로 전달해야 한다. 만약 숫자나 다른 타입으로 전달하면 오류가 발생한다. 자바스크립트 코드를 실행하여 결과를 확인해 보자.

```
$ node app.js
Hello, Typescript!
```

선택적 매개변수 사용

타입스크립트에서는 함수의 매개변수를 전달할 때 선택적으로 제공될 수 있다.

app.ts

```
function sayHello(name: string, lang?:string) : string {
    return lang ? `${lang} ${name}` : `Hello, ${name}!`;
}

let greet = sayHello("Typescript", "안녕");
console.log(greet);
```

이 함수에서는 lang 매개변수가 선택적으로 제공될 수 있다. 선택적 매개변수는 변수명 뒤에 ?를 붙여 표시한다. 이 함수는 name만 전달받으면 "Hello"라는 인사말을 리턴하고, lang이 제공되면 해당 내용을 포함한 인사말을 리턴한다. 자바스크립트 코드를 실행하여 결과를 확인해 보자.

```
$ node app.js
안녕, Typescript!
```

매개변수 기본값 설정

매개변수에 기본값을 설정할 수도 있다.

app.ts

```
function multiply(a: number, b: number = 1): number {
  return a * b;
}

console.log(multiply(10));
console.log(multiply(10, 5));
```

함수의 b 매개변수는 기본값으로 1이 할당되어 있다. 따라서 b를 생략하면 1이 기본값으로 사용되어 계산된다. multiply 함수에 10만 전달하면 10 * 1로 계산되고, 10과 5를 전달하면 10 * 5로 계산된다.

```
$ node app.js
10
50
```

나머지 매개변수

여러 개의 인자를 배열로 처리할 때는 나머지 매개변수를 사용할 수 있다.

app.ts

```
1 function sumAll(...numbers: number[]): number {
2   return numbers.reduce((acc, num) => acc + num, 0);
3 }
4
5 console.log(sumAll(1, 2, 3, 4, 5));
```

1라인 : ...numbers는 가변 인자를 의미하며 원하는 만큼의 인자를 넘길 수 있다. 함수 호출 시 인자로 전달된 값들이 배열로 묶여 numbers에 저장된다.

2라인 : reduce 함수는 배열의 모든 요소를 차례로 누적해 단일 값을 도출하는 함수이다. acc는 이전에 계산된 누적 값으로, 처음에는 초깃값으로 설정된 0이고 num은 배열의 각 요소, 즉 현재 처리 중인 숫자이다. acc + num은 누적된 값과 현재 요소를 더한다.

5라인 : sumAll 함수에 5개의 숫자 1, 2, 3, 4, 5를 인자로 전달한다. ...numbers는 이 인자들을 [1, 2, 3, 4, 5]라는 배열로 처리한다.

```
$ node app.js
15
```

알아두세요 스프레드(...) 연산자를 사용하지 않으면 sumAll 함수 호출 시 배열 형태로 배열 인자를 전달한다.

app.ts

```
function sumAll(numbers: number[]): number {
  return numbers.reduce((acc, num) => acc + num, 0);
}

console.log(sumAll([1, 2, 3, 4, 5]));
```

함수 타입 정의

함수 자체를 변수에 할당할 때 함수의 타입을 정의할 수 있다.

app.ts

```
1  let myFunction: (a: number, b: number) => number;
2
3  myFunction = function (x: number, y: number): number {
4    return x + y;
5  };
6
7  console.log(myFunction(5, 10));
```

1라인 : myFunction 변수는 (a: number, b: number) => number 타입을 갖는다. 이는 2개의 number 타입 전달 인자를 받아 number 타입으로 반환하는 함수라는 의미이다.

3라인 : 해당 변수 myFunction에 정확한 타입의 함수만 할당하도록 한다.

```
$ node app.js
15
```

7.4 배열과 튜플 타입

REACT

배열 타입

타입스크립트에서는 배열에 들어갈 요소의 타입을 명시할 수 있다. 배열의 요소 타입이 동일하게 유지되도록 강제하여 다른 타입의 값이 들어가지 않도록 방지한다.

app.ts

```
1  let numbers: number[] = [1, 2, 3, 4, 5];
2  let strings: string[] = ["one", "two", "three"];
3  
4  console.log(numbers);
5  console.log(strings);
```

1라인 : numbers 배열은 number[] 타입이며 숫자만 포함할 수 있다.

2라인 : string 배열은 string[] 타입이며 문자열만 포함할 수 있다.

배열에 다른 타입의 값을 대입하면 타입 오류가 발생한다. 작성한 코드를 실행해 보자.

```
$ node app.js
[ 1, 2, 3, 4, 5 ]
[ 'one', 'two', 'three' ]
```

배열을 이용한 함수

배열을 전달 인자로 받은 함수도 작성할 수 있다.

app.ts

```
1 function printNames(names: string[]): void {
2   names.forEach(name => console.log(name));
3 }
4 
5 printNames(["kim", "lee", "park"]);
```

1라인 : printNames 함수는 string[] 타입의 배열을 전달 인자로 받는다.

2라인 : 넘겨받은 names 배열에서 forEach를 통해 순회하며 넘겨받은 name 배열의 요소를 출력한다.

5라인 : 배열의 요소가 모두 문자열이어야 하며, 다른 타입의 배열을 전달하면 오류가 발생한다.

```
$ node app.js
kim
lee
park
```

튜플 타입

튜플은 배열과 유사하지만 각 요소의 타입이 고정된 배열이다. 즉, 배열의 특정 위치에 특정 타입의 값이 있어야 한다.

app.ts

```
let tuple: [string, number, boolean] = ["jamsuham", 40, true];

console.log(tuple[0]);
console.log(tuple[1]);
console.log(tuple[2]);
```

튜플은 [string, number, boolean] 타입으로, 첫 번째 요소는 문자열, 두 번째 요소는 숫자, 세 번째 요소는 불리언이어야 한다. 각 위치에 맞는 값의 타입이 고정되어 있어 잘못된 타입의 값을 넣으면 오류가 발생한다.

```
$ node app.js
jamsuham
40
true
```

튜플을 이용한 리턴값

함수에서 여러 개의 값을 리턴할 때 튜플을 사용할 수 있다.

app.ts

```
1  function getPerson(): [string, number] {
2    return ["jamsuham", 40];
3  }
4
5  let person = getPerson();
6  console.log(person[0]);
7  console.log(person[1]);
```

1라인 : getPerson 함수는 [string, number] 타입의 튜플을 리턴한다. 첫 번째 값은 이름(string), 두 번째 값은 나이(number)이다.

2라인 : 값을 리턴할 때 튜플 형식으로 그리고 타입에 맞게 ["jamsuham", 40]를 리턴한다.

5라인 : getPerson 함수를 호출한 후 리턴값을 person이 받는다.

6~**7라인** : 튜플에 담긴 데이터에 접근 시 인덱스를 통해 접근한다.

```
$ node app.js
jamsuham
40
```

선택적 요소를 가진 튜플

튜플에도 선택적 요소를 지정할 수 있다.

app.ts

```
let optionalTuple: [string, number?] = ["jamsuham"];

console.log(optionalTuple);
```

튜플의 두 번째 요소인 number에 ?를 추가하면 두 번째 요소는 선택적으로 생략할 수 있게 된다. 첫 번째 요소는 반드시 문자열이어야 하지만, 두 번째 요소는 있어도 되고 없어도 된다.

```
$ node app.js
[ 'jamsuham' ]
```

만약 number? 자리에 40이라는 요소를 추가하고 싶다면 ["jamsuham", 40];과 같이 수정할 수 있다. 결과는 다음과 같다.

```
$ node app.js
[ 'jamsuham', 40 ]
```

8 장

객체 데이터 타입 사용하기

학 습 목 표

- 객체의 데이터 타입을 학습하며 인터페이스, 열거형, 유니온 타입 등을 활용하여 데이터를 구조화하고 표현하는 방법을 학습한다.
- 타입 별칭과 타입 가드를 통하여 코드의 가독성과 안전성을 높이는 기술을 다룬다.

8.1 객체의 데이터 타입

기본 객체 타입 선언하기

타입스크립트에서 객체는 키와 값의 쌍으로 이루어진 데이터 구조이다. 객체의 데이터 타입을 명시적으로 정의하면 개발자는 객체에 어떤 속성이 있고 각 속성이 어떤 타입의 값을 가질지 미리 지정할 수 있다. 이를 통해 코드 오류를 방지하고 유지 보수성을 높일 수 있다. 객체를 생성할 때 중괄호({ }) 안에 각 속성을 지정하며, 이때 각 속성에 타입을 명시할 수 있다.

{ 키 : 타입 }

app.ts

```
const book: { title: string; author: string; year: number } = {
    title: "모던 자바스크립트&Node.js",
    author: "이창현",
    year: 2023,
  };

  console.log(book.title);
  console.log(book.author);
  console.log(book.year);
```

이 코드는 title, author, year 속성을 가진 book 객체를 정의하며, 각 속성의 타입을 string과 number로 지정한다. 이를 통해 객체 내부의 데이터 구조를 명확히 정의할 수 있다.

```
$ node app.js
모던 자바스크립트&Node.js
이창현
2023
```

중첩된 객체 타입

객체의 중첩된 구조를 가질 수 있다. 즉, 객체 안에 객체를 갖는 구조이다.

app.ts

```
1    const author: {
2        name: string;
3        books: { title: string; year: number }[]
4      } = {
5        name: "이창현",
6        books: [
7          { title: "타입스크립트 기반의 리액트", year: 2025 },
8          { title: "모던 자바스크립트&Node.js", year: 2023 }
9        ],
10     };
11
12     console.log(author.name);
13     console.log(author.books[0].title);
14     console.log(author.books[1].title);
```

1~4라인 : author 객체의 속성 타입으로 문자열 타입 속성인 name과 배열 속성을 갖는 books가 있다. 이 배열은 title과 year라는 두 가지 속성을 가지고 있다.

5~9라인 : 각 속성에 값을 대입한다. name에는 "이창현", books는 배열 타입이므로 각 객체의 속성인 title과 year에 각각 데이터를 입력한다.

12라인 : name은 author 객체의 속성이므로 직접 접근하여 출력한다.

13~14라인 : title은 books 배열 내 객체의 속성이므로 books 배열의 각 요소에 있는 title 속성으로 접근하여 출력한다.

```
$ node app.js
이창현
타입스크립트 기반의 리액트
모던 자바스크립트&Node.js
```

선택적 속성

객체의 속성을 선택적(Optional)으로 설정할 수 있다. 속성 타입 설정 뒤에 ?를 추가하면 있어도 되고 없어도 되는 속성이 된다.

app.ts

```
1  const user: { name: string; age?: number } = {
2      name: "이창현",
3  };
4
5  console.log(user);
6  user.age = 30;
7  console.log(user);
```

1라인 : user 객체의 속성 타입 age에 ?가 붙어 있으므로 있어도 되고 없어도 되는 속성이다.

5라인 : user 객체에는 name 속성 데이터만 나타낸다.

6라인 : age 속성에 30이라는 값을 추가한다. number 타입에 맞는 값을 추가해야 한다.

7라인 : age의 속성이 추가된 user 객체의 데이터가 출력된다.

```
$ node app.js
{ name: '이창현' }
{ name: '이창현', age: 30 }
```

읽기 전용 속성

객체의 속성 타입 앞에 readonly 키워드를 사용하면 해당 속성은 한 번 설정한 이후 값을 변경할 수 없게 된다. 이렇게 읽기 전용 속성은 수정이 필요 없는 속성의 값을 변경할 수 없게 함으로써 불필요한 수정으로 인한 오류를 방지할 수 있다.

app.ts

```
const car: { readonly brand: string; year: number } = {
    brand: "대우",
    year: 1999,
};

car.brand = "도요타";
```

1라인 : car 객체의 brand 속성 타입에 readonly 키워드를 붙임으로써 값을 변경하지 못하도록 만든다.

6라인 : car 객체의 속성인 brand에 접근해 값을 "도요타"로 변경하려고 시도한다. 하지만 brand는 읽기 전용 속성이기 때문에 오류가 발생한다.

```
$ error TS2540: Cannot assign to 'brand' because it is a read-only property.
```

객체의 타입과 함수 결합

지금까지 객체의 속성은 모두 변수 형태의 타입이었지만, 객체의 속성에 함수 타입을 지정할 수도 있다.

app.ts

```
1  const person: { name: string; greet(): string } = {
2      name: "잠수함",
3      greet() {
4        return `안녕하세요. ${this.name}입니다.`;
5      },
6    };
7
8    console.log(person.greet());
```

1라인 : person 객체의 속성으로 string 타입의 greet( ) 메소드를 지정한다.

3~5라인 : greet( ) 메소드는 string 타입이므로 문자열을 리턴하도록 구현한다.

8라인 : person 객체의 속성인 greet( ) 메소드를 호출한다.

```
$ node app.js
안녕하세요. 잠수함입니다.
```

8.2 인터페이스

인터페이스 만들기

인터페이스는 객체의 타입을 명시적으로 정의하는 역할을 한다. 앞서 작성했던 객체의 속성 타입 지정 방식은 다소 복잡해 보일 수 있다. 이를 개선한 것이 바로 인터페이스이다. 인터페이스는 여러 속성과 메소드를 포함할 수 있으며, 객체가 가져야 할 최소한의 구조를 미리 정의할 수 있게 한다.

```
interface 이름{
    속성 : 타입
}
```

인터페이스는 사용자가 정의한 타입이다. 객체의 구조를 인터페이스로 정의하면 새로운 타입이 만들어진다.

app.ts

```
interface Book {
  title: string;
  author: string;
  publishedYear: number;
}

const myBook: Book = {
  title: "모던 자바스크립트&Node.js",
  author: "이창현",
  publishedYear: 2023,
};

console.log(myBook.title);
```

```
14    console.log(myBook.author);
15    console.log(myBook.publishedYear);
```

1~5라인 : 인터페이스 생성을 위해 먼저 interface 키워드를 작성하고 인터페이스 이름인 Book을 작명한다. 도서에 대한 title은 string 타입으로, author는 string 타입으로, publishedYear는 number 타입으로 설정한다.

7라인 : myBook 객체 생성 시 타입을 Book 인터페이스로 설정한다.

8~10라인 : 중괄호 안에 정의할 객체 속성의 내용은 Book 인터페이스 내에 정의한 구조와 동일해야 한다.

```
$ node app.js
모던 자바스크립트&Node.js
이창현
2023
```


알아두세요 보통 객체지향 언어에서 인터페이스를 작성할 때 몇 가지 네이밍 컨벤션이 있다. 일반적으로 인터페이스 이름은 대문자로 시작하고, 이름 앞에 대문자 'I'를 붙여 인터페이스임을 구분할 수 있다. 하지만 타입스크립트에서는 인터페이스 이름 앞에 대문자 'I'를 붙이지 않는다.

선택적 속성이 있는 인터페이스

인터페이스에도 객체처럼 선택적 속성을 설정할 수 있다.

app.ts

```
interface User {
  username: string;
  email?: string;
}

const newUser: User = {
  username: "이창현",
};

```

```
10    console.log(newUser.username);
11    newUser.email = "jamsuham75@naver.com";
12    console.log(newUser.email);
```

3라인 : User 인터페이스의 email 속성 뒤에 ?를 붙임으로써 선택적 속성으로 설정한다. 이렇게 설정하면 email 속성을 사용해도 되고 안 해도 된다.

6~8라인 : User 인터페이스 타입의 newUser 객체를 생성한다. 속성은 username만 정의하고 email은 생략한다.

10라인 : username 값을 출력한다.

11~12라인 : email 속성의 값을 설정하고 출력한다.

```
$ node app.js
이창현
jamsuham75@naver.com
```

읽기 전용 속성이 있는 인터페이스

인터페이스에도 객체처럼 읽기 전용 속성이 있다.

app.ts

```
interface User {
  readonly username: string;
  email: string;
}

const newUser: User = {
  username: "이창현",
  email: "jamsuham75@naver.com",
};

newUser.email = "jamsuham75@gmail.com";
console.log(newUser.email);
newUser.username = "이귀엽";
```

3라인 : User 인터페이스의 username 속성 앞에 readonly를 붙여 읽기 전용 속성으로 설정한다. 이렇게 설정하면 username 속성값은 변경하려 할 때 오류가 발생한다.

6~8라인 : User 인터페이스 타입의 newUser 객체를 생성한다. 속성은 username과 email 모두 설정한다.

11~12라인 : email 속성의 값을 변경하고 출력한다. 전혀 문제가 되지 않는다.

13라인 : 읽기 전용 속성인 username의 값을 변경하려고 시도하므로 오류가 발생한다.

```
$ error TS2540: Cannot assign to 'username' because it is a read-only property.
```

인터페이스로 함수 타입 정의

인터페이스는 객체뿐만 아니라 함수 타입도 정의할 수 있다. Calculator라는 이름의 인터페이스를 사용하여 계산기를 정의하고, 그 안에 plus와 minus라는 두 개의 함수 타입을 정의해 보자.

app.ts

```
1   interface Calculator {
2     plus(a: number, b: number): number;
3     minus(a: number, b: number): number;
4   }
5
6   const myCalculator: Calculator = {
7     plus(a, b) {
8       return a + b;
9     },
10    minus(a, b) {
11      return a - b;
12    },
13  };
14
15  console.log(myCalculator.plus(10, 5));
16  console.log(myCalculator.minus(10, 5));
```

1~4라인 : Calculator 인터페이스에는 plus와 minus 두 개의 메소드 타입이 포함되어 있다. 각각 a, b 두 개의 number 타입 매개변수를 갖고, number 타입의 리턴값을 갖는다.

6~13**라인** : Calculator 인터페이스 타입의 myCalculator 객체를 생성한다. 이 객체는 plus와 minus 메소드를 포함하며 두 개의 숫자를 더하거나 빼는 로직을 구현한다.

15~16**라인** : plus 메소드와 minus 메소드를 호출하고 출력한다.

```
$ node app.js
15
5
```

인터페이스 간 상속

인터페이스끼리 상속도 할 수 있다. Person 인터페이스를 Employee 인터페이스에 상속하여 확장된 인터페이스를 구현해 보자.

app.ts

```
1   interface Person {
2     name: string;
3     age: number;
4   }
5
6   interface Employee extends Person {
7     employeeId: number;
8   }
9
10  const employee: Employee = {
11    name: "이창현",
12    age: 30,
13    employeeId: 12345,
14  };
15
16  console.log(employee.name);
17  console.log(employee.age);
18  console.log(employee.employeeId);
```

1~4**라인** : Person 인터페이스는 사람을 나타내는 구조를 정의한다. name은 사람의 이름을 나타내는 문자열 타입이고, age는 사람의 나이를 나타내는 숫자 타입이다.

6~8라인 : Employee 인터페이스는 상속을 통해 Person 인터페이스를 확장한다. extends 키워드를 사용하여 상속받을 수 있고, Person의 name과 age를 자동으로 포함한다. 그리고 숫자형 employeeId를 새로운 속성으로 추가한다.

10~14라인 : Employee 인터페이스 기반으로 employee 객체를 생성한다. employee는 객체 리터럴로 인터페이스에 정의된 속성인 name, age, employeeId를 가진 구체적인 데이터 객체이다. Employee 인터페이스 기반으로 직접 생성되었으며 별도의 생성자나 메소드가 없다.

16~18라인 : employee 객체의 각 속성값을 출력한다.

```
$ node app.js
이창현
30
12345
```

클래스와 인터페이스 구현

클래스는 인터페이스를 구현할 때 implements를 사용한다. 클래스를 통하여 인터페이스에서 정의된 모든 속성과 메소드를 구현해야 한다.

app.ts

```
interface Person {
  name: string;
  age: number;
}

interface Employee extends Person {
  employeeId: number;
}

class CompanyEmployee implements Employee {
  name: string;
  age: number;
  employeeId: number;

  constructor(name: string, age: number, employeeId: number) {
```

```
16        this.name = name;
17        this.age = age;
18        this.employeeId = employeeId;
19      }
20    }
21
22    const employee = new CompanyEmployee("이창현", 30, 12345);
23
24    console.log(employee.name);
25    console.log(employee.age);
26    console.log(employee.employeeId);
```

10라인 : CompanyEmployee는 Employee 인터페이스를 구현하는 클래스이다. 클래스는 생성자와 메소드를 포함할 수 있다.

15~20라인 : 생성자를 통해 각 속성값을 초기화한다.

22라인 : CompanyEmployee 클래스로 객체를 생성한다.

```
$ node app.js
이창현
30
12345
```

객체 리터럴과 클래스 사용의 차이점

Employee 인터페이스를 통해 생성된 객체 리터럴 employee와 클래스 Company-Employee의 차이를 살펴보자.

특징	객체 리터럴(Employee)	클래스(CompanyEmployee)
인스턴스 생성	1개의 인스턴스만 생성할 수 있다.	new 연산자를 사용해 여러 개의 인스턴스를 생성할 수 있다.
메소드 추가	단순 데이터 객체이므로 메소드를 추가할 수 없다.	생성자 및 메소드와 같은 기능을 추가할 수 있다.
재사용성	재사용할 수 없다.	재사용할 수 있다.

employee는 단순한 데이터를 가진 특정 객체를 빠르게 정의하고 싶을 때 유용하고, CompanyEmployee 클래스는 직원 정보를 다루면서 추가적인 기능(메소드 추가) 등이 필요할 때 유용하다.

8.3 열거형과 유니온 타입

열거형 타입

열거형은 특정 값들의 집합을 이름을 통해 정의하는 방법이다. 숫자형 또는 문자열 값을 사용할 수 있으며 값들의 범위가 명확할 때 유용하다.

app.ts

```
1   enum Direction {
2     Up,
3     Down,
4     Left,
5     Right,
6   }
7
8   console.log(Direction.Up);
9   console.log(Direction.Down);
10  console.log(Direction.Left);
11  console.log(Direction.Right);
```

1라인 : Direction은 열거형으로 방향을 나타내며 네 가지 값을 포함한다.

2~5라인 : 열거형을 선언할 때 첫 번째 요소 Up부터 0, 1, 2, 3 순서대로 숫자값이 자동 할당된다.

8~11라인 : 열거형의 각 값을 출력하면 숫자 값이 나타난다.

```
$ node app.js
이창현
30
12345
```

Direction 열거형을 활용하여 방향에 따라 캐릭터의 위치를 업데이트하는 간단한 코드를 구현해 보자.

app.ts

```
1   enum Direction {
2     Up,
3     Down,
4     Left,
5     Right,
6   }
7
8   class Character {
9     x: number = 0;
10    y: number = 0;
11
12    move(direction: Direction) {
13      if (direction === Direction.Up) this.y += 1;
14      else if (direction === Direction.Down) this.y -= 1;
15      else if (direction === Direction.Left) this.x -= 1;
16      else if (direction === Direction.Right) this.x += 1;
17      console.log(`Moved ${Direction[direction]}`);
18    }
19
20    getPosition() {
21      return { x: this.x, y: this.y };
22    }
23  }
24
25  const character = new Character();
26  character.move(Direction.Up);
27  character.move(Direction.Right);
28
29  console.log(character.getPosition());
```

8~10라인 : Charater 클래스는 x와 y 좌표를 사용해 위치를 나타낸다. 초깃값은 0이다.

12~18라인 : Direction 타입의 direction 전달 인자를 받는다. 이 전달 인자의 값에 따라 x, y의 좌표값을 업데이트한다. Direction.Up이면 y값을 1 증가, Direction.Down이면 y값을 1 감소, Direction.Right이면 x값을 1 증가, Direction.Left이면 x값을 1 감소시킨다. 그리고 Direction[direction]을 통해 문자열로 방향을 출력한다.

20~22**라인** : getPosition 메소드는 현재 캐릭터의 x, y 좌표를 객체로 리턴한다.

25**라인** : new Character( )로 객체를 생성한다.

26~27**라인** : move 메소드를 호출하여 Direction.Up과 Direction.Right 값을 전달하면 각각 x 좌표가 1, y 좌표가 1 증가한다.

29**라인** : getPosition 메소드를 호출하면 현재 좌표 x, y 값이 출력된다.

```
$ node app.js
Moved Up
Moved Right
{ x: 1, y: 1 }
```

● 명시적 숫자 값 할당

열거형에서 각 값을 명시적으로 할당할 수 있다. 기본값은 0, 1, 2, 3이지만, 각 값을 별도로 지정할 수 있다. 이를 실제 방향키의 키 코드로 설정해 보자.

app.ts

```
1   enum Direction {
2     Up = 38,
3     Down = 40,
4     Left = 37,
5     Right = 39,
6   }
7
8   console.log(Direction.Up);
9   console.log(Direction.Down);
10  console.log(Direction.Left);
11  console.log(Direction.Right);
```

2~5**라인** : 열거형의 각 요소에 실제 방향키 코드값을 별도로 설정한다.

```
$ node app.js
38
40
37
39
```

문자열 열거형

열거형은 숫자뿐만 아니라 문자열 값도 가질 수 있다.

app.ts

```
1   enum Direction {
2     Up = "UP",
3     Down = "DOWN",
4     Left = "LEFT",
5     Right = "RIGHT",
6   }
7
8   console.log(Direction.Up);
9   console.log(Direction.Down);
10  console.log(Direction.Left);
11  console.log(Direction.Right);
```

2~5라인 : 열거형의 각 요소값으로 문자열의 값을 대입한다.

8~11라인 : 열거형의 값을 출력하면 문자열의 값들이 표시된다.

```
$ node app.js
UP
DOWN
LEFT
RIGHT
```

Direction 문자열 열거형을 활용하여 앞서 작성했던 방향에 따라 캐릭터의 위치를 업데이트하는 간단한 코드에 적용해 보자.

app.ts

```
enum Direction {
  Up = "UP",
  Down = "DOWN",
  Left = "LEFT",
  Right = "RIGHT",
}

class Character {
```

```
9       x: number = 0;
10      y: number = 0;
11
12      move(direction: Direction) {
13        if (direction === Direction.Up) this.y += 1;
14        else if (direction === Direction.Down) this.y -= 1;
15        else if (direction === Direction.Left) this.x -= 1;
16        else if (direction === Direction.Right) this.x += 1;
17        console.log(`Moved ${direction}`);
18      }
19
20      getPosition() {
21        return { x: this.x, y: this.y };
22      }
23    }
24
25    const character = new Character();
26    character.move(Direction.Up);
27    character.move(Direction.Right);
28
29    console.log(character.getPosition());
```

17라인 : direction은 문자열 값을 그대로 받는다.

```
$ node app.js
Moved Up
Moved Right
{ x: 1, y: 1 }
```

결과는 숫자형 열거형일 때와 동일하게 출력된다.

any 타입 사용하기

any 타입은 어떤 타입이든 상관 없다는 의미이다. 즉, 타입 체크를 하지 않겠다는 뜻이다. 그래서 any 타입으로 선언된 변수에는 어떤 타입의 값이든 대입할 수 있다.

app.ts

```
1    let anyVal : any = 100;
2    anyVal = '문자열';
3    anyVal = true;
4
5    console.log(anyVal);
```

1라인 : anyVal 변수를 any 타입으로 선언하고 초깃값으로 숫자 100을 입력한다.

2라인 : 문자열 값을 대입한다.

3라인 : 불리언 값인 true를 대입한다.

```
$ node app.js
true
```

anyVal 변수에 어떤 타입의 값을 대입해도 오류가 발생하지 않는다. any 타입은 타입스크립트의 철학과 잘 맞지 않는 듯하다. 타입스크립트를 사용하는 이유는 타입 정보를 제공해 개발자의 의도를 코드로 명확히 표현하고, 타입 오류를 미리 잡아 안정적으로 코드를 유지 보수할 수 있도록 하기 위함이다.

그렇다면 any 타입은 왜 존재하며, 어떤 경우에 사용해야 할까? 예를 들어, 서드파티 라이브러리에서 데이터를 가져오는 경우 동적 데이터는 타입을 알 수 없어 타입을 지정할 수 없다. 이러한 상황에서 제한적으로 any 타입을 사용할 수 있다. 하지만 가능한 한 any 타입은 피하는 것이 좋다.

유니온 타입

변수에 어떤 타입이 들어올지는 모르겠지만, 대체로 숫자나 문자열이 들어올 것이라고 예상될 때 제한된 타입을 지정하고 싶을 경우가 있다. 이럴 경우 파이프(|) 기호를 사용해 두 가지 타입을 동시에 지정할 수 있는데, 이를 유니온 타입이라고 한다.

```
let val : number | string
```

val은 숫자나 문자열 중 어느 값이든 할당할 수 있는 변수이다. 이 유니온 타입은 우리가 C 언어에서 배운 공용체와 비슷하다. 앞서 공용체도 여러 타입이 메모리를 공유하는 방식으로 사용되었다. 그럼 공용체의 본질은 무엇일까? 바로 사용자 정의 타입이다. 본질적으로 데이터 타입이라는 점을 잊지 말자. 결국 number | string처럼 숫자와 문자열을 모두 수용하는 새로운 타입을 정의한 것이다.

이제 anyVal 변수의 타입을 any에서 number | string으로 변경하자.

app.ts

```
1  let anyVal : number | string = 100;
2  anyVal = '문자열';
3  anyVal = true;
4
5  console.log(anyVal);
```

2라인 : 타입에 string이 허용되므로 문자열 대입도 문제 없다.

3라인 : boolean 타입은 포함되지 않으므로 오류가 발생한다.

```
error TS2322: Type 'boolean' is not assignable to type 'string | number'.
```

함수의 전달 인자를 유니온 타입으로 사용하기

함수에서 전달 인자를 유니온 타입으로 받을 수 있다. 함수 안에서 타입을 검사하여 분기 처리하는 기능을 구현해 보자.

app.ts

```
function printId(id: number | string) {
  if (typeof id === "string") {
    console.log(`Your ID is: ${id.toUpperCase()}`);
  } else {
    console.log(`Your ID is: ${id}`);
  }
}

printId(123);
printId("abc");
```

1라인 : printId 함수는 전달 인자로 number 또는 string 타입을 받을 수 있다.

2~5라인 : typeof를 사용하여 입력된 값이 문자열일 경우에 toUpperCase 함수에 의해 대문자로 변환하고 숫자인 경우에는 그대로 출력한다.

```
$ node app.js
Your ID is: 123
Your ID is: A123
```

이번에는 함수의 전달 인자를 유니온 타입으로 전달하고 그에 따른 리턴 타입을 받을 수 있도록 설정해 보자.

app.ts

```
1   function getLength(value: string | string[]): number {
2     return value.length;
3   }
4
5   console.log(getLength("hello"));
6   console.log(getLength(["apple", "banana", "cherry"]));
```

1라인 : 이 함수는 string 또는 string[] 타입의 전달 인자를 받을 수 있으며 리턴 타입은 항상 number이다.

2라인 : 전달 인자가 문자열인 경우 해당 문자열의 길이를, 전달 인자가 배열인 경우 배열의 길이를 리턴한다.

5라인 : getLength 함수에 문자열을 전달하여 해당 문자열 길이인 5가 출력된다.

6라인 : getLength 함수에 배열을 전달하여 해당 배열의 길이인 3이 출력된다.

```
$ node app.js
5
3
```

유니온 타입과 배열

배열의 타입이 number와 string을 혼합하여 가질 수 있도록 유니온 타입으로 선언할 수 있다.

app.ts

```
1 let values: (number | string)[] = [1, "hello", 2, "world"];
2
3 values.push(3);
4 values.push("!");
5 // values.push(true);.
6
7 console.log(values);
```

1라인 : number와 string 타입을 갖는 values 배열을 선언과 동시에 초기화한다. 초깃값은 숫자와 문자열을 혼합하여 대입한다.

3~4라인 : 배열의 push 함수로 데이터를 추가한다. 각각 숫자 3과 문자열 "!"를 정상적으로 추가할 수 있다.

5라인 : boolean 타입은 유니온 타입에 포함되어 있지 않으므로 true는 추가할 수 없어 오류가 발생한다.

```
$ node app.js
[ 1, 'hello', 2, 'world', 3, '!' ]
```


● 객체 속성에 유니온 타입 사용하기

유니온 타입은 객체의 속성에도 사용할 수 있다.

app.ts

```
interface Person {
  name: string;
  age: number | string;
}

const person1: Person = {
  name: "lee",
  age: 30,
};

const person2: Person = {
```

```
12      name: "kim",
13      age: "비밀",
14    };
15
16    console.log(person1);
17    console.log(person2);
```

3라인 : age 속성에 number와 string 타입을 가질 수 있도록 유니온 타입으로 설정한다.

6~9라인 : Person 인터페이스의 타입으로 person1 객체를 정의한다. age는 30이라는 숫자를 대입하고 있는데 문제 없다.

13라인 : person2 객체의 속성인 age에 숫자가 아닌 문자열을 대입한다. string 타입도 허용되므로 문제 없다.

```
$ node app.js
{ name: 'lee', age: 30 }
{ name: 'kim', age: '비밀' }
```

8.4 타입 별칭과 리터럴 타입

타입 별칭

타입 별칭은 특정 타입에 이름을 붙여 사용할 수 있는 기능이다. 복잡한 타입을 간결하게 표현하거나 여러 번 사용할 때 별칭을 통해 코드의 가독성과 유지 보수성을 높일 수 있다.

```
type 이름 = 타입;
```

타입은 기본 타입들이 유니온 형태로 결합되어 올 수도 있고, 객체 형태로 지정할 수도 있다.

app.ts

```
1  type ID = string | number;
2
3  let userId: ID;
4  userId = "id1234";
5  console.log(userId);
6  userId = 123456;
7  console.log(userId);
8  // userId = true;
```

1라인 : ID라는 타입 별칭을 선언하고 string과 number 타입을 허용하도록 설정한다.

3라인 : userId 변수 선언 시 정의된 ID 타입으로 설정한다. 그러면 userId는 string과 number 타입 기반의 값만 들어올 수 있다.

4라인 : "id1234"는 문자열이므로 문제 없다.

6라인 : 123456은 숫자형이므로 문제 없다.

8라인 : true는 불린형이므로 오류가 발생한다.

```
$ node app.js
id1234
123456
```

객체 타입 별칭 적용

타입 별칭은 객체 타입에도 사용할 수 있다.

app.ts

```
1   type User = {
2     name: string;
3     age: number;
4     email?: string;
5   };
6
7   const user1: User = {
8     name: "kim",
9     age: 25,
10  };
11
12  const user2: User = {
13    name: "lee",
14    age: 30,
15    email: "jamsuham75@naver.com",
16  };
17
18  console.log(user1);
19  console.log(user2);
```

1라인 : User 타입 별칭을 사용하여 name, age, 그리고 선택적 속성인 email을 포함하는 객체 타입을 정의한다.

7라인 : User 타입을 기반으로 user1 객체를 정의한다.

12라인 : User 타입을 기반으로 user2 객체를 정의한다.

```
$ node app.js
{ name: 'kim', age: 25 }
{ name: 'lee', age: 30, email: 'jamsuham75@naver.com' }
```

• 함수 타입 별칭 적용

타입 별칭은 함수 타입에도 사용할 수 있다.

app.ts

```
1  type Operation = (x: number, y: number) => number;
2
3  const plus: Operation = (a, b) => a + b;
4  const minus: Operation = (a, b) => a - b;
5
6  console.log(plus(5, 3));
7  console.log(minus(10, 7));
```

1라인 : Operation 타입은 두 개의 number를 받아 number 값을 리턴하는 함수 타입을 정의한다.

3라인 : plus라는 함수를 Operation 타입으로 정의하여 두 숫자의 덧셈을 수행한다.

4라인 : minus라는 함수를 Operation 타입으로 정의하여 두 숫자의 뺄셈을 수행한다.


```
$ node app.js
8
3
```

• 타입 별칭과 인터페이스 결합

타입 별칭과 인터페이스를 결합하여 타입의 구조를 정의할 수 있다.

app.ts

```
type MyLocation = {
  country: string;
  city: string;
  zipCode: string;
};

interface Company {
  name: string;
  employees: number;
  location: MyLocation;
```

```
11      }
12
13      const company: Company = {
14        name: "코딩연구소",
15        employees: 5,
16        location: {
17          country: "대한민국",
18          city: "수원",
19          zipCode: "12345",
20        },
21      };
22
23      console.log(company);
```

1~5라인 : MyLocation이라는 타입 별칭을 사용하여 회사의 위치 정보를 나타낸다. 객체 형태의 타입을 가지며 세 개의 속성 country, city, zipCode를 포함한다.

7~11라인 : Company라는 인터페이스는 회사 객체의 구조를 정의한다. 회사 이름, 직원 수, 위치 정보를 포함한다. interface 키워드는 특정 객체 구조를 정의할 때 사용한다.

10라인 : location은 위치 정보를 나타내며 MyLocation 타입을 따른다. location 속성이 country, city, zipCode 속성을 포함하도록 보장한다.

13라인 : company 객체는 Company 인터페이스를 따르며 name, employees, location 속성을 포함한다.

16라인 : location은 MyLocation 타입을 따라 값을 설정한다.

```
$ node app.js
{
  name: '코딩연구소',
  employees: 5,
  location: { country: '대한민국', city: '수원', zipCode: '12345' }
}
```

리터럴 타입

리터럴 타입은 특정 값만을 가질 수 있도록 제한된 타입이다. 이를 사용하면 문자열, 숫자, 불리언 등에서 특정 값만 허용하도록 제한할 수 있다. 리터럴 타입을 활용하면 코드의 정확성을 높이고, 더 안정적인 코드를 작성할 수 있다.

리터럴 타입의 세 가지 기본 유형을 살펴보자.

❶ **문자열 리터럴 타입 :** 특정 문자열만 허용하는 타입이다.

❷ **숫자 리터럴 타입 :** 특정 숫자만 허용하는 타입이다.

❸ **불리언 리터럴 타입 :** true 또는 false 중 하나만 허용하는 타입이다.

문자열 리터럴 타입

문자열 리터럴 타입은 특정 문자열 값만 할당할 수 있도록 타입을 제한한다. 예를 들어 HTTP 요청 메소드를 문자열 리터럴 타입으로 제한할 수 있다.

app.ts

```
1  type RequestMethod = "GET" | "POST" | "PUT" | "DELETE";
2  
3  function sendRequest(method: RequestMethod) {
4    console.log(`Sending a ${method} request.`);
5  }
6  
7  sendRequest("GET");
8  sendRequest("POST");
9  // sendRequest("FETCH");
```

1라인 : RequestMethod 타입은 "GET", "POST", "PUT", "DELETE" 네 가지 값만 가질 수 있는 문자열 리터럴 타입이다.

9라인 : "FETCH"는 RequestMethod 타입이 아니므로 컴파일 오류가 발생한다.

```
$ node app.js
Sending a GET request.
Sending a POST request.
```

숫자 리터럴 타입

숫자 리터럴 타입은 특정 숫자 값만 허용하는 타입을 정의할 수 있다. 예를 들어, 주사위처럼 1부터 6까지의 숫자만 가질 수 있는 리터럴 타입을 정의할 수 있다.

app.ts

```
1  type DiceRoll = 1 | 2 | 3 | 4 | 5 | 6;
2
3  function rollDice(): DiceRoll {
4    const result = (Math.floor(Math.random() * 6) + 1) as DiceRoll;
5    return result;
6  }
7
8  const roll = rollDice();
9  console.log(`주사위 던진 결과는 ${roll}`);
```

1라인 : DiceRoll 타입은 1에서 6 사이의 숫자 값만 허용하므로 주사위 결과를 표현하기에 적합하다.

```
$ node app.js
주사위 던진 결과는 3
```

불리언 리터럴 타입

불리언 리터럴 타입은 true 또는 false 값만 허용하는 타입을 정의할 수 있다.

app.ts

```
type IsActive = true | false;

function toggle(active: IsActive) {
  if (active) {
    console.log("불켜짐");
  } else {
    console.log("불꺼짐");
  }
}

```

```
11    toggle(true);
12    toggle(false);
13    // toggle("yes");
```

1라인 : IsActive 타입은 true 또는 false 값만 가질 수 있다.

11~12라인 : toggle 함수에 true와 false 값을 대입하므로 문제 없다.

13라인 : "yes" 문자열과 같은 설정하지 않는 타입의 값은 오류가 발생한다.

```
$ node app.js
불켜짐
불꺼짐
```


리터럴 타입을 활용한 함수 오버로딩

리터럴 타입을 사용해 함수가 다양한 리턴 타입을 가지도록 함수 오버로딩을 구현할 수 있다.

app.ts

```
1     function getStatus(code: 200): "Success";
2     function getStatus(code: 404): "Not Found";
3     function getStatus(code: 500): "Server Error";
4     function getStatus(code: number): string {
5       switch (code) {
6         case 200: return "Success";
7         case 404: return "Not Found";
8         case 500: return "Server Error";
9         default: return "Unknown Status";
10      }
11    }
12
13    console.log(getStatus(200));
14    console.log(getStatus(404));
15    console.log(getStatus(500));
```

1~3라인 : getStatus 함수는 상태 코드 200, 404, 500에 대해 각각 다른 리턴 타입을 갖도록 오버로딩 시그니처를 정의하고 있다. 오버로딩 시그니처는 실제 함수 구

현부가 아니며, 타입스크립트가 함수를 호출할 때 어떤 리턴 타입이 올지 결정하는데만 사용된다.

5~10라인 : 오버로딩된 함수의 실제 구현은 하나의 함수로 작성되어 있다. code라는 매개변수를 number 타입으로 받아 실제 로직을 수행하여 리턴값을 결정한다.

```
$ node app.js
Success
Not Found
Server Error
```

만약 200, 404, 500 이외의 숫자를 인수로 전달하면 "Unknown Status"를 리턴하게 된다.

8.5 타입 가드

타입 가드란

타입 가드는 유니온 타입에서 특정 타입을 구별할 수 있도록 도와주는 함수 또는 조건문이다. 이를 통해 타입스크립트는 코드의 특정 지점에서 변수의 타입을 좁힐 수 있다. 타입 가드는 주로 typeof, instanceof 또는 사용자 정의 함수로 구현된다.

typeof를 사용한 타입 가드

typeof 연산자를 사용하여 변수의 타입을 확인하는 타입 가드를 구현할 수 있다.

app.ts

```
1   function printValue(value: string | number) {
2     if (typeof value === "string") {
3       console.log(`String: ${value}`);
4     } else {
5       console.log(`Number: ${value}`);
6     }
7   }
8
9   printValue("타입스크립트");
10  printValue(100);
```

1라인 : printValue 함수의 전달 인자로 string과 number 타입의 값을 전달할 수 있다.

2라인 : typeof 연산자를 통해 전달받은 value 값의 타입을 검사한다.

```
$ node app.js
String: 타입스크립트
Number: 100
```

typeof 연산자 처리를 통해 유니온 타입의 변수에서 타입을 좁혀 처리할 수 있다.

instanceof를 사용한 타입 가드

객체의 인스턴스를 구분할 때 instanceof 키워드를 사용할 수 있다.

app.ts

```
1  class Dog {
2    bark() {
3      console.log("멍멍 주인님!");
4    }
5  }
6
7  class Cat {
8    meow() {
9      console.log("이봐 김집사!");
10   }
11 }
12
13 function makeSound(pet: Dog | Cat) {
14   if (pet instanceof Dog) {
15     pet.bark();
16   } else {
17     pet.meow();
18   }
19 }
20
21 const dog = new Dog();
22 const cat = new Cat();
23
24 makeSound(dog);
25 makeSound(cat);
```

1~5라인 : Dog 클래스를 정의한다.

7~11라인 : Cat 클래스를 정의한다.

13라인 : makeSound 함수는 유니온 타입 Dog | Cat으로 지정된 매개변수 pet을 받는다. 이것은 pet이 Dog 또는 Cat 타입일 수 있다는 뜻이다.

14라인 : instanceof 키워드는 객체가 특정 클래스의 인스턴스인지 검사할 때 사용된다.

21~22라인 : Dog와 Cat의 객체를 생성한다.

24~25라인 : makeSound 함수에 dog와 cat을 각각 전달한다.

```
$ node app.js
멍멍 주인님!
이봐 김집사!
```

결국 if (pet instanceof Dog)에서 instanceof를 사용하여 타입을 좁히는 동작을 통해 타입 가드 역할을 한다.

in 연산자를 사용한 타입 가드

in 연산자를 사용하여 객체에 특정 프로퍼티가 존재하는지 확인할 수 있다.

app.ts

```
interface Bird {
  fly(): void;
}

interface Fish {
  swim(): void;
}

function move(animal: Bird | Fish) {
  if ("fly" in animal) {
    animal.fly();
  } else {
    animal.swim();
  }
}

const bird: Bird = {
  fly() {
    console.log("하늘을 난다.");
  },
};

const fish: Fish = {
```

```
24    swim() {
25      console.log("물속을 헤엄친다.");
26    },
27  };
28
29  move(bird);
30  move(fish);
```

1~3라인 : Bird 인터페이스는 fly라는 메소드를 정의하며 Bird 타입의 객체는 반드시 fly 메소드를 구현해야 한다.

5~7라인 : Fish 인터페이스는 swim이라는 메소드를 정의하며 Fish 타입의 객체는 반드시 swim 메소드를 구현해야 한다.

9라인 : move 함수는 Bird 또는 Fish 타입의 객체를 매개변수로 받는다.

10~13라인 : animal 객체에 fly 메소드가 있는지 확인해 타입 가드를 수행한다. 만약 fly 메소드가 animal에 존재한다면 animal을 Bird로 간주하고 animal.fly()를 호출한다. 만약 그렇지 않으면 animal을 Fish 타입으로 간주하고 animal.swim()을 호출한다. in 키워드는 특정 속성 또는 메소드가 객체에 존재하는지를 확인하는 데 사용된다.

17~21라인 : Bird 타입의 객체 bird를 생성한다. bird 객체는 fly() 메소드를 구현한다.

23~27라인 : Fish 타입의 객체 fish를 생성한다. fish 객체는 swim() 메소드를 구현한다.

```
$ node app.js
하늘을 난다.
물속을 헤엄친다.
```

null 체크를 사용한 타입 가드

타입 가드는 null 체크를 사용하여 구현할 수 있다.

app.ts

```
function printLength(value: string | null) {
  if (value !== null) {
    console.log(`길이 : ${value.length}`);
```

```
4     } else {
5       console.log("널입니다.");
6     }
7   }
8
9   printLength("hello");
10  printLength(null);
```

1라인 : 매개변수 value는 string 또는 null로 선언한다. 둘 중 하나의 타입 값을 전달할 수 있다.

2라인 : value가 null이 아닌지 검사한다. value !== null 조건은 null 체크를 통해 value의 타입을 좁히는 타입 가드 역할을 한다.

```
$ node app.js
길이 : 5
널입니다.
```

타입 가드를 사용하여 value가 string 타입일 때만 length 속성을 안전하게 사용할 수 있게 한다.

- 리액트의 기본 원리와 타입스크립트를 사용하는 이유 및 장점에 대해 학습한다.
- Todolist를 구현하면서 JSX 기본 문법과 map을 통한 데이터 반복 처리 및 props를 사용한 데이터 간의 전달 등을 학습한다.
- 리액트 라우터를 사용하여 페이지를 나누고 url 파라미터로 상세 페이지를 구현한다.
- 리액트 훅과 컴포넌트 라이프 사이클에 대해 학습한다.
- Ajax를 활용하여 데이터를 통신하고 UI를 통적으로 업데이트한다.
- 리덕스 툴킷을 사용하여 상태를 관리하는 방법을 학습한다.

넷째 마당

타입스크립트 기반의 리액트

9 장

리액트 시작하기

학 습 목 표

- 리액트의 특징과 역할, 가상 DOM에 대해 학습한다.
- 초기 렌더링, 재렌더링, 재조정의 동작 원리에 대해 학습한다.
- 리액트에서 타입스크립트를 사용하는 이유와 리액트의 기본 앱 실행 구조 및 주요 파일들의 역할에 대해 학습한다.

9.1 리액트

REACT

리액트란

리액트(React)는 페이스북에서 개발하고 유지 관리하는 오픈 소스 자바스크립트 라이브러리로, 사용자 인터페이스를 구축하기 위해 사용한다. 주로 웹 애플리케이션의 뷰(View) 계층을 담당하며, 컴포넌트 기반 아키텍처를 통하여 복잡한 UI를 효율적으로 만들고 관리할 수 있다.

리액트의 특징

❶ 컴포넌트 기반 아키텍처

UI를 독립적이고 재사용할 수 있는 컴포넌트로 분할하는 구조이므로 개발과 유지 보수가 쉽다.

❷ 단방향 데이터 흐름

데이터의 흐름은 부모에서 자식으로 흐르므로 데이터의 추적과 디버깅이 쉽다.

❸ 가상 DOM

UI 변경 사항에 대해 실제 DOM 트리를 직접 조작하지 않고 가상 DOM을 사용하므로 더 효율적으로 업데이트할 수 있다.

❹ JSX 문법 사용

JSX는 자바스크립트 코드 안에서 HTML과 유사한 문법을 사용해 UI 컴포넌트를 작성할 수 있도록 하는 리액트 전용 문법이다.

리액트 공식 사이트

구글 검색창에 "리액트"를 검색하여 리액트 공식 사이트로 이동할 수 있다.

https://ko.legacy.reactjs.org/

9.2 리액트의 동작 원리

리액트의 동작 원리는 주로 컴포넌트 기반의 아키텍처와 가상 DOM을 통해 복잡한 사용자 인터페이스를 효율적으로 관리하고 업데이트한다.

컴포넌트란

리액트는 UI를 독립적이고 재사용할 수 있는 컴포넌트로 나누어 개발한다. 컴포넌트는 하나의 기능 단위로, 쉽게 말해 자바스크립트나 C 언어에서의 함수와 비슷한 개념으로 이해할 수 있다. 리액트의 컴포넌트는 클래스형 컴포넌트와 함수형 컴포넌트로 구성된다. 리액트 라이브러리는 근본적으로 UI 구성이 목적이므로 컴포넌트들은 기본적으로 화면을 렌더링한다.

❶ 클래스형 컴포넌트의 형태

```
class Greeting extends React.Component {
  render() {
    return <h1>Hello, {this.props.name}</h1>;
  }
}
```

❷ 함수형 컴포넌트의 형태

```
function Greeting(props) {
  return <h1>Hello, {props.name}</h1>;
}
```

리액트 문법을 아직 몰라도 괜찮다. 두 컴포넌트 형태를 보여주는 이유는 리액트의 기능 구현 단위가 컴포넌트이기 때문이다. 공통점은 코드에서 return을 사용하며 그 내용이 HTML 형태의 UI라는 점이다. 즉, 컴포넌트의 기본 기능은 UI를 반환하는 것이다. 이때 반환한다는 것은 결국 화면에 UI를 보여주는 것을 의미하며, 이를 '렌더링'이라고 표현한다.

렌더링이란

앞서 렌더링이라는 용어를 별다른 설명 없이 사용했으니, 먼저 일반적인 렌더링의 의미를 이해하고 넘어가자.

렌더링(Rendering)은 보통 컴퓨터 그래픽스 분야에서 다양한 유형의 데이터를 시각적으로 표현하는 과정을 말한다. 리액트에서도 데이터를 사용자 화면인 웹 브라우저에 표시해야 하므로 앞서 살펴본 클래스형 컴포넌트와 함수형 컴포넌트 모두 렌더링 기능을 제공한다.

일반 웹 개발과 리액트의 가장 큰 구조적 차이점은 일반 웹 개발에서는 보통 HTML 페이지가 파일 단위로 분리되고 자바스크립트 파일도 별도로 관리된다는 점이다. 이 때문에 페이지가 늘어날수록 HTML 파일의 개수도 함께 증가하는 구조를 가진다.

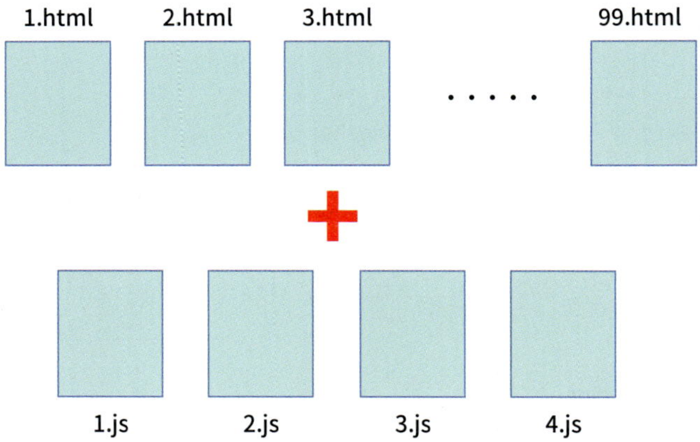

하지만 리액트에서는 단일 인덱스 페이지(index.html) 파일을 기반으로, HTML과 자바스크립트 로직을 결합한 JSX 문법을 사용하여 컴포넌트를 작성하고 이를 교체하는 방식으로 구성된다.

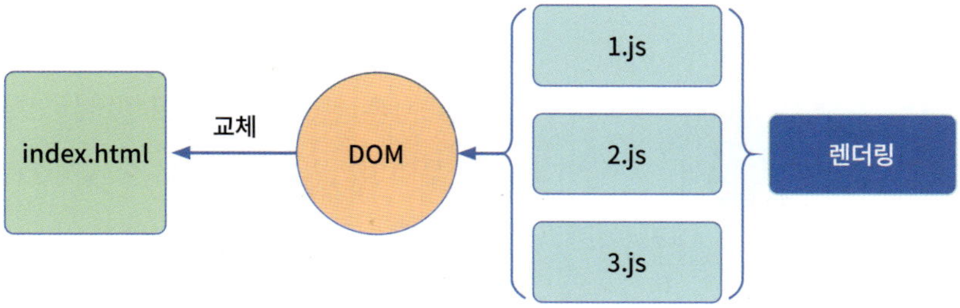

리액트는 그림과 같이 SPA(Single Page Application) 기반으로 동작하며, 하나의 인덱스 HTML 페이지를 사용한다. 컴포넌트를 동적으로 렌더링하면서 DOM 트리를 업데이트해 마치 각 페이지를 로드하는 것처럼 보이게 한다. 이 방식은 서버 요청을 최소화해 애플리케이션의 성능을 최적화한다.

알아두세요 DOM(Document Object Model)은 HTML 문서의 프로그래밍 인터페이스로, 문서를 트리 구조로 표현한다. 이를 통해 자바스크립트를 사용해서 문서의 구조, 스타일, 컴포넌트에 동적으로 접근하고 변경할 수 있다. 아래는 간단한 HTML 문서 예시이다.

```
<!DOCTYPE html>
<html>
  <head>
    <title>Example Page</title>
  </head>
  <body>
    <h1>Hello, World!</h1>
    <p>This is a paragraph.</p>
  </body>
</html>
```

이 HTML 문서를 DOM 트리 형태로 나타내면 다음과 같다.

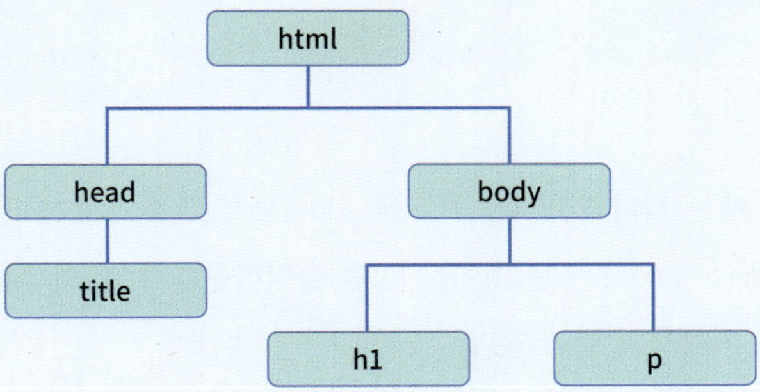

가상 DOM

리액트에서는 가상 DOM을 사용한다. 앞서 DOM은 웹 페이지를 표현하는 프로그래밍 인터페이스라고 했는데, 그러면 가상 DOM은 무엇일까? 가상 DOM은 실제 DOM과 같은 구조를 가진 메모리상의 DOM이라고 할 수 있다. 그러면 가상 DOM이 왜 필요할까?

초기 렌더링과 재렌더링

리액트는 컴포넌트 기반에서 렌더링이 발생하면 해당 기능이 DOM에 반영되어 웹 페이지에 출력된다고 했다.

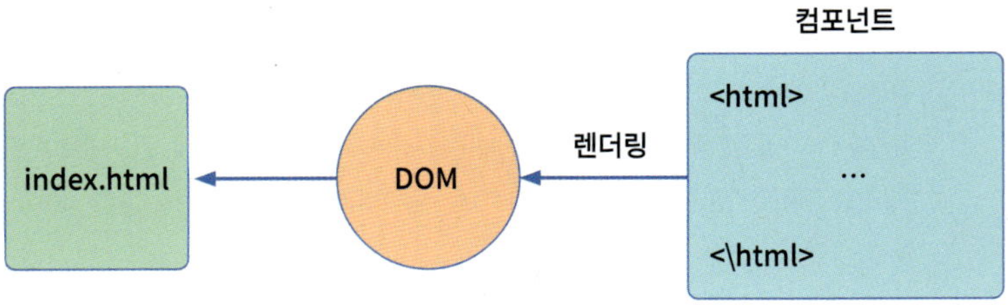

DOM은 HTML 기반의 정적인 구조이기 때문에 자바스크립트를 사용해 동적인 기능을 구현할 수 있다. 리액트는 컴포넌트 내에서 코드가 업데이트되면 수정된 내용이 DOM에 반영되어 재렌더링된다.

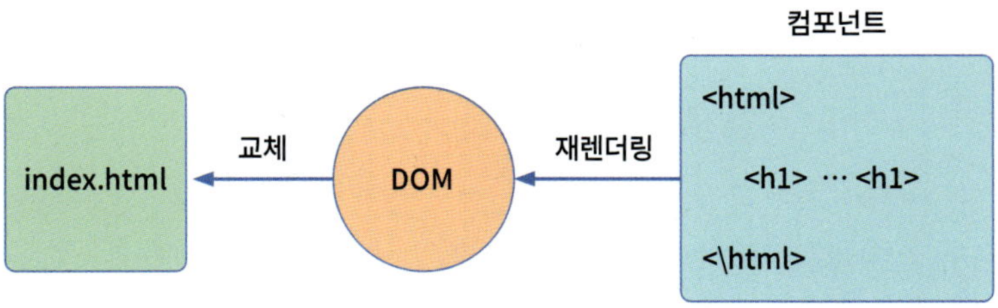

하지만 여기에는 하나의 문제점이 있다. DOM에 직접 접근해 변화를 주면 성능 이슈가 발생할 수 있다. DOM은 웹 페이지 UI를 출력하는 역할을 하므로 업데이트가 자주 일어나면 성능이 저하될 수밖에 없다.

재조정 과정

이런 문제는 고전적인 그래픽 프로그래밍에서도 존재했다. 그래서 일반 그래픽 프로그래밍에서는 더블 버퍼링(Double Buffering) 기법을 해결책으로 사용한다. 단일 버퍼링 방식은 하나의 화면 버퍼에 직접 그림을 그리는 방식으로, 이 경우 화면이 자주 업데이트되면 심각한 깜박임 현상이 발생할 수 있다. 이를 개선하기 위하여 더블 버퍼링 방식은 화면과 동일한 메모리 버퍼를 생성하고, 실제 업데이트된 그림을 먼저 메모리 버퍼에 그린 후 이를 화면 버퍼로 복사하는 방식이다.

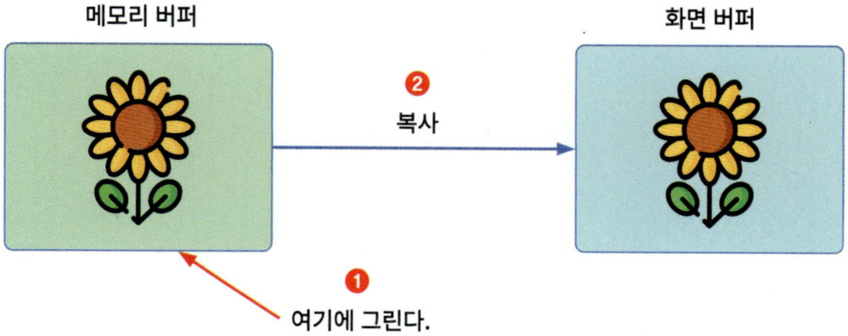

리액트에서도 더블 버퍼링 기법과 유사하게 가상 DOM 방식을 사용하여 업데이트할 때 실제 DOM에 접근하는 대신 가상 DOM에 접근하게 한다. 이 기능은 리액트의 렌더링 과정에서 처리하며, 각 컴포넌트의 return 결과를 이전 가상 DOM과 현재 가상 DOM을 비교해 변경된 부분만 실제 DOM에 적용하는 방식으로 동작한다.

9 리액트 시작하기

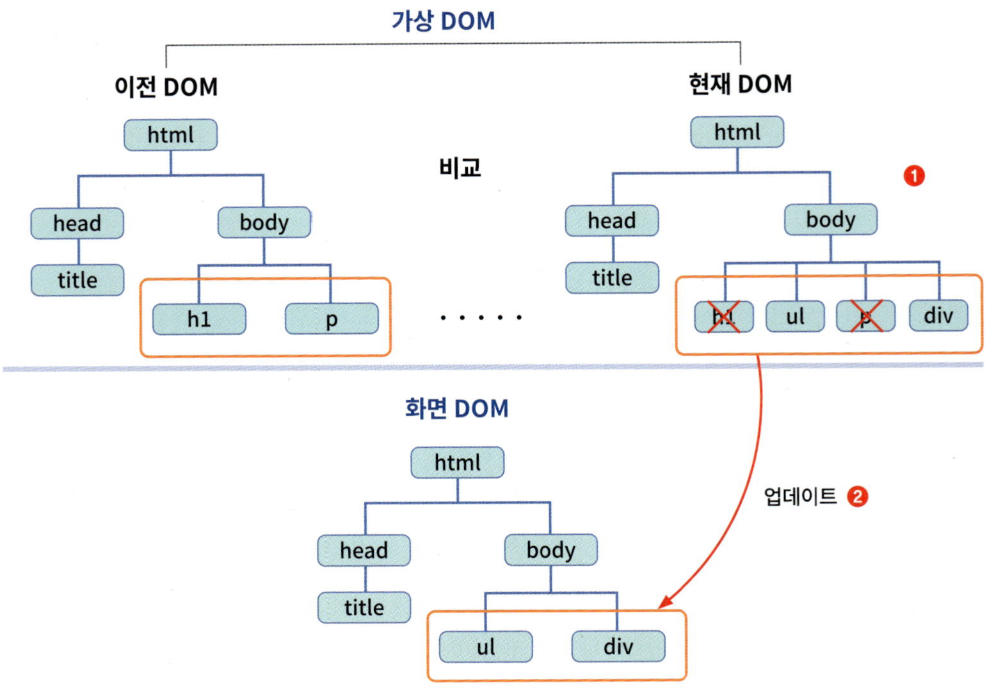
가상 DOM
이전 DOM
현재 DOM
html
head
body
title
h1
p
비교
html
head
body
title
h1
ul
p
div
❶
화면 DOM
html
head
body
title
ul
div
업데이트 ❷

9.3 REACT

리액트에서 타입스크립트를 사용하는 이유

리액트에서 타입스크립트를 사용하는 이유는 프로젝트가 대형화되면서 협업 환경에서 코드의 안정성과 유지 보수성을 높이기 위함이다. 순수하게 리액트만 사용하여 프로젝트를 진행할 수 있지만, 타입스크립트를 사용하지 않으면 여러 가지 문제가 발생할 수 있다.

	타입스크립트를 사용하지 않았을 때	타입스크립트를 사용했을 때
타입 오류	자바스크립트는 동적 타입 언어이기 때문에 변수와 함수의 타입이 컴파일 시점에 검증되지 않는다. 근본적으로 자바스크립트는 예상치 못한 타입의 오류가 발생할 가능성이 크다.	타입스크립트는 컴파일할 때 타입 오류를 체크하기 때문에 런타임할 때 오류를 사전에 예방할 수 있다. 명시적으로 타입을 선언하기 때문에 개발자가 의도한 데이터 구조를 파악하는 데 용이하다.
가독성	앞서 살펴본 타입 오류의 이유로 인해 코드의 가독성과 이해도가 떨어질 수 있다. 결국 새로운 개발자의 합류나 기존 개발자의 코드 유지 보수를 어렵게 만들 수 있고, 이는 협업과 리팩토링의 어려움으로 이어진다.	타입스크립트의 타입 시스템은 새로운 팀원이나 다른 개발자의 합류를 통해 코드 협업을 용이하게 하고, 장기적인 유지 보수에 필요한 코드의 일관성과 안정성을 제공한다. 추후 리팩토링 작업에도 많은 도움이 된다.
개발 생산성	이러한 이유로 인해 전반적으로 개발 생산성이 떨어진다. 또한 타입 정보가 부족하기 때문에 IDE에서도 자동 완성 기능이 충분히 동작하지 못한다. 그리고 타입 오류나 잘못된 함수 호출로 인한 오류가 컴파일 시점에 잡아내지 못하고 런타임까지 이어지면 그 오류의 원인을 추적하기 어렵게 만들 수 있다.	이러한 이유로 인해 전반적으로 개발 생산성이 올라간다. 타입스크립트는 명확한 타입을 기반으로 하기 때문에 비주얼 스튜디오 코드(Visual Studio Code)와 같은 IDE에서 강력한 자동 완성 기능을 지원받을 수 있고, TSLint와 같은 정적 분석 도구와의 호환성도 뛰어나 코드 품질 및 생산성을 향상시킬 수 있다.

9.4

REACT

타입스크립트 기반의 리액트 환경 설정

프로젝트 생성하기

리액트 프로젝트를 생성하는 방법은 공식 홈페이지(https://ko.react.dev/)를 참고하도록 한다. 새로운 싱글 페이지 앱을 만들기 위해 Vite를 사용한다. Vite는 개발 서버와 번들러의 역할을 하는 도구로 주로 현대적인 프론트엔드 개발(React, Vue, Svelte)에 사용된다.

❶ 먼저 윈도우 탐색기를 열고 프로젝트를 관리할 폴더를 1개 생성한다.

❷ 폴더를 선택한 상태에서 Shift를 누른 채 마우스 오른쪽 버튼을 클릭한 다음 [터미널에서 열기]를 선택한다.

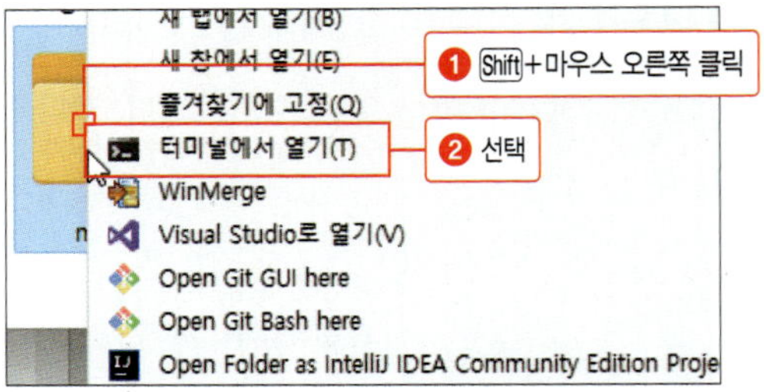

❸ PowerShell이 다음과 같이 실행되고 프롬프트는 현재 my-app 폴더를 기준으로 한다.

```
Windows PowerShell
Copyright (C) Microsoft Corporation. All rights
reserved.

새로운 기능 및 개선 사항에 대 한 최신 PowerShell
을 설치 하세요! https://aka.ms/PSWindows

PS D:\my-app>
```

❹ 프로젝트를 생성하기 위해 아래의 명령어를 실행한다.

```
npm create vite@latest .
```

❺ 실행 후 템플릿 선택 옵션이 나타나면 React 템플릿을 선택한다.

```
? Select a framework: » - Use ar
it.
    Vanilla
    Vue
>   React
    Preact
    Lit
```

❻ React를 선택하면 Typescript 사용 여부를 묻는다. 다음과 같이 Typescript를 선택한다.

```
√ Select a framework: » React
? Select a variant: » - Use arro
.
>   TypeScript
    TypeScript + SWC
    JavaScript
    JavaScript + SWC
```

❼ 의존성 설치는 프로젝트에서 사용되는 외부 라이브러리나 모듈(패키지)을 설치하는 과정을 의미한다.

Node.js 기반 프로젝트에서는 package.json 파일에 의존성을 정의하고 npm install 명령어를 사용하여 설치한다.

```
npm install
npm run dev
```

❽ 실행이 끝나면 프로젝트 루트에 있는 package.json 파일을 읽는다. node_modules 폴더가 생성되는데 프로젝트에 필요한 모든 패키지와 하위 의존성을 정리하고 파일 링크를 생성한다.

프로젝트 파일 구조 확인하기

프로젝트가 정상적으로 생성되었는지 확인하려면 my-app 폴더로 이동해 보자. 윈도우 탐색기를 통해 직접 접근할 수도 있지만, 디렉터리 구조를 파악하기에는 비주얼 스튜디오 코드(Visual Studio Code)로 폴더를 여는 것이 더 효율적이다. my-app 폴더를 열어보자.

주목해야 할 부분은 src 폴더이다. 여기서 App.tsx, App.css, index.tsx 파일이 잘 생성되었음을 확인할 수 있다. 자바스크립트 기반이라면 .js 확장자를 사용하지만, 타입스크립트 기반에서는 .tsx 확장자를 사용한다는 점만 유의하자.

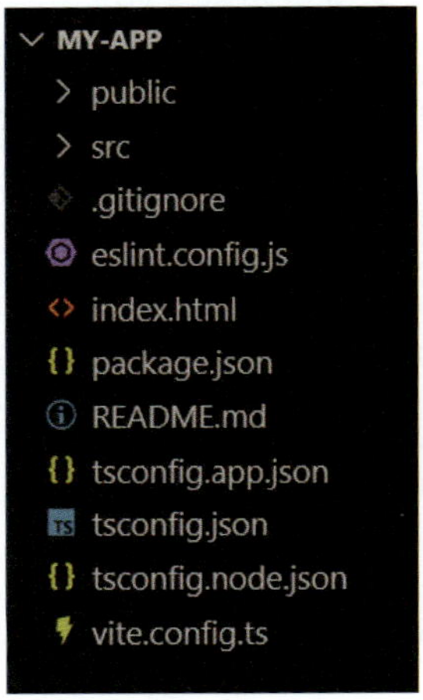


```
my-react-app/
├─ public/              # 정적 파일 폴더 (favicon 등)
├─ src/                 # 소스 코드 폴더
│   ├─ App.css          # App 컴포넌트의 스타일 파일
│   ├─ App.jsx          # 메인 App 컴포넌트
│   ├─ main.jsx         # React 진입점
│   └─ index.css        # 전역 스타일 파일
├─ .gitignore           # Git에서 제외할 파일
├─ index.html           # HTML 템플릿
├─ package.json         # 프로젝트 의존성 및 스크립트 관리
├─ vite.config.js       # Vite 설정 파일
└─ README.md            # 프로젝트 설명 파일
```

타입스크립트 설정 파일(tsconfig.json) 확인하기

tsconfig.json 파일은 타입스크립트 컴파일러 옵션을 설정하는 파일이다. 이 파일은 프로젝트 루트 디렉터리에 생성되며 기본 설정 그대로 사용하면 된다.

tsconfig.json

```
{
  "files": [],
  "references": [
    { "path": "./tsconfig.app.json" },
    { "path": "./tsconfig.node.json" }
  ]
}
```

❶ **files** : 프로젝트에 포함할 타입스크립트 파일의 명시적인 목록을 정의하는 데 사용된다. 빈 배열일 경우에는 references에 정의된 다른 설정에 따라 파일을 포함한다.

❷ **references** : 타입스크립트의 프로젝트 참조 기능을 활성화하기 위한 설정이다. 여기서 두 가지 참조가 설정되었다.

- ./tsconfig.app.json

  React 애플리케이션의 설정 파일이며 브라우저에서 실행되는 클라이언트 측 타입스크립트 코드를 위한 설정이 포함된다.

- ./tsconfig.node.json

  Node.js 환경에서 실행되는 타입스크립트 코드를 위한 설정이다.

리액트 빌드 및 실행하기

리액트 프로젝트를 실행해 보자. 먼저 [터미널] → [새 터미널]을 선택한다. 터미널 창에 다음과 같이 입력한다.

```
$ npm run dev
```

```
PS D:\my-app> npm run dev

> todolist@0.0.0 dev
> vite

  VITE v6.0.11  ready in 754 ms

  ➜  Local:   http://localhost:5173/
  ➜  Network: use --host to expose
  ➜  press h + enter to show help
```

9 리액트 시작하기

웹 브라우저의 URL 입력창에 'http://localhost:5173/'를 입력하면 다음과 같이 리액트 앱이 실행된다.

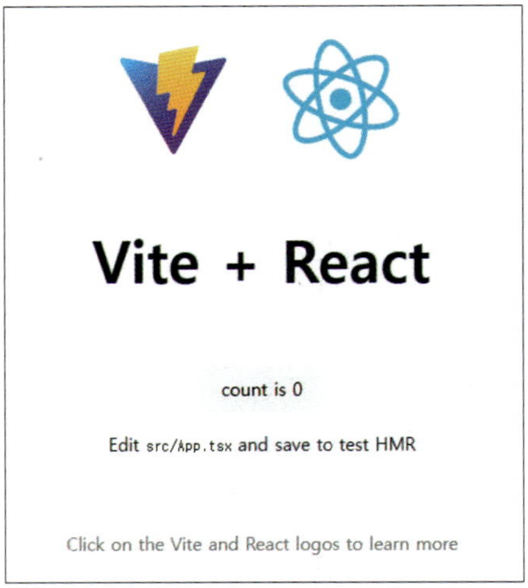

타입스크립트는 타입스크립트 컴파일러(tsc)를 사용하여 타입스크립트 코드를 자바스크립트 코드로 변환하며, 이 과정을 컴파일 과정이라고 한다. 컴파일 과정에서 수행하는 기능은 다음과 같다.

❶ **타입 체크 :** 타입스크립트 컴파일러는 코드의 타입을 체크하여 타입 오류를 검출한다.

❷ **코드 변환 :** 타입스크립트 코드를 지정된 자바스크립트 버전으로 변환한다.

이 두 가지 기능은 리액트에서 타입스크립트 기반인 경우에만 별도로 추가된 기능이다.

9.5 리액트 기본 앱의 실행 구조

index.html 파일 확인하기

현재 실행 중인 my-app 리액트 앱의 실행 구조를 살펴보자. 화면에 보이는 리액트 로고와 텍스트는 어디에서 출력되고 있을까? 브라우저에서 동작하는 UI 코드는 페이지 소스 보기로 확인하는 것이 가장 정확하다. 단축키 F12를 눌러 개발자 도구를 열어서 확인해 보자.

```
<!DOCTYPE html>
<html lang="en">
 ▶ <head> ··· </head>
 ▼ <body> flex
···  ▶ <div id="root"> ··· </div> == $0
      <script type="module" src="/src/main.tsx"></script>
    </body>
</html>
```

조금 이상하다. 브라우저에 출력되는 결과에 비해 코드가 너무 간단하다. 〈div id = "root"〉가 실제 코드의 전부다. 그렇다면 현재 보고 있는 이 코드는 어떤 파일인가? 디렉터리 구조에서 보이는 유일한 html 파일은 프로젝트의 루트에 존재하는 index.html이다. 이 파일을 클릭해서 열어보자.

```html
<!doctype html>
<html lang="en">
  <head>
    <meta charset="UTF-8" />
    <link rel="icon" type="image/svg+xml" href="/vite.svg" />
    <meta name="viewport" content="width=device-width, initial-
    scale=1.0" />
    <title>Vite + React + TS</title>
  </head>
  <body>
    <div id="root"></div>
    <script type="module" src="/src/main.tsx"></script>
  </body>
</html>
```

개발자 도구에서 봤던 코드와 동일하다. 브라우저에서 실행되고 있는 코드는 이 파일이 맞다. 그렇다면 어떻게 이 코드만으로 아이콘과 텍스트가 출력될 수 있을까? 아마 그 비밀은 root라는 id에 있을 것 같다.

main.tsx 파일 확인하기

index.html 코드의 비밀을 풀기 위해 다른 소스 코드를 살펴보자. src 폴더 안에 있는 파일들 중 main.tsx 파일이 눈에 띈다. main이라는 이름이 애플리케이션의 시작이라는 의미이므로 index.html과 연관이 있을 것 같다. 이 파일을 클릭해서 열어보자.

main.tsx

```tsx
import { StrictMode } from 'react'
import { createRoot } from 'react-dom/client'
import './index.css'
import App from './App.tsx'

createRoot(document.getElementById('root')!).render(
  <StrictMode>
    <App />
  </StrictMode>,
)
```

코드에서 직관적으로 볼 수 있듯이 'root' 아이디를 사용하여 getElementById 자바스크립트 함수를 통해 root 엘리먼트를 가져오고 있다. 해당 엘리먼트 객체로 render 함수를 통해 내부의 컴포넌트들을 렌더링하고 있다. 즉, 정리하면 index.html 코드에서 본 <div id="root"> 엘리먼트 객체를 가져와서 그 안에 컴포넌트를 렌더링한다는 의미이다.

index.html

```
<body>
    <div id="root"></div>
    <script type="module" src="/src/main.tsx"></script>
  </body>
```

main.tsx

```
createRoot(document.getElementById('root')!).render(
  <StrictMode>
    <App />
  </StrictMode>,
)
```

렌더링되는 <App /> 컴포넌트 코드가 결국 우리가 웹 페이지에서 보고 있는 내용을 담고 있을 것이다. 그렇다면 App 컴포넌트는 어디에 구현되어 있을까? main.tsx 파일 상단의 import 목록을 살펴보자.

```
1   import { StrictMode } from 'react'
2   import { createRoot } from 'react-dom/client'
3   import './index.css'
4   import App from './App.tsx'
```

컴포넌트 이름 / 파일 이름

4라인을 해석하면 'App.tsx 파일에 있는 App 컴포넌트를 가져와라.'는 뜻이다. 그렇다면 App.tsx 파일을 살펴보자.

App.tsx 파일 확인하기

이 파일을 클릭해서 열어보자.

App.tsx

```
function App() {
  const [count, setCount] = useState(0)

  return (
    <>
      <div>
        <a href="https://vite.dev" target="_blank">
          <img src={viteLogo} className="logo" alt="Vite logo" />
        </a>
        <a href="https://react.dev" target="_blank">
          <img src={reactLogo} className="logo react" alt="React logo"
          />
        </a>
      </div>
      <h1>Vite + React</h1>
      <div className="card">
        <button onClick={() => setCount((count) => count + 1)}>
          count is {count}
        </button>
        <p>
          Edit <code>src/App.tsx</code> and save to test HMR
        </p>
      </div>
      <p className="read-the-docs">
        Click on the Vite and React logos to learn more
      </p>
    </>
  )
}

export default App
```

App이라는 컴포넌트가 존재하고 return 안에 작성된 코드를 살펴보면 웹 페이지에서 봤던 로고와 텍스트 문구들이 표시되는 것을 확인할 수 있다. 결국 UI에 출력된 내용은 바로 App 컴포넌트의 내용이었다. 테스트를 위해 기존 코드를 모두 지우고 다음과 같이 코드를 변경해 보자.

```
import './App.css'

function App() {
```

```
  return (
    <>
      Hello, React
    </>
  )
}

export default App
```

페이지 내용이 변경된 것을 확인할 수 있다. 이로써 index.html, main.tsx, App.tsx 간의 관계가 파악되었다.

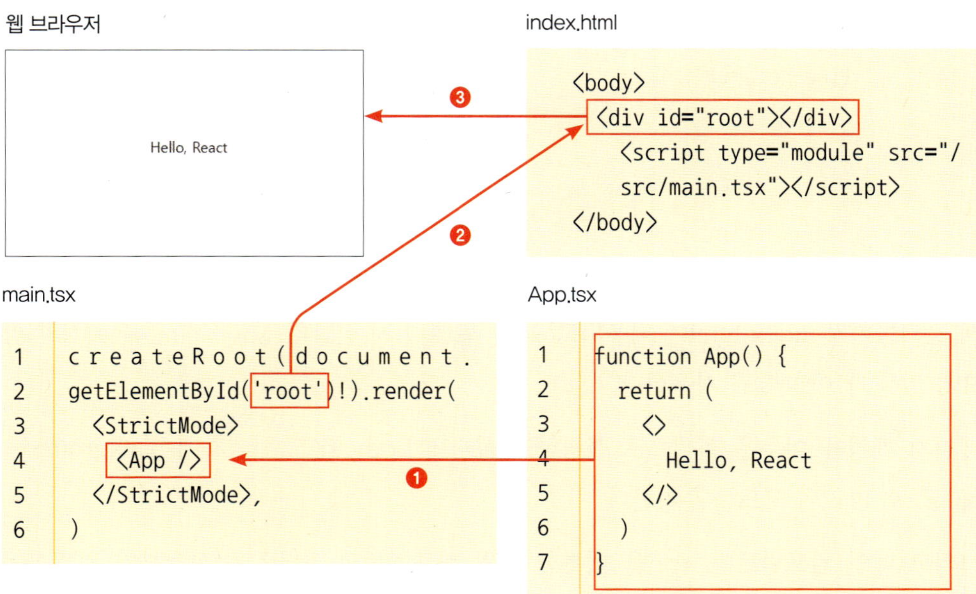

정리하면 App.tsx 컴포넌트의 내용이 index.html 코드에 반영되는 구조이다. 실질적인 기능의 코드는 App.tsx에서 작성하면 된다.

스타일 설정하기

현재 웹 페이지에 출력되는 “Hello, React” 문자열을 보면 단조롭다. 글자 크기를 제목 크기로 하고 페이지 배경은 어두운 회색으로 글자색은 흰색으로 설정해 보자.

이러한 스타일 설정은 CSS에서 이루어진다. src 폴더를 보면 index.css와 App.css 파일이 있다. 이 두 파일이 페이지 스타일을 담당한다. 먼저 index.css를 열어보자.

index.css

```
............................ 생략 ........................

body {
  margin: 0;
  display: flex;
  place-items: center;
  min-width: 320px;
  min-height: 100vh;
  background-color: #242424;
}

h1 {
  font-size: 3.2em;
  line-height: 1.1;
}

............................ 생략 ........................
```

body와 h1 등의 태그 선택자에 대한 스타일이 정의되어 있다. 이 스타일은 main.tsx에서 불러들여져 index.html에 적용되고 있다. 웹 페이지 전반의 공통 스타일을 설정할 필요가 있을 때 이 파일을 사용한다.

페이지 배경을 어두운 회색으로 설정하고 싶다면 body 태그 선택자에 background-color: #242424; 코드를 추가한다.

그리고 메인 컴포넌트인 App을 비롯한 하위 컴포넌트의 스타일을 설정하기 위해서는 App.css을 사용할 수 있다. 이 파일을 열어보자.

App.css

```
#root {
  max-width: 1280px;
  margin: 0 auto;
  padding: 2rem;
  text-align: center;
  color: rgba(255, 255, 255, 0.87);
}

................... 이하 생략 ........................
```

아이디 선택자 #root를 비롯해 여러 클래스 선택자들이 정의되어 있다. 글자의 색을 흰색으로 설정하는 코드 color: rgba(255, 255, 255, 0.87);를 #root 아이디 선택자에 추가한다. 이 스타일은 App.tsx에서 불러들여져 웹 UI에 적용되고 있다.

App.tsx

```
import './App.css'

function App() {
  return (
    <>
      <h1>Hello, React</h1>
    </>
  )
}

export default App
```

App.tsx 상단에 App.css 파일을 불러오며, App 컴포넌트 내에서 #root 아이디 선택자를 통해 정의된 스타일을 적용하고 있다. 스타일이 적용된 결과를 확인해 보자.

앞으로 스타일 코드는 기본적으로 App.css에 정의하되, 스타일이 많아지거나 분류하여 관리할 필요가 생기면 별도의 CSS 파일을 만들어 정의한 후 이를 사용하려는 컴포넌트 파일에 불러오면 된다.

10 장

리액트의 기본 개념

학 습 목 표

- JSX의 기본 문법에서 알아야 할 핵심 개념 및 컴포넌트 생성 방법을 학습한다.
- state를 사용하여 상태 업데이트 방법 및 map을 사용한 반복 처리에 대해 학습한다.
- 리액트 프로젝트 UI에 부트스트랩을 적용하는 방법을 학습한다.

10.1 REACT

일정 관리 앱 프로젝트 만들기

무엇을 만들 것인가

간단한 일정 관리 앱을 다음과 같이 만들어 보자.

앱을 제작하면서 리액트에서 사용하는 여러 가지 문법과 개념들을 살펴보자.

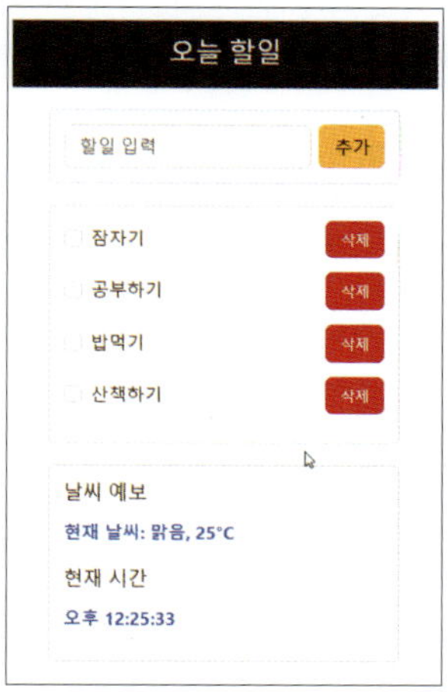

프로젝트 생성하기

❶ 먼저 프로젝트 폴더 'todolist'를 만든다.

TodoList

❷ Visual Studio Code를 실행하여 생성한 todolist 폴더를 열자.

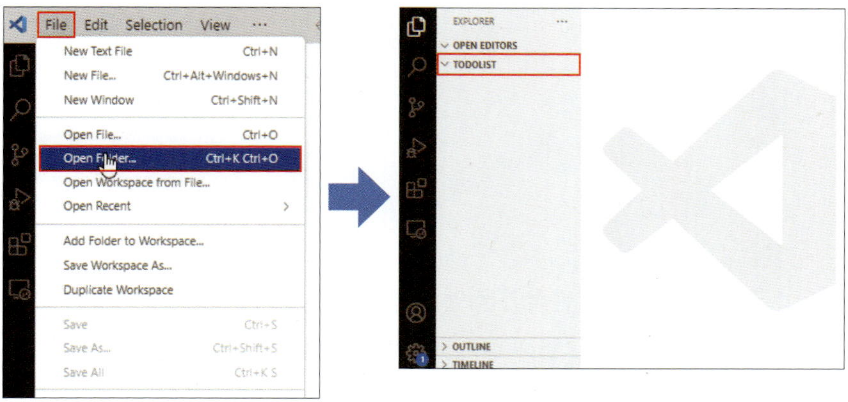

❸ 메뉴에서 [터미널] → [새 터미널]을 선택하여 터미널 창을 연다. 현재 폴더에 타입스크립트 기반의 리액트 프로젝트를 생성할 것이므로 터미널에 다음과 같이 명령어를 입력한다.

```
npm create vite@latest .
```

❹ 실행 후 템플릿 선택 옵션이 나타나면 React 템플릿을 선택한다.

❺ React를 선택하면 Typescript 사용 여부를 묻는다. 다음과 같이 'Typescript'를 선택한다.

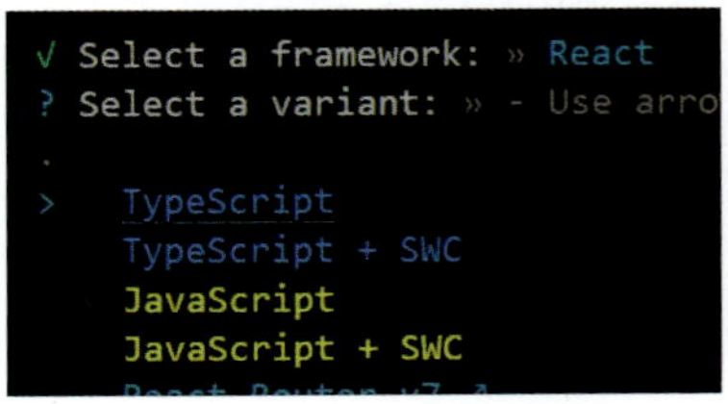

❻ 프로젝트 생성이 끝나면 'npm install' 명령어로 의존성 설치 후 'npm run dev' 명령어로 애플리케이션을 실행한다.

```
$ npm install
$ npm run dev
```

❼ 리액트의 기본 화면이 다음과 같이 출력된다.

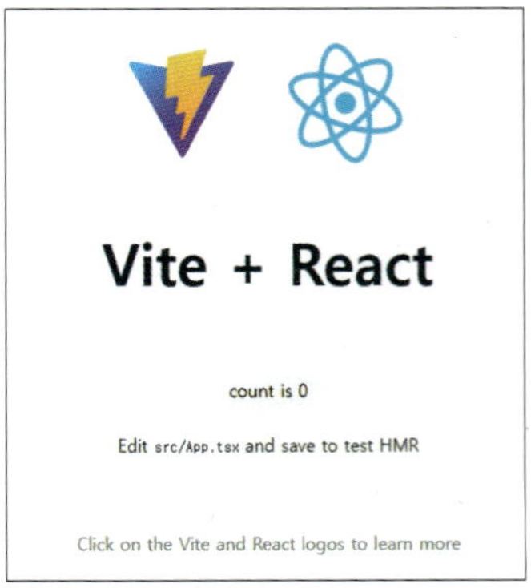

여기까지 타입스크립트 기반의 기본적인 리액트 앱을 생성했다. 이를 기반으로 할 일 목록 기능을 만들어 보면서 리액트 문법에 대해 하나씩 살펴보자.

10.2

REACT

반드시 알아두어야 할 JSX 기본 문법

JSX란

JSX는 자바스크립트의 확장 문법으로, XML과 비슷한 형태로 리액트 요소를 표현한다. App.tsx 파일을 열어보자. 우리는 기본 코드를 사용하지 않으므로 기존 코드를 모두 지우고 다음과 같이 변경하여 작성하자.

App.tsx

```
function App() {
  return (
      <div>
        <h1>Hello</h1>
        <p>React</p>
      </div>
  )
}
```

수정한 return 이하의 코드가 바로 JSX 문법이다. 이렇게 작성된 코드는 브라우저에서 실행되기 전에 바벨에 의해 일반 자바스크립트 코드로 변환된다.

```
<body>
  <div id="root"></div>
  <script>
    const appDiv = document.createElement('div');
    appDiv.className = 'App';

    const h1 = document.createElement('h1');
    h1.textContent = 'Hello';

    const p = document.createElement('p');
    p.textContent = 'React';
```

```
    appDiv.appendChild(h1);
    appDiv.appendChild(p);

    document.getElementById('root').appendChild(appDiv);
  </script>
</body>
```

앞서 작성한 JSX 코드를 자바스크립트 코드로 작성한다면 매우 불편할 것이다. 가독성이나 코드의 양을 보면 자바스크립트 형태의 코드가 JSX 문법보다 훨씬 불편해 보인다. 즉, JSX 문법을 사용하면 UI를 더 편리하게 렌더링할 수 있다. 그러나 JSX는 공식적으로 자바스크립트 문법은 아니며, 리액트에서 사용하기 편리하게 만든 언어이다.

JSX로 화면에 Hello React 출력하기

앞에서 작성한 JSX 코드를 실행해 보자. 터미널에 다음 명령어를 입력해 실행하고 출력 결과를 확인해 보자.

```
$ npm run dev
```

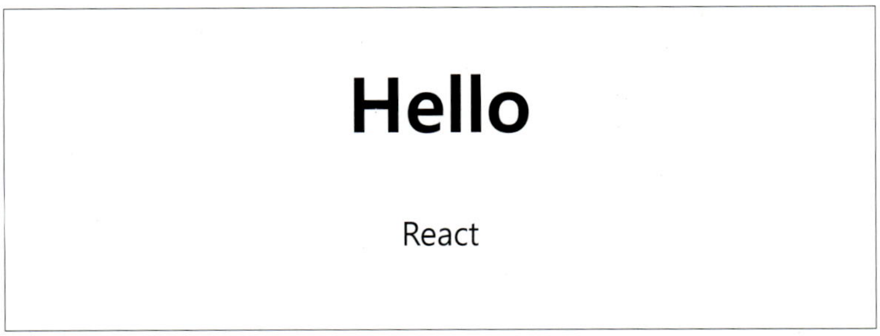

출력 내용 감싸기

컴포넌트 내부에서 렌더링할 return 내부의 내용은 반드시 최상위 부모 요소 태그로 감싸야 한다. 예를 들어 다음과 같이 최상위 부모 요소 태그 없이 병렬로 태그가 나열되면 오류가 발생한다.

```
// 오류 발생!
return (
  <h1>Hello</h1>
  <p>React</p>
);
```

```
TS2657: JSX expressions must have one parent element.
```

이 오류는 병렬 형태로 나열된 태그의 내용들을 최상위 태그로 감싸면 해결된다.

첫 번째 해결 방법은 일반적으로 〈div〉〈/div〉 태그로 감싼다.

```
// 정상 동작
return (
  <div>
    <h1>Hello</h1>
    <p>React</p>
  </div>
);
```


두 번째 해결 방법은 〈Fragment〉〈/Fragment〉 태그로 감싼다.

```
// 정상 동작
return (
  <Fragment>
    <h1>Hello</h1>
    <p>React</p>
  </Fragment>
);
```

또는 〈〉〈/〉를 사용해도 무방하다.

컴포넌트 내부의 코드를 〈div〉〈/div〉처럼 최상위 태그로 감싸는 이유는 리액트의 단일 루트 요소 규칙 때문이다.

알아두세요

단일 루트 요소 규칙

리액트 구조상 VirtualDOM에서 컴포넌트 변화 감지 시 효율적으로 비교할 수 있도록 컴포넌트 내부는 하나의 DOM 트리 구조로 이루어져야 한다는 규칙이다.

단일 루트 요소 규칙을 사용하면 해당 컴포넌트가 단일한 요소로 구성되어 있으므로 스타일링을 더 편리하게 적용할 수 있다는 장점도 있다.

변수의 데이터 바인딩, 중괄호

앞의 코드처럼 "Hello React"를 화면에 그대로 출력할 수도 있지만, 변수를 사용해 출력할 수도 있다. 기존 HTML 문서에서는 변수 개념이 없어서 텍스트를 그대로 출력해야 했지만, JSX 코드에서는 변수를 중괄호({})로 감싸면 변수 값이 화면에 출력된다.

```
function App() {
  let title = "내일 할일";
  return (
    <div>
      <h1>{title}</h1>
    </div>
  );
}
```

만약 이러한 데이터 바인딩의 기능을 JSX 도움 없이 자바스크립트와 HTML을 사용해서 구현한다면 다음과 같이 작성할 수 있다.

```
<!DOCTYPE html>
<html lang="en">
<head>
  <meta charset="UTF-8">
  <meta name="viewport" content="width=device-width, initial-
  scale=1.0">
  <title>React to HTML and JavaScript</title>
  <link rel="stylesheet" href="App.css">
</head>
<body>
  <div id="root"></div>
  <script>
    function App() {
      let title = "내일 할일";
      let appDiv = document.createElement("div");
      let heading = document.createElement("h1");
      heading.textContent = title;
      appDiv.appendChild(heading);
      document.getElementById('root').appendChild(appDiv);
    }
  App();
  </script>
</body>
</html>
```

코드의 내용은 대체로 이해할 수 있을 것이다. div와 h1 엘리먼트를 동적으로 생성하고, 변수 값을 바인딩하는 방식이다. 두 코드를 비교하면 JSX 코드가 더 가독성이 좋고 편리하다는 점을 직관적으로 알 수 있다. 결론적으로 JSX는 기존 HTML 코드에서 중괄호({ })를 사용하여 변수를 대입하면 쉽게 데이터 바인딩을 할 수 있다.

클래스 선택자, className

일반적으로 html / css에서 클래스 선택자 설정 시 class 키워드를 사용한다.

html 파일

```
<html lang="en">
```

```
<head>
</head>
<body>
    <div class="title">
        <h1>Hello, World!</h1>
    </div>
</body>
</html>
```

App.css와 같은 css 설정 파일에 다음과 같이 title의 이름으로 클래스 선택자를 추가한다.

App.css

```
.title {
    color: blue;
    font-size: 2em;
    text-align: center;
}
```

"Hello, World!" 문자열에 title 클래스 선택자의 스타일을 적용하겠다는 의미이다. 그런데 리액트의 JSX에서는 class 키워드 대신 className 키워드를 사용한다. 그 이유는 class가 자바스크립트에서 클래스 선언에 사용되는 예약어이기 때문이다. 이제 클래스형 컴포넌트를 생성하는 코드를 살펴보자.

```
class MyComponent extends React.Component {
  // 클래스 내용
}
```

클래스형 컴포넌트를 생성할 때 class 키워드를 사용한다. 만약 JSX에서 클래스 선택자로 class를 그대로 사용하면 클래스형 컴포넌트의 class와 충돌이 발생할 수 있다. 이러한 충돌을 피하기 위해 리액트의 JSX에서는 클래스 선택자를 설정할 때 class 대신 className 키워드를 사용하도록 되어 있다. 코드를 통해 확인해 보자.

App.tsx

```
function App() {
  let title = "내일 할일";
  return (
    <div className='title'>
       <h1>{title}</h1>
    </div>
  );
}
```

'내일 할일'이라는 문자열에 스타일이 className을 통해 클래스 선택자인 title 스타일로 적용된 것을 확인할 수 있다. 일반적으로 리액트에서 스타일을 적용할 때 가장 많이 사용되는 요소는 클래스 선택자이며, 추후 부트스트랩과 같은 UI 라이브러리를 적용할 때도 클래스 선택자 형식을 사용하는 것이 일반적이다.

인라인 스타일링, style

리액트의 JSX에서는 HTML 요소에 직접 스타일을 지정하는 방법을 인라인 스타일링(Inline Styling)이라고 한다. 인라인 스타일링은 각 스타일 요소에 대해 스타일을 개별적으로 지정하는 방식이다. 문법은 style={} 형식으로, 중괄호({ }) 안에 객체 형태로 스타일 내용을 작성하면 된다.

```
{
    속성명 : '속성값'
}
```

```
const style = {
    backgroundColor : 'black'
}
```

한 가지 특징은 CSS에서 스타일을 지정할 때 background-color처럼 두 단어가 하이픈(-)으로 연결되지만, 인라인 스타일링에서는 이를 카멜 케이스(CamelCase)로 작성해야 한다는 점이다. 즉, backgroundColor와 같이 표기해야 한다. 기존 title의 스타일 내용을 그대로 인라인 스타일링에 적용해 보자.

```
import React from 'react';
import './App.css';

function App() {
  let title = "내일 할일"

  const divStyle : React.CSSProperties = {
    backgroundColor : 'yellowgreen',
    color: 'blue',
    fontSize: '2em',
    textAlign: 'center'
  };

  return (
    // <div className='title'>
    <div style = {divStyle}>
        <h1>{title}</h1>
    </div>
  );
}

export default App;
```

divStyle이라는 변수로 스타일을 지정하고 〈div style={divStyle}〉 형식으로 스타일 내용을 적용하면 된다. 이 방식의 장점은 CSS 파일을 참조하기 번거롭거나 스타일을 재사용하고 싶지 않을 때 유용하다는 것이다.

알아두세요 〈div style = { }〉에서 style 값을 미리 선언하지 않고 직접 설정해서 사용할 수도 있다.

```
import React from 'react';
import './App.css';

function App() {
  let title = "내일 할일"

  return (
    <div style = {
      {
        backgroundColor : 'yellowgreen',
        color: 'blue',
        fontSize: '2em',
        textAlign: 'center'
      }
    }>
    <h1>{title}</h1>
    </div>
  );
}

export default App;
```

인라인 스타일링은 이 프로젝트에서는 사용하지 않을 것이므로 삭제하자.

태그 꼭 닫기

HTML에서는 꼭 닫지 않아도 되는 태그들이 있다. 예를 들면 〈br〉 태그나 〈input〉 태그와 같은 경우다.

```
<body>
    <div>
        아이디<br>
        <input type = "text">
    </div>
    <div>
        비밀번호<br>
        <input type = "password">
    </div>
</body>
```

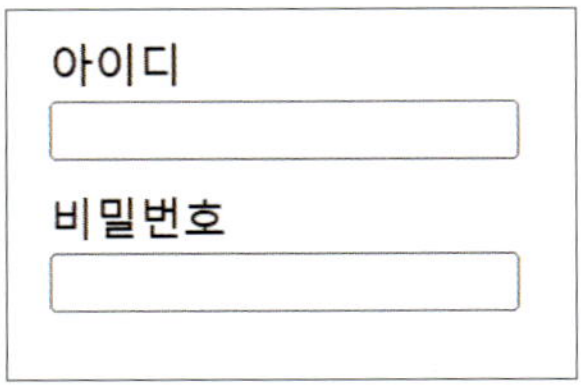

이러한 내용을 JSX 코드에 반영해 보자. body 안에 내용들을 복사해서 JSX 코드에 붙여 넣자.

```
function App() {
  let title = "내일 할일"
  return (
    <div className='title'>
      <div>
          아이디<br>
          <input type = "text">
      </div>
      <div>
          비밀번호<br>
          <input type = "password">
      </div>
    </div>
  );
}
```

오류가 발생하는 것을 확인할 수 있다.

```
ERROR in [eslint]
src\App.js
  Line 14:8:  Parsing error: Expected corresponding JSX closing tag for
  <input>. (14:8)

webpack compiled with 2 errors
```

원인은 닫히지 않은 태그들 때문이다. 각 태그를 다음과 같이 닫도록 수정한다.

```
function App() {
  let title = "내일 할일"
  return (
    <div className='title'>
      <div>
          아이디<br></br>
          <input type = "text"></input>
      </div>
      <div>
          비밀번호<br></br>
          <input type = "password"></input>
      </div>
      </div>
  );
}
```

태그 사이에 별도의 내용이 들어가지 않는다면 <input type = "text"/>와 같이 self-closing 태그를 사용할 수 있다.

주석

주석(Comments)은 소스 코드 내에서 실행되지 않는 텍스트를 의미한다. 주석은 프로그램의 동작에 영향을 미치지 않으며, 주로 코드의 이해를 돕거나 설명을 제공하는 용도로 사용한다. 프로그래밍 언어마다 주석을 작성하는 문법이 다르다. 예를 들어, C 언어나 자바스크립트에서는 단일 행 주석을 //로, 여러 행 주석을 /*로 시작해서 */로 끝낸다. 그러나 JSX에서는 주석을 작성할 때 {/*로 시작하여 */}로 끝낸다.

```
1   function App() {
2     let title = "내일 할일"
3     return (
4       <div className='title'>
5         {/* 아이디를 입력하세요 */}
6         <div>
7             아이디<br></br>
8             <input type = "text"></input>
9         </div>
10        {/* 비밀번호를 입력하세요 */}
11        <div>
12            비밀번호<br></br>
13            <input type = "password"></input>
14        </div>
15      </div>
16    );
17  }
```

5, 10라인 : {/*　*/} 사이 내용은 코드의 이해를 돕기 위한 설명으로, 기능이나 동작에 영향을 미치지 않는다.

알아두세요 주석을 매번 수동으로 작성하는 것은 번거로운 일이다. 그래서 VSCode에서는 주석으로 처리하려는 코드 라인에 포커스를 두고 Ctrl+/ 키를 누르면 해당 라인이 자동으로 주석 처리된다.

10.3 컴포넌트 만들기

컴포넌트의 종류

컴포넌트를 만드는 방식에는 크게 두 가지가 있다. 하나는 클래스형 컴포넌트이고, 다른 하나는 함수형 컴포넌트이다. 리액트 초기에는 주로 클래스형 컴포넌트를 사용했는데, 그 이유는 함수형 컴포넌트에서는 state 관리나 라이프 사이클 기능을 사용할 수 없었기 때문이다. 하지만 리액트 16.8 버전 이후 Hooks가 도입되면서 함수형 컴포넌트의 단점이 보완되었고, 현재는 함수형 컴포넌트가 더 선호되며 리액트 공식 홈페이지에서도 이를 권장하고 있다. 그런데도 예전에 작성된 리액트 레거시 시스템에서는 클래스형 컴포넌트를 사용했기 때문에 기존 코드를 이해할 수 있어야 하므로 클래스형 컴포넌트를 작성하는 방법을 살펴보자.

클래스형 컴포넌트

먼저 src 폴더 하위에 ClassCom.tsx 이름으로 파일을 생성하고 다음과 같이 작성한다.

ClassCom.tsx

```
import { Component, ReactNode } from "react";

class ClassCom extends Component{
    render(): ReactNode {
        return(
            <div>
                클래스형 컴포넌트
            </div>
        )
    }
}

export default ClassCom;
```

3~11라인 : 리액트에서 클래스형 컴포넌트는 반드시 react 패키지가 제공하는 Component 클래스를 상속해야 한다. 또한 Component를 상속한 ClassCom 컴포넌트는 render라는 이름의 함수를 포함해야 하며, render 함수는 그 안에서 보여주어야 할 JSX를 반환해야 한다.

13라인 : ClassCom 컴포넌트를 내보내어 다른 컴포넌트에서 불러들여 사용할 수 있도록 한다.

App.tsx에서 ClassCom 컴포넌트를 호출해 보자.

App.tsx

```
1   import React from 'react';
2   import './App.css';
3   import ClassCom from './ClassCom';
4
5   function App() {
6     let title = "내일 할일"
7     return (
8       <div className='title'>
9         <ClassCom></ClassCom>
10      </div>
11    );
12  }
13
14  export default App;
```

3라인 : ClassCom.tsx 파일로부터 ClassCom 이름의 컴포넌트를 가져오라는 의미이다.

9라인 : JSX 문법 안에서 해당 컴포넌트를 호출할 때는 <> 사이에 컴포넌트 이름을 입력한다. JSX는 기본적으로 닫는 태그를 작성해야 하므로 </ClassCom>을 반드시 포함해야 한다.

함수형 컴포넌트

이번에는 함수형 컴포넌트에 대해 살펴보자. 리액트 개발팀은 클래스형 컴포넌트의 render 메소드 기능을 간단한 함수로 만들 수 있도록 했으며, 이를 구분하기 위해 함수형 컴포넌트라고 이름을 붙였다. 그러나 함수형 컴포넌트는 본래 state 관리와 라이프 사이클 API 사용이 불가능했다. 앞서 언급했듯이 리액트는 Hooks 기능을 도입하여 이러한 문제를 해결했으며, 이후로 새로 작성하는 컴포넌트들은 함수형 컴포넌트를 사용하는 것을 권장한다.

먼저 src 폴더에 FuncCom.tsx라는 이름으로 파일을 생성하자. 함수형 컴포넌트를 작성하는 형식은 일반 자바스크립트에서 함수를 만드는 방식과 동일하다.

FuncCom.tsx

```
1  function FuncCom(){
2      return(
3          <div>
4              함수형 컴포넌트
5          </div>
6      )
7  }
8
9  export default FuncCom;
```

1라인 : 리액트에서 함수형 컴포넌트는 function 키워드와 그 뒤에 함수 이름을 작성한다. 자바스크립트에서 함수를 생성하는 방법과 동일하다.

2~6라인 : 클래스형 컴포넌트의 render와 같은 함수는 생략되었고 바로 return 함수를 호출한다. return 안에서 화면에 보여주어야 할 JSX 코드를 반환한다.

9라인 : FuncCom 컴포넌트를 내보내어 다른 컴포넌트에서 불러들여 사용할 수 있게 한다.

App.tsx에서 FuncCom 컴포넌트를 호출해 보자.

App.tsx

```
1  import React from 'react';
2  import './App.css';
3  import ClassCom from './ClassCom';
4  import FuncCom from './FuncCom';
5
6  function App() {
7    let title = "내일 할일"
8    return (
9      <div className='title'>
10       {/* <ClassCom></ClassCom> */}
11       <FuncCom></FuncCom>
12     </div>
13   );
14 }
15
16 export default App;
```

4라인 : FuncCom.tsx 파일로부터 FuncCom 이름의 컴포넌트를 가져오라는 의미이다.

11라인 : JSX 문법 안에서 해당 컴포넌트를 호출할 때는 <> 사이에 컴포넌트 이름을 입력한다. JSX는 기본적으로 닫는 태그를 작성해야 하므로 </FuncCom>을 반드시 포함해야 한다.

FuncCom.tsx에서 함수 구현을 화살표 함수로 작성할 수도 있다. 다음과 같이 수정해 보자.

FuncCom.tsx

```
const FuncCom = () => {
    return(
        <div>
            함수형 컴포넌트
        </div>
    )
```

```
7     }
8
9     export default FuncCom;
```

1라인 : 리액트에서 함수형 컴포넌트는 function뿐만 아니라 화살표 기호(=>)를 사용해 컴포넌트를 구현할 수 있다. 기존 함수형 컴포넌트에서 FuncCom을 const 변수로 변경하고 ()=>를 오른쪽에 추가한다.

TodoList 컴포넌트 만들기

컴포넌트를 생성하는 방법을 배웠으니, 이제 TodoList라는 이름으로 컴포넌트를 생성하여 일정 관리 앱을 만들어 보자. 앞으로 생성하는 모든 컴포넌트는 함수형 컴포넌트 방식으로 작성할 것이다.

먼저 src 폴더 하위에 TodoList.tsx 파일을 생성하자.

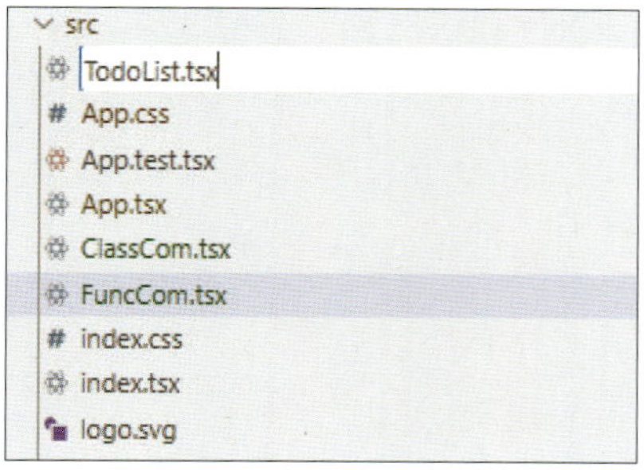

다음과 같이 코드를 작성하자.

TodoList.tsx

```
const TodoList : React.FC = () => {
    return (
        <div>
            <h1>내일 할일</h1>
        </div>
    )
```

```
7    }
8
9    export default TodoList;
```

1라인 : TodoList 이름으로 컴포넌트를 생성한다. 뒤에 : React.FC가 등장하는데 리액트 컴포넌트를 정의할 때 사용되는 타입스크립트의 타입이다. 쉽게 말해 함수의 리턴 타입이라고 생각하면 된다.

2~7라인 : 컴포넌트에서 UI에 보여줄 내용을 리턴한다.

9라인 : TodoList 컴포넌트를 내보내어 다른 컴포넌트에서 불러들여 사용할 수 있게 한다.

일정 관리 앱의 전체적인 레이아웃 스타일을 추가하기 위해 스타일을 담당하는 App.css 파일을 열어보자. 그리고 다음과 같이 스타일 코드를 작성한다.

App.css

```
.container{
  background: aliceblue;
  color : rgb(4, 4, 48);
  font-size: 40px;
  font-weight: bold;
  padding: 20px;
  text-align: center;
  max-width: 800px;
}
```

참고로 index.css로 이동하여 body 태그 선택자는 주석으로 처리한다.

index.css

```
/* body {
  margin: 0;
  display: flex;
  place-items: center;
  min-width: 320px;
  min-height: 100vh;
  background-color: #fcfafa;
} */
```

작성한 .container 스타일을 TodoList 컴포넌트에 적용해 보자.

TodoList.tsx

```
1    import './App.css';
2
3    const TodoList : React.FC = () => {
4        return (
5            <div className="container">
6                <h1>내일 할일</h1>
7            </div>
8        )
9    }
```

1라인 : 스타일을 모아놓은 App.css 파일을 불러온다.

5라인 : container 스타일을 적용하기 위해 TodoList 컴포넌트의 <div> 태그 영역에 className 속성을 사용하여 container 스타일을 적용한다.

작성한 코드를 UI 화면에 나타내기 위하여 App.tsx에서 TodoList 컴포넌트를 호출한다. 앞서 컴포넌트를 호출하는 방법을 학습한 것처럼 TodoList 컴포넌트를 다음과 같이 호출한다.

App.tsx

```
1    import React from 'react';
2    import TodoList from './TodoList';
3
4    const App: React.FC = () => {
5      return (
6        <div>
7          <TodoList></TodoList>
8        </div>
9      );
10   }
11
12   export default App;
```

2라인 : TodoList 컴포넌트를 호출하기 위하여 TodoList.tsx로부터 TodoList 컴포넌트를 포함하는 코드이다.

7라인 : <TodoList></TodoList>는 해당 컴포넌트를 호출한다.

실행해 보자.

```
$ npm run dev
```

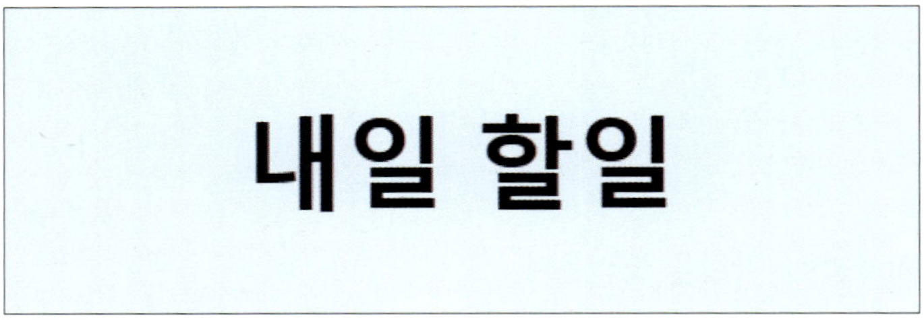

함수형 컴포넌트 타입 React.FC

함수형 컴포넌트를 작성했지만 아직 React.FC가 조금 거슬린다. 앞서 간단히 언급했듯이 React.FC는 리액트 컴포넌트를 정의할 때 사용하는 타입스크립트 타입이다. 즉, 타입스크립트를 사용하지 않으면 명시할 필요가 없지만, 타입스크립트 기반에서는 FC(Function Component)와 같은 함수형 컴포넌트를 정의할 때 사용하는 타입이다.

React.FC는 주로 프롭스(Props) 타입을 명시하는 데 사용된다. 프롭스는 일반 함수에서 전달 인자와 유사한 개념으로 이해할 수 있다. 전달 인자에 타입을 지정함으로써 코드의 명확성과 가독성을 높인다. 프롭스에 대해서는 뒤에서 자세히 다루도록 하겠다.

아직 프롭스에 대해 잘 모르겠지만 React.FC의 사용법에 중점을 두고 코드를 다음과 같이 수정해 보자.

App.tsx

```
const App: React.FC = () => {
  return (
    <div>
      <TodoList title = "오늘 할일"></TodoList>
    </div>
  );
}
```

4라인 : TodoList 컴포넌트를 호출할 때 해당 컴포넌트로 "오늘 할일"이라는 데이터를 넘겨준다. 마치 일반 함수에서 함수를 호출할 때 실인수를 전달하는 개념과 동일하다. 다만 데이터를 넘길 때 title 이라는 이름의 변수에 담아서 보낸다.

TodoList.tsx

```
1  import './App.css';
2  
3  interface MyComponentProps{
4      title : string;
5  }
6  
7  const TodoList : React.FC<MyComponentProps> = ({title}) => {
8      return (
9          <div className="container">
10             <h1>{title}</h1>
11         </div>
12     )
13 }
14 
15 export default TodoList;
```

3~5라인 : 넘겨받은 title 변수의 타입을 지정해야 한다. MyComponentProps라는 이름으로 인터페이스를 생성한 후 title의 타입을 string으로 지정한다.

7라인 : 넘겨받은 title 매개변수의 타입을 React.FC의 <> 표시 사이에 인터페이스 이름으로 명시한다. 이 의미는 넘겨받은 title 변수의 타입을 의미한다.

10라인 : title 변수의 데이터를 화면에 바인딩한다.

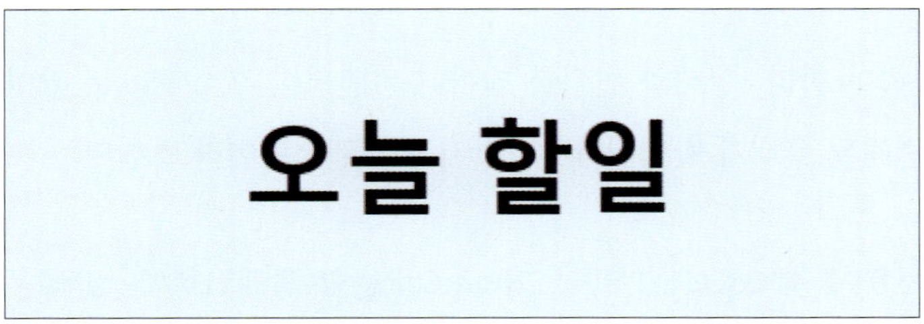

10.4 변수와 상태

상태란

자바스크립트에서 일반적으로 변수를 선언하고 사용했던 것처럼 리액트에서도 변수를 사용하여 앞의 코드처럼 데이터를 바인딩하는 것은 전혀 문제가 없다. 그런데 리액트에서는 변수 대신 상태(State)를 사용해 데이터를 저장하고 관리한다.

상태는 컴포넌트 내에서 관리되는 동적인 데이터로, 상태 관리 기능을 담당한다. 간단히 말하면 데이터를 동적으로 감시하고, 데이터가 변경되면 UI 화면에 즉시 반영한다는 뜻이다. 일반 변수를 사용하면 이러한 상태 관리가 이루어지지 않는다.

상태를 사용하는 방법

상태를 사용하려면 useState() 함수를 사용하면 된다. useState 함수 안에 원하는 데이터를 입력하고, 반환된 값을 변수에 할당하여 상태를 관리한다.

```
const [변수 이름] = useState(데이터)
```

변수 이름은 대괄호([ ])로 감싸야 한다. 상태와 변수를 데이터 바인딩한 후 useState 값이 변경되면 화면에 자동으로 변경된 상태가 반영된다. 이를 자동 재렌더링이라고 한다.

> 알아두세요 use로 시작하는 함수를 훅(hook)이라고 부른다. 그중 useState는 함수형 컴포넌트에서 상태를 관리하는 훅(hook) 중 하나이다.

상태 코드 반영하기

앞서 작성했던 프롭스를 이용한 데이터 바인딩 코드는 필요 없으므로 삭제하고, 다음과 같이 코드를 수정 및 추가한다.

TodoList.tsx

```
1   import { useState } from "react";
2   
3   const TodoList : React.FC = () => {
4       const [todos] = useState<string>("공부하기");
5       return (
6           <div className="container">
7               <h1>오늘 할일</h1>
8               <div>
9                   <ul>
10                      <li>
11                          {todos}
12                      </li>
13                  </ul>
14              </div>
15          </div>
16      )
17  }
```

4라인 : useState() 함수를 사용하여 문자열 "공부하기" 데이터를 입력한다. 왼쪽 todos 변수에서 데이터를 받는다. 이때 변수 이름은 대괄호로 묶는다. 이러면 데이터는 todos를 통해 상태로 관리되고 데이터 상태를 실시간으로 관리한다.

8~14라인 : 상태 데이터를 출력할 별도의 영역을 지정하고 중괄호({})를 사용하여 todos 변수의 데이터를 UI 화면에 바인딩한다.

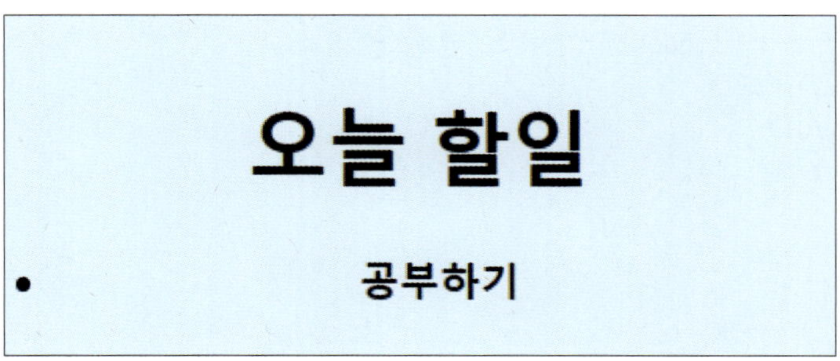

useState() 함수 안의 데이터 내용을 변경해 보자. 예를 들어 '커피마시기'로 변경한다면 데이터 변경 즉시 웹 브라우저의 UI는 '커피마시기'로 재렌더링될 것이다.

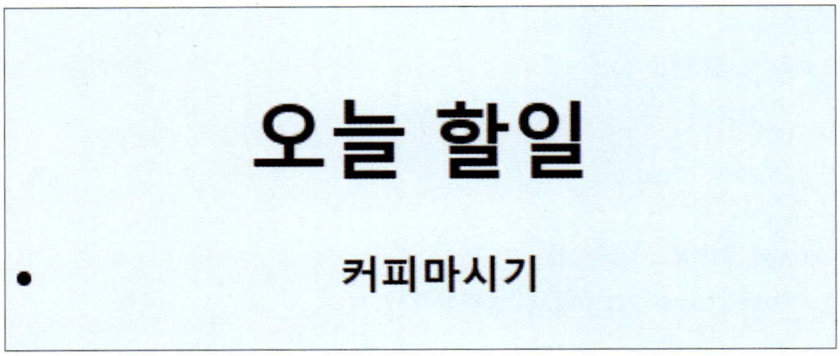

상태 데이터 여러 개 저장하기

할 일 목록 데이터를 1개만 입력했는데 여러 개의 데이터를 저장하려면 어떻게 해야 할까? 일반적으로 여러 개의 데이터를 저장할 때 사용했던 데이터 구조를 떠올리면 답이 나온다. 바로 배열이다.

useState() 함수에서도 배열을 사용할 수 있다. 배열을 사용할 때의 특징은 데이터를 대괄호로 묶는다는 점이다. 이제 데이터를 대괄호로 묶고 여러 개의 데이터를 추가해 보자.

TodoList.tsx

```
const TodoList : React.FC = () => {
    const [todos] = useState<string[]>(["커피마시기", "공부하기", "산책하기"]);
    return (
        <div className="container">
            <h1>오늘 할일</h1>
            <div>
                <ul>
                    <li>
                        {todos}
                    </li>
                </ul>
            </div>
        </div>
    )
}
```

2라인 : useState() 함수 안에 데이터를 대괄호로 묶고 문자열 데이터 "공부하기", "산책하기"를 더 추가했다.

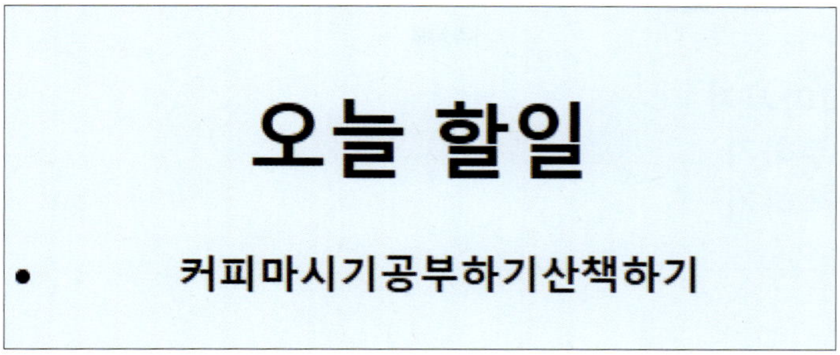

UI 화면에 바로 재렌더링되어 추가한 데이터가 표시된다. 하지만 우리가 원하는 형식은 데이터가 이렇게 정리되지 않은 채로 출력되는 것이 아니다. 배열에서 각 요소 데이터를 가져올 때 사용했던 방법이 무엇인가? 바로 인덱스를 통해 접근하는 것이다. todos 변수가 배열이므로 데이터를 가져올 때 인덱스로 접근하면 각각의 데이터를 가져올 수 있을 것이다.

TodoList.tsx

```
1   const TodoList : React.FC = () => {
2       const [todos] = useState<string[]>(["커피마시기", "공부하기", "산책하
3       기"]);
4       return (
5           <div className="container">
6               <h1>오늘 할일</h1>
7               <div>
8                   <ul>
9                       <li>{todos[0]}</li>
10                      <li>{todos[1]}</li>
11                      <li>{todos[2]}</li>
12                  </ul>
13              </div>
14          </div>
15      )
16  }
```

9~11라인 : todos는 배열 형식이므로 각 요소의 값을 가져오려면 인덱스를 통해 가져올 수 있다.

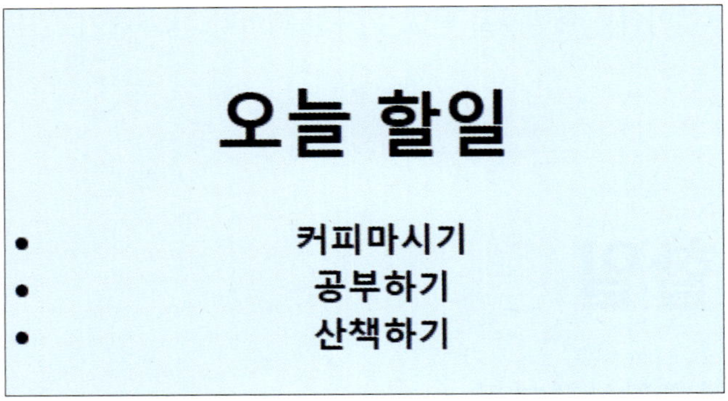

상태 변경 함수

상태도 일반 변수처럼 데이터를 변경할 수 있어야 한다. 그러나 상태는 리액트에서 관리되는 변수이기 때문에 일반 변수처럼 직접 데이터에 접근하여 변경한다고 해서 변경되지 않는다. 상태를 변경하려면 별도의 변경 함수를 사용해야 한다. 상태 변경 함수는 상태 변수 이름 뒤 두 번째 요소로 제공되며, 이를 통해 상태를 수정할 수 있다.

```
const [변수 이름, 변경 함수] = useState(데이터)
```

변경 함수의 이름은 보통 변수 이름 앞에 set을 붙여서 짓는다. 예를 들어, 변수 이름이 todos라면 변경 함수 이름은 setTodos라고 짓는다. 변경 함수를 추가해 보자.

TodoList.tsx

```
const TodoList : React.FC = () => {
    const [todos, setTodos] = useState<string[]>(["커피마시기", "공부하기", "산책하기"]);
    return (
        <div className="container">
            <h1>오늘 할일</h1>
            <div>
                <ul>
                    <li>{todos[0]}</li>
                    <li>{todos[1]}</li>
                    <li>{todos[2]}</li>
                </ul>
            </div>
```

```
14            </div>
15        )
16    }
```

2~3라인 : 두 번째 요소에 setTodos라는 이름을 등록하면 todos 데이터 변경 시 setTodos() 함수를 사용하여 데이터를 변경할 수 있다.

> **알아두세요** 상태 변경 함수는 전통적인 클래스 구조에서 멤버 함수와 비슷한 개념이다. 멤버 함수는 캡슐화의 철학에 따라 외부에서 멤버 변수에 직접 접근하지 못하고, 오직 멤버 함수를 통해서만 접근할 수 있도록 한다. 마찬가지로 리액트에서는 상태를 변경할 때 지정된 인터페이스인 상태 변경 함수를 사용해야만 변경이 허용된다. 예를 들어 todos 변수에 직접 접근해 데이터를 변경하는 대신, setTodos와 같은 상태 변경 함수를 사용하는 방식이 멤버 함수의 사용과 유사하다.

상태 함수를 사용해야만 하는 이유

상태 변경 함수를 사용하는 이유는 리액트의 내부 작동 방식과 직접적인 관련이 있다. 대표적으로 다음과 같은 두 가지 이유를 생각할 수 있다.

❶ 데이터 변경 루틴의 일관화

상태는 리액트의 내부 메커니즘에 따라 관리되기 때문에 외부에서 데이터를 직접 변경하면 코드가 복잡해지고 기능적인 관리도 어려워진다. 따라서 상태 데이터는 특정 인터페이스인 변경 함수를 통해서만 변경할 수 있도록 하여 외부의 불필요한 데이터 접근을 차단하고 코드의 일관성을 유지할 수 있다.

❷ 비효율적인 재렌더링 방지

리액트 내부에서는 상태 함수를 통해 데이터를 변경한다고 해서 무조건 재렌더링이 발생하지 않는다. 재렌더링이 일어나는 조건은 이전 상태와 새로운 상태의 값을 비교하여 값이 변경된 경우에만 업데이트가 반영된다는 점이다.

스타일 추가 및 수정하기

스타일을 변경 및 추가해 보자. 먼저 기존 container 클래스 선택자에서 폰트 크기 설정은 삭제한다.

App.css

```
.container{
  background: aliceblue;
  color : rgb(4, 4, 48);
  font-size: 40px;
  font-weight: bold;
  padding: 20px;
  text-align: center;
  max-width: 800px;
}
```

타이틀 제목 스타일 설정을 위한 titlebk와 리스트 항목 스타일 설정을 위한 board를 다음과 같이 추가한다.

App.css

```
.titlebk
{
  background-color: black;
  width: 100%;
  padding: 20px;
  color: white;
  margin-bottom: 50px;
  text-align: center;
}

.board
{
  background-color: #fff;
  border-radius: 8px;
  box-shadow: 0 2px 4px rgba(0,0,0,0.1);
  overflow: hidden;
  padding: 12px;
}
```

각 스타일을 할 일 목록에 적용해 보자. todolist.tsx 파일을 열고 다음과 같이 수정해 보자.

TodoList.tsx

```
1   const TodoList : React.FC = () => {
2     const [todos, setTodos]= useState<string[]>(["커피마시기", "공부하기",
3     "산책하기"]);
4
5       return (
6           <div>
7               <h1 className='titlebk'>오늘 할일</h1><p></p>
8               <div className= ' container ' >
9                   <div className='board'>
10                      <ul>
11                          <li>{todos[0]}</li>
12                          <li>{todos[1]}</li>
13                          <li>{todos[2]}</li>
14                      </ul>
15                  </div>
16              </div>
17          </div>
18      )
19  }
```

6~17라인 : 이 컴포넌트의 UI 전체를 감쌀 <div>를 추가한다.

7라인 : 타이틀 제목을 titlebk 클래스 선택자로 설정한다.

8라인 : 할 일의 내용이 출력되는 영역의 배경을 container 클래스 선택자로 설정한다.

9라인 : 리스트 항목들이 출력되는 영역을 board 클래스 선택자로 설정한다.

실행해 보자.

```
$ npm run dev
```

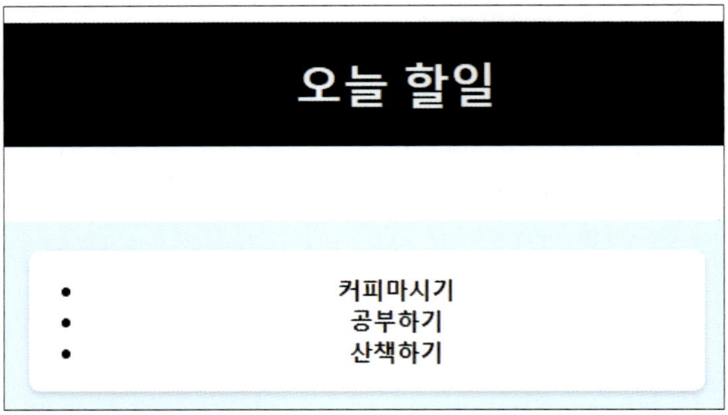

할 일 목록 타입 확장하기

기존의 string 타입인 todos 데이터에 더 많은 정보를 추가하고 싶다. 예를 들어 현재는 단순히 할 일 목록만 출력하고 있지만, 각 항목에 id를 부여하고 체크 박스를 추가한 후 체크 상태 여부도 관리하는 데이터를 추가하고 싶다. 이를 위해서는 사용자 정의 타입을 만들어야 한다. 사용자 정의 타입이란, 앞서 배운 클래스, 공용체, 인터페이스 등 사용자가 직접 정의한 데이터 타입을 의미한다. 할 일 목록에 대한 사용자 정의 타입을 타입스크립트의 type을 사용하여 만들어 보자.

TodoList.tsx

```
type Todo = {
    id : number;
    text : string;
    isChecked : boolean;
}

const TodoList : React.FC = () => {
  const [todos, setTodos]= useState<Todo[]>([
        {id : 1, text : "커피마시기", isChecked : false},
        {id : 2, text : "공부하기", isChecked : false},
        {id : 3, text : "산책하기", isChecked : false},
  ]);

  return (
        <div>
```

```
16                  <h1 className='titlebk'>오늘 할일</h1><p></p>
17                  <div className="container">
18                      <div className='board'>
19                          <ul>
20                              <li>{todos[0].text}</li>
21                              <li>{todos[1].text}</li>
22                              <li>{todos[2].text}</li>
23                          </ul>
24                      </div>
25                  </div>
26              </div>
27          )
28      }
```

1~5라인 : 기존 1개의 문자열 데이터에서 세 가지 데이터로 확장하기 위해 사용자가 Todo라는 이름으로 직접 타입을 정의한다.

id : 할 일의 고유한 식별자를 나타내는 속성으로 숫자(number) 타입이다.

text : 할 일의 내용을 나타내는 속성으로 문자열(string) 타입이다.

isChecked : 할 일의 완료 체크 여부를 나타내는 속성으로 불리언(Boolean) 타입이다.

8라인 : 데이터가 문자열인 경우에 string이었지만 3개의 데이터를 담고 있는 Todo로 변경한다.

9~11라인 : Todo 타입으로 요소 1개 데이터를 저장할 때 중괄호({ }) 단위로 작성한다.

20~22라인 : UI로 출력할 데이터는 text이므로 Todo 타입의 각 요소에서 .text로 접근한다.

> **알아두세요** 타입스크립트에서 type은 사용자 정의 타입을 정의하는 데 사용한다. type을 사용하면 새로운 타입을 정의할 수 있고, 복잡한 타입을 단순화할 수 있다.

REACT

10.5 구조 분해 할당 이해하기

구조 분해 할당

구조 분해 할당(디스트럭쳐링)은 배열이나 객체의 값을 분해하여 개별 변수에 할당하는 자바스크립트 표현식이다. 이를 통해 배열이나 객체를 해체하고 그 안의 데이터를 추출할 수 있다. 배열의 구조 분해 할당과 객체의 구조 분해 할당을 각각 살펴보자.

배열의 구조 분해 할당

RGB의 3개 색상 값을 배열에 저장하고, 배열의 요소에 접근하여 값을 출력해 보자.

App.tsx

```
1  const App: React.FC = () => {
2    const colors = ['red', 'green', 'blue'];
3    const red = colors[0];
4    const green = colors[1];
5    const blue = colors[2];
6
7    console.log(red);
8    console.log(green);
9    console.log(blue);
```

2라인 : 배열 데이터를 colors에 대입한다.

3~5라인 : colors 데이터의 각 요소 값을 인덱스로 접근하여 각 변수 red, green, blue에 대입한다.

배열은 일반적으로 각 요소의 값을 인덱스로 접근해야 한다. 인덱스로 값을 읽어 변수 red, green, blue에 대입했는데, 이렇게 매번 인덱스로 값을 읽어 변수에 전달하는 방식은 불편할 수 있다. 이 코드를 구조 분해 할당을 사용하여 더 간편하게 개선할 수 있다.

App.tsx

```
1 const App: React.FC = () => {
2   const colors = ['red', 'green', 'blue'];
3   const [red, green, blue] = colors;
4 
5   console.log(red);
6   console.log(green);
7   console.log(blue);
```

3라인 : 배열 colors를 넘겨받을 때 처음부터 배열의 요소 데이터를 구조 분해 할당할 수 있다. red = 'red', green = 'green', blue = 'blue' 형식으로 데이터가 들어간다.

```
red
green
blue
red
green
blue
```

배열의 구조 분해 할당을 통하여 배열 데이터를 효율적으로 전달받을 수 있었다. 배열의 구조 분해 할당은 useState()를 사용해 데이터를 전달할 때 유용한 문법이다.

객체의 구조 분해 할당

객체도 배열처럼 구조 분해 할당을 할 수 있다. 다음은 객체를 선언한 후 객체의 요소에 접근하는 일반적인 코드이다.

App.tsx

```
const App: React.FC = () => {
    const person = {
      name : 'lch',
```

```
4           age : 30,
5           height : 180
6         };
7
8         const name = person.name;
9         const age = person.age;
10        const height = person.height;
11
12        console.log(name);
13        console.log(age);
14        console.log(height);
```

2~6라인 : person이라는 이름의 객체 리터럴을 선언하였다. 객체의 각 요소는 name, age, height이다.

8~10라인 : 객체를 통해 요소에 접근할 때 직접 접근 연산자(.)를 사용해 데이터를 읽어 온다.

객체도 매번 요소에 접근해 읽어온 값을 변수에 전달하는 방식은 불편하다. 이 코드를 구조 분해 할당을 이용하여 더 편리하게 개선할 수 있다.

App.tsx

```
1     const App: React.FC = () => {
2         const person = {
3           name : 'lch',
4           age : 30,
5           height : 180
6         };
7
8         const { name, age, height } = person;
9
10        console.log(name);
11        console.log(age);
12        console.log(height);
```

8라인 : 객체 person을 넘겨받을 때 처음부터 객체의 요소 데이터를 구조 분해 할당할 수 있다. 이때 왼쪽 중괄호({ }) 안에는 객체 요소의 키 값인 name, age, height가 입력되어야 한다.

name, age, height를 출력하면 해당 데이터가 출력된다. 객체의 구조 분해 할당을 통해 객체 데이터를 효율적으로 넘겨받을 수 있었다.

```
Ich
30
180
Ich
30
180
```

REACT

10.6 반복 루틴 처리하기

map 함수 사용하기

일반적으로 배열의 요소에 접근할 때는 배열의 인덱스를 사용한다. 현재 화면에 출력되는 3개의 데이터를 담고 있는 todos가 바로 그런 형태이다. 인덱스 0, 1, 2로 접근하고 있다. 이런 경우 보통 반복문을 사용해 인덱스를 순차적으로 접근함으로써 훨씬 효율적인 코드 구조로 바꿀 수 있다. 그러나 문제는 HTML 문법에서는 기본적으로 for 문을 사용할 수 없다는 점이다. 대신 리액트의 JSX에서는 배열을 반복할 수 있는 map이라는 함수가 제공된다.

```
배열.map(콜백 함수(element, index, array), thisArg)
```

map 함수는 배열의 요소를 순회하면서 각 요소의 특정 작업을 수행하고, 그 결과를 JSX로 변환해 렌더링할 수 있다. 이 함수는 자바스크립트의 Array 객체에서 제공하는 메소드로, 결과를 새로운 배열로 반환한다.

❶ **배열** : 순회할 배열이다.

❷ **콜백 함수** : 배열의 각 요소에 대해 호출되는 함수이다.

❸ **element** : 현재 처리 중인 배열의 요소이다.

❹ **index** : 현재 처리 중인 배열의 인덱스이다.

❺ **array** : map 메소드를 호출한 배열로, 거의 사용하지 않는다.

❻ **thisArg** : 콜백 함수 내부에서 this로 사용할 값으로, 거의 사용하지 않는다.

map 함수를 사용하여 코드를 개선해 보자.

TodoList.tsx

```
1      <div>
2                <h1 className='titlebk'>오늘 할일</h1><p></p>
3                <div className="container">
4                    <div className='board'>
5                        <ul>
6                            {
7                                todos.map((todo)=>(
8                                    <li>{todo.text}</li>
9                                ))
10                           }
11                       </ul>
12                   </div>
13               </div>
14     </div>
```

6~10라인 : JSX 안에서 map 함수를 사용하기 위해서는 코드 영역을 중괄호({ })로 묶어야 한다.

7라인 : todos는 배열이므로 map 함수로 순회할 수 있다. map 함수의 전달 인자인 todo는 배열이 순회할 때마다 해당 요소가 todo로 들어온다.

8라인 : 해당 요소인 todo의 text 데이터를 출력한다.

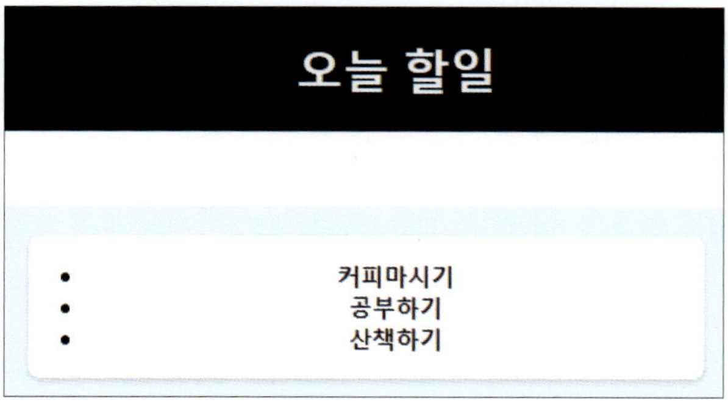

결과를 확인해 보면 이전과 동일하지만 코드의 내용은 효율적으로 개선되었다.

key 속성 사용하기

리액트에서는 map 함수를 사용하여 요소를 렌더링할 때 각 요소에 고유한 key 속성을 지정할 것을 권장한다. 그 이유는 현재 UI에 렌더링된 데이터가 배열에서 읽어온 것이기 때문에 구분할 수 있는 식별 기준이 필요하기 때문이다. 사용자 입장에서는 데이터를 식별할 필요가 없지만, 리액트는 자동 업데이트를 위해 컴포넌트의 변화를 추적해야 하므로 각 요소에 고유한 key 속성을 지정해야 한다.

TodoList.tsx

```
1  {
2              todos.map((todo, index)=>(
3              <li key={index}>{todo.text}</li>
4        ))
5  }
```

2라인 : 콜백 함수의 두 번째 전달 인자 index에는 인덱스 값이 들어온다. 0부터 시작해 배열이 순회할 때마다 1씩 증가한다.

3라인 : key 속성 값에 index 데이터를 대입한다.

만약 이전과 같이 key를 설정하지 않으면 오류가 발생하지 않지만 다음과 같이 경고 메시지가 발생한다.

```
Warning: Each child in a list should have a unique "key" prop.
```

경고 메시지는 실행한 브라우저에서 개발자 도구의 콘솔 탭을 통해 확인할 수 있다.

앞서 index를 key로 사용하고 있지만, 일반적으로 배열의 인덱스는 key로 사용하지 않는 것이 좋다. 왜냐하면 배열 내의 요소는 순서 변경이 가능하므로 고유한 식별자로 적절하지 않기 때문이다. 대신 고유한 식별자인 id 값을 사용하는 것이 바람직하다. 그러면 리액트가 각 요소를 더 정확하게 식별할 수 있다. Todo 타입의 데이터에는 id 속성값이 있으므로 이 값을 key로 사용하자.

TodoList.tsx

```
{
   todos.map((todo)=>(
         <li key={todo.id}>{todo.text}</li>
   ))
}
```

10.7 이벤트 처리와 상태 업데이트하기

체크 박스 추가하기

할 일 목록의 각 항목을 체크하면 완료 상태로 표시되고, 다시 체크하면 미완료 상태로 표시되도록 기능을 추가해 보자. 체크 박스는 input 태그의 type 속성에 checkbox 값을 사용하여 출력할 수 있다.

TodoList.tsx

```
1  {
2      todos.map((todo)=>(
3          <li key={todo.id}>
4              <input type = "checkbox"></input>
5              <span>{todo.text}</span>
6          </li>
7      ))
8  }
```

4라인 : input 태그의 type 속성으로 'checkbox'를 입력하면 체크 박스가 화면에 출력된다. type에 text 또는 radio 등을 입력하면 해당 컨트롤이 화면에 출력된다. 참고로 </input> 닫는 태그를 반드시 작성하자. 일반 HTML 문법과 달리 JSX에서는 닫는 태그를 생략하면 오류가 발생한다.

5라인 : {todo.text} 데이터를 <span> 태그로 감싼다. <span>은 영역을 잡아주는 태그이다.

실행해 보자.

```
$ npm run dev
```

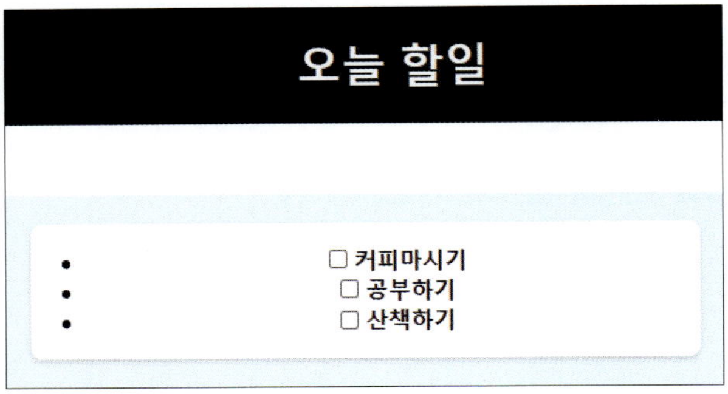

할 일 목록 텍스트 앞의 체크 박스를 확인한다. 클릭하여 체크 및 체크 해제를 테스트해 보자.

체크 이벤트 처리하기

할 일 목록의 체크 기능은 화면상으로 잘 구현되어 보인다. 하지만 체크 박스의 상태 관리를 위해서는 체크 이벤트에 대한 처리가 필요하다. 앞서 정의한 Todo 타입의 isChecked는 해당 할 일의 완료 여부를 나타내는 속성이다. 따라서 체크 박스를 체크할 때와 해제할 때 각각 이벤트 처리를 해야 한다.

체크 박스 상태가 변경될 때 발생하는 이벤트는 onChange이다. 이 이벤트 처리기를 input 속성에 추가하여 상태 변경을 처리해 보자.

TodoList.tsx

```
{
            todos.map((todo, index)=>(
                <li key={todo.id}>
                <input
                    type = "checkbox"
                    onChange={()=>{
                        console.log("체크 박스 상태 변경");
                    }}
                ></input>
                <span>{todo.text}</span>
                </li>
            ))
}
```

6라인 : onChange 이벤트 처리기를 등록하면 체크 박스를 체크할 때마다 이벤트 처리기가 호출된다. 체크 상태에 대한 변경 이벤트가 발생하면 호출되는 일종의 콜백 함수이다.

7라인 : 체크 박스 이벤트 발생 시 onChange 이벤트 처리기가 호출되는지 확인하기 위해 console.log로 메시지를 출력한다.

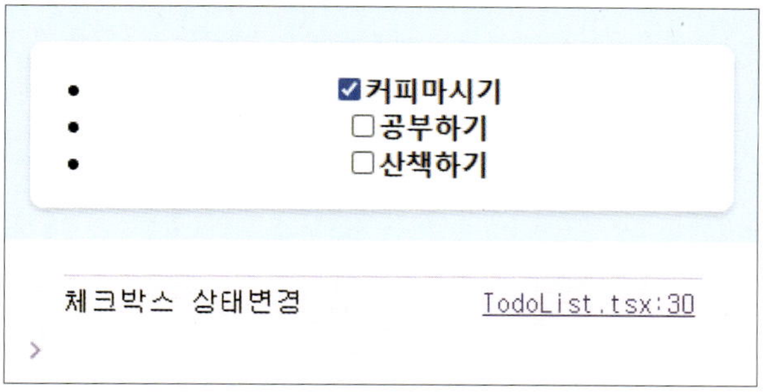

체크 시 이벤트 발생 확인을 하였으니 체크 박스 상태 변경 시 호출되는 함수를 지정해 보자. 함수 이름은 handleCheckboxChange()라고 하자.

TodoList.tsx

```
    const handleCheckboxChange = () =>{
        console.log("체크 박스 상태 변경");
    }

    return (
        <div>
            <h1 className='titlebk'>오늘 할일</h1><p></p>
            <div className="container">
                <div className='board'>
                    <ul>
                    {
                        todos.map((todo, index)=>(
                        <li key={todo.id}>
                            <input
                                type = "checkbox"
                                onChange={()=>{
                                    handleCheckboxChange();
                                }}
                            ></input>
                            <span>{todo.text}</span>
```

```
21                              </li>
22                              ))
23                          }
24                          </ul>
25                      </div>
26                  </div>
27              </div>
28      )
29  }
```

1~3라인 : 체크 박스의 상태 변경 함수 이름을 'handleCheckboxChange'로 설정하고 함수 호출 시 로그를 작성한다.

17라인 : handleCheckboxChange 함수를 호출한다.

할 일 목록 요소가 여러 개 있으므로 체크 박스도 여러 개 존재한다. 이 중에서 어떤 체크 박스의 상태를 처리할지 구분하려면 각 항목의 id를 통해 식별해야 하며, 할 일의 상태는 토글 형식으로 처리해야 한다. 따라서 handleCheckboxChange 함수 호출 시 todo.id를 전달 인자로 추가해야 한다.

TodoList.tsx

```
<input
        type = "checkbox"
        onChange={()=>{
            handleCheckboxChange(todo.id);
        }}
></input>
```

handleCheckboxChange 함수의 호출부 전달 인자를 추가했다면 함수의 구현부도 형식을 맞추어야 한다.

TodoList.tsx

```
const handleCheckboxChange = (itemId : number) =>{
        console.log("체크 박스 상태 변경");
    }
```

1라인 : todo.id의 값을 받아줄 itemId 매개변수를 추가한다. 타입은 숫자형인 number로 설정한다.

사용자가 체크 박스를 클릭했을 때 토글 형식으로 체크와 체크 해제 처리가 동작하도록 handleCheckboxChange 함수의 내용을 구현해 보자. 코드의 핵심은 전달받은 id가 체크된 항목의 id임을 확인한 후 전체 요소 중 해당 id를 가진 항목을 찾아 상태를 변경하는 것이다.

TodoList.tsx

```
1    const handleCheckboxChange = (itemId : number) =>{
2            setTodos((prevItems) =>
3                prevItems.map((item) =>
4                    item.id === itemId ? { ...item, isChecked : !item.
5                    isChecked } : item
6                )
7            );
8        }
```

2라인 : setTodos는 todos 데이터의 상태 변경을 업데이트하는 함수이다. 매개변수 prevItems는 기존 todos의 값을 전달받는다.

3라인 : prevItems.map은 이전 상태인 prevItems 배열을 순회하면서 각 배열의 요소 데이터를 순회할 때마다 차례로 item에 전달된다.

4~5라인 : item.id === itemId는 map 메소드의 콜백 함수 내에서 각 item과 체크한 itemId가 동일한지 비교한다. 만약 동일하다면 조건부 연산자에 의해 ? 이하의 문장이 리턴되고 동일하지 않다면 : 이하의 문장인 item이 리턴된다.

{...item} : 스프레드 문법인 ...을 사용하여 원본 item을 변경하지 않고 변경된 상태의 새로운 item을 생성한다.

isChecked : !item.isChecked : 기존의 isChecked 데이터를 !item.isChecked로 변경하겠다는 의미이다. 즉, true였던 것을 false로, false였던 것을 true로 변경한다.

item : 만약 item.id와 itemId가 동일하지 않으면 해당 항목 상태를 변경하지 않고 그대로 반환한다.

알아두세요 조건부 연산자는 삼항 연산자라고도 하며 조건에 따라 서로 다른 값을 반환한다. 사용 문법은 다음과 같다.

조건 ? 참일 때 반환 값 : 거짓일 때 반환할 값

?는 조건이 참인 경우 반환하는 값이고 : 는 조건이 거짓일 때 반환하는 값이다.

체크 여부에 따라 취소선 출력하기

체크 박스를 체크하면 isChecked값이 변경되도록 코드를 구현했다. 이제 이 데이터를 기반으로 체크된 상태일 때 할 일 목록에 취소선을 표시하자. todos.isChecked가 true일 경우, 즉 체크되어 있으면 할 일 목록 요소에 취소선을 추가하고, todos.isChecked가 false일 경우 취소선 없이 할 일 목록 요소를 표시한다. 기존의 할 일 목록을 출력하는 <span>{todo.text}</span> 코드를 다음과 같이 수정하자.

TodoList.tsx

```
1  <span>
2      {
3          todo.isChecked ? <del>{todo.text}</del> : <span>{todo.text}</
4          span>
5      }
6  </span>
```

3~4라인 : todo.isChecked가 true이면 ? 이하의 구문을 실행한다. 이때 {todo.text}를 <del> 태그로 감싸 텍스트에 취소선을 표시한다. todo.isChecked가 false이면 취소선이 없는 원래 텍스트를 표시한다.

체크 박스를 클릭하여 체크와 체크 해제를 모두 시도해 보자.

10.8 부트스트랩을 사용하여 UI 적용하기

부트스트랩 설치하기

더 편리한 UI를 위해 부트스트랩 라이브러리를 설치하고 프로젝트에 적용해 보자. 부트스트랩은 UI 스타일을 미리 정의해둔 무료 라이브러리이다. 먼저 터미널에서 부트스트랩을 설치하자.

```
$npm install bootstrap
$npm install react-bootstrap bootstrap
$npm install bootstrap-icons
```


부트스트랩 CSS 파일 추가하기

설치가 완료되면 main.tsx 파일에 부트스트랩의 CSS 파일을 추가한다.

main.tsx

```
import { StrictMode } from 'react'
import { createRoot } from 'react-dom/client'
import './index.css'
import App from './App.tsx'
import 'bootstrap/dist/css/bootstrap.min.css';
import "bootstrap/dist/js/bootstrap.bundle.min.js";
```

이제 프로젝트에서 부트스트랩 라이브러리를 사용할 준비가 되었다.

현재 코드에 부트스트랩 적용하기

부트스트랩을 사용하면 기존 코드의 UI를 더욱 깔끔하게 업데이트할 수 있다.

TodoList.tsx

```
import { useState } from 'react';
import './App.css';

type Todo = {
    id : number;
    text : string;
    isChecked : boolean;
}

const TodoList : React.FC = () => {
    const [todos, setTodos] = useState<Todo[]>([
        {id : 1, text : "커피마시기", isChecked : false},
        {id : 2, text : "공부하기", isChecked : false},
        {id : 3, text : "산책하기", isChecked : false},
    ]);

    const handleCheckboxChange = (itemId : number) =>{
        setTodos((prevItems) =>
            prevItems.map((item) =>
                item.id === itemId ? { ...item, isChecked: !item.
                isChecked } : item
            )
        );
    }

    return (
    <div className="container mt-5">
        <h1 className='titlebk'>오늘 할일</h1>
        <div className="card">
            <div className="card-body">
                <ul className="list-group">
                    {todos.map((todo) => (
                        <li key={todo.id}
                          className="list-group-item d-flex
                          justify-content-between align-items-center">
                          <div className="form-check">
                              <input
```

```
38                             type="checkbox"
39                             className="form-check-input"
40                             checked={todo.isChecked}
41                             onChange={() => handleCheckboxChange
42                             (todo.id)}
43                         />
44                         <label className="form-check-label">
45                          {
46                             todo.isChecked ?
47                             <del>{todo.text}</del>
48                             : <span>{todo.text}</span>
49                          }
50                         </label>
51                     </div>
52                 </li>
53             ))}
54         </ul>
55       </div>
56     </div>
57   </div>
58   )
59 }
60 export default TodoList;
```


27라인 : container mt-5는 부트스트랩의 기본 레이아웃이다. mt-5는 위쪽에 마진을 추가한다.

29라인 : card 클래스는 부트스트랩의 카드 컴포넌트로, 내용을 카드 스타일 컨테이너 안에 배치한다.

30라인 : card-body 클래스는 카드 안의 내용을 감싸는 영역을 제공한다.

31라인 : list-group 클래스는 리스트 아이템을 그룹으로 묶어서 보기 좋게 정렬한다.

34라인 : list-group-item은 리스트 내 각각의 항목을 스타일링하는 클래스이다.

35라인 : d-flex justify-content-between align-items-center 클래스를 사용해 항목을 플랙스 박스로 배치하고, 텍스트 박스와 체크 박스를 양끝에 배치하여 정렬한다.

36라인 : form-check는 부트스트랩의 폼 체크 박스 스타일을 적용한다.

39라인 : form-check-input은 체크 박스의 스타일을 정의한다.

44라인 : `form-check-label`은 체크 박스 옆의 레이블에 스타일을 적용한다.

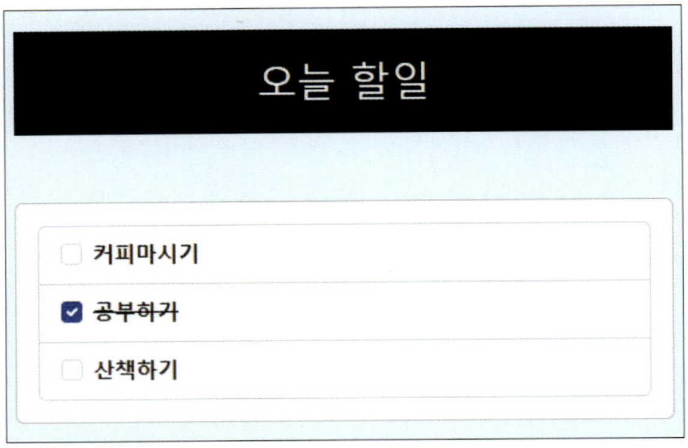

우리가 직접 스타일을 작성할 수도 있지만, 부트스트랩 라이브러리를 사용하면 스타일 작업에 드는 시간과 노력을 줄일 수 있으며, 훨씬 더 높은 퀄리티의 UI를 제공할 수 있다.

11 장

리액트의 활용

학 습 목 표

- 리액트에서 게시물을 입력하고 삭제하는 로직 및 구현 방법을 학습한다.
- 타이머를 사용하여 현재 시각을 출력하는 기능을 학습한다.
- 프롭스(Props)를 활용하여 다른 컴포넌트에 데이터를 전달하는 방법을 학습한다.
- 상세보기 기능을 모달 대화상자로 구현한다.

11.1 게시물 입력하기

입력 텍스트 박스와 추가 버튼 배치하기

사용자가 할 일을 새로 추가하려면 텍스트를 입력할 입력 박스가 필요하다. 일반적으로 HTML에서는 입력 컨트롤로 <input> 태그를 사용하며, 여기에 부트스트랩 기능을 적용할 예정이다. 텍스트 박스와 추가하기 버튼을 다음과 같이 배치한다.

TodoList.tsx

```
1   <div className="container mt-5">
2       <h1 className='titlebk'>오늘 할일</h1>
3       <div className="form-group d-flex align-items-center mb-3">
4           <input
5                   type="text"
6                   className="form-control me-2"
7                   placeholder="할일 입력"
8                   style={{ writingMode: 'horizontal-tb' }}
9           />
10          <button className="btn btn-success" style={{ whiteSpace: 'nowrap' }}>
11              추가하기
12          </button>
13      </div>
14      <div className="card">
```

3라인 : form-group은 보통 폼 요소들을 그룹화할 때 사용하는 부트스트랩 클래스이다. d-flex 속성은 <div> 태그를 flex 컨테이너로 변환해 자식 요소들인 <input>과 <button>이 한 줄에 배치되도록 한다.

4~5라인 : 입력 필드를 텍스트 형태로 정의한다.

6라인 : form-control은 입력 필드에 기본 부트스트랩 스타일을 적용하는 클래스이다. me-2는 입력 필드와 오른쪽에 위치한 버튼 사이의 간격을 설정한다.

7라인 : 사용자가 어떤 내용을 입력해야 하는지 힌트를 제공한다.

8라인 : writingMode는 텍스트의 쓰기 방향을 설정한다.

10라인 : btn은 기본적인 부트스트랩 버튼 스타일을 적용하고 btn-success는 녹색 버튼 스타일을 적용한다. whitespace :'nowrap'은 텍스트가 버튼 크기에 맞지 않아도 줄바꿈되지 않고 한 줄에 유지되도록 만든다.

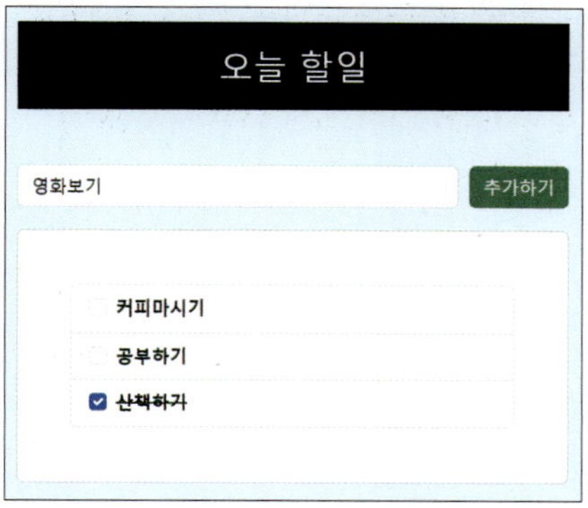

새로운 할 일을 목록에 추가하기

입력 텍스트 박스에 새로운 할 일을 입력하고 〈추가하기〉 버튼을 클릭했을 때 목록에 추가되도록 구현해 보자. 먼저 텍스트 박스에 입력한 데이터를 저장하고 관리할 상태를 선언한다.

TodoList.tsx

```
1  const TodoList : React.FC = () => {
2  const [todos, setTodos]= useState<Todo[]>([
3          {id : 1, text : "커피마시기", isChecked : false},
4          {id : 2, text : "공부하기", isChecked : false},
5          {id : 3, text : "산책하기", isChecked : false},
6      ]);
7
8  const [newTodo, setNewTodo] = useState<string>('');
```

8라인 : 새로운 할 일 데이터를 문자열로 저장하기 위해 useState를 사용하여 상태를 선언한다. 상태는 newTodo로, 상태 변경 함수는 setNewTodo로 설정한다.

입력 텍스트 박스에 할 일을 입력하면 newTodo 상태에 저장되도록 구현하자. 텍스트 박스에서 데이터를 입력할 때 change 이벤트가 발생하며, 이때 onChange 이벤트 핸들러가 실행된다. 이벤트 핸들러 안에서 setNewTodo 변경 함수를 사용하면 newTodo 상태가 업데이트된다.

TodoList.tsx

```
1   <div className="form-group" style={{ display: 'flex', alignItems: 'center',
2           marginBottom: '20px' }}>
3           <input
4               type="text"
5               className="form-control"
6               placeholder="할일 입력"
7               onChange = {(e)=>setNewTodo(e.target.value)}
8               value={newTodo}
9               style={{ marginRight: '10px', writingMode: 'horizontal-tb' }}
10          />
11          <button className="btn btn-success" style={{ whiteSpace: 'nowrap' }}>
12                  추가하기
13          </button>
14  </div>
```

7라인 : e는 이벤트 객체로, 이벤트에 대한 다양한 정보를 담고 있다. e.target은 이벤트가 발생한 DOM 요소를 참조하며, 여기서는 텍스트 박스를 의미한다. 따라서 value는 텍스트 박스에 사용자가 입력한 텍스트를 나타낸다. 결국 change 이벤트가 발생하면 setNewTodo 변경 함수를 통해 새로 입력한 할 일 데이터가 newTodo 상태에 업데이트된다.

8라인 : newTodo 상태의 값이 텍스트 박스에 표시된다. newTodo 상태가 업데이트되면 텍스트 박스도 자동으로 업데이트된다.

newTodo에 입력된 새로운 할 일을 〈추가하기〉 버튼을 클릭했을 때 목록에 추가되도록 코드를 작성해 보자. 먼저 〈추가하기〉 버튼을 클릭했을 때 이벤트에 대한 이벤트 핸들러를 작성하자.

TodoList.tsx

```
1    <button className="btn btn-success" onClick={addTodo} style={{
2        whiteSpace:'nowrap' }}>
3         추가하기
4    </button>
```

1~2라인 : 〈추가하기〉 버튼을 클릭하면 addTodo 함수를 호출한다.

addTodo 함수는 새로 입력한 할 일을 기존 목록에 추가하는 기능을 작성한다.

TodoList.tsx

```
1    const addTodo = () => {
2        //newTodo를 todos에 추가
3        if (newTodo.trim() !== '') {
4            setTodos([
5                ...todos,
6                { id: Date.now(), text: newTodo, isChecked: false }
7            ]);
8            setNewTodo('');
9        }
10   }
11
12   return (
```

3라인 : 새로 입력한 데이터인 newTodo가 빈 문자열인지 확인한다. trim() 함수는 문자열의 양 끝 공백을 제거하는 기능이다. 따라서 사용자가 공백만 입력했다면 공백은 할 일 목록에 추가되지 않도록 처리한다.

4라인 : setTodos 변경 함수는 todos 상태를 업데이트한다.

5라인 : ...todos는 기존 todos 배열 원본과 동일한 새 배열을 생성하는 기능이다. ...을 스프레드 연산자라고 한다.

6라인 : id를 Date.now()로 설정한다. id는 고유한 값을 가져야 하는데 현재 시각은 밀리초 단위로 반환하기 때문에 중복될 수 없는 유일한 값을 갖는다. text는 사용자가 새로 입력한 할 일을 저장한다. isChecked는 새로 입력한 할 일이 완료되지 않았으므로 기본값으로 false로 설정한다.

8라인 : 새로 입력한 할 일이 todos에 추가된 후 newTodo를 빈 문자열로 설정하여 입력 텍스트 박스를 비운다.

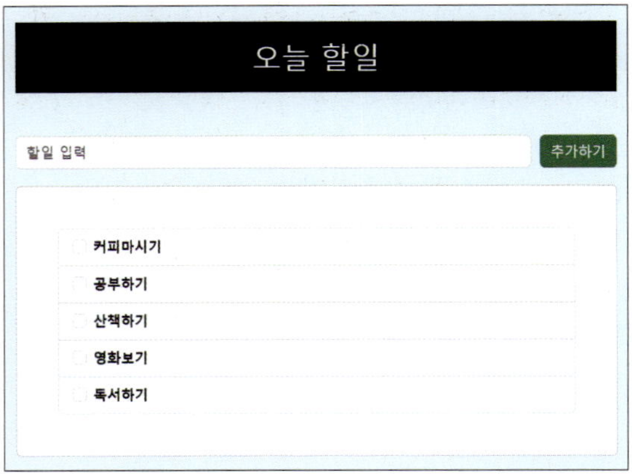

입력 텍스트 박스에 새로운 할 일을 입력한 후 〈추가하기〉 버튼을 클릭하여 할 일 목록에 추가되는지 확인해 보자.

스프레드(...) 연산자

스프레드 연산자는 배열이나 객체를 펼쳐 개별 요소로 분리하는 역할을 한다. 예를 들어 ...todos와 같은 코드는 기존 배열의 요소를 새로운 배열에 그대로 복사한다. 즉, 배열의 내용이 수정되더라도 원본 배열은 그대로 유지되고 새로운 배열을 생성하여 내용을 변경하는 방식이다. 사실 이 방식은 새로운 개념이 아니라, 기존 프로그래밍에서 사용하던 참조형 방식과 비슷한 원리이다.

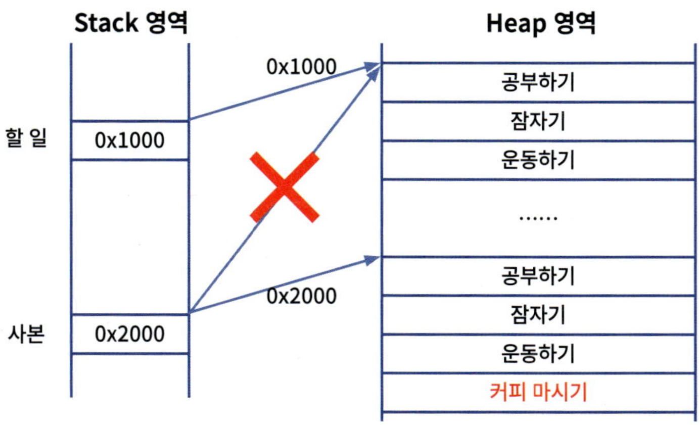

배열은 객체 형태로 관리된다. 즉, 객체는 포인터 변수로써 배열 데이터가 보관되어 있는 메모리의 주소값을 가리키는 형태이다. 그런데 스프레드 연산자를 사용하여 ...todos와 같은 코드가 동작하면 기존 메모리에 접근해 배열 데이터에 내용을 추가하는 게 아니라 새로운 배열을 생성한 후 그 배열에 새로운 입력 데이터를 추가하는 형태이다.

● 스프레드 연산자의 활용

스프레드 연산자가 수행하는 궁극적인 기능은 배열이나 객체의 요소를 개별적으로 분해해 복사하거나 합치는 것이다. 간단한 코드를 통해 스프레드 연산자의 특징을 살펴보자.

먼저 배열 데이터를 그대로 복사하는 경우와 스프레드 연산자를 사용해 복사하는 경우를 비교한 예시이다.

App.tsx

```
1  const App: React.FC = () => {
2    const originalArray = [1, 2, 3];
3    const copiedArray1 = originalArray;
4    const copiedArray2 = [...originalArray];
5    console.log(copiedArray1 === originalArray);
6    console.log(copiedArray2 === originalArray);
```

3라인 : 배열 originalArray를 copiedArray1에 그대로 넘겨준다. 배열의 이름을 그대로 대입한다는 의미는 해당 배열 데이터가 저장되어 있는 메모리 주소값을 넘겨준다는 것이다. 따라서 originalArray와 copiedArray1은 같은 주소값을 저장한 변수이다.

4라인 : 스프레드 연산자를 사용하여 대입하는 경우에는 새로운 배열을 생성한다. 따라서 originalArray와 copiedArray2는 다른 메모리 주소값을 갖는다.

5라인 : 결과는 true가 출력된다. 왜냐하면 originalArray와 copiedArray1이 같은 주소값을 가지고 있기 때문이다.

6라인 : 결과는 false가 출력된다. 왜냐하면 originalArray와 copiedArray2가 다른 주소값을 가지고 있기 때문이다.

```
true                                   App.tsx:8
false                                  App.tsx:9
```

배열을 병합할 때도 스프레드 연산자를 사용한다.

App.tsx

```
1   const App: React.FC = () => {
2       const originalArray1 = [1, 2, 3];
3       const originalArray2 = [4, 5, 6];
4       const mergedArray = [...originalArray1, ...originalArray2];
5       console.log(mergedArray);
```

2~3라인 : 두 개의 배열을 선언하고 초기화한다.

4라인 : 두 배열 originalArray1과 originalArray2를 병합하여 새로운 배열 mergedArray로 생성된다. 즉, [1,2,3,4,5,6] 형태이다.

```
▶ (6) [1, 2, 3, 4, 5, 6]        App.tsx:8
>
```

알아두세요

위 코드에서 만약 스프레드 연산자를 사용하지 않고 병합 시도를 하면 어떻게 될까?

const mergedArray = [originalArray1, originalArray2]; 이런 식으로 말이다. 이 경우에는 originalArray1과 originalArray2의 배열이 각 요소로 들어가서 결과는 [[1,2,3],[4,5,6]] 형태로 나온다.

11.2 타이머로 현재 시각 출력하기

REACT

타이머 컴포넌트 만들기

버튼 클릭 이벤트 처리를 했으므로 이번에는 〈시작〉 버튼을 클릭했을 때 타이머가 동작하여 1초씩 증가하며 화면에 출력하는 기능을 만들 수 있을 것이다. 타이머는 기존 자바스크립트의 setInterval 함수를 사용하면 구현할 수 있다.

```
const intervalID = setInterval(callback, delay, ...args);
```

❶ **callback** : 일정 시간 간격으로 실행할 함수이다. 이 함수는 setInterval 함수가 호출된 이후 반복적으로 실행된다.

❷ **delay** : 반복 주기를 밀리세컨드(ms) 단위로 지정한다. 예를 들어 1000이면 1초 간격을 의미한다.

❸ **...arg(옵션)** : callback 함수에 전달할 추가 전달 인자이다. setInterval이 실행될 때마다 이 인자들이 callback 함수에 전달된다.

타이머 컴포넌트를 만들기 위해 src 폴더 하위에 Timer.tsx 파일을 생성한다.

다음과 같이 코드를 작성한다.

Timer.tsx

```
1  import { useState } from "react"
2  import { Button } from "react-bootstrap";
3  import './App.css';
4  
5  const Timer : React.FC = () => {
6      const [seconds, setSeconds] = useState<number>(0);
7  
8      return(
9          <div className="board">
10             <h4>타이머 : {seconds} 초</h4>
11             <Button onClick={
12                 ()=>{
13                     setInterval(()=>{
14                         setSeconds((prevSeconds)=> {
15                                 return prevSeconds + 1
16                             }
17                         );
18                     }, 1000);
19                 }
20             }>시작</Button>
21         </div>
22     )
23 }
24 export default Timer;
```

6라인 : 초 단위 데이터를 저장할 변수를 상태로 선언한다. 변수 이름은 seconds, 변경 함수 이름은 setSeconds라고 정한다.

10라인 : 상태 seconds를 화면에 출력한다.

11라인 : 부트스트랩 버튼을 생성한다. 사용자가 버튼을 클릭했을 때 처리되는 이벤트 처리기 함수를 구현한다.

13라인 : 이벤트 처리기에 setInterval( ) 함수를 사용하여 콜백 함수를 등록한다. 이 콜백 함수는 설정한 시간 주기마다 호출되는 함수이다.

14~16라인 : 콜백 함수 안에서 setSeconds( ) 변경 함수를 통해 현재 seconds의 값을 1씩 증가시킨다. prevSeconds는 이전의 seconds 값이 넘어온다.

18라인 : setInterval( ) 함수의 두 번째 전달 인자에는 반복 주기를 입력한다. 밀리세컨드 단위이므로 1000은 1초를 의미한다.

24라인 : export를 사용하여 Timer 컴포넌트를 외부에서 이용할 수 있도록 노출한다.

Timer 컴포넌트를 TodoList.tsx에서 호출해 보자.

App.tsx

```
1   import Timer from "./Timer";
2
3   const TodoList : React.FC = () => {
4
5   ………………………………………… 중간 생략 ……………………………………………
6   </li>
7                       ))}
8                   </ul>
9               </div>
10          </div><br></br>
11          <Timer></Timer>
12      </div>
13      )
14  }
```

1라인 : Timer 컴포넌트를 불러온다.

11라인 : Timer 컴포넌트를 호출한다.

타이머가 할 일 목록 아래쪽에 출력될 것이다.

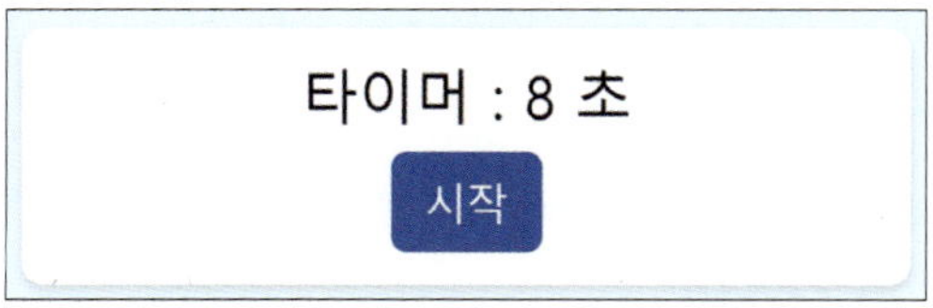

시계 컴포넌트 만들기

타이머 기능을 사용했으므로 이를 업그레이드해 현재 시각을 표시하는 시계 컴포넌트를 추가해 보자. 마찬가지로 타이머 기능을 활용하여 현재 시각을 1초 단위로 화면에 출력하도록 구현한다.

시계 컴포넌트를 만들기 위해 src 폴더 하위에 Clock.tsx 파일을 생성한다.

다음과 같이 코드를 작성한다.

Clock.tsx

```
import { useEffect, useState } from "react"
import {Row, Col} from 'react-bootstrap';

const Clock : React.FC = () => {
    const [time, setTime] = useState(new Date());

    useEffect(()=>{
        const intervalId = setInterval(()=>{
            setTime(new Date());
        }, 1000);

        return() => {
            clearInterval(intervalId);
        }
    }, []);

    return(
        <div className="board">
            <Row className="justify-content-center mt-4">
                <Col xs={10} md={8} lg={6}>
                    <div className="border p-3 rounded mb-4">
                        <h4>날씨 예보</h4>
                        <p>현재 날씨: 맑음, 25°C</p>
                        <h4>현재 시각</h4>
                        <p>{time.toLocaleTimeString()}</p>
                    </div>
                </Col>
            </Row>
```

```
29          </div>
30      )
31  }
32
33  export default Clock;
```

4라인 : Clock은 함수형 컴포넌트로 선언되었고 React.FC를 사용함으로써 타입스크립트에서 함수형 컴포넌트임을 명시하고 있다.

5라인 : useState를 사용해 time이라는 상태를 관리한다. 초깃값은 new Data()로 현재 시각을 나타낸다. setTime 변경 함수는 time의 값을 업데이트할 때 사용한다.

7라인 : useEffect 훅은 리액트 컴포넌트가 렌더링될 때와 언마운트될 때 동작한다. 이 기능에 대해서는 별도로 설명한다.

8~10라인 : 타이머와 동일하게 setInterval 함수를 사용하여 1초에 1번씩 콜백 함수가 호출됨으로써 현재 시각으로 업데이트된다.

12~14라인 : useEffect에서 return 문은 클린업 함수로 사용된다. 즉, 컴포넌트가 렌더링되거나 언마운트될 때 호출된다. 이 코드에서는 clearInterval(intervalId)를 호출함으로써 타이머를 정리한다.

19라인 : 부트스트랩에서 제공하는 Row 컴포넌트를 사용하여 행을 생성한다. 클래스 선택자를 통해 justify-content-center는 자식 요소들을 가운데 정렬하고, mt-4는 위쪽에 여백을 추가한다.

20라인 : 부트스트랩에서 제공하는 Col 컴포넌트를 사용하여 열을 생성한다. 화면 크기에 따라 열 너비를 다르게 설정한다. xs = {10}는 작은 화면에서 너비가 10/12, md = {8}은 중간 화면에서 너비가 8/12, lg = {6}은 큰 화면에서 너비가 6/12이다.

25라인 : time 상태의 현재 시각 값을 toLocaleTimeString( ) 함수를 사용하여 로컬 시간 형식으로 표시한다. 이 부분이 1초마다 갱신된다.

> **알아두세요** useEffect는 훅의 하나로써 부수적인 작업을 처리할 때 사용된다. 현재 코드에서는 컴포넌트가 처음 렌더링될 때 실행되는데 useEffect의 두 번째 인수로 빈 배열([ ])이 전달되면 컴포넌트가 언마운트되기 전까지 다시 실행되지 않는다. 만약 빈 배열이 아니라 상태 변수가 들어가 있다면 상태 변경 시 useEffect가 실행된다. 이 코드에서는 UI 렌더링과 1초에 시간을 업데이트하는 타이머 기능이 동시에 동작해야 하므로 타이머 기능을 useEffect에서 처리하도록 하였다.

Clock 컴포넌트를 TodoList.tsx에서 호출해 보자.

TodoList.tsx

```
1   import Timer from "./Timer";
2   import Clock from './Clock';
3
4   const TodoList : React.FC = () => {
5
6   ................................ 중간 생략 ................................
7                           </li>
8                       ))}
9                   </ul>
10              </div>
11          </div><br></br>
12          {/* <Timer></Timer> */}
13          <Clock></Clock>
14      </div>
15      )
16  }
```

2라인 : Clock 컴포넌트를 불러온다.

13라인 : Clock 컴포넌트를 호출한다.

11.3 게시물 삭제하기

게시물 삭제 버튼 배치하기

게시물 추가 기능을 구현했다면 이번에는 해당 게시물을 삭제하는 기능도 구현해 보자. 삭제 기능은 각 게시물 목록 뒤에 삭제 버튼을 추가하고, 클릭 시 해당 게시물이 삭제되도록 구현한다.

TodoList.tsx

```
1                     <label className="form-check-label">
2                     {
3                         todo.isChecked ?
4                         <del>{todo.text}</del>
5                         : <span>{todo.text}</span>
6                     }
7                     </label>
8                 </div>
9                 <button className="btn btn-danger"
10                 onClick={()=>removeTodo(todo.id)}>삭제</button>
11            </li>
12        ))}
```

9라인 : btn-danger 설정으로 부트스트랩에서 제공하는 빨간색 스타일의 버튼을 생성한다.

10라인 : 버튼 클릭 시 removeTodo 함수를 호출한다. 이때 전달되는 todo.id는 삭제할 항목의 고유 id이다.

게시물 삭제 기능 구현하기

게시물 삭제 버튼 클릭 시 호출되는 removeTodo 함수를 구현해 보자.

TodoList.tsx

```
1       const removeTodo = (id: number) => {
2         setTodos(todos.filter((todo) => {
3             return user.id !== id;
4          }))
5       }
6
7       return (
8       <div className="container mt-5">
```

1라인 : 함수 호출 시 전달한 Todo.id를 id라는 매개변수로 받는다.

2라인 : setTodos 함수는 todos 상태의 변경 함수이다. filter 메소드는 todos 배열을 순회하며 각 항목을 검사해 조건에 맞는 항목들만 모아 새 배열을 만든다.

3라인 : filter 메소드 내부의 각 항목을 user로 받아 user.id가 삭제할 id와 일치하지 않는지 검사한다. 일치하지 않는 항목은 return하고 일치하는 항목은 배열에서 제외된다.

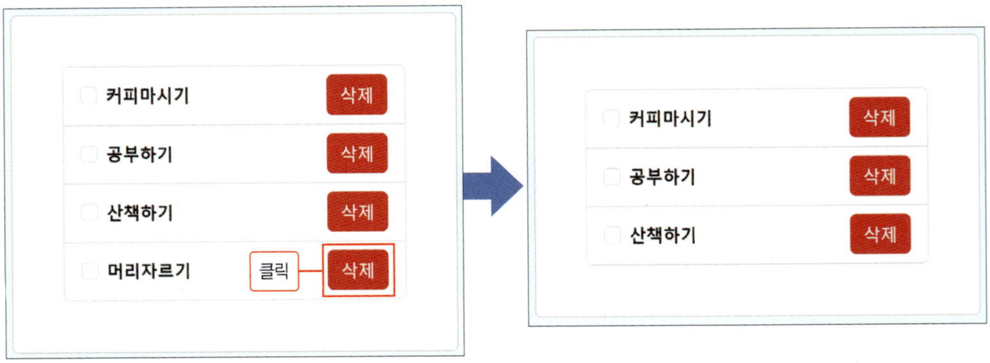

11.4 REACT

상세보기 대화상자 만들기

모달 대화상자 추가하기

이번에는 게시물을 클릭했을 때 UI에 모달 형태로 상세 정보가 나타날 수 있도록 작성해 보자.

TodoList.tsx

```
import Clock from "./Clock";
import { Modal, Button } from 'react-bootstrap';

…………………………………… 중간 생략 ……………………………………

    </div><br></br>
        <Modal show={true} centered>
            <Modal.Header closeButton>
                <Modal.Title>상세정보</Modal.Title>
            </Modal.Header>
            <Modal.Body>
                자세한 정보를 출력합니다.
                <p>현재날짜 : {new Date().toLocaleDateString()}</p>
            </Modal.Body>
            <Modal.Footer>
              <Button variant="secondary">
                  Close
              </Button>
            </Modal.Footer>
        </Modal>
        {/* <Timer></Timer> */}
        <Clock></Clock>
    </div>
    )
}
```

2라인 : 리액트 부트스트랩 라이브러리에서 Modal과 Button 컴포넌트를 가져온다.

7라인 : 모달 창을 구현하는 컴포넌트로, 팝업 형식으로 콘텐츠를 표시할 때 사용한다. show 속성은 모달 창의 출력 여부를 결정한다. centered 속성을 통해 모달 창을 화면 중앙에 배치한다.

8라인 : 모달의 헤더 부분을 정의한다. closeButton 속성은 오른쪽 상단에 닫기 버튼을 표시한다.

9라인 : Modal.Title은 모달 대화상자의 제목을 나타낸다.

11~14라인 : 모달의 본문 영역을 정의한다. Date 객체를 사용해 현재 날짜를 로컬 형식의 문자열로 변환하여 표시한다.

15~19라인 : 부트스트랩의 스타일을 적용하여 회색 버튼으로 나타낸다.

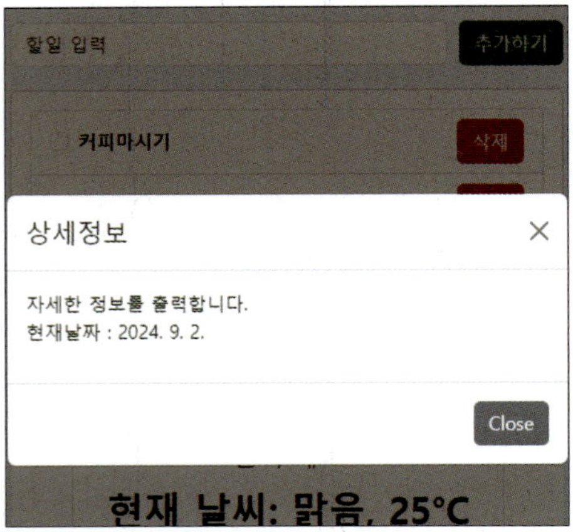

현재는 기본적으로 상세정보 대화상자가 나타난다.

게시물을 선택했을 때 이벤트 등록하기

항상 상세정보 대화상자가 화면에 나타나므로 이번에는 해당 게시물을 선택했을 때 상세정보가 화면에 보이도록 코드를 작성해 보자. 그 전에 먼저 게시물을 클릭했을 때 '게시물 선택'이라는 문자열이 콘솔에 출력되도록 이벤트 핸들러를 등록한다. 그리고 〈Modal show={false}와 같이 false로 설정한다. 그래야만 모달 형태의 상세정보가 사라진다.

TodoList.tsx

```
    const removeTodo = (id: number) => {
```

```
2        setTodos(todos.filter((user) => {
3            return user.id !== id;
4        }))
5    }
6
7    const handleTodoClick = (todo: Todo) => {
8        console.log("게시물 선택");
9    }
10
11   const handleCloseDetail = () => {
12   }
13
14  return (
15
16  ................................ 중간 생략 ................................
17
18  <label className="form-check-label">
19  {
20      todo.isChecked ?
21      <del>{todo.text}</del>
22      : <span onClick={() => handleTodoClick(todo)}>{todo.text}</span>
23  }
24  </label>
```

7~9라인 : handleTodoClick 함수는 todo 항목을 매개변수로 받아 클릭했을 때 '게시물 선택'이라는 메시지를 콘솔에 출력한다.

11~12라인 : handleCloseDetail 함수는 닫기 기능을 수행할 함수이다.

22라인 : 항목을 클릭하면 handleTodoClick 함수가 호출된다.

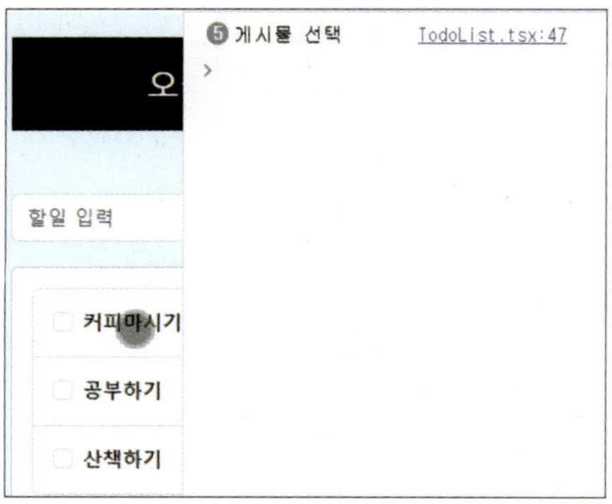

어떤 항목이든 클릭하면 개발자 도구의 콘솔 창에 '게시물 선택'이라는 문자열이 출력된다.

게시물을 선택했을 때 상세 페이지 출력하기

게시물 클릭할 때의 이벤트 핸들러를 등록했으므로 해당 게시물을 선택했을 때 상세 정보가 화면에 보이도록 코드를 작성해 보자.

TodoList.tsx

```
const TodoList : React.FC = () => {

…………………………………… 중간 생략 ……………………………………

   const [newTodo, setNewTodo] = useState<string>('');
   const [showDetail, setShowDetail] = useState<boolean>(false);
   const [selectedTodo, setSelectedTodo] = useState<Todo | null>(null);

…………………………………… 중간 생략 ……………………………………

    const handleTodoClick = (todo: Todo) => {
        setShowDetail(true);
    }

    const handleCloseDetail = () => {
        setShowDetail(false);
    }
   return (

…………………………………… 중간 생략 ……………………………………

   </div><br></br>
        <Modal show={showDetail} onHide={handleCloseDetail} centered>
            <Modal.Header closeButton>
            <Modal.Title>상세정보</Modal.Title>
            </Modal.Header>
            <Modal.Body>
                자세한 정보를 출력합니다.
                <p>현재날짜 : {new Date().toLocaleDateString()}</p>
            </Modal.Body>
            <Modal.Footer>
            <Button variant="secondary" onClick={handleCloseDetail}>
                Close
            </Button>
           </Modal.Footer>
```

```
36              </Modal>
37              {/* <Timer></Timer> */}
38              <Clock></Clock>
39          </div>
40          )
41      }
```

6라인 : showDetail은 모달 대화상자의 표시 여부를 결정하는 상태 변수로, 초깃값은 false이다.

7라인 : selectedTodo는 현재 선택된 todo 항목을 관리하는 상태 변수이다.

12라인 : setShowDetail(true)를 호출하여 showDetail을 true로 설정함으로써 모달 대화상자를 출력한다.

16라인 : setShowDetail(false)를 호출하여 showDetail을 false로 설정함으로써 모달 대화상자를 닫는다.

23라인 : showDetail 상태 값에 따라 모달 대화상자가 열리고 닫힌다. 그리고 onHide 속성에 handleCloseDetail을 설정함으로써 모달 대화상자의 오른쪽 × 버튼을 클릭하면 모달 대화상자가 닫힌다.

32라인 : <Close> 버튼을 클릭하면 handleCloseDetail 함수가 호출됨으로써 모달 대화상자를 닫는다.

11.5 다른 컴포넌트에 데이터 전달하기 : props

프롭스란

프롭스(props)는 컴포넌트 간에 데이터를 전달할 때 사용하며, 부모 컴포넌트가 자식 컴포넌트에게 데이터를 전달하는 데 활용된다. 이는 일반 함수에서 매개변수를 전달하는 원리와 동일하다. 프롭스는 부모 컴포넌트에서 자식 컴포넌트로 전달된 후 자식 컴포넌트에서는 변경할 수 없다. 즉, 자식 컴포넌트는 전달받은 프롭스를 수정하지 않고 이를 사용해 렌더링만 할 수 있다.

> **알아두세요** 프롭스(props)는 Properties의 줄임말로 컴포넌트의 속성처럼 취급한다.

함수형 컴포넌트에서 프롭스 사용하기

프롭스는 컴포넌트가 다른 컴포넌트에 데이터를 전달할 때 HTML 태그의 속성처럼 전달된다. 자식 컴포넌트는 props 객체를 통해 이 데이터에 접근할 수 있다. App.tsx에 간단하게 코드를 작성해 보자.

App.tsx

```
// 프롭스 타입 정의
interface GreetingProps {
  name : string;
}
const Greeting : React.FC<GreetingProps> = (props) => {
  return <h1>{props.name}님. 반갑습니다.</h1>;
};

const App : React.FC = () => {
```

```
10      let title : string = "내일 할일"
11      return (
12        <div className='titlebk'>
13          {/* <ClassCom></ClassCom> */}
14          {/* <FuncCom></FuncCom> */}
15          {/* <TodoList></TodoList> */}
16          <Greeting name = "이창현"></Greeting>
17        </div>
18      );
19    }
```

2~4라인 : GreetingProps라는 이름의 인터페이스를 정의한다. 이 인터페이스는 Greeting 컴포넌트가 받는 프롭스의 구조와 타입을 명시한다. 여기서는 name 프롭스가 string 타입이어야 한다고 명시했다. 이렇게 함으로써 컴포넌트가 어떠한 프롭스를 받아야 하는지 명확히 알 수 있다.

5라인 : Greeting이라는 함수형 컴포넌트를 정의한다. React.FC에 GreetingProps를 전달해 이 컴포넌트가 GreetingProps 타입의 props 객체를 직접 받도록 지정한다.

6라인 : props를 통해 전달받은 모든 프롭스를 사용할 수 있다. 이때 props의 name으로 접근하여 렌더링한다.

16라인 : 부모 컴포넌트인 App에서 Greeting이라는 컴포넌트를 호출한다. 이때 프롭스를 name = "이창현"이라고 호출하면 해당 컴포넌트의 props로 프롭스 데이터가 전달된다.

이창현님 반갑습니다.

클래스형 컴포넌트에서 프롭스 사용하기

클래스형 컴포넌트에서도 프롭스를 사용할 수 있다. 클래스형 컴포넌트에서는 this.props를 통해 프롭스에 접근할 수 있다. App.tsx의 코드를 다음과 같이 수정하자.

App.tsx

```
1   import React, { Component } from 'react';
2   import './App.css';
3
4   ………………………………… 중간 생략 …………………………………
5
6   // 프롭스 타입 정의
7   interface GreetingProps {
8     name: string;
9   }
10  // const Greeting: React.FC<GreetingProps> = (props) => {
11  //   return <h1>{props.name}님. 반갑습니다.</h1>;
12  // };
13  class Greeting extends Component<GreetingProps> {
14    render() {
15        return <h1>{this.props.name}님. 반갑습니다.</h1>;
16    }
17  }
18  ………………………………… 이하 생략 …………………………………
```

1라인 : Component는 리액트의 클래스형 컴포넌트를 정의할 때 사용하는 클래스로 이를 상속받아서 새로운 컴포넌트를 정의할 수 있다.

10~12라인 : 기존 함수형 컴포넌트는 주석으로 막는다.

13라인 : Greeting이라는 이름의 클래스형 컴포넌트를 정의한다. 이때 <GreetingProps>는 Component 클래스에 전달되는 프롭스의 타입을 명시하는 부분이다. 이것은 Component<P>의 제네릭 타입으로 Greeting 컴포넌트가 GreetingProps 타입의 프롭스를 받는다는 것을 의미한다.

15라인 : {this.props.name}은 이 컴포넌트에 전달된 name 프롭스를 참조한다. 만약 name 프롭스에 '이창현'이 전달되면 이 컴포넌트는 '이창현님. 반갑습니다.'라는 문구를 화면에 출력한다.

결과는 함수형 컴포넌트와 동일하다.

이창현님 반갑습니다.

태그 사이의 내용을 보여주는 children

부모 컴포넌트에서 자식 컴포넌트를 호출할 때 태그 사이에 내용을 입력할 수 있다. 그러면 자식 컴포넌트에 데이터를 프롭스 형태로 넘겨줄 수 있는데 그 형식은 다음과 같다.

App.tsx

```
1   // 프롭스 타입 정의
2   interface GreetingProps {
3     name: string;
4     children : React.ReactNode;
5   }
6   const Greeting: React.FC<GreetingProps> = (props) => {
7     return (
8       <div>
9         <h1>{props.name}님. 반갑습니다.</h1>
10        <h4>오늘의 날씨는 { props.children }</h4>
11      </div>
12    )
13  };
14
15  const App : React.FC = () => {
16    let title : string = "내일 할일";
17    return (
18      <div className='titlebk'>
19        <Greeting name = "이창현">맑음</Greeting>
20      </div>
21    );
22  }
```

2~5라인 : GreetingProps 인터페이스는 Greeting 컴포넌트가 받을 수 있는 프롭스 타입을 정의하고 있다. 이전에 name이라는 문자열 타입의 프롭스를 추가했다.

4라인 : 자식 컴포넌트를 호출할 때 태그 사이의 내용을 전달받을 children이라는 React.ReactNode 타입의 프롭스를 포함한다. React.ReactNode는 다양한 유형의 값을 포함할 수 있다.

10라인 : 컴포넌트 내부에서 프롭스로 props.children을 사용할 수 있는데 19라인에서 <Greeting> 태그 사이에 넣은 내용이다.

19라인 : <Greeting> 컴포넌트를 열고 닫는 태그 사이에 '맑음'이라는 문자열을 대입한다. 그러면 props.children으로 데이터가 전달된다.

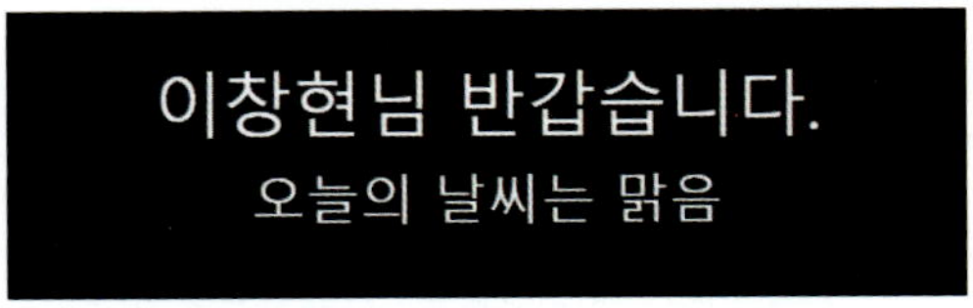

> **알아두세요** React.ReactNode는 리액트에서 사용되는 문자열, 숫자, 배열, null, undefined 등의 값이 올 수 있다.

구조 분해 할당 문법을 통해 props 내부 값 추출하기

Greeting 컴포넌트 안에서 값을 조회할 때마다 props.name, props.children과 같이 props라는 키워드를 앞에 붙여주고 있다. 매번 props를 붙이는 것은 불편하므로 배열에서 사용했던 구조 분해 할당 문법을 이러한 객체 구조에서도 사용한다.

App.tsx

```
1  const Greeting: React.FC<GreetingProps> = (props) => {
2    const { name, children } = props;
3    return (
4      <div>
5        <h1>{name}님. 반갑습니다.</h1>
6        <h4>오늘의 날씨는 {children}</h4>
7      </div>
8    )
9  };
```

2라인 : props의 값을 구조 분해 할당 문법을 사용하여 왼쪽에 { name, children }의 형태로 데이터를 넘겨받을 수 있다.

5~6라인 : name과 children에 데이터를 넘겨 받았으므로 그대로 사용하면 된다.

이 방법도 간소하지만 더 간소하게 처리할 수도 있다. 아예 함수의 전달 인자 부분에서 props를 거치지 않고, 직접 name과 children을 매개변수로 받아 처리하는 방법이다.

App.tsx

```
1 const Greeting: React.FC<GreetingProps> = ({ name, children }) => {
2   // const { name, children } = props;
3   return (
4     <div>
5       <h1>{name}님. 반갑습니다.</h1>
6       <h4>오늘의 날씨는 {children}</h4>
7     </div>
8   )
9 };
```

1라인 : props를 사용하지 않고 이렇게 직접 props 위치에 { name, children } 구조 분해 할당 문법을 추가할 수 있다.

2라인 : 주석 처리한다.

프롭스로 함수 전달하기

프롭스를 사용하여 자식 컴포넌트에 함수를 전달할 수도 있다. 이 경우 자식 컴포넌트는 전달받은 함수를 호출하여 부모 컴포넌트의 상태를 변경하거나 특정 작업을 수행할 수 있다. 버튼을 하나 배치하고, 버튼이 클릭될 때 해당 함수를 프롭스로 전달하는 코드를 작성해 보자.

App.tsx

```
import React, { Component, useState } from 'react';
import './App.css';

……………………………………… 중간 생략 ………………………………………

interface ButtonProps {
 myClick : () => void;
}

const Button: React.FC<ButtonProps> = (props) => {
  return <button onClick={props.myClick}>Click me!</button>;
};

```

```
14  const App : React.FC = () => {
15    const [count, setCount] = useState<number>(0);
16
17    const handleClick = () => {
18        setCount(count + 1);
19    };
20    return (
21      <div className='titlebk'>
22        {/* <Greeting name = "이창현">맑음</Greeting> */}
23        <p>Count: {count}</p>
24        <Button myClick={handleClick} />
25    </div>
26  );
27  }
```

1라인 : 상태를 선언하기 위해 useState를 추가한다.

6라인 : ButtonProps라는 이름으로 Button 컴포넌트가 받을 수 있는 프롭스의 타입을 정의한다.

7라인 : myClick은 함수의 타입으로 버튼이 클릭되었을 때 호출될 함수이다.

10라인 : React.FC<ButtonProps>는 ButtonProps 타입의 프롭스를 받는다.

11라인 : 버튼을 클릭하면 부모 컴포넌트에서 전달된 프롭스의 myClick에 연결된 함수가 호출된다.

15라인 : count 상태는 숫자 타입으로 정의하며 초깃값은 0이다. 변경 함수는 setCount로 설정한다.

17~19라인 : handleClick 함수는 버튼이 클릭될 때 호출되며 setCount 함수에 의해 count를 1씩 증가시킨다.

22라인 : 주석 처리한다.

23라인 : 현재의 count 값을 화면에 출력한다.

24라인 : Button 컴포넌트를 호출할 때 handleClick 함수를 myClickk 프롭스에 전달한다.

상세 페이지 컴포넌트화하기

앞서 작성했던 상세 페이지 기능을 별도의 컴포넌트로 분리해 보자. 먼저 src 폴더 하위에 TodoModal.tsx 파일을 생성한 후 TodoList.tsx에 구현했던 Modal 코드를 참고하여 다음과 같이 작성한다.

TodoModal.tsx

```
import React from "react"
import {Button, Modal} from 'react-bootstrap';

type Todo = {
    id : number;
    text : string;
    isChecked : boolean;
};

type TodoModalProps = {
    show : boolean;
    handleClose : () => void;
    todo : Todo | null;
}

const TodoModal:React.FC<TodoModalProps> = ({show, handleClose, todo})=>{
    return(
        <Modal show={show} onHide = {()=>{handleClose()}} centered>
            <Modal.Header closeButton>
                <Modal.Title>상세정보</Modal.Title>
            </Modal.Header>
            <Modal.Body>
                {todo?.text}의 자세한 정보를 출력합니다.
                <p>현재날짜 : {new Date().toLocaleDateString()}</p>
            </Modal.Body>
            <Modal.Footer>
            <Button variant="secondary" onClick={handleClose}>
                Close
            </Button>
            </Modal.Footer>
        </Modal>
    )
}

export default TodoModal;
```

4~7라인 : Todo 타입을 정의한다. 이미 TodoList에서 정의한 타입을 이 컴포넌트 안에서 사용하기 위해 그대로 가져온다.

10라인 : TodoModalProps는 TodoModal 컴포넌트가 받아야 하는 프롭스의 타입을 정의한다.

11라인 : show는 모달을 표시할지 여부를 결정하는 부울 타입의 값이다.

12라인 : 모달을 닫는 함수를 가리키는 함수 타입이다.

13라인 : 표시할 Todo 타입의 항목을 나타낸다.

16라인 : TodoModal은 함수형 컴포넌트로 정의하되 TodoModalProps 타입을 프롭스로 받는다. 구조 분해 할당 문법 기반으로 show, handleClose, todo 값을 직접 전달받는다.

23라인 : todo?.text는 todo가 null이 아닌 경우에만 text를 출력하도록 안전하게 접근한다.

27라인 : 프롭스로 전달받은 함수로 〈Close〉 버튼을 클릭하면 handleClose 함수가 호출된다.

상세 페이지에 프롭스로 데이터 전달하기

이제 프롭스를 사용하여 클릭한 항목의 정보를 TodoModal 컴포넌트인 상세 페이지에 전달하고 처리하는 기능을 구현해 보자. TodoModal에 전달한 정보는 show, handleClose, todo이다.

TodoList.tsx

```
import { useState } from "react";
import Timer from "./Timer";
import Clock from "./Clock";
import { Modal, Button } from 'react-bootstrap';
import TodoModal from "./TodoModal";

type Todo = {
    id : number;
    text : string;
    isChecked : boolean;
}

const TodoList : React.FC = () => {
    const [todos, setTodos]= useState<Todo[]>([
```

```
        {id : 1, text : "커피마시기", isChecked : false},
        {id : 2, text : "공부하기", isChecked : false},
        {id : 3, text : "산책하기", isChecked : false},
    ]);

    const [newTodo, setNewTodo] = useState<string>('');
    const [showDetail, setShowDetail] = useState<boolean>(false);
    const [selectedTodo, setSelectedTodo] = useState<Todo | null>(null);

    const handleCheckboxChange = (itemId : number) =>{
        setTodos((prevItems) =>
            prevItems.map((item) =>
             item.id ===itemId ?{ ...item,isChecked : !item.isChecked }:item
            )
        );
    }

    const addTodo = () => {
        // newTodo를 todos에 추가
        if (newTodo.trim() !== '') {
            setTodos([
                ...todos,
                { id: Date.now(), text: newTodo, isChecked: false }
            ]);
            setNewTodo('');
        }
    }

    const removeTodo = (id: number) => {
        setTodos(todos.filter((user) => {
            return user.id !== id;
        }))
    }

    const handleTodoClick = (todo: Todo) => {
        setSelectedTodo(todo);
        setShowDetail(true);
    }

    const handleCloseDetail = () => {
        setShowDetail(false);
    }
```

```
    return (
    <div className="container mt-5">
        <h1 className='titlebk'>오늘 할일</h1>

        <div className="form-group" style={{ display: 'flex',
        alignItems: 'center', marginBottom: '20px' }}>
            <input
                    type="text"
                    className="form-control"
                    placeholder="할일 입력"
                    value={newTodo}
                    onChange = {(e)=>setNewTodo(e.target.value)}
                    style={{marginRight:'10px',writingMode:'horizontal-tb'}}
            />
            <button className="btn btn-success" onClick={addTodo}
            style={{ whiteSpace: 'nowrap' }}>
                추가하기
            </button>
        </div>

        <div className="card">
            <div className="card-body">
                <ul className="list-group">
                    {todos.map((todo) => (
                        <li key={todo.id}
                            className="list-group-item d-flex
                            justify-content-between align-items-center"
                            style={{ fontSize: "1rem" }}
                        >
                         <div className="form-check">
                             <input
                                 type="checkbox"
                                 className="form-check-input"
                                 checked={todo.isChecked}
                                 onChange={() => handleCheckboxChange(todo.id)}
                             />
                             <label className="form-check-label">
                             {
                                 todo.isChecked ?
                                 <del>{todo.text}</del>
```

```
98                                      : <span onClick={() =>
99                                      handleTodoClick(todo)}>{todo.text}</span>
100                                 }
101                                 </label>
102                             </div>
103                             <button className="btn btn-danger"
104                                 onClick={()=>removeTodo(todo.id)}>삭제</button>
105                         </li>
106                     ))}
107                 </ul>
108             </div>
109         </div><br></br>
110         <TodoModal show={showDetail} handleClose={handleCloseDetail}
111         todo={selectedTodo} />
112         <Clock></Clock>
113     </div>
114     )
115 }
116
117 export default TodoList;
```

5라인 : TodoModal 컴포넌트를 불러온다.

110~111라인 : TodoModal 컴포넌트를 호출할 때 프롭스로 show, handleClose, todo를 전달한다. show는 showDetail 상태에, handleClose는 handleCloseDetail 함수에, todo는 selectedTodo 상태에 연결된다.

App.tsx 코드에서 이전 테스트 코드들은 주석 처리하고 TodoList 컴포넌트를 다시 호출하도록 설정한다.

App.tsx

```
const App : React.FC = () => {
  // const [count, setCount] = useState<number>(0);

  // const handleClick = () => {
  //     setCount(count + 1);
  // };

  return (
    <div className='titlebk'>
```

```
10          {/* <Greeting name = "이창현">맑음</Greeting> */}
11          {/* <p>Count: {count}</p>
12          <Button myClick={handleClick} /> */}
13          <TodoList></TodoList>
14        </div>
15      );
16    }
```

10~13라인 : Greeting과 Button 컴포넌트는 모두 주석으로 처리하고 TodoList 컴포넌트를 다시 호출한다.

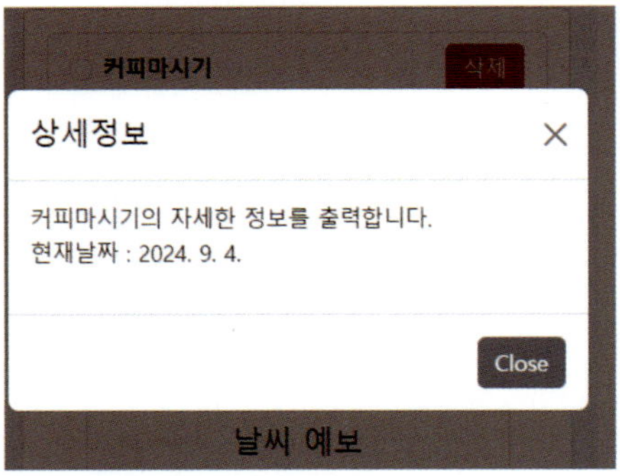

게시물 항목을 선택하면 게시물 데이터가 상세정보 대화상자로 전달되고 출력된다. 〈Close〉 버튼 또는 × 버튼을 클릭하면 상세정보 대화상자가 닫힌다.

12 장

리액트 라우팅

학 습 목 표

- 도서 쇼핑몰 프로젝트를 제작하기 위하여 리액트 부트스트랩 환경을 설정하고 레이아웃 구성 방법을 학습한다.
- 도서 이미지 및 상품 데이터를 가져와 UI에 적용한다.
- 리액트 라우터를 사용하여 페이지를 나누고 상세 페이지 생성 방법을 학습한다.

12.1 도서 쇼핑몰 프로젝트 만들기

타입스크립트 기반의 새 프로젝트 생성하기

❶ 먼저 프로젝트 폴더를 하나 생성하고 폴더 이름은 'bookstore'로 한다.

❷ Visual Studio Code를 실행해 생성한 bookstore 폴더를 열고 메뉴에서 [터미널] → [새 터미널]을 선택하여 터미널 창을 연다.

현재 폴더에 타입스크립트 기반의 리액트 프로젝트를 생성할 것이므로 터미널에 다음과 같이 명령어를 입력한다.

```
npm create vite@latest .
```

❸ 실행 후 템플릿 선택 옵션이 나오면, React 템플릿을 선택한다.

❹ React를 선택하면 Typescript 사용 여부를 묻는다. 다음과 같이 Typescript를 선택한다.

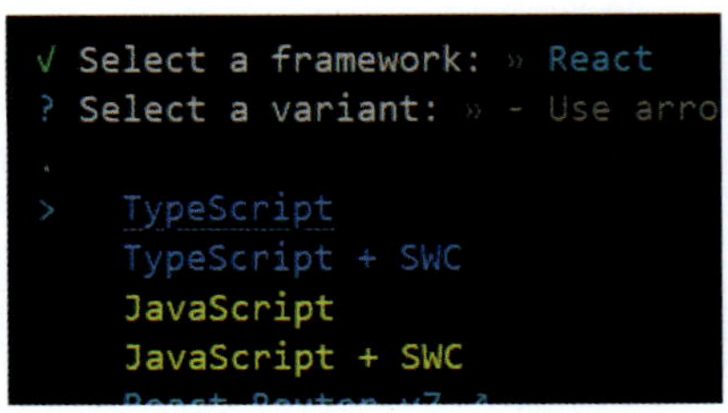

❺ 프로젝트 생성이 끝나면 "npm install" 명령어로 의존성 설치 후 "npm run dev" 명령어로 애플리케이션을 실행한다.

```
$ npm install
$ npm run dev
```

❻ 리액트 기본 화면이 다음과 같이 출력된다.

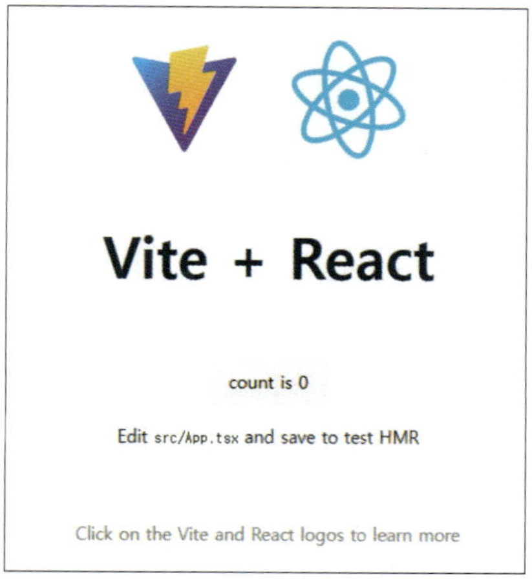

이를 기반으로 북스토어 페이지 기능을 만들면서 리액트 문법에 대하여 살펴보자.

리액트 부트스트랩 환경 설정하기

스타일은 보통 CSS로 직접 작성하기도 하지만, 수고를 덜기 위해 부트스트랩을 사용했다. 리액트에서도 부트스트랩을 적용할 수 있는데 이때는 리액트 부트스트랩을 사용하면 된다. 구글 검색창에 "부트스트랩 리액트"를 입력하여 접속해 보자.

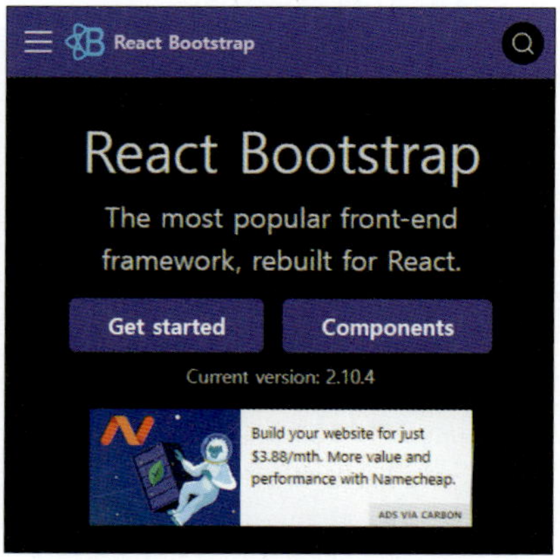

리액트 부트스트랩 사이트 : https://react-bootstrap.netlify.app/

〈Get started〉 버튼을 클릭하면 부트스트랩 설치 방법에 대한 가이드가 표시된다. 먼저 다음과 같이 리액트 부트스트랩을 설치한다.

```
$ npm install react-bootstrap bootstrap
```

react−bootstrap은 리액트 컴포넌트로 구성된 부트스트랩의 래퍼 라이브러리이다. 이 라이브러리는 부트스트랩의 CSS를 활용하여 리액트 프로젝트에서 쉽게 사용할 수 있는 UI 컴포넌트를 제공한다.

부트스트랩의 스타일을 적용하기 위해서는 CSS 파일을 프로젝트에 추가해야 한다. 보통 src/main.tsx 파일에 다음과 같이 추가한다.

main.tsx

```
1  import { StrictMode } from 'react'
2  import { createRoot } from 'react-dom/client'
3  import './index.css'
4  import App from './App.tsx'
5  import 'bootstrap/dist/css/bootstrap.min.css';
```

5라인 : 이 코드를 추가하면 부트스트랩의 기본 스타일이 프로젝트에 적용된다.

index.css로 이동하여 body 태그 선택자는 주석으로 처리한다.

index.css

```
 ................................... 중간 생략 ......................................
/* body {
  margin: 0;
  display: flex;
  place-items: center;
  min-width: 320px;
  min-height: 100vh;
  background-color: #fcfafa;
} */
 ................................... 중간 생략 ......................................
```

App.css로 이동하여 #root 아이디 선택자를 주석으로 처리한다.

App.css

```
    ································ 중간 생략 ····································
  /* #root {
    max-width: 1280px;
    margin: 0 auto;
    padding: 2rem;
    text-align: center;
  } */
    ································ 중간 생략 ····································
```

리액트 부트스트랩 컴포넌트 사용하기

리액트 부트스트랩을 설치했으니 간단하게 리액트 부트스트랩 컴포넌트를 사용해 화면에 출력해 보자. 부트스트랩 사이트에서 Button 컴포넌트 소스 코드를 복사하여 붙여 넣을 수도 있지만, 타입스크립트 기반으로 코드를 간단하게 작성해 보자.

App.tsx

```
1   import { Button } from 'react-bootstrap'
2   import './App.css'
3
4   const App : React.FC = () => {
5     return (
6       <div>
7         <Button variant="primary">Primary Button</Button>
8       </div>
9     )
10  }
11
12  export default App
```

1라인 : Button은 리액트 부트스트랩에서 제공하는 컴포넌트이므로 불러와야 한다.

7라인 : Button 컴포넌트는 variant 속성을 사용하여 primary, secondary, success 등을 스타일링할 수 있다. primary로 설정하면 파란색 버튼이 출력된다.

레이아웃 만들기

사이트의 전체 레이아웃을 만들어 보자. 레이아웃은 크게 본문 내용을 표시할 영역과 가장 하단에 정보를 표시할 영역으로 나눌 것이다. 먼저 src 폴더 하위에 layout 폴더를 생성하고 그 안에 각각 Cotent.tsx와 Footer.tsx 두 개의 파일을 생성한다.

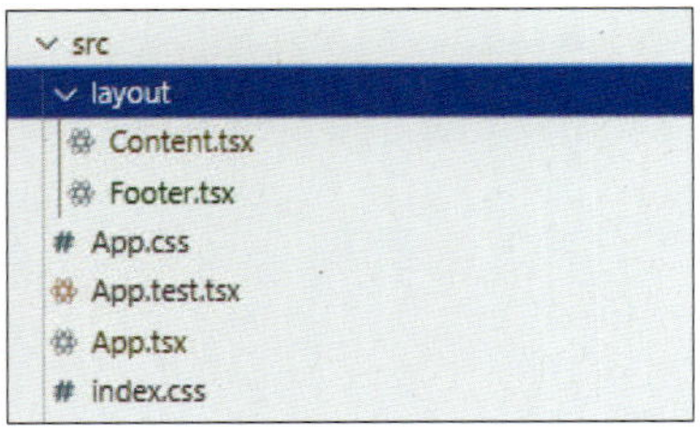

Content.tsx

```
1  const Content : React.FC = () => {
2      return (
3        <div>
4          본문 내용입니다.
5        </div>
6      );
7  };
8  export default Content;
```

1~8라인 : Content 컴포넌트를 생성하고 export로 외부에 노출한다.

Footer.tsx

```
1  const Footer : React.FC = () => {
2      return(
3          <div>
4              푸터입니다.
5          </div>
6      )
7  }
8  export default Footer;
```

1~8라인 : Footer 컴포넌트를 생성하고 export로 외부에 노출한다.

App.tsx

```
1   import './App.css'
2   import Content from './layout/Content';
3   import Footer from './layout/Footer';
4
5   const App: React.FC = () => {
6     return (
7       <div className="App">
8         <Content></Content>
9         <Footer></Footer>
10      </div>
11    );
12  }
13  export default App;
```

2~3라인 : Content와 Footer 컴포넌트를 불러온다.

8라인 : Content 컴포넌트를 호출한다.

9라인 : Footer 컴포넌트를 호출한다.

```
본문 내용입니다.
푸터입니다.
```

전체적으로 이렇게 두 영역으로 나누어 표시된다. 이제 각 컴포넌트에 내용을 채워 넣자.

12.2 메인 화면 구성하기

상단 바 만들기

페이지의 상단 바를 만들어 보자. 상단 바를 CSS로 직접 만들 수도 있지만 부트스트랩을 사용하면 더 간편하게 만들 수 있다. 부트스트랩의 Navbar를 참고해 다음과 같이 코드를 작성한다.

Content.tsx

```
1   import { Navbar, Container, Nav } from 'react-bootstrap';
2
3   const Content : React.FC = () => {
4       return (
5         <div>
6          <Navbar style={{ backgroundColor: '#4169E1' }} data-bs-theme="dark">
7             <Container>
8               <Navbar.Brand href = "/"><h1>BookStore</h1></Navbar.Brand>
9               <Nav className="me-auto">
10                <Nav.Link href = "/">Home</Nav.Link>
11                <Nav.Link href = "/about">About</Nav.Link>
12                <Nav.Link href = "/list">Product</Nav.Link>
13                <Nav.Link href = "/contact">Contact</Nav.Link>
14              </Nav>
15            </Container>
16          </Navbar>
17        </div>
18      );
19    };
20    export default Content;
```

1라인 : Navbar, Container, Nav 컴포넌트를 불러온다.

6라인 : Navbar는 내비게이션 바를 구성하는 컴포넌트이다. 속성으로 data-bs-theme

를 dark로 설정해 다크 테마로 적용하고, 배경색은 RoyalBlue(#4169E1)로 지정한다.

8라인 : Navbar.Brand는 로고 또는 브랜드 이름을 표시하는 컴포넌트이다.

9라인 : me-auto는 부트스트랩의 유틸리티 클래스이다. 왼쪽 정렬을 하며 오른쪽에 남는 공간을 자동으로 채우는 방식이다.

10~13라인 : Nav.Link는 각 내비게이션 항목에 해당하는 링크이다. href 속성을 통해 해당 링크가 클릭되면 연결될 페이지를 지정한다.

다음과 같이 깔끔한 상단 페이지가 만들어진 것을 확인할 수 있다.

이미지 넣기

상단 바 아래에 책을 소개하는 책 이미지를 배치해 보자. 리액트에서 화면에 이미지를 출력하는 방법은 크게 두 가지가 있다. 첫 번째는 src 폴더 내부의 로컬 이미지를 사용하는 방법이고, 두 번째는 public 폴더 내부의 이미지를 사용하는 방법이다. 두 가지 방법을 모두 구현해 보자.

먼저 첫 번째 방법으로 src 폴더에 책 이미지를 끌어다 놓는다.

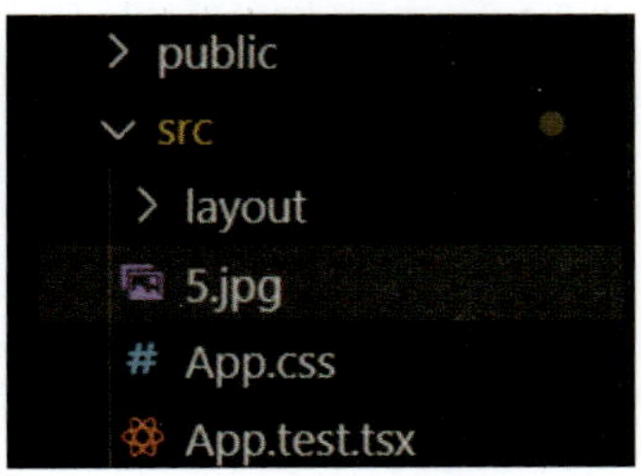

Content.tsx에 다음과 같이 작성한다.

Content.tsx

```
1   import { Navbar, Container, Nav } from 'react-bootstrap';
2   import book5 from '../5.jpg';  // 이미지 파일 경로
3
4   const Content : React.FC = () => {
5       return (
6         <div>
7           <Navbar style={{ backgroundColor: '#4169E1' }} data-bs-theme="dark">
8             <Container>
9               <Navbar.Brand href = "/"><h1>BookStore</h1></Navbar.Brand>
10              <Nav className="me-auto">
11                <Nav.Link href = "/">Home</Nav.Link>
12                <Nav.Link href = "/about">About</Nav.Link>
13                <Nav.Link href = "/list">Product</Nav.Link>
14                <Nav.Link href = "/contact">Contact</Nav.Link>
15              </Nav>
16            </Container>
17          </Navbar>
18          <div>
19            <img className="d-block w-100" src={book5} alt="모던 자바스크
20            립트&node.js" />
21          </div>
22        </div>
23      );
24    };
25    export default Content;
```

2라인 : 현재 소스 코드를 기준으로 5.jpg 파일 경로의 변수를 book5로 설정한다.

19~20**라인** : 부트스트랩을 사용해 이미지 속성을 설정한다. d-block은 display : block 스타일을 적용하는 것으로 블록 요소를 세로로 쌓이게 한다. w-100은 이미지 너비를 부모 요소에 맞게 100%로 설정하는 속성이다.

이번에는 public 폴더에 이미지를 넣어보자. 보통 이미지와 같은 변하지 않는 정적 리소스를 관리할 때는 public에 보관하는 방식을 사용한다. 프로젝트 빌드 시 src 폴더의 파일들은 트랜스파일링과 번들링 과정을 거쳐 여러 프로세스를 처리하지만, public 폴더의 파일은 빌드 프로세스에 포함되지 않아 원본 그대로 배포되므로 더 빠르고 직접적으로 처리된다.

다음과 같이 public 폴더 아래에 image 폴더를 생성하고 5.jpg 파일을 배치한다.

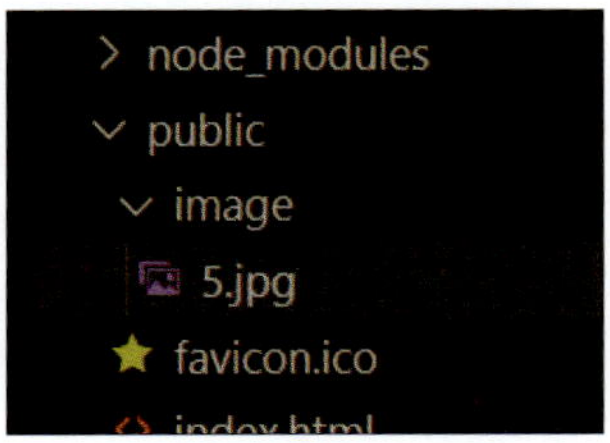

Content.tsx 코드를 다음과 같이 수정한다.

Content.tsx

```
import { Navbar, Container, Nav } from 'react-bootstrap';
import book5 from '../5.jpg';  // 이미지 파일 경로

```

```
4   const Content : React.FC = () => {
5       return (
6         ································ 중간 생략 ································
7         <div>
8           <img src = '/image/5.jpg'
9           className="d-block w-100" alt="모던 자바스크립트&node.js"></img>
10        </div>
11      </div>
12    );
13  };
14  export default Content;
```

2라인 : 기존 src 폴더 하위의 이미지 파일은 필요 없으므로 코드를 삭제한다.

8라인 : public 폴더의 파일을 절대 경로(/)로 접근할 수 있다. /image/5.jpg는 자동으로 public/image/5.jpg를 가리킨다.

9라인 : 부트스트랩을 사용한다. d-block으로 이미지 블록을 만들고 w-100으로 부모 컨테이너 너비에 맞추기 위해 100%로 설정한다.

출력 결과는 동일하다. 앞으로 프로젝트의 이미지 리소스는 public 폴더에서 관리할 예정이다.

이미지를 캐러셀에 적용하기

캐러셀(Carousel) 기능은 여러 이미지나 콘텐츠를 슬라이드 형식으로 순차적으로 보여주는 UI 컴포넌트이다. 일반적으로 웹 페이지나 애플리케이션에서 이미지 갤러리나 추천 상품을 표시할 때 사용된다.

도서 이미지 한 장만 단독으로 표시되는 것보다는 추천 도서를 슬라이드 형식으로 나열하여 순차적으로 보여주는 게 더 멋진 화면을 만들 수 있을 것이다. 리액트에서 캐러셀을 쉽게 사용하려면 리액트 부트스트랩의 캐러셀 컴포넌트를 활용하면 된다. 리액트 부트스트랩 사이트에서 해당 컴포넌트의 캐러셀 코드를 참고하자.

먼저 캐러셀 코드를 별도로 관리할 컴포넌트 파일을 생성하자. 특정 기능을 담당하는 컴포넌트들은 구분해서 관리하는 것이 좋다. src 폴더 하위에 components 폴더를 생성하고 그 안에 Carousel.tsx 파일을 생성한 후 다음과 같이 코드를 작성한다.

Carousel.tsx

```
import React from 'react';
import { Carousel } from 'react-bootstrap';
import '../App.css';

const MyCarousel: React.FC = () => {
  return (
    <Carousel>
      <Carousel.Item>
        <div className="carousel-item-custom">
            <img
              className="fixed-size-img"
              src = '/image/5.jpg'
              alt="First slide"
            />
        </div>
      </Carousel.Item>

      <Carousel.Item>
        <div className="carousel-item-custom">
          <img
            className="fixed-size-img"
            src = '/image/6.jpg'
            alt="Second slide"
          />
        </div>
      </Carousel.Item>

      <Carousel.Item>
        <div className="carousel-item-custom">
          <img
            className="fixed-size-img"
            src = '/image/7.jpg'
            alt="Third slide"
          />
        </div>
      </Carousel.Item>
```

```
37      </Carousel>
38    );
39  };
40
41  export default MyCarousel;
```

2라인 : 리액트 부트스트랩에서 제공하는 캐러셀 컴포넌트 기능을 사용한다.

5라인 : MyCarousel 이름으로 함수형 컴포넌트를 생성한다.

7라인 : Carousel은 여러 슬라이드를 순차적으로 보여주는 캐러셀 기능을 제공한다.

8라인 : 캐러셀에서 하나의 슬라이드를 나타낸다. 이 컴포넌트 안에 이미지나 여러 내용을 넣어 하나의 슬라이드를 구성할 수 있다.

9라인 : carousel-item-custom은 App.css에 정의할 스타일로 슬라이드 배경을 설정하기 위해 추가했다.

10~14라인 : img 태그를 통해 슬라이드에 표시할 이미지를 불러온다. 이미지 크기는 fixed-size-img 스타일을 통해 고정된다. 이미지는 public 폴더의 image 디렉터리에서 5.jpg 이미지를 불러온다.

18~36라인 : 앞에서 하나의 슬라이드를 추가했던 과정을 그대로 반복하여 2개의 슬라이드를 더 추가한다.

41라인 : MyCarousel 컴포넌트를 외부로 내보낸다.

carousel-item-custom 스타일을 App.css에 추가한다.

App.css

```css
.carousel-item-custom {
  background-color: #c6d6e0;
  display: flex;
  justify-content: center;
  align-items: center;
  height: 550px; /* 원하는 높이 설정 */
}

```

```
9   .carousel-item-custom img {
10    height: 500px; /* 고정된 이미지 높이 */
11    object-fit: cover; /* 이미지가 고정된 영역에 맞춰지도록 */
12  }
13
14  ······························ 이하 생략 ······························
```


1~7라인 : 이 클래스 선택자는 슬라이드 배경을 설정하고 이미지를 가운데 정렬하며 슬라이드 높이를 550px로 고정한다.

9~12라인 : height 속성은 캐러셀 안의 이미지 높이를 500px로 고정한다. 이 속성으로 인해 이미지는 항상 동일한 높이로 출력되며, 창 크기나 해상도에 상관없이 고정된 크기를 유지한다.

object-fit 속성을 cover로 설정하면 이미지의 크기와 비율을 유지하면서 고정된 크기 안에 이미지를 맞추는 방식으로 지정한다. 결과적으로 이미지는 왜곡되지 않고 슬라이드 영역을 완전히 덮는다.

완성된 캐러셀의 기능을 화면에 적용해 보자.

Content.tsx

```
import { Navbar, Container, Nav } from 'react-bootstrap';
import MyCarousel from '../components/Carousel';

const Content : React.FC = () => {
    return (
      <div>
        <Navbar style={{ backgroundColor: '#4169E1' }} data-bs-theme="dark">
          <Container>
            <Navbar.Brand href = "/"><h1>BookStore</h1></Navbar.Brand>
            <Nav className="me-auto">
              <Nav.Link href = "/about">About</Nav.Link>
              <Nav.Link href = "/list">Product</Nav.Link>
              <Nav.Link href = "/contact">Contact</Nav.Link>
            </Nav>
          </Container>
```

```
17            </Navbar>
18            <MyCarousel></MyCarousel>
19          </div>
20        );
21      };
22      export default Content;
```

2라인 : Carousel.tsx 파일에 정의한 MyCarousel 컴포넌트를 불러온다.

18라인 : 앞서 만든 캐러셀 컴포넌트인 MyCarousel을 호출하여 화면에 렌더링한다.

현재 5.jpg 이미지만 있어서 6.jpg와 7.jpg는 출력되지 않는다. 두 이미지를 public\image 폴더에 추가한다.

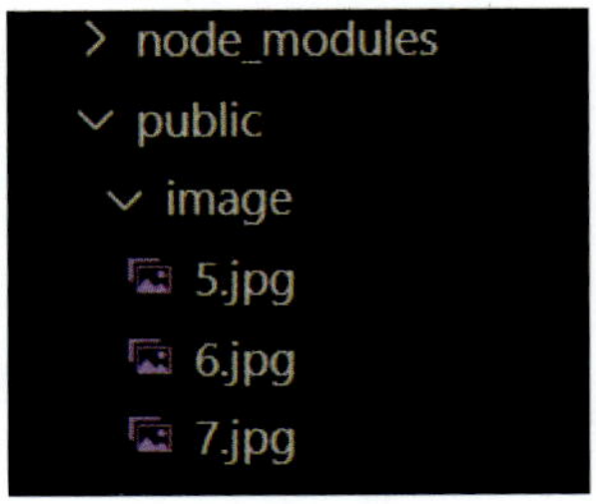

페이지 화면에 다음과 같이 캐러셀이 적용된 슬라이드 이미지가 나타난다.

12.3 도서 상품 데이터 가져오기

베스트 도서 상품 데이터 만들기

베스트 도서 상품 데이터를 3개 정도 준비해서 화면에 표시하기 위해 데이터는 서버에서 받았다고 가정하자. 서버에서 json 형식으로 데이터를 받았다면 보통 다음과 같은 데이터 구조로 전달된다.

```
[{}, {}, {}]
```

전체적으로 대괄호([ ])로 구성된 배열 구조이며, 그 안에 중괄호({ })로 이루어진 오브젝트 자료형이 들어있는 형태이다. 도서 상품 데이터를 이 형식에 맞추어 대입하도록 한다. src 폴더 하위에 data 폴더를 생성하고 그 안에 Bookdata.ts 파일을 추가하자.

Bookdata.ts

```
// Bookdata.ts
export interface Book {
    id: number;
    title: string;
    content: string;
    price: number;
    author: string;
    star: string;
}

const bookdata: Book[] = [
  {
    id: 4,
    title: '모던 자바스크립트&Nodejs',
    content: '초보자를 위한 백엔드 입문서입니다.',
    price: 34000,
```

```
17        author: '이창현',
18        star: '⭐⭐⭐⭐⭐'
19      },
20      {
21        id: 5,
22        title: '내 생애 첫 번째 코딩 앱인벤터',
23        content: '코딩을 처음 시작하는 초보자를 위한 과정입니다.',
24        price: 22000,
25        author: '이창현',
26        star: '⭐⭐⭐⭐⭐'
27      },
28      {
29        id: 6,
30        title: 'C# 프로그래밍의 정석',
31        content: '닷넷을 시작하는 초보자를 위한 책입니다.',
32        price: 26000,
33        author: '이창현',
34        star: '⭐⭐⭐⭐⭐'
35      },
36    ];
37
38    export default bookdata;
```

2~9라인 : Book 인터페이스는 책 데이터의 타입 구조를 정의한 것으로, 이 데이터의 각 속성이 어떤 타입을 가질지 명확히 지정하고 있다. id는 책의 고유 식별자, title은 책의 제목, content는 책의 내용, price는 책의 가격, author는 저자의 이름, star는 책의 평점을 나타낸다.

11라인 : bookdata는 Book 타입의 객체를 여러 개 담고 있는 배열이다. 이 배열은 여러 책의 정보를 저장하고 있다.

12~35라인 : 각각의 책은 Book 인터페이스에 정의된 구조에 따라 id, title, content, price, author, star 속성을 포함한다.

38라인 : bookdata를 외부에 내보낸다.

> **알아두세요** .ts와 .tsx 파일은 모두 타입스크립트 파일이지만 약간의 차이가 있다. ts는 타입스크립트 코드를 작성할 때 사용하는 확장자로, 주로 타입의 정의, 함수, 클래스, 데이터 등의 로직을 작성할 때 사용한다. 반면, tsx는 타입스크립트와 JSX를 함께 사용하는데 리액트 컴포넌트를 타입스크립트로 작성할 때 주로 사용된다. 즉, JSX 구문이 포함된 타입스크립트 파일은 tsx 확장자를 사용해야 한다.

데이터 가져오기

bookdata를 불러들여 데이터를 가져오자. 데이터를 화면에 출력하려면 Content.tsx에서 가져와야 하므로 다음과 같이 코드를 작성한다.

Content.tsx

```
1    import { Navbar, Container, Nav } from 'react-bootstrap';
2    import MyCarousel from '../components/Carousel';
3    import bookdata, { Book } from '../data/Bookdata';
4    import { useState } from 'react';
5
6    const Content : React.FC = () => {
7        const [books, setBook] = useState<Book[]>(bookdata);
8        console.log(books);
9        return (
10          ······························ 중간 생략 ······························
11       );
12     };
13     export default Content;
```

3라인 : bookdata는 Bookdata.ts 파일에서 가져온 도서 데이터 정보이다. {Book}은 Bookdata.ts에서 정의한 도서 객체의 타입을 그대로 가져온다.

4라인 : useState 훅을 사용하기 위해 추가한다.

7라인 : books는 useState 훅을 통해 관리되는 상태 변수로 Book 타입의 배열이다. bookdata 데이터를 그대로 books에 저장한다. setBook은 books의 변경 함수이다. books는 상태 변수이므로 도서 정보가 변경되면 자동 재렌더링된다.

8라인 : 현재 books 상태 변수에 저장된 값을 개발자 도구 콘솔에 출력한다. 즉, bookdata가 books에 정상적으로 데이터를 넘겨주었는지 확인하기 위함이다.

개발자 도구를 통하여 데이터 상태를 확인해 보자.

```
                                              Content.tsx:9
▼ (3) [{…}, {…}, {…}] i
  ▼ 0:
      author: "이창현"
      content: "초보자를 위한 백엔드 입문서입니다."
      id: 4
      price: 34000
      star: "★★★★★"
      title: "모던자바스크립트&Nodejs"
    ▶ [[Prototype]]: Object
  ▶ 1: {id: 5, title: '내 생애 첫번째 코딩 앱인벤터', c
  ▼ 2:
      author: "이창현"
      content: "닷넷을 시작하는 초보자를 위한 책입니다"
      id: 6
      price: 26000
      star: "★★★★★"
      title: "C# 프로그래밍의 정석"
    ▶ [[Prototype]]: Object
    length: 3
  ▶ [[Prototype]]: Array(0)
```

BookItem 컴포넌트 만들기

넘겨받은 books 데이터를 기반으로 화면에 도서 정보를 출력해 보자. 캐러셀 하단에 3권의 도서를 수평으로 배치하려면 표나 행렬 형태로 구성하면 된다. 이때 리액트 부트스트랩에서 제공하는 Row와 Col 컴포넌트를 사용해 레이아웃을 구성하고, Card 컴포넌트를 사용하여 각 도서의 내용을 표현해 보자.

Content.tsx

```
import {Navbar,Container,Nav,Col,Row,Card,Button }from 'react-bootstrap';
import MyCarousel from '../components/Carousel';
import bookdata, { Book } from '../data/Bookdata';
import { useState } from 'react';
import { Link } from 'react-router-dom';

const Content : React.FC = () => {
    let [books, setBook] = useState<Book[]>(bookdata);
    console.log(books);
    return (
      <div>
```

```
    <Navbar style={{ backgroundColor: '#4169E1' }} data-bs-theme="dark">
      <Container>
        <Navbar.Brand href = "/"><h1>BookStore</h1></Navbar.Brand>
        <Nav className="me-auto">
          <Nav.Link href = "/">Home</Nav.Link>
          <Nav.Link href = "/about">About</Nav.Link>
          <Nav.Link href = "/list">Product</Nav.Link>
          <Nav.Link href = "/contact">Contact</Nav.Link>
        </Nav>
      </Container>
    </Navbar>
    <MyCarousel></MyCarousel>

    <Container>
      <div className="project_header_container">
        <h1 className="project_header">베스트셀러</h1>
        <div className="hr"></div>
      </div>
      <Row className="text-center">
        {books.map((book) => (
          <Col sm={6} md={4} key={book.id} className="box p-4">
            <Card className="border rounded shadow-sm p-3"
            style={{ height: '500px', width: '300px' }}>
              <Card.Body>
                <Card.Img
                  variant="top"
                  src={`/image/${book.id + 1}.jpg`}
                  style={{ height: '240px', width: '173px',
                  objectFit: 'cover' }}
                  alt={book.title}
                />
                <Card.Title className='title'>{book.title}
                </Card.Title>
                <div className='description'>
                  <span className='author'>작가: {book.author}
                  </span>
                  <p></p>
                  <span className='star'>별점: {book.star}</span>
                  <p></p>
                </div>
```

```
53                  </Card.Body>
54                  <div className="linkTo">
55                    <Link to="/">
56                      <Button variant="primary">자세히 보기</Button>
57                    </Link>
58                  </div>
59                </Card>
60              </Col>
61            ))}
62          </Row>
63        </Container>
64      </div>
65    );
66  };
67  export default Content;
```

1라인 : Row, Col, Card, Button 부트스트랩 컴포넌트들을 추가한다.

5라인 : Link와 Button을 사용하여 〈자세히 보기〉 버튼을 구현한다. 버튼 클릭 시 링크 기능을 위해 추가한다.

25~63라인 : Container 안에 있는 Row와 Col 구조를 이용해 책의 목록을 배치한다.

26~29라인 : '베스트셀러' 타이틀을 스타일링한다. 스타일은 아래 App.css 파일의 내용을 참고한다.

30라인 : Row는 모든 도서 아이템을 한 줄로 배치하는 컨테이너 역할을 하며 그 안에서 Col은 각각의 도서 카드를 감싼다.

31라인 : books 배열의 각 요소를 반복해 출력한다. 이 배열은 도서의 정보 id, title, author, star 등의 정보를 담고 있다.

32라인 : sm = {6} md = {4}는 화면 크기에 따라 각 카드의 크기를 조절하는 역할을 한다. sm은 small의 약자로 작은 화면인 경우를 나타내고, md는 medium의 약자로 중간 화면인 경우를 나타낸다. 숫자 6, 4 등은 그리드의 12개 컬럼 중 해당 요소가 차지하는 비율을 의미한다.

33~34라인 : Card는 각각의 도서 정보를 표시하는 카드 컴포넌트이다. 카드에 테두리, 둥근 모서리, 그림자 효과를 적용하고 높이 500px, 너비 300px로 고정한다.

36라인 : 도서 이미지를 보여주는 부분이다.

38라인 : 이미지 경로는 public 폴더의 image 디렉터리에서 해당 도서 id를 기반으로 가져온다.

39~40라인 : 이미지 크기를 고정하고, objectFit: 'cover'를 사용해 이미지가 고정된 영역을 넘치거나 왜곡되지 않도록 조절한다.

43~44라인 : 도서의 제목을 표시하는 컴포넌트이다. 제목은 book.title에서 가져온다.

46~47라인 : 도서의 저자를 표시하는 컴포넌트이다. 작가는 book.author에서 가져온다.

49라인 : 도서의 별점을 표시하는 컴포넌트이다. 별점은 book.star에서 가져온다.

54라인 : Link와 Button 컴포넌트를 조합하여 Link를 통해 다른 경로로 이동할 수 있게 구성한다. 이 버튼을 클릭하면 '/'로 이동한다. 다른 경로로 이동하도록 수정할 수도 있다.

55라인 : 부트스트랩의 기본 버튼인 primary 버튼을 적용한다.

베스트셀러 타이틀을 스타일링해 보자. App.css에 다음과 같이 클래스 선택자를 추가한다.

App.css

```
.project_header{
  color: #25282B;
  text-align: center;
  font-family: Poppins;
  font-size: 48px;
  font-style: normal;
  font-weight: 700;
  line-height: 72px;
}
.hr{
  width: 100px;
  height: 4px;
  border-radius: 2px;
  background-color: #FDC435;
}
.project_header_container{
  margin-top: 120px;
  margin-bottom: 80px;
  display: flex;
  flex-direction: column;
  align-items: center;
}
 ····································· 이하 생략 ·····································
```

1~9라인 : 헤더 텍스트 스타일을 지정한다. 텍스트 색상을 짙은 회색으로 중앙 정렬한다. 폰트는 48px, 텍스트의 줄 간격은 72px로 넉넉하게 설정한다.

10~15라인 : 수평선 스타일을 지정한다. 가로줄 너비를 100px, 높이를 4px로 설정하여 두꺼운 선처럼 나타낸다. 가로줄의 색은 노란색 둥근 모서리로 설정한다.

16~22라인 : 상단에 120px 여백을 주고, 하단에는 80px의 여백을 준다. 자식 요소들을 수평 방향으로 중앙 정렬한다.

이렇게 스타일링이 끝나면 화면에 잘 출력될 것 같지만 오류가 발생한다. 오류의 원인은 BrowserRouter가 없는 상태에서 Link를 사용했기 때문이다. Link는 BrowserRouter로 애플리케이션이 감싸져 있을 때만 올바르게 동작한다.

먼저 react-router-dom을 설치한다. 설치는 터미널에서 다음과 같이 입력한다.

```
$ npm install react-router-dom
```

설치가 끝나면 react-router-dom 라이브러리를 사용해 보자. Link를 사용하는 컴포넌트의 상위 컴포넌트는 BrowserRouter로 감싸져 있어야 한다. 최상위 컴포넌트가 〈App/〉이므로 가장 안전한 방법은 〈App/〉을 BrowserRouter로 감싸는 것이다.

main.tsx

```
import React from 'react';
import ReactDOM from 'react-dom/client';
import './index.css';
import App from './App';
import reportWebVitals from './reportWebVitals';
import 'bootstrap/dist/css/bootstrap.min.css';
import { BrowserRouter } from 'react-router-dom';

const root = ReactDOM.createRoot(
  document.getElementById('root') as HTMLElement
);
root.render(
  <React.StrictMode>
    <BrowserRouter>
```

```
15        <App />
16      </BrowserRouter>
17    </React.StrictMode>
18  );
```

7라인 : BrowserRouter 컴포넌트는 앱에 라우팅 기능을 추가해 URL에 따라 다른 페이지를 렌더링할 수 있도록 한다.

14~16라인 : 브라우저의 URL을 기반으로 라우팅 처리를 한다. 이 컴포넌트로 애플리케이션을 감싸면 애플리케이션 내에서 페이지 간에 URL을 통해 이동할 수 있다. Link, Route 등의 라우팅 관련 컴포넌트가 이 안에서 동작할 수 있다.

동작하면 베스트셀러 도서 항목이 그리드 형식에 맞게 출력되는 것을 확인할 수 있다.

출력은 잘 되지만 가독성을 위해 베스트셀러를 출력하는 코드를 분리해 보자.

components 폴더 하위에 BookItem.tsx 이름으로 파일을 생성하고, BookItem 이름으로 기본 컴포넌트 코드를 작성하자.

BookItem.tsx

```
1   import { Book } from '../data/Bookdata';
2   import { Col, Card, Button } from 'react-bootstrap';
3   import { Link } from 'react-router-dom';
4
5   interface BookItemProps {
6       book: Book;
7   }
8
9   const BookItem : React.FC<BookItemProps> = ({ book }) => {
10      return(
11          <div>
12          </div>
13      );
14  }
15  export default BookItem;
```

1라인 : Book 타입은 data/Bookdata.ts에서 정의한 타입을 참조한다.

2라인 : 부트스트랩에서 필요한 Col, Card, Button 컴포넌트만 가져온다.

5~7라인 : BookItem 컴포넌트에 전달되는 props 타입을 인터페이스로 정의한다. Book 타입으로 book 데이터를 받아오며 Bookdata.ts에서 가져온 도서의 정보들이다.

9라인 : BookItem 컴포넌트를 정의한다. 프롭스로 book이라는 props를 구조 분해 할당으로 받는다. 이 book 객체는 BookItemProps에서 정의한 대로 Book 타입이어야 한다.

BookItem 컴포넌트가 생성되면 Content.tsx에 작성했던 베스트셀러 출력 코드 일부를 그대로 이 파일에 복사하여 붙여 넣자.

BookItem.tsx

```
import { Book } from '../data/Bookdata';
import { Col, Card, Button } from 'react-bootstrap';
import { Link } from 'react-router-dom';

interface BookItemProps {
    book: Book;
  }

const BookItem : React.FC<BookItemProps> = ({ book }) => {
    return(
        <Col sm={4} md={4} key={book.id} className="box p-4">
            <Card className="border rounded shadow-sm p-3" style={{
                height: '500px', width: '300px' }}>
                   <Card.Body>
                      <Card.Img
                          variant="top"
                          src={`/image/${book.id + 1}.jpg`}
                          style={{ height: '240px', width: '173px',
                          objectFit: 'cover' }}
                          alt={book.title}
                      />
                      <Card.Title className='title'>{book.title}</Card.Title>
                      <div className='description'>
                          <span className='author'>작가: {book.author}</span>
                          <p></p>
                          <span className='star'>별점: {book.star}</span>
                          <p></p>
                      </div>
                   </Card.Body>
                   <div className="linkTo">
                       <Link to="/">
                           <Button variant="primary">자세히 보기</Button>
                       </Link>
                   </div>
            </Card>
        </Col>
    );
}

export default BookItem;
```

11~36라인 : <Col></Col> 사이의 코드를 그대로 복사해 붙여 넣는다. BookItem 컴포넌트는 도서 1권에 대한 정보를 프롭스로 전달받아 렌더링하는 기능이다.

<Col></Col> 사이의 코드가 BookItem 컴포넌트로 분리되었으므로 Content.tsx 코드를 다음과 같이 수정한다.

Content.tsx

```
import { Navbar, Container, Nav, Row } from 'react-bootstrap';
import MyCarousel from '../components/Carousel';
import bookdata, { Book } from '../data/Bookdata';
import { useState } from 'react';
import BookItem from '../components/BookItem';

const Content : React.FC = () => {
    let [books, setBook] = useState<Book[]>(bookdata);
    console.log(books);
    return (
      <div>
      <Navbar style={{ backgroundColor: '#4169E1' }} data-bs-theme="dark">
          <Container>
            <Navbar.Brand href = "/"><h1>BookStore</h1></Navbar.Brand>
            <Nav className="me-auto">
              <Nav.Link href = "/">Home</Nav.Link>
              <Nav.Link href = "/about">About</Nav.Link>
              <Nav.Link href = "/list">Product</Nav.Link>
              <Nav.Link href = "/contact">Contact</Nav.Link>
            </Nav>
          </Container>
        </Navbar>
        <MyCarousel></MyCarousel>
        <Container>
          <div className="project_header_container">
            <h1 className="project_header">베스트셀러</h1>
            <div className="hr"></div>
          </div>
          <Row className="text-center">
            {books.map((book) => {
              return <BookItem key={book.id} book={book} />
            })}
```

```
33              </Row>
34            </Container>
35          </div>
36
37        );
38      };
39      export default Content;
```

30~32라인 : books 배열의 각 도서인 book을 순회하여 해당 book 정보(도서의 제목, 내용, 작가, 별점 등)를 BookItem에 프롭스로 전달하고 이것을 한 행의 열로 렌더링한다.

> **알아두세요** key = {book.id}에서 키 값을 map에서 생성한 반복 카운터를 속성으로 사용하는 것보다는 book 데이터의 고유한 식별자로 정의한 id를 속성으로 사용하는 것이 더 효율적이다.

코드는 더욱 가독성 있게 변경되었지만 화면 UI의 결과는 동일하다.

12.4 푸터 만들기

Footer 컴포넌트 내용 추가하기

홈 화면의 UI가 거의 만들어졌다. 이제 앞서 만들었던 Footer.tsx의 Footer 컴포넌트 내용을 추가해 보자.

Footer.tsx

```
1  import { Container } from 'react-bootstrap';
2
3  const Footer : React.FC = () => {
4      return(
5          <footer className="text-white py-1 mt-3" style={{ backgroundColor:
6          '#4169E1' }}>
7              <Container className="text-center">
8                  대표 : 이창현<br />
9                  이메일 : <a href="mailto:jamsuham75@naver.com" className="text-
10                 white">jamsuham75@naver.com</a><br />
11                 블로그 : <a href="https://blog.naver.com/jamsuham75"
12                 className="text-white" target="_blank" rel="noopener
13                   noreferrer">https://blog.naver.com/jamsuham75</a><br />
14                 Copyright © 이창현코딩연구소 Corp. All Rights Reserved.<br />
15             </Container>
16         </footer>
17     )
18 }
19 export default Footer;
```

5라인 : <footer>는 웹 페이지 하단에 위치하는 정보들을 나타낸다. 텍스트를 흰색으로 설정하고 배경색을 파란색으로 설정한다.

7라인 : 부트스트랩의 Container 컴포넌트를 사용하여 하위 내용은 모두 중앙 정렬된 레이아웃을 제공한다.

8~14라인 : 대표 이름, 이메일 주소, 블로그 링크, 저작권 정보 등의 내용을 추가한다.

실행하면 페이지 하단에 푸터 내용이 추가된 것을 확인할 수 있다. 홈 화면이 완성되었다.

12.5 라우팅하기

라우터로 페이지 나누기

특정 웹사이트에서 페이지 접속 시 URL 주소창을 살펴보면 도메인은 같지만 요청 URL이 다름을 확인할 수 있다. 다음의 두 페이지를 살펴보자.

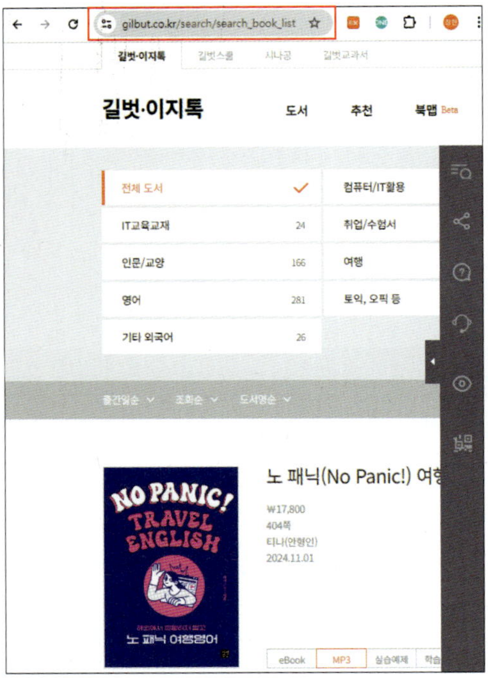

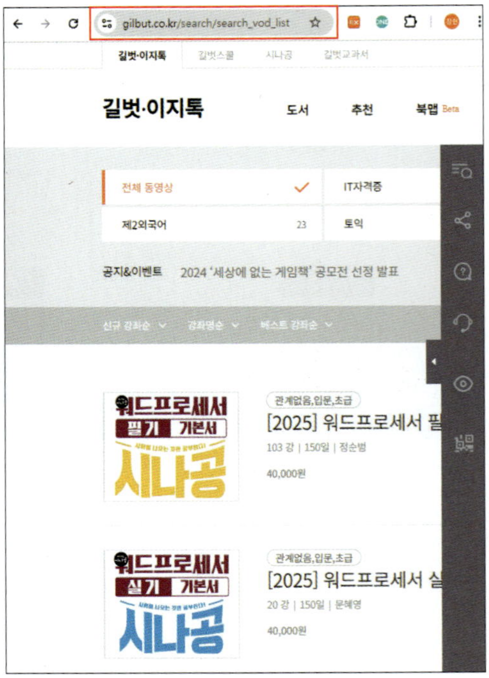

URL을 살펴보면 다음과 같다.

```
https://www.gilbut.co.kr/search/search_book_list
https://www.gilbut.co.kr/search/search_vod_list
```

페이지를 구성해 보면 어떨까? 예를 들어 localhost:3000/list로 접속하면 상품 목록 페이지로 이동하고, localhost:3000/contact로 접속하면 연락처 페이지로 이동하는 방식이다. 이러한 작업을 처리하는 라이브러리가 바로 react-router-dom이다.

우리는 이미 앞서 Link 태그를 사용하기 위해 react-router-dom을 설치했으므로 바로 사용할 수 있다. 그리고 index.tsx에서 BrowerRouter가 추가되어 있는지 다시 한 번 확인한다.

```
import 'bootstrap/dist/css/bootstrap.min.css';
import { BrowserRouter } from 'react-router-dom';

const root = ReactDOM.createRoot(
  document.getElementById('root') as HTMLElement
);
root.render(
  <React.StrictMode>
    <BrowserRouter>
      <App />
    </BrowserRouter>
  </React.StrictMode>
);
```

이제 본격적으로 라우터를 사용해 보자. Content.tsx에 라우터 기능을 추가한다.

Content.tsx

```
import { Navbar, Container, Nav, Row } from 'react-bootstrap';
import MyCarousel from '../components/Carousel';
import bookdata, { Book } from '../data/Bookdata';
import { useState } from 'react';
import BookItem from '../components/BookItem';
import { Route, Routes} from 'react-router-dom';

const Content : React.FC = () => {
    let [books, setBook] = useState<Book[]>(bookdata);
    console.log(books);
    return (
      <div>
      ...................................... 중간 생략 ......................................
       <Container>
         <div className="project_header_container">
           <h1 className="project_header">베스트셀러</h1>
           <div className="hr"></div>
         </div>
```

```
19            <Row className="text-center">
20              {books.map((book) => {
21                return <BookItem key={book.id} book={book} />
22              })}
23            </Row>
24          </Container>
25          <Routes>
26            <Route path="/about" element={<AboutPage />} />
27            <Route path="/list" element={<ListPage />} />
28            <Route path="/contact" element={<ContactPage />} />
29            <Route path="/cart" element={<CartPage />} />
30            <Route path='/detail/' element={<DetailPage />} />
31            <Route path="/login" element={<LoginPage />} />
32          </Routes>
33        </div>
34      );
35    };
36    export default Content;
```

6라인 : Routes와 Route를 불러온다. Routes는 라우트들을 정의할 때 사용하고, Route는 특정 URL 경로와 해당 경로에 맞는 컴포넌트를 연결한다.

25라인 : Routes는 Route들을 포함하는 컨테이너이다.

26라인 : Route는 특정 URL 경로에 맞는 해당 컴포넌트를 렌더링한다.

26~31라인 : path에 경로 정보를 작성하고, element = {}에 경로에 연결할 컴포넌트를 등록한다.

```
<Route path = "요청 경로" element={컴포넌트} />
```

요청 URL이 등록한 요청 경로와 일치할 때 해당 경로에 정의된 컴포넌트가 렌더링된다.

'/'는 루트 경로이고, 나머지 경로들은 우리가 메뉴로 등록한 항목들이다. 아직 각 컴포넌트들을 만들지 않았으므로 이제 하나씩 차근차근 만들어 보자. 페이지 컴포넌트들을 관리할 폴더를 src 하위에 pages 폴더로 추가한다.

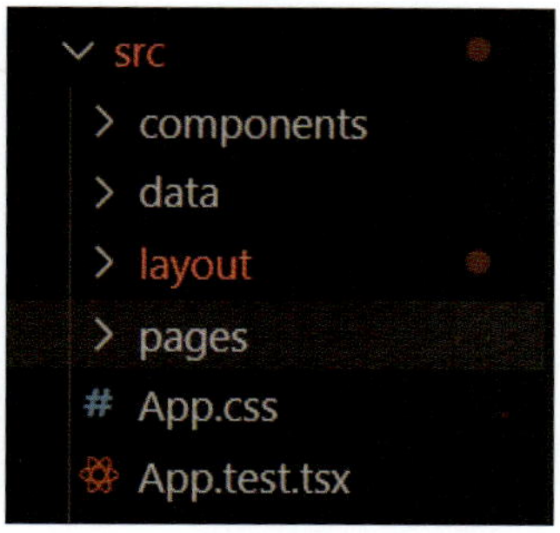

각 페이지에 대한 컴포넌트들의 경로를 불러온다.

Content.tsx

```
1   import { Navbar, Container, Nav, Row } from 'react-bootstrap';
2   import MyCarousel from '../components/Carousel';
3   import bookdata, { Book } from '../data/Bookdata';
4   import { useState } from 'react';
5   import BookItem from '../components/BookItem';
6   import { Route, Routes} from 'react-router-dom';
7   import AboutPage from '../pages/AboutPage';
8   import ListPage from '../pages/ListPage';
9   import ContactPage from '../pages/ContactPage';
10  import CartPage from '../pages/CartPage';
11  import DetailPage from '../pages/DetailPage';
12  import LoginPage from '../pages/LoginPage';
13
14  const Content : React.FC = () => {
15      let [books, setBook] = useState<Book[ ]>(bookdata);
16      console.log(books);
17      return (
18        <div>
19        ........................................ 중간 생략 ........................................
20        </div>
21      );
22    };
23    export default Content;
```

7~12라인 : 여러 페이지 컴포넌트들을 불러들이는 코드이다. 아직 pages 폴더 하위에 각 파일을 생성하지 않았지만 미리 추가한다.

이 상태에서는 파일이 존재하지 않으므로 오류가 나타날 것이다. 각 파일을 생성하고 기본 코드만 작성해 보자. pages 폴더 하위에 AboutPage.tsx 파일을 생성한다.

AboutPage.tsx

```
import React from 'react';

const AboutPage: React.FC = () => {
    return (
        <div>
            사이트에 대하여
        </div>
    );
}
export default AboutPage;
```

pages 폴더 하위에 CartPage.tsx 파일을 생성한다.

CartPage.tsx

```
import React from 'react';

const CartPage: React.FC = () => {
    return (
        <div>
            장바구니 페이지
        </div>
    );
}
export default CartPage;
```

pages 폴더 하위에 ContactPage.tsx 파일을 생성한다.

ContactPage.tsx

```
import React from 'react';

const ContactPage: React.FC = () => {
    return (
        <div>
            연락처 페이지
        </div>
```

```
    );
}
export default ContactPage;
```

pages 폴더 하위에 DetailPage.tsx 파일을 생성한다.

DetailPage.tsx

```
import React from 'react';

const DetailPage: React.FC = () => {
    return (
        <div>
            상세 페이지
        </div>
    );
}
export default DetailPage;
```

pages 폴더 하위에 ListPage.tsx 파일을 생성한다.

ListPage.tsx

```
import React from 'react';

const ListPage: React.FC = () => {
    return (
        <div>
            도서 데이터 목록
        </div>
    );
}
export default ListPage;
```

pages 폴더 하위에 LoginPage.tsx 파일을 생성한다.

LoginPage.ts

```
import React from 'react';

```

```
const DetailPage: React.FC = () => {
    return (
        <div>
            로그인 페이지
        </div>
    );
}
export default DetailPage;
```

브라우저의 URL 창에 'http://localhost:5173/about', 'http://localhost:5173/list'와 같이 등록한 요청 라우터를 입력해 보자. 결과를 보면 다음과 같다.

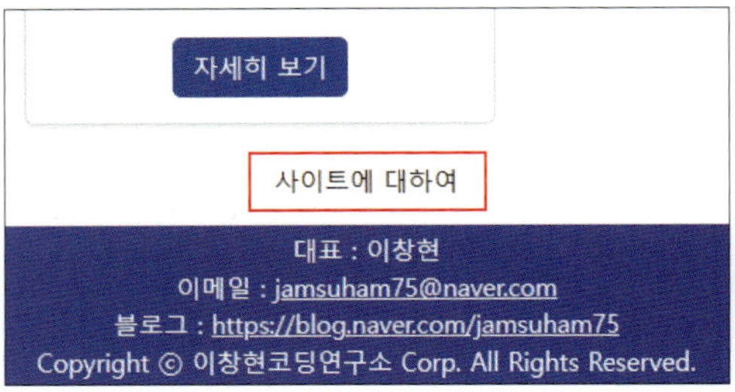

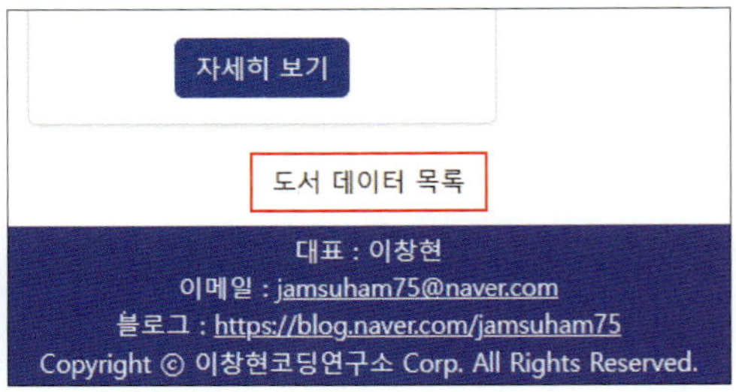

라우터 요청에 의해 등록한 컴포넌트들이 각 요청에 맞게 잘 동작하는 것을 확인할 수 있다. 그런데 문제가 하나 있다. 결과 화면을 보면 각 요청의 결과가 현재 홈 화면 하단에 출력되는 것을 확인할 수 있다. 우리가 원하는 형태는 요청에 대한 결과가 항상 홈 화면과 함께 나타나는 것이 아니라 각 페이지의 내용만 렌더링되는 것이다. 그래서 '/'와 같은 루트 경로 요청 시에만 홈 화면이 나타나고, 각 요청에 따라 해당 페이지가 출력되도록 구조를 변경해 보자.

src\pages 폴더 하위에 HomePage.tsx 파일을 추가하고 기본 코드를 생성한다.

HomePage.tsx

```
import React from 'react';

const HomePage: React.FC = () => {
    return (
        <div>
```

```
            홈 화면
        </div>
    );
}
export default HomePage;
```

NavBar와 Footer는 어떤 페이지든 나타내고, 홈 화면에서만 추천 도서 캐러셀과 베스트셀러가 나타나도록 구조를 변경한다. 기존 Content.tsx 내용의 일부를 HomePage.tsx로 이동한다.

HomePage.tsx

```
1   import React, { useState } from 'react';
2   import MyCarousel from '../components/Carousel';
3   import { Container, Row } from 'react-bootstrap';
4   import BookItem from '../components/BookItem';
5   import bookdata, { Book } from '../data/Bookdata';
6
7   const HomePage: React.FC = () => {
8       let [books, setBook] = useState<Book[]>(bookdata);
9       return (
10          <div>
11              <MyCarousel></MyCarousel>
12              <Container>
13                <div className="project_header_container">
14                    <h1 className="project_header">베스트셀러</h1>
15                    <div className="hr"></div>
16                </div>
17                <Row className="text-center">
18                    {books.map((book) => {
19                       return <BookItem key={book.id} book={book} />
20                    })}
21                </Row>
22              </Container>
23          </div>
24      );
25  }
26  export default HomePage;
```

1~5라인 : 기존 Content.tsx에 있던 필요한 라이브러리 목록을 그대로 불러온다.

8라인 : 5라인의 Bookdata 데이터를 상태 변수로 가져와 books에 도서 정보를 배열로 담는다.

11라인 : 캐러셀 형태의 컴포넌트를 호출한다.

12~22라인 : 기존 베스트셀러 도서 목록을 렌더링하는 코드를 그대로 가져왔다.

Content.tsx는 다음과 같이 수정한다. 기존 HomePage.tsx로 일부 이관된 코드들을 삭제하기만 하면 된다.

Content.tsx

```
import { Navbar, Container, Nav } from 'react-bootstrap';
import { Route, Routes} from 'react-router-dom';
import AboutPage from '../pages/AboutPage';
import ListPage from '../pages/ListPage';
import ContactPage from '../pages/ContactPage';
import CartPage from '../pages/CartPage';
import DetailPage from '../pages/DetailPage';
import LoginPage from '../pages/LoginPage';
import HomePage from '../pages/HomePage';

const Content : React.FC = () => {
    return (
     <div>
        <Navbar style={{ backgroundColor: '#4169E1' }} data-bs-theme="dark">
          <Container>
            <Navbar.Brand href = "/"><h1>BookStore</h1></Navbar.Brand>
            <Nav className="me-auto">
              <Nav.Link href = "/">Home</Nav.Link>
              <Nav.Link href = "/about">About</Nav.Link>
              <Nav.Link href = "/list">Product</Nav.Link>
              <Nav.Link href = "/contact">Contact</Nav.Link>
            </Nav>
          </Container>
        </Navbar>
        <Routes>
          <Route path="/" element={<HomePage />} />
          <Route path="/about" element={<AboutPage />} />
          <Route path="/list" element={<ListPage />} />
          <Route path="/contact" element={<ContactPage />} />
```

```
30            <Route path="/cart" element={<CartPage />} />
31            <Route path='/detail/' element={<DetailPage />} />
32            <Route path="/login" element={<LoginPage />} />
33          </Routes>
34        </div>
35      );
36    };
37    export default Content;
```

9라인 : HomePage라는 이름의 컴포넌트를 가져오는 작업을 수행한다.

26라인 : '/' 루트 경로가 요청되었을 때 HomePage 컴포넌트가 렌더링되도록 설정한다.

결과를 확인해 보자. 브라우저의 URL 창에 'http://localhost:5173/'와 같이 루트 경로로 접속하고, 'http://localhost:5173/about', 'http://localhost:5173/list' 등 등록한 경로로 접속해 보자. 이제 추천 도서와 베스트셀러는 홈 화면에서만 나타나고, about과 list 요청 시에는 해당 컴포넌트만 출력되는 것을 확인할 수 있다.

상세 페이지 만들기

브라우저에 각 요청 URL을 입력하면 해당 컴포넌트가 렌더링되도록 구현했다. 이 중에서 'http://localhost:5173/detail'로 요청해 보자.

이 컴포넌트는 상세 페이지를 보여준다. 도서 목록에서 해당 도서를 클릭하면 선택한 도서에 대한 상세 내용이 나타나도록 구현한다. 앞서 생성한 DetailPage.tsx 파일에 도서 이미지, 도서 이름, 도서 가격, 도서 설명 등을 표시하고 〈카드에 담기〉 버튼을 배치하자.

DetailPage.tsx

```
import React from 'react';
import { Button, Card, Col, Container, Row } from 'react-bootstrap';

const DetailPage: React.FC = () => {
    return (
        <div>
            <Container className="mt-5">
                <Row>
                    <Col md={6}>
                        <Card className="border-0">
                            <Card.Img
                                variant="top"
                                src = {'/image/' + (book.id + 1) + '.jpg'}
                                style={{ borderRadius: '8px' }}
                            />
                        </Card>
                    </Col>
                    <Col md={6}>
                        <Card className="border-0 text-center">
                            <Card.Body>
                                <Card.Title as="h3" className="mb-4">모던
```

```
22                                  자바스크립트&Node.js</Card.Title>
23                              <Card.Text className="text-muted mb-4">입문자를
24                                  위한 백엔드 도서입니다.</Card.Text>
25                              <Card.Text as="h4" className="text-primary mb-4">
26                                  32000원</Card.Text>
27                              <Button
28                                  variant="primary"
29                                  onClick={() => {
30                                      console.log('클릭');
31                                  }}>
32                                  카트에 담기
33                              </Button>
34                          </Card.Body>
35                      </Card>
36                  </Col>
37              </Row>
38          </Container>
39      </div>
40    );
41  }
42  export default DetailPage;
```

2라인 : 부트스트랩의 그리드 시스템을 사용하여 페이지 레이아웃을 구성하기 위한 컴포넌트들을 불러온다.

7라인 : mt-5는 위쪽 여백을 추가하는 클래스이다.

9라인 : md={6}은 화면 크기가 중간 이상일 때 두 개의 열이 각각 6칸씩 차지하는 구조이다. 그래서 이미지와 정보가 50:50 비율로 나란히 배치된다.

13라인 : public 폴더에서 5.jpg 이미지를 불러온다.

21~26라인 : 도서 제목, 도서 내용, 도서 가격 정보를 출력한다.

27~33라인 : 〈카트에 담기〉 버튼을 추가한다.

수정된 결과를 확인해 보자.

상세 페이지가 잘 출력된다. 이제 홈 화면에서 도서 항목을 클릭했을 때 상세 페이지로 이동하도록 링크를 연결해 보자. BookItem 컴포넌트 내 〈자세히 보기〉 버튼을 클릭하면 상세 페이지로 이동하도록 수정한다.

BookItem.tsx

```
1   ······························ 중간 생략 ······························
2                   <div className="linkTo">
3                       <Link to="/detail">
4                           <Button variant="primary">자세히 보기</Button>
5                       </Link>
6                   </div>
7               </Card>
8           </Col>
9       );
10  }
11  export default BookItem;
```

3라인 : 기존의 〈자세히 보기〉 버튼을 클릭했을 때 '/'로 설정된 경로를 '/detail'로 만 변경하면 된다. Link 컴포넌트의 to 속성이 페이지를 이동하게 한다.

홈 화면에서 도서 목록의 〈자세히 보기〉 버튼을 클릭해 보자. 상세 페이지로 잘 넘어가는가?

알아두세요

Link와 Navigate는 모두 React Router에서 사용되는 컴포넌트지만 그 용도와 사용 방식에는 차이점이 있다.

특징	Link	Navigate
사용 방식	사용자 클릭으로 경로를 변경한다.	프로그래밍적으로 경로를 변경한다.
용도	링크, 버튼 등을 통해 사용자 인터랙션으로 이동한다.	조건이 충족되었을 때 자동으로 리다이렉트한다.
사용 상황	내비게이션, 메뉴, 페이지 이동 버튼에 사용한다.	인증 체크, 조건부 리다이렉트, 이벤트 후 이동할 때 사용한다.

정리하면 Link는 사용자가 직접 클릭해서 다른 페이지로 이동하고 싶을 때 사용하고, Navigate는 특정 조건에 따라 자동으로 페이지를 리다이렉트할 때 사용한다.

URL 파라미터로 여러 개의 상세 페이지 만들기

상세 페이지를 구현했지만 문제는 같은 내용의 상세 페이지가 하나만 나타난다는 점이다. 보통 쇼핑몰에서는 원하는 상품을 선택하면 해당 상품에 대한 상세 정보가 나타난다. 그러나 현재 상태에서는 /detail 경로가 하나뿐이므로 하나의 페이지만 나타난다. 그러면 도서 상품이 3개일 때는 어떻게 처리해야 할까?

```
<Route path='/detail1/' element={<DetailPage1 />} />
<Route path='/detail2/' element={<DetailPage2 />} />
<Route path='/detail3/' element={<DetailPage3 />} />
```

이렇게 detail 라우터를 계속 추가하는 방식도 가능하지만, 사실 이 방법은 비효율적이다. 예를 들어, 쇼핑몰 페이지에서는 상세 페이지가 수백, 수천 개에 이를 수 있기 때문이다. 과연 쇼핑몰들은 상세 페이지를 이렇게 하나하나 생성한 것일까?

특정 웹사이트에서 페이지를 이동할 때 URL 주소창을 살펴보면 요청 URL은 같고 마지막 부분만 다르다는 점을 확인할 수 있다. 예를 들어, 다음의 두 페이지를 살펴보자.

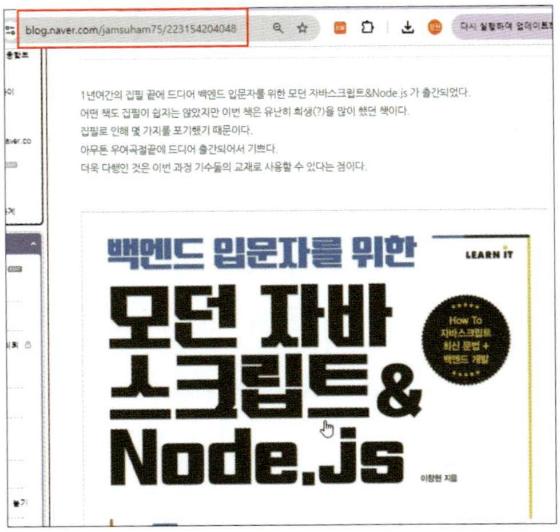

URL 주소를 비교하면 다음과 같다.

```
https://blog.naver.com/jamsuham75/223154204048
https://blog.naver.com/jamsuham75/222695118098
```

URL은 동일하지만 게시물에 따라 끝 번호만 다르다는 점을 알 수 있다. 즉, 번호를 통해 게시물을 관리하고 있는 것이다. 여러 개의 상세 페이지를 번호로 관리하면 될 것 같지만, 100개의 페이지가 필요하다고 해서 100개의 라우터를 만드는 것은 효율적이지 않다. 그렇다면 사용자가 필요한 페이지를 동적으로 만들 수 있도록 하면 될 것이다. 이때 URL 파라미터를 사용하여 URL 요청 시 원하는 값을 전달할 수 있다.

```
<Route path='/detail/:id' element={<DetailPage />} />
```

라우터를 작성할 때 / 뒤에 콜론(:)을 붙이고 원하는 문자를 입력하면 된다. 이는 URL 요청 시 /detail/ 뒤에 어떤 값이 오더라도 DetailPage 컴포넌트를 호출하도록 설정하는 방식이다. 즉, /detail/0, /detail/100, /detail/메롱 등으로 접속하더라도 모두 DetailPage 컴포넌트가 호출된다. 이제 /detail만으로는 상세 페이지가 나타나지 않는다. /detail 뒤에 추가적인 값이 있어야만 상세 페이지가 나타난다. 예를 들어, /detail/0으로 접속해 보자.

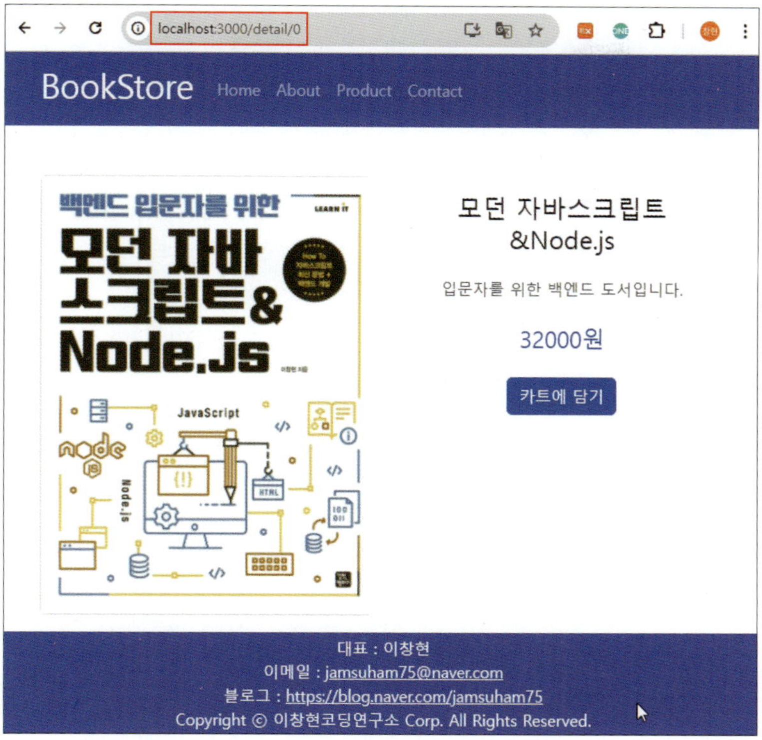

그렇지만 여전히 동일한 하나의 상세 페이지만 표시된다. 이제 URL 파라미터를 전달하는 방법을 알게 되었으므로 id 자리에 0, 1, 2와 같은 값을 전달하면 해당 도서 상품의 데이터가 적용되지 않을까?

HomePage 컴포넌트에서 관리하는 상태 변수 book은 배열 형태로 관리되며, 각 도서 아이템은 id, title, author, price 등의 속성을 갖는다. 예를 들어, 첫 번째 도서의 제목을 가져오고 싶다면 {book[0].title}을 사용하고, 두 번째 도서의 제목을 가져오고 싶다면 {book[1].title}과 같이 접근할 수 있다. 그렇다면 URL 파라미터로 입력한 인덱스를 이용해 해당 도서 데이터를 가져오는 방법은 무엇일까? 이때 사용할 수 있는 방법은 바로 useParams() 훅이다.

useParams 함수는 React Router에서 제공하는 훅(Hook)으로 URL에 포함된 동적 파라미터를 가져올 때 사용된다. 예를 들어 /detail/:id와 같은 URL에서 :id는 동적으로 변할 수 있는 부분이다. 이때 useParams를 사용하여 id 값을 쉽게 가져올 수 있다.

```
const { id } = useParams<{ id: string }>();
```

요청 URL 파라미터로 전달된 값은 id라는 이름의 매개변수로 넘어온다. 비록 숫자처럼 보일지라도 실제로는 문자열로 전달된다. 즉, id는 문자열이다. 만약 이를 정수로 변환하고 싶다면 parseInt 함수를 사용하면 된다. 이 동작을 한번 테스트해 보자.

DetailPage.tsx

```
1   import React from 'react';
2   import { Button, Card, Col, Container, Row } from 'react-bootstrap';
3   import { useParams } from 'react-router-dom';
4
5   const DetailPage: React.FC = () => {
6       const { id } = useParams<{ id: string }>();
7       console.log(id);
8       return (
9           <div>
10  ·································이하 생략 ·································
```

3라인 : useParams를 사용하기 위해 라이브러리를 불러온다.

6라인 : useParams 함수를 사용하여 사용자가 요청한 URL의 파라미터 값을 받아온다.

7라인 : 파라미터 값을 콘솔에 출력한다.

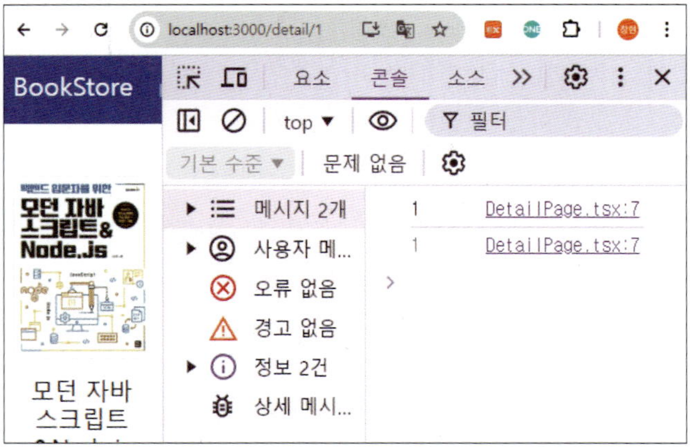

/detail/1로 요청했을 때 콘솔에 1이 출력되는 것을 확인할 수 있다. 이 id 값을 사용해 인덱스를 처리하면 원하는 상세 페이지를 불러올 수 있을 것이다. 그런데 그 전에 id를

인덱스로 사용할 book 데이터가 현재 상세 페이지에 존재하지 않는다. book 데이터는 BookItem 컴포넌트에서 관리하고 있으므로 이를 Detail 페이지로 전달해야 한다.

기존의 프롭스를 사용하여 데이터를 전달할 수도 있지만, 페이지 간 데이터 전달 시 useLocation을 사용하는 방식도 있다. 이 방식은 react-router-dom의 useLocation을 통해 페이지 이동 시 상태 변수를 전달하고 해당 상태 변수를 받아오는 방식이다. BookItem.tsx의 코드를 다음과 같이 수정해 보자.

BookItem.tsx

```
1   ······································ 중간 생략 ······································
2                   <div className="linkTo">
3                       <Link to={`/detail/${book.id}`} state={{ book }}>
4                           <Button variant="primary">자세히 보기</Button>
5                       </Link>
6                   </div>
7               </Card>
8           </Col>
9       );
10  }
11  export default BookItem;
```

3라인 : to 속성은 사용자가 클릭했을 때 이동할 경로를 정의한다. 이때 detail/ 경로 뒤에 book.id 값을 삽입한다는 의미이다. 즉, 각 책에 대한 고유 id를 경로에 포함해 해당 도서의 상세 페이지를 출력한다. 또한, state를 사용하여 라우터를 통해 book 데이터를 DetailPage 컴포넌트로 전달한다. 이 데이터는 useLocation() 훅을 통해 받을 수 있다.

DetailPage.tsx

```
import React from 'react';
import { Button, Card, Col, Container, Row } from 'react-bootstrap';
import { Book } from '../data/Bookdata';
import { useLocation, useParams } from 'react-router-dom';

interface LocationState {
    book : Book;
  }

```

```
10      const DetailPage: React.FC = () => {
11      const { id } = useParams<{ id: string }>();
12      const location = useLocation();
13      const { state } = location as { state: LocationState };
14      const book = state?.book;
15      console.log(state);
16      console.log(book);
17
18       return (
19
20    ……………………………이하 생략 ……………………………
```

3라인 : Book 데이터를 얻어오기 위해 Bookdata 파일을 읽어온다.

4라인 : useLocation을 사용하기 위해 불러온다.

6~8라인 : LocationState 이름으로 인터페이스를 정의한다. book : Book과 같은 구조의 객체로, book이라는 프로퍼티에 Book 타입으로 구성된다.

12라인 : useLocation()은 React-Router에서 제공하는 훅으로, 현재 페이지의 경로 및 상태 정보를 가져온다. location 객체는 현재 페이지의 URL 및 전달된 상태 변수 값 등을 포함한다.

13라인 : state는 Link 컴포넌트를 통해 전달된 데이터이다. 앞선 코드에서 state={{book}}와 같은 형식으로 넘겨준 데이터를 받는다. state에서 book 데이터를 안전하게 추출할 수 있다.

14라인 : state 객체에서 book 프로퍼티를 안전하게 추출하여 변수 book에 넘겨준다.

15라인 : state에 저장된 데이터를 콘솔에 출력한다. 전달된 book 객체가 제대로 들어왔는지 확인한다.

16라인 : book 데이터를 출력하여 확인한다.

데이터가 제대로 전달되는지 확인해 보자. 먼저 베스트셀러 항목에서 아무 책이나 선택하고 〈자세히 보기〉 버튼을 클릭한다. 상세 페이지로 넘어가면 이때 개발자 도구를 열어 콘솔 로그를 확인해 보자. 클릭한 도서의 id에 해당하는 데이터가 잘 넘어오는 것을 확인할 수 있다.

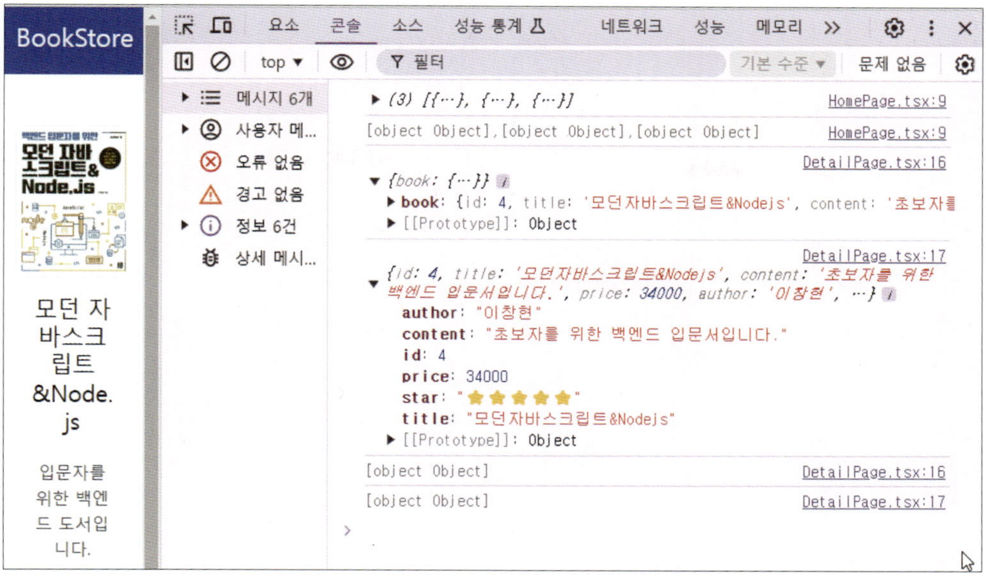

넘겨받은 book 객체로 각 프로퍼티에 접근해 상세 페이지의 제목, 내용, 가격 등의 정보를 선택한 항목에 맞게 출력할 수 있다.

DetailPage.tsx

```
    ·····································중간 생략 ·····································

          <Col md={6}>
            <Card className="border-0">
              <Card.Img
                variant="top"
                  src = {'/image/' + (book.id + 1) + '.jpg'}
                  style={{ borderRadius: '8px' }}
              />
            </Card>
          </Col>
          <Col md={6}>
            <Card className="border-0">
              <Card.Body>
                <Card.Title as="h3" className="mb-4">{book.title}</Card.Title>
                  <Card.Text className="text-muted
                    mb-4">{book.content}</Card.Text>
                  <Card.Text as="h4" className="text-primary
```

```
19                                 mb-4">{book.price}</Card.Text>
20                                 <Button
21                                     variant="primary"
22                                     onClick={() => {
23                                         console.log('클릭');
24                                     }}>카트에 담기
25                                 </Button>
26                             </Card.Body>
27                         </Card>
28                     </Col>
29                 </Row>
30             </Container>
31         </div>
32     );
33 }
34 export default DetailPage;
```

7라인 : 해당 이미지를 얻어오기 위하여 book.id에 1을 더한다. book.id는 0부터 시작하기 때문이다.

15라인 : book 객체의 프로퍼티인 title을 읽어온다. 선택한 도서의 제목이 출력된다.

17라인 : book 객체의 프로퍼티인 content를 읽어온다. 선택한 도서의 내용이 출력된다.

19라인 : book 객체의 프로퍼티인 price를 읽어온다. 선택한 도서의 가격이 출력된다.

이제 도서 데이터가 증가하더라도 그에 따른 페이지가 증가할 필요 없이 상세 페이지를 보여줄 수 있다.

404 페이지 오류 처리하기

현재 URL 주소를 잘못 입력하면 이 프로젝트에서는 화면에 아무것도 표시되지 않지만, 일반적으로 서비스에서는 잘못된 경로로 접속했을 때 존재하지 않는 페이지에 대해 404 페이지가 표시된다. 그러나 404 페이지가 나타나는 것은 다소 불편할 수 있다. 이런 경우 404 메시지 대신 사용자가 직접 만든 페이지나 메시지를 보여주는 것이 더 깔끔하다. 이를 위해 라우터 설정 맨 아래에 〈Route path="*"〉 코드를 추가하면 된다.

Content.tsx

```
1   <Routes>
2           <Route path="/" element={<HomePage />} />
3           <Route path="/about" element={<AboutPage />} />
4           <Route path="/list" element={<ListPage />} />
5           <Route path="/contact" element={<ContactPage />} />
6           <Route path="/cart" element={<CartPage />} />
7           <Route path='/detail/:id' element={<DetailPage />} />
8           <Route path="/login" element={<LoginPage />} />
9           <Route path="*" element={'페이지가 존재하지 않습니다. 확인해주세요.'} />
10  </Routes>
```

9라인 : * 경로는 모든 경로를 의미하므로 앞에 해당하는 URL을 제외한 모든 이상한 URL은 * 경로에서 처리한다.

> **알아두세요** 모든 경로를 처리하는 *의 원리는 조건문에서 if, else if, else와 유사하다. 즉, 특정 조건에 해당하지 않는 경우 마지막 else에서 처리하는 원리와 비슷한 개념이다.

웹 브라우저에 URL을 이상하게 입력해 보자. 예를 들어 'http://localhost:5173/dfdfdfasfda'와 같이 입력하면 다음과 같이 오류 문구가 나타난다.

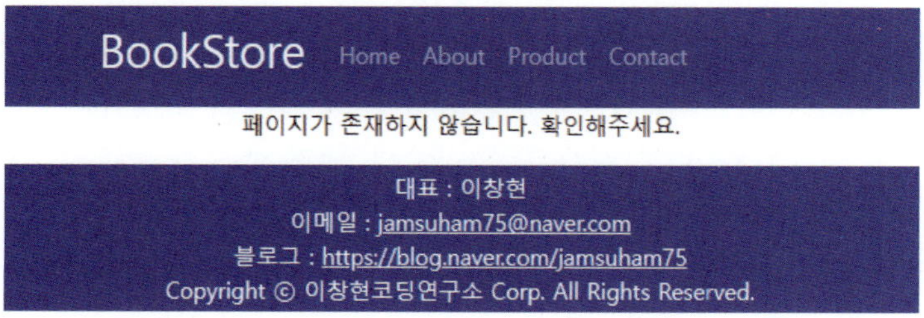

404와 같은 불편한 오류 메시지 대신, 우리가 보내는 안내 메시지가 훨씬 더 편하게 느껴진다. 지금은 메시지만 전달했지만, 사용자 안내 페이지를 만들어 제공하는 것도 좋은 방법이다.

13 장

리액트 훅

학 습 목 표

- 리액트에서 컴포넌트 라이프 사이클의 개념에 대해 살펴보고 클래스 컴포넌트 기반의 라이프 사이클과 함수형 컴포넌트 라이프 사이클의 차이점을 살펴본다.
- 훅의 개념, 훅의 종류, 훅의 용도에 대하여 살펴보고 useEffect 훅에 대한 사용법을 학습한다.

13.1 컴포넌트 라이프 사이클

REACT

컴포넌트 라이프 사이클이란

리액트 컴포넌트는 특정한 단계(라이프 사이클)를 거쳐 마운트, 업데이트, 언마운트 과정을 진행한다. 이는 컴포넌트가 언제 생성되고, 언제 업데이트되며, 언제 사라지는지에 대한 개념이다.

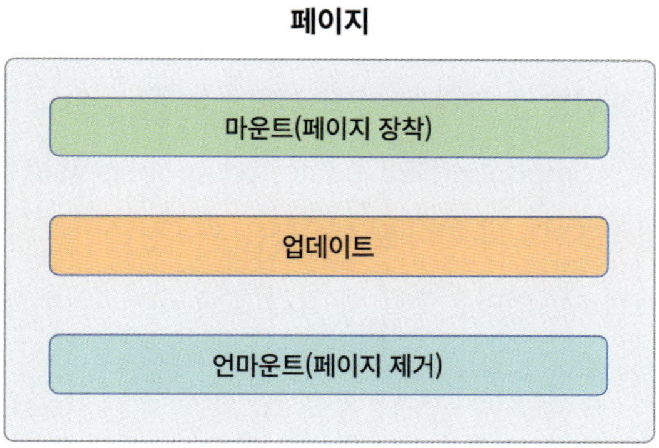

어렵게 생각할 필요는 없다. 사실 함수와 거의 똑같다고 보면 된다. 컴포넌트도 함수처럼 구조를 가지고 있지 않은가? 함수가 호출되면 생성되고 수행을 마친 후 사라지듯이, 컴포넌트도 호출되면 '마운트'되고, 코드가 수정되어 재렌더링되면 '업데이트'되고, 컴포넌트를 종료하면 '언마운트'된다고 한다.

그러면 왜 이 과정을 알아야 할까? 컴포넌트의 마운트, 업데이트, 언마운트 시점을 알면 그 시점에 맞춰 특정 코드를 실행할 수 있기 때문이다. 이는 객체 지향 코드에서 객체가 생성될 때 생성자가 호출되고, 소멸할 때 소멸자가 호출되는 원리와 비슷하다.

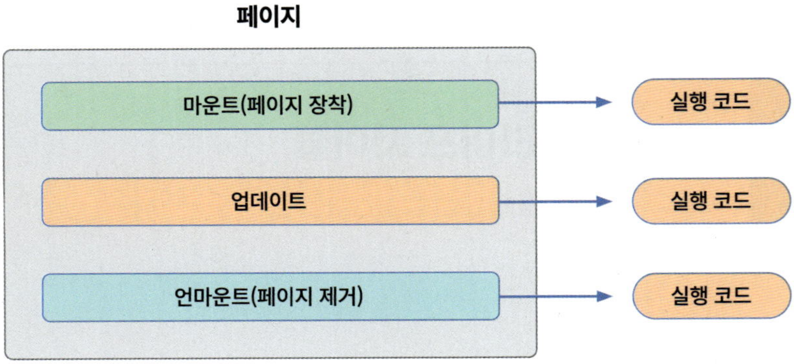

컴포넌트 페이지가 시작되기 전에 수행할 작업이나 페이지가 종료되기 전에 수행할 작업이 있다면 해당 시점을 알고 그 상태에 맞춰 실행 코드를 연결할 수 있다.

클래스형 컴포넌트 기반 라이프 사이클

예전 리액트에서는 컴포넌트를 클래스 기반 문법으로 생성했다. 클래스형 컴포넌트는 componentDidMount, componentDidUpdate, componentWillUnmount 등의 라이프 사이클 메소드를 통해 컴포넌트의 라이프 사이클을 관리한다. 이 메소드들은 컴포넌트가 마운트될 때, 업데이트될 때, 언마운트될 때 각각 호출되며, 각 메소드 안에서 특정 작업을 수행할 수 있다.

pages 폴더 하위에 DetailPage2.tsx 파일을 생성하고, 다음과 같이 DetailPage2라는 클래스 기반 컴포넌트를 임시로 만들어 보자. 이 코드는 클래스형 컴포넌트의 라이프 사이클 메소드를 사용하여 상태 변수의 동작을 제어한다.

DetailPage2.tsx

```
import React, { Component } from 'react';

interface LifeCycleExampleState {
    count: number;
}

class DetailPage2 extends Component<{}, LifeCycleExampleState> {
    constructor(props: {}) {
        super(props);
```

```
10          this.state = { count: 0 };
11          console.log('constructor');
12      }
13
14      componentDidMount() {
15          console.log('componentDidMount');
16      }
17
18      componentDidUpdate() {
19          console.log('componentDidUpdate');
20      }
21
22      componentWillUnmount() {
23          console.log('componentWillUnmount');
24      }
25
26      render() {
27          return (
28              <div>
29                  <p>Count: {this.state.count}</p>
30                  <button onClick={() => this.setState({ count: this.state.count
31                  + 1 })}>
32                      Increase
33                  </button>
34              </div>
35          );
36      }
37  }
38
39  export default DetailPage2;
```

3~5라인 : LifeCycleExampleState 인터페이스는 컴포넌트의 상태 변수인 count 타입을 지정한다.

7라인 : Component 제네릭 타입을 사용해 첫 번째 매개변수 {}는 props 타입인데 빈 객체로, 두 번째 매개변수는 LifeCycleExampleState로 상태의 타입을 정의한다.

8라인 : constructor는 생성자로 컴포넌트가 처음 생성될 때 호출된다.

9라인 : super(props)는 props 객체를 부모 클래스로 전달한다.

10라인 : 초기 상태의 값을 { count : 0 }으로 설정한다.

14~16라인 : 컴포넌트가 마운트될 때 호출되는 메소드이다.

18~20라인 : 컴포넌트가 업데이트될 때 호출되는 메소드이다.

22~24라인 : 컴포넌트가 언마운트되기 직전에 호출되는 메소드이다. 일반적으로 이벤트 리스너 제거 또는 타이머 정리 작업에 사용된다.

30~31라인 : setState 메소드를 사용해 버튼 클릭 시 상태 값인 count의 값을 1씩 증가시킨다. 이때 상태가 변경되는 상황이므로 componentDidUpdate 메소드가 호출된다.

홈 화면에서 〈자세히 보기〉 버튼을 클릭하면 정의한 DetailPage2 클래스형 컴포넌트 페이지가 호출되도록 Content.tsx 코드를 다음과 같이 수정한다.

Content.tsx

```
1   ······································ 중간 생략 ······································
2
3   import DetailPage from '../pages/DetailPage';
4   import DetailPage2 from '../pages/DetailPage2';
5
6   ······································ 이하 생략 ······································
7
8             <Route path="/cart" element={<CartPage />} />
9             <Route path='/detail/:id' element={<DetailPage2 />} />
10            <Route path="/login" element={<LoginPage />} />
11            <Route path="*" element={'페이지가 존재하지 않습니다. 확인해주세요.'} />
12          </Routes>
13        </div>
14      );
15    };
16    export default Content;
```

4라인 : DetailPage2 컴포넌트를 사용하기 위해 Content.tsx 파일에 불러온다.

9라인 : 기존 detail 요청 라우터에 연결된 DetailPage 대신 임시로 2를 붙여 DetailPage2 컴포넌트가 호출되도록 변경한다. 테스트 후에는 2를 제거하여 원래대로 되돌릴 예정이다.

실행해 보자.

```
$ npm run dev
```

홈 화면에서 개발자 도구의 [콘솔] 탭을 연 상태로 베스트셀러 도서의 〈자세히 보기〉 버튼을 클릭해 보자.

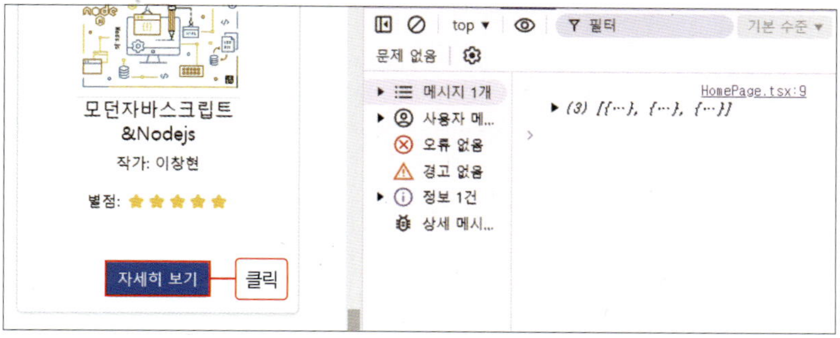

페이지에 진입하면 컴포넌트의 생성자인 constructor가 가장 먼저 호출되고, 그다음 마운트되어 componentDidMount 메소드가 호출됨을 확인할 수 있다.

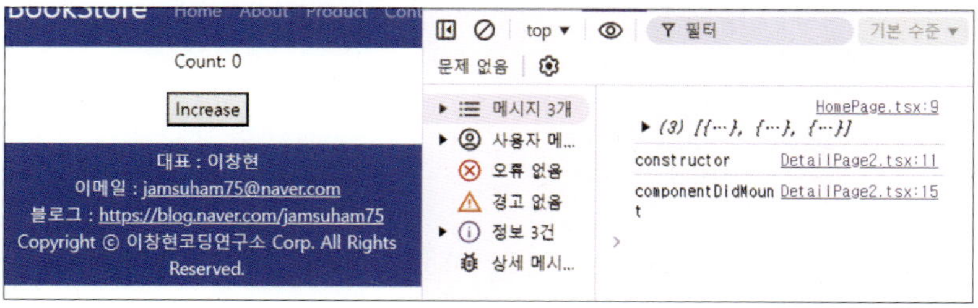

〈Increase〉 버튼을 클릭해 보자. 클릭 이벤트 내에 상태 변수를 업데이트하게 했으므로 componentDidUpdate 메소드가 호출됨을 확인할 수 있다.

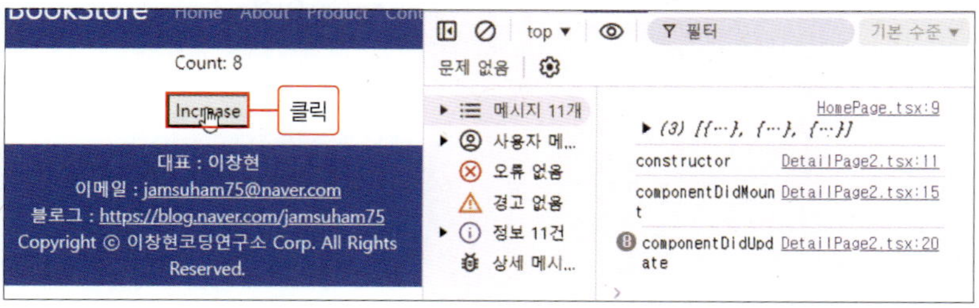

클래스 컴포넌트의 각 라이프 사이클 메소드에서 로그 출력을 통하여 상태 변화에 따른 컴포넌트의 라이프 사이클을 확인할 수 있었다.

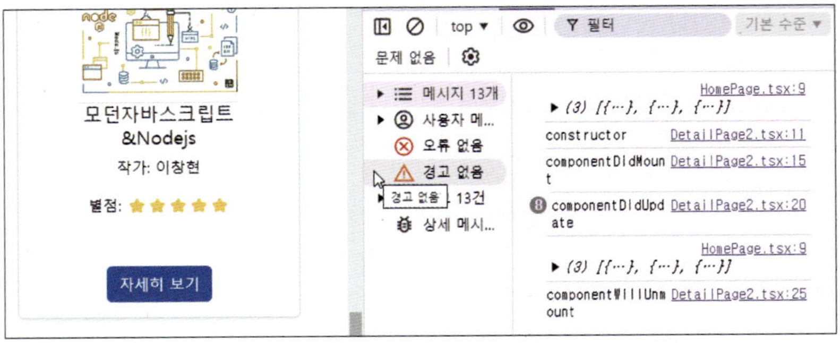

13.2 함수형 컴포넌트 라이프 사이클과 useEffect

useEffect란

리액트 훅은 함수형 컴포넌트에서 상태와 라이프 사이클을 관리할 수 있도록 도와준다. 그래서 요즘은 컴포넌트 생성 시 클래스형보다는 함수형을 더욱 선호한다. 앞서 살펴본 클래스형 컴포넌트에서만 사용할 수 있었던 기능들을 훅을 통해 함수형 컴포넌트에서도 사용할 수 있게 된다.

```
useEffect(() => {
  // 실행할 사이드 이펙트 코드
  return () => (
  // 클린업 함수
 )
}, [의존성 배열]);
```

useEffect는 크게 두 개의 인수를 받는다.

❶ **실행할 사이트 이펙트 코드 :** 실행할 콜백 함수로, 이 함수는 컴포넌트의 렌더링이 모두 완료된 후에 실행된다.

❷ **의존성 배열 :** 배열이 들어가는데, 이 배열 안에 지정된 값이 변경될 때만 useEffect가 실행된다. 배열을 비워두면 초기 렌더링 시 한 번만 실행된다.

❸ **클린업 함수 :** 컴포넌트의 언마운트나 업데이트 전에 정리 작업을 수행한다. return된 함수가 클린업 작업을 담당한다.

함수형 컴포넌트 기반 라이프 사이클

useEffect를 사용하면 컴포넌트의 라이프 사이클인 componentDidMount, componentDidUpdate, componentWillUnmount의 역할을 모두 수행할 수 있다. 또한 useState로 count 상태를 관리하고, useEffect를 통해 컴포넌트의 라이프 사이클을 처리할 수 있다.

DetailPage2.tsx

```
1   import React, { useState, useEffect } from 'react';
2
3   const DetailPage2: React.FC = () => {
4       const [count, setCount] = useState(0);
5
6       useEffect(() => {
7           console.log('componentDidMount');
8
9           return () => {
10              console.log('componentWillUnmount');
11          };
12      }, []);
13
14      useEffect(() => {
15          console.log('componentDidUpdate');
16      }, [count]);
17
18      return (
19          <div>
20              <p>Count: {count}</p>
21              <button onClick={() => setCount(count + 1)}>
22                  Increase
23              </button>
24          </div>
25      );
26  }
27
28  export default DetailPage2;
```

6~12라인 : useEffect의 두 번째 전달 인자에 빈 배열 []을 입력하면 컴포넌트가 처음 마운트될 때 한 번만 실행된다. 그리고 리턴하는 함수는 컴포넌트가 언마운트될 때 호출되는데, 이 리턴 함수가 바로 componentWillUnmount 역할을 한다.

14~16라인 : count를 의존성으로 지정해 count가 변경될 때마다 실행되므로 componentDidUpdate 역할을 한다.

실행해 보자.

```
$ npm run dev
```

클래스형 컴포넌트에서 수행했던 것과 동일하게 홈 화면에서 개발자 도구의 [콘솔] 탭을 연 상태로 베스트셀러 도서의 〈자세히 보기〉 버튼을 클릭해 보자.

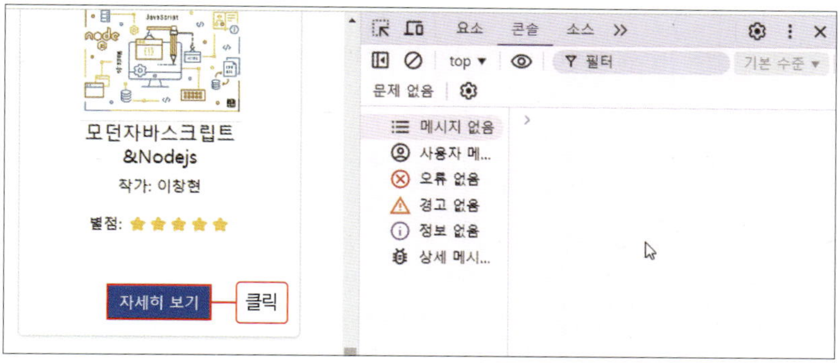

페이지에 진입하면 마운트되어 첫 번째, 두 번째 useEffect 내의 함수가 모두 실행되므로 componentDidMount, componentDidUpdate 메시지가 출력되는 것을 확인할 수 있다.

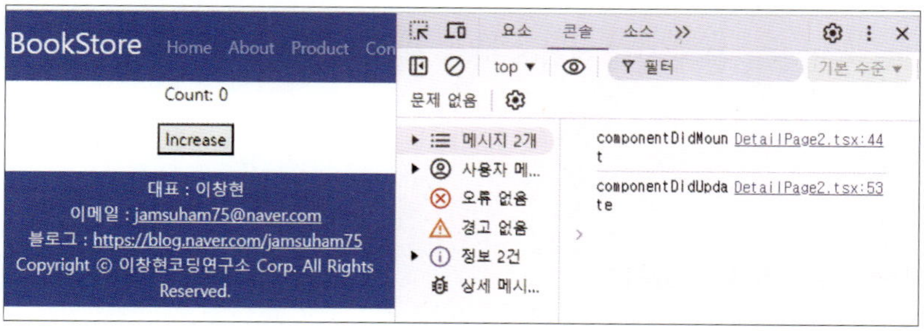

〈Increase〉 버튼을 클릭해 보자. 클릭 이벤트로 count 상태 변수를 업데이트하는데, 이 경우는 두 번째 useEffect의 두 번째 전달 인자에 의존성 배열이 추가되어 있으므로 상태가 변경될 때마다 호출된다. 즉, componentDidUpdate 메시지가 출력됨을 확인할 수 있다.

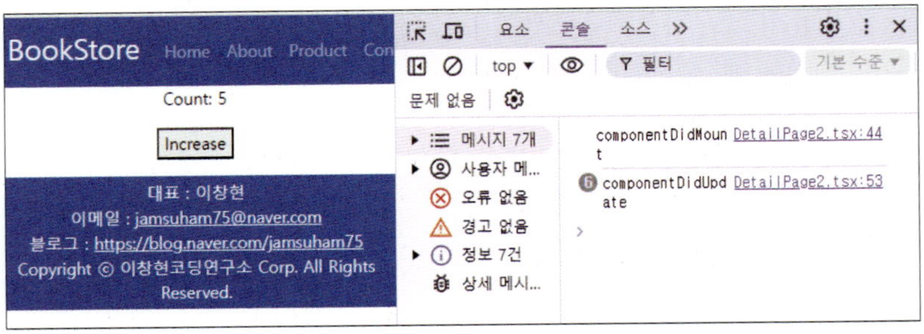

페이지에서 뒤로 가기를 눌러 이 페이지를 떠나도록 하자. useEffect에서 리턴하는 함수는 컴포넌트가 언마운트될 때마다 호출된다. 이를 클린업 함수라고 하는데, 컴포넌트 언마운트 시 이벤트 리스너 제거, 타이머 정리, 비동기 작업 취소 등 정리 작업을 처리하는 함수이다. 현재 리턴된 함수로 인해 componentWillUnmount 메시지가 출력되는 것을 확인할 수 있다.

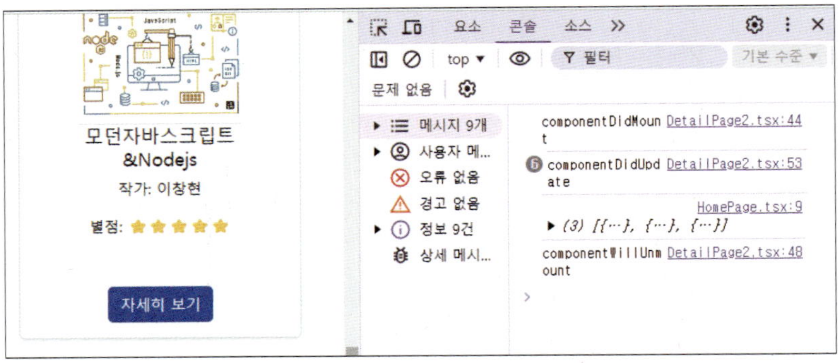

함수 컴포넌트에서 useEffect를 통해 상태 변화에 따른 컴포넌트의 라이프 사이클을 확인할 수 있었다.

useEffect를 이용한 타이머 사용하기

컴포넌트가 마운트될 때와 언마운트될 때의 시점을 알 수 있으므로, 특정 시점에 주기적으로 상태를 업데이트해야 하는 타이머를 설정하는 경우 useEffect를 사용하면 매우 효과적으로 처리할 수 있다.

DetailPage2.tsx

```
1   import React, { useState, useEffect } from 'react';
2
3   const DetailPage2: React.FC = () => {
4       const [seconds, setSeconds] = useState(0);
5
6       useEffect(() => {
7           const interval = setInterval(() => {
8               setSeconds(prevSeconds => prevSeconds + 1);
9           }, 1000);
10
11          return () => clearInterval(interval);
12      }, []);
13
14      return (
15          <div>
16              <h1>타이머 : {seconds} 초</h1>
17          </div>
18      );
19  }
20  export default DetailPage2;
```

4라인 : useState를 사용하여 seconds 상태 변수를 생성하고 초깃값을 0으로 설정한다. setSeconds는 seconds 상태 값을 변경하는 함수이다.

6~12라인 : useEffect 안에서 타이머를 사용하여 초마다 seconds를 1씩 증가시킨다. 이때 의존성 배열이 []로 비어 있어 컴포넌트가 처음 마운트될 때 한 번만 실행된다.

11라인 : useEffect의 return은 클린업 함수로써 clearInterval(interval)을 수행함으로써 타이머를 해제한다. 이 루틴은 컴포넌트가 언마운트될 때 호출되어 메모리 누수를 방지한다.

16라인 : 컴포넌트가 경과 시간이 1초씩 증가하면서 렌더링된다.

실행해 보자.

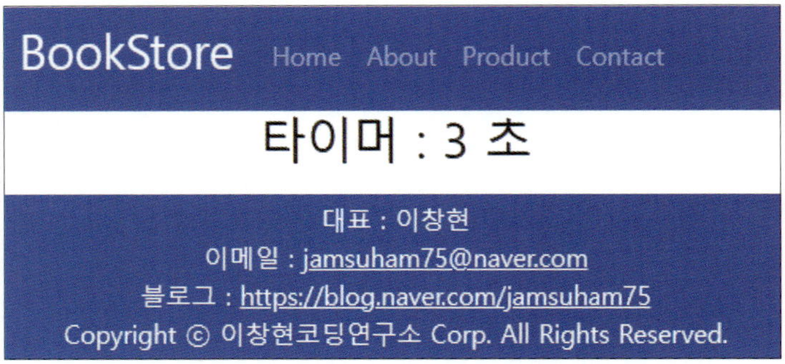

이 코드는 useEffect를 사용하여 타이머 설정하고 정리해, 컴포넌트가 마운트될 때 타이머를 시작하고 언마운트될 때 타이머를 해제함으로써 리소스를 효율적으로 관리할 수 있었다.

useEffect를 사용하지 않았다면

❶ 의존성 배열을 통한 제어

useEffect의 두 번째 전달 인자로 의존성 배열을 빈 배열([ ])로 전달하여 컴포넌트가 마운트될 때 한 번만 실행되도록 설정했다. 만약 useEffect를 사용하지 않으면 상태가 업데이트될 때마다 타이머가 새로 생성되어 수십, 수백 개 타이머가 중복 생성되면서 동작에 문제가 발생할 수 있다.

❷ 클린업 함수

useEffect를 사용하지 않으면 클린업 함수도 사용할 수 없다. 클린업 작업이 없으면 컴포넌트의 언마운트 시점을 알 수 없어 타이머가 계속 실행되고, 이로 인해 메모리 누수가 발생할 수 있다.

useEffect를 이용한 API 데이터 요청하기

useEffect를 사용하여 컴포넌트의 라이프 사이클을 이해할 수 있었다. 이제 API 요청 및 데이터를 가져오는 기능을 생각해 보자. 데이터 요청은 컴포넌트가 처음 마운트될 때 한 번만 실행되는 것이 효율적이다. 이를 위해서 의존성 배열을 빈 배열([ ])로 설정하고, 그 안에서 데이터 요청을 처리해야 한다. 이번에는 오픈 API를 사용해 강아지 품종 데이터를 요청하고, 가져온 데이터를 화면에 렌더링하는 코드를 작성해 보자.

DetailPage2.tsx

```
1   import React, { useState, useEffect } from 'react';
2
3   const DetailPage2: React.FC = () => {
4       const [breeds, setBreeds] = useState([]);
5
6       useEffect(() => {
7           const fetchData = async () => {
8               try {
9                   const response = await fetch('https://api.thedogapi.
10                  com/v1/breeds');
11                  const data = await response.json();
12                  setBreeds(data);
13              } catch (error) {
14                  console.error('Error fetching data:', error);
15              }
16          };
17          fetchData();
18      }, []);
19
20      return (
21          <div>
22              <h2>Dog Breeds</h2>
23              <ul>
24                  {breeds.map((breed: any) => (
25                      <li key={breed.id}>
26                          <h3>{breed.name}</h3>
27                          <p>{breed.origin}</p>
28                      </li>
29                  ))}
30              </ul>
31          </div>
32      );
33  };
34  export default DetailPage2;
```

4라인 : breeds는 강아지 품종 데이터를 저장하는 상태 변수이고, setBreeds는 상태 변수 변경 함수이다.

6~18라인 : API 요청은 한 번만 이루어져야 하므로 의존성 배열을 빈 배열([])로 설정한다.

9~10라인 : fetch 함수는 웹 API에서 데이터를 비동기적으로 요청하는 함수이다. 기본적으로 Promise 객체를 반환하며 데이터를 가져오는 동안 코드를 블로킹하지 않고 바로 다음 라인의 코드를 실행한다. fetch 함수는 await와 함께 사용되어 비동기적으로 데이터를 요청하고 response 객체로 결과가 리턴된다.

11라인 : response 객체의 데이터를 JSON 형식으로 변환하여 data 변수에 저장한다.

12라인 : data 변수를 setBreeds 함수로 상태 변수에 저장하여 UI에 반영한다.

13~15라인 : 만약 fetch 또는 response.JSON()에서 오류가 발생하면 catch 블록으로 이동해 오류를 콘솔에 출력한다.

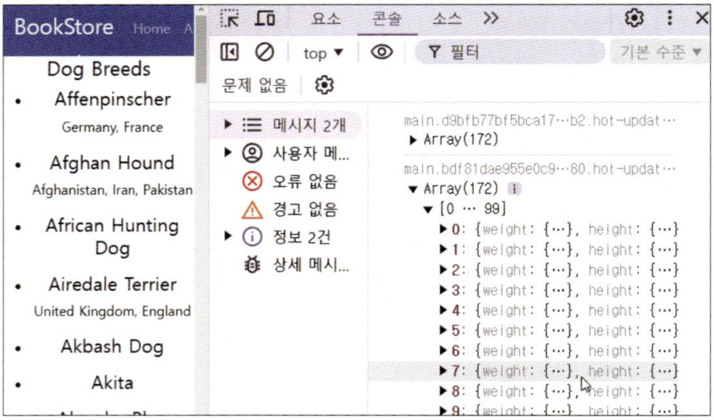

알아두세요 **async와 await에 관하여**

❶ **async** : 자바스크립트의 비동기 처리 방식을 개선하기 위해 도입된 키워드로, 함수 앞에 async를 붙이면 해당 함수는 자동으로 Promise를 반환하는 비동기 함수가 된다.

❷ **await** : Promise가 완료될 때까지 기다린 후 결과를 리턴하고, 그다음 코드를 실행한다. await를 사용하면 .then() 체인보다 가독성이 좋아지고, 순차적으로 코드를 작성해 마치 동기적으로 실행되는 것처럼 보이게 한다. 하지만 다른 코드의 실행을 막지 않으므로 여전히 비동기적으로 작동한다.

useEffect를 이용한 팝업 페이지 출력하기

이번에는 기존 상세 페이지인 DetailPage.tsx로 돌아가 useEffect를 사용하여 컴포넌트가 마운트될 때 팝업 창을 열고, 언마운트될 때 팝업 창을 닫는 기능을 작성해 보자.

DetailPage.tsx

```
import React, { useEffect } from 'react';

………………………………… 이하 생략 …………………………………

const DetailPage: React.FC = () => {
    const { id } = useParams<{ id: string }>();
    const location = useLocation();
    const { state } = location as { state: LocationState };
    const book = state?.book;

    useEffect(() => {
        const popupWindow = window.open('', '_blank',
        'width=400,height=300');
        if (popupWindow) {
            popupWindow.document.write(`
                <html>
                    <head>
                        <title>특가 할인</title>
                    </head>
                    <body style="display: flex; align-items: center;
                    justify-content: center; height: 100vh; margin:
                    0; background-color: #4169E1; color: white; flex-
                    direction: column;">
                        <h1 style="margin: 0; font-size: 2em; font-
                        weight: bold;">전 도서 20% 할인!!</h1>
                        <h3 style="margin-top: 10px;">완전 럭키비키잖아
                        </h3>
                    </body>
                </html>
            `);
            popupWindow.document.close();
        }

        return () => {
            if (popupWindow) popupWindow.close();
        };
    }, []);

    return (
        <div>
………………………………… 이하 생략 …………………………………
```

1라인 : useEffect 사용을 위해 불러온다.

12~13라인 : open 함수를 통해 새로운 팝업 창을 열고 popupWindow 변수에 해당 창의 참조를 저장한다.

15~30라인 : 열린 팝업 창에 document.write 함수를 사용해 HTML 콘텐츠를 작성하고, 스타일로 배경색, 텍스트 색상, 중앙 정렬을 적용했다.

34~36라인 : 클린업 함수로, 컴포넌트가 언마운트될 때 실행돼 열려 있는 창을 닫는다. 이를 통해 페이지 이동 시 팝업 창이 계속 열려 있는 것을 방지하고 메모리 낭비를 줄인다.

37라인 : 빈 배열을 설정해 useEffect가 마운트될 때 한 번만 실행되도록 한다. 따라서 팝업 창은 이 컴포넌트가 처음 렌더링될 때 열리고, 언마운트될 때 닫힌다.

홈 화면에서 〈자세히 보기〉 버튼을 클릭하면 정의한 DetailPage 컴포넌트 페이지가 호출되도록 다시 Content.tsx 코드를 다음과 같이 수정한다.

Content.tsx

```
1   ······························ 중간 생략 ······························
2
3               <Route path="/cart" element={<CartPage />} />
4               <Route path='/detail/:id' element={<DetailPage />} />
5               <Route path="/login" element={<LoginPage />} />
6             <Route path="*" element={'페이지가 존재하지 않습니다. 확인해주세요.'} />
7           </Routes>
8         </div>
9       );
10    };
11    export default Content;
```

4라인 : 기존의 detail 요청 라우터에 연결된 DetailPage2에서 2를 빼고 DetailPage 컴포넌트가 호출되도록 변경한다.

상세 페이지를 실행해 보자.

특가 할인 - Chrome
about:blank
전 도서 20% 할인!!
완전 럭키비키잖아
Product
Contact
LEARN IT
Node.js
이창현 지음
JavaScript
모던자바스크립트&Nodejs
초보자를 위한 백엔드 입문서입니다.
34000
카트에 담기

13.3 훅(Hooks)에 관하여

REACT

훅이란

훅(Hooks)은 리액트에서 함수형 컴포넌트에서도 상태 관리와 라이프 사이클 관리 기능을 사용할 수 있도록 도입된 기능이다. 훅을 통해 로직을 모듈화하여 여러 컴포넌트에서 쉽게 재사용할 수 있으며, 이를 통해 불필요한 코드를 줄이고 유지 보수성을 높일 수 있다.

훅의 종류

리액트에는 다양한 훅이 존재한다. 각 훅은 특정한 목적과 용도를 가지고 있으며, 함수형 컴포넌트에서 특정 기능을 쉽게 구현할 수 있도록 도와준다. 주요 훅으로는 useState, useEffect, useContext, useReducer, useRef, useMemo, useCallback 등이 있다.

useRef 사용 방법

DOM 요소에 직접 접근하거나 상태 변경이 있어도 렌더링에 영향을 미치지 않도록 값을 저장한다. 리액트는 기본적으로 컴포넌트가 상태나 프롭스의 변화에 의해 렌더링을 재실행하는 방식으로 작동한다. 그러나 직접적인 DOM 조작은 필요할 때만 해야 하며, 과도한 DOM 조작은 리액트의 선언적 렌더링 방식에 어긋날 수 있다. 그래서 useRef를 사용해 특정 DOM 요소에 직접 접근하는 것이 효과적이다.

코드 작성을 위해 src 폴더 하위에 HookTest.tsx 파일을 생성하자.

HookTest.tsx

```
1   import React, { useRef } from 'react';
2
3   const HookRef: React.FC = () => {
4       const inputRef = useRef<HTMLInputElement | null>(null);
5
6       const focusInput = () => {
7           inputRef.current?.focus();
8       };
9
10      return (
11          <div>
12              <input ref={inputRef} type="text" />
13              <button onClick={focusInput}>포커스 설정</button>
14          </div>
15      );
16  };
17
18  export default HookRef;
```

4라인 : useRef는 inputRef라는 참조 객체를 생성하며 초깃값을 null로 설정한다.

6~8라인 : focusInput 함수는 inputRef.current에 있는 focus 메소드를 호출하여 <input> 요소에 직접 포커스를 설정한다. 이 함수는 버튼의 onClick 이벤트에 연결되어 있다.

12라인 : ref 속성에 inputRef를 할당한다. 리액트는 이를 통해 inputRef.current를 해당 DOM 요소와 연결한다.

이 코드에서 useRef를 사용해야만 하는 이유는 <input> 요소에 포커스를 설정하는 직접적인 DOM 접근이 필요하기 때문이다. useRef를 통해 inputRef에 할당된 참조는 컴포넌트가 리렌더링되더라도 유지된다. 따라서 inputRef.current를 통해 <input> 요소에 계속해서 접근할 수 있다.

이 컴포넌트를 수행하기 위해 App.tsx에 다음과 같이 코드를 수정한다.

App.tsx

```
1   import './App.css'
2   import Content from './layout/Content';
3   import Footer from './layout/Footer';
4   import HookRef from './HookTest'
5
6   const App: React.FC = () => {
7     return (
8       <div className="App">
9         <HookRef></HookRef>
10        <Content></Content>
11        <Footer></Footer>
12      </div>
13    );
14  }
15
16  export default App;
```

4라인 : HookTest.tsx 파일의 HookRef 컴포넌트를 불러온다.

9라인 : HookRef 컴포넌트를 호출한다.

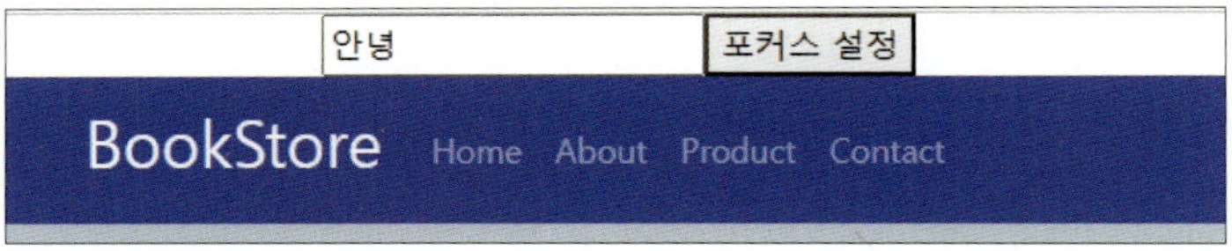

useMemo 사용 방법

useMemo 훅을 사용하면 복잡한 계산이 포함된 값을 필요할 때만 계산하도록 하여 불필요한 계산을 방지하고 이를 통해 성능을 최적화할 수 있다. 기존의 HookRef 코드는 주석 처리하고, 다음과 같이 HookMemo 코드를 작성한다.

HookTest.tsx

```
import React, {useRef, useState, useMemo } from 'react';

………………………………… 중간 생략 …………………………………

```

```
5   const HookMemo: React.FC = () => {
6       const [count, setCount] = useState<number>(0);
7       const [show, setShow] = useState<boolean>(true);
8
9       const excal = useMemo<number>(() => {
10          console.log('Calculating...');
11          return count * 2;
12      }, [count]);
13
14      return (
15          <div>
16              <p>계산 결과 : {excal}</p>
17              <button onClick={() => setCount(count + 1)}>카운트 증가</button>
18              <button onClick={() => setShow(!show)}>토글 버튼</button>
19              {show && <p>Show is true</p>}
20          </div>
21      );
22  }
23
24  export default HookMemo;
```

1라인 : 메모이제이션 기능을 위해 useMemo를 불러온다.

6라인 : count 상태 변수를 숫자 타입으로 선언한다.

7라인 : show 상태 변수를 불린 타입으로 선언한다.

9~12라인 : useMemo는 특정 값이나 함수가 변경될 때만 연산을 재실행해 성능을 최적화한다. 첫 번째 인자는 계산할 콜백 함수이고, 두 번째 인자는 의존성 배열이다. 이 배열에 있는 값이 변경될 때만 해당 함수가 재실행된다. excal은 count 값이 변경될 때만 count * 2의 연산이 재계산되며, 그 외에는 캐싱된 값을 사용한다.

16라인 : excal 변수의 값을 표시한다. useMemo로 캐싱되었기 때문에 count가 변하지 않으면 excal 값은 재계산되지 않고 이전 값을 그대로 사용한다.

17라인 : count 값을 증가시키는 버튼이다. 클릭하면 count + 1의 연산으로 count 값이 변경되면 useMemo가 재실행되어 excal 값을 재계산한다.

18라인 : show 값을 true 또는 false로 변경하는 버튼이다. 이 버튼을 클릭하면 show가 true일 때만 화면에 렌더링된다. 이 상태는 useMemo와 상관없이 독립적으로 동작한다.

이 컴포넌트를 수행하기 위해 App.tsx에 다음과 같이 코드를 수정한다.

App.tsx

```
1  import React from 'react';
2  import { Button } from 'react-bootstrap';
3  import Content from './layout/Content';
4  import Footer from './layout/Footer';
5  import HookMemo from './HookTest'
6  
7  const App: React.FC = () => {
8    return (
9      <div className="App">
10       <HookMemo></HookMemo>
11       <Content></Content>
12       <Footer></Footer>
13     </div>
14   );
15 }
16 
17 export default App;
```

5라인 : HookTest.tsx 파일의 HookMemo 컴포넌트를 불러온다.

10라인 : HookMemo 컴포넌트를 호출한다.

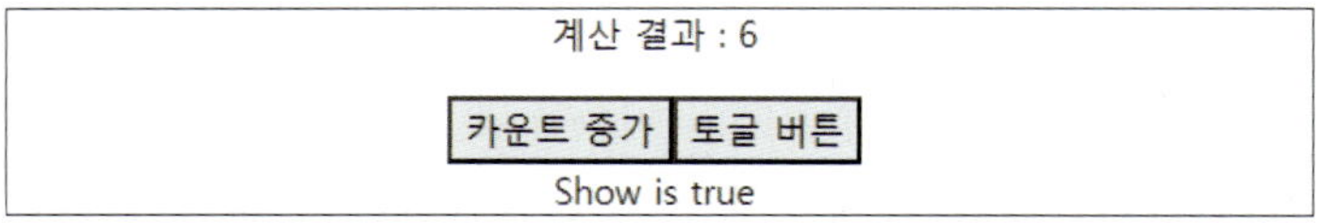

useCallback 사용 방법

동일한 함수 객체를 여러 번 생성하지 않도록 메모이제이션해 성능을 최적화한다. 함수를 의존성으로 전달할 때(예 : 자식 컴포넌트로 콜백 함수를 전달하는 경우) 함수를 다시 생성하지 않도록 하여 불필요한 렌더링을 줄이고자 할 때 사용한다. 기존의 HookMemo 코드는 주석으로 처리하고 다음과 같이 HookCallback 코드를 작성한다.

HookTest.tsx

```
import React, { useRef, useState, useMemo, useCallback } from 'react';
```

```
2
3    ………………………………… 중간 생략 …………………………………
4
5    const HookCallback: React.FC = () => {
6        const [count, setCount] = useState<number>(0);
7
8        const increment = useCallback(() => {
9            setCount((c) => c + 1);
10       }, []);
11
12       return (
13           <div>
14               <p>Count: {count}</p>
15               <button onClick={increment}>Increase</button>
16           </div>
17       );
18   }
19
20   export default HookCallback;
```

1라인 : 함수 메모이제이션 기능을 위해 useCallback 훅을 불러온다.

8~10라인 : increment 함수는 setCount 함수를 호출하여 count 값을 1 증가시키는 역할을 한다. 이때 useCallback의 두 번째 매개변수로 빈 배열 []을 전달했으므로 이 함수는 컴포넌트가 처음 렌더링될 때 한 번만 생성되고 이후 다시 생성되지 않는다.

14라인 : count 상태 값을 출력한다.

15라인 : 버튼을 클릭할 때마다 increase 함수가 실행되어 count 값이 증가한다.

useCallback을 사용하는 이유

리액트 함수 컴포넌트는 상태가 업데이트될 때마다 다시 리렌더링된다. 이때 컴포넌트 내부에 있는 함수인 increment와 같은 함수는 렌더링될 때마다 불필요하게 새로 생성된다. 하지만 useCallback을 사용하면 increment 함수가 메모이제이션되므로 컴포넌트가 다시 렌더링되더라도 increment 함수는 새로 생성되지 않는다. 이렇게 불필요한 함수 생성을 방지하여 성능을 최적화할 수 있다.

알아두세요

주의할 점은 useCallback을 과도하게 사용하면 메모이제이션 자체가 오버헤드될 수 있으므로 성능에 큰 영향을 미치는 경우에만 사용하는 것이 좋다. 예를 들어, 자주 렌더링되는 컴포넌트에서 콜백 함수의 변경을 방지하거나 콜백 함수를 프롭스(Props)로 전달하여 자식 컴포넌트의 불필요한 렌더링을 방지하려는 경우에 사용하면 좋다.

이 컴포넌트를 수행하기 위해 App.tsx에 다음과 같이 코드를 수정한다.

App.tsx

```
1   import React from 'react';
2   import { Button } from 'react-bootstrap';
3   import Content from './layout/Content';
4   import Footer from './layout/Footer';
5   import HookCallback from './HookTest'
6
7   const App: React.FC = () => {
8     return (
9       <div className="App">
10        <HookCallback></HookCallback>
11        <Content></Content>
12        <Footer></Footer>
13      </div>
14    );
15  }
16
17  export default App;
```

5라인 : HookTest.tsx 파일의 HookCallback 컴포넌트를 불러온다.

10라인 : HookCallback 컴포넌트를 호출한다.

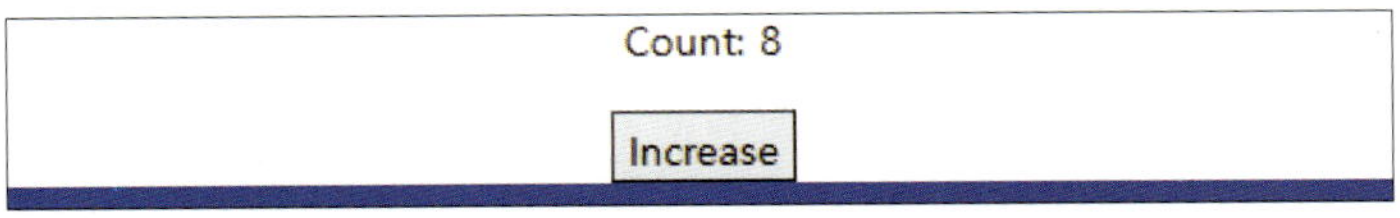

increment 함수가 useCallback 훅에 의하여 메모이제이션되면서 버튼 클릭에 의해 count 상태가 변경되어도 함수를 새로 생성하지 않는다.

14 장

데이터 통신과 페이지 구현하기

학 습 목 표

- Ajax를 활용하여 데이터를 송수신하고 이를 리액트에 동적으로 적용하는 방법을 학습한다.
- About, Contact, 로그인 페이지 UI를 리액트로 구현한다.

14.1 Ajax를 활용한 데이터 송수신하기

Ajax를 사용한 비동기 통신

Ajax(Asynchronous JavaScript and XML)는 웹 페이지를 새로고침하지 않고 서버와 비동기적으로 데이터를 주고받을 수 있게 하는 기술이다. Ajax는 서버에 요청을 보내고 응답을 받는 동안에도 사용자가 페이지를 계속 사용할 수 있도록 하여 웹 애플리케이션의 사용자 경험을 개선한다.

일반적으로 Ajax는 HTTP 요청을 통해서 서버로 데이터를 보내고 서버로부터 데이터를 받아온다. 비동기적으로 작동하기 때문에 요청을 보내면 응답이 완료될 때까지 기다릴 필요 없이 바로 다음 작업을 수행할 수 있다. 이를 통해서 사용자는 화면이 멈추는 느낌 없이 웹 애플리케이션을 원활하게 사용할 수 있다.

Ajax를 사용하는 방법은 여러 가지가 있는데 주로 사용하는 방법은 다음과 같이 네 가지이다.

❶ XMLHttpRequest(XHR) 객체 사용

❷ fetch API 사용

❸ jQuery의 $.ajax() 메소드 사용

❹ Axios 라이브러리 사용

코드 작성을 위해 public 폴더 하위에 AjaxTest.html 파일을 생성한다. 〈html〉 기반의 기본 코드를 생성한 후 〈body〉〈/body〉 내부에 〈script〉〈/scrip〉 태그를 추가한다.

AjaxTest.html

```
<!DOCTYPE html>
```

```
<html lang="en">
<head>
    <meta charset="UTF-8">
    <meta name="viewport" content="width=device-width, initial-scale=1.0">
    <title>Document</title>
</head>
<body>
    <script>
    </script>
</body>
</html>
```

Ajax 사용 방법 네 가지를 이 코드에 적용해 보자. 먼저 XMLHttpRequest 객체 사용 방법에 대해 살펴보자. XMLHttpRequest(XHR) 객체는 가장 오래된 Ajax 방식으로, 다소 복잡하지만 HTTP 요청을 자유롭게 구성할 수 있다.

AjaxTest.html

```
<!DOCTYPE html>
<html lang="en">
<head>
    <meta charset="UTF-8">
    <meta name="viewport" content="width=device-width, initial-scale=1.0">
    <title>Document</title>
</head>
<body>
    <script>
        const xhr = new XMLHttpRequest();
        xhr.open("GET", 'https://api.thedogapi.com/v1/breeds', true);

        xhr.onreadystatechange = function () {
            if (xhr.readyState === 4 && xhr.status === 200) {
                const data = JSON.parse(xhr.responseText);
                console.log(data);
            }
        };

        xhr.onerror = function () {
            console.error("Request failed");
        };

```

```
24            xhr.send();
25        </script>
26    </body>
27    </html>
```

10라인 : XMLHttpRequest 객체는 서버에 HTTP 요청을 보내고 응답받을 수 있게 해주는 브라우저 내장 객체이다.

11라인 : open 함수는 요청을 구하는 메소드로, 요청 유형은 GET 방식, 요청하는 API는 강아지의 품종 URL, 그리고 비동기 방식으로 설정한다.

13라인 : xhr.onreadystatechange는 XMLHttpRequest의 상태가 변경될 때마다 호출되는 이벤트 핸들러이다.

14라인 : xhr.readyState === 4는 요청이 완료된 상태를 의미한다. readyState 값은 0에서 4까지 변하며 4는 요청이 완료되었음을 나타낸다. xhr.status === 200이면 성공적 요청을 의미한다. 서버가 정상적으로 응답하면 200 ok 상태 코드를 리턴한다.

15라인 : JSON 형식의 문자열을 자바스크립트 객체로 변환한다. data 변수에 객체로 변환된 응답 데이터가 저장된다.

20~22라인 : 요청 중 오류가 발생할 때 호출된다.

24라인 : xhr.send( )는 서버에 요청을 실제로 전송하는 메소드이다. GET 요청 시 send( )에 인자를 전달하지 않지만 POST 요청 시에는 서버에 전송할 데이터를 포함할 수 있다.

코드 결과 확인을 위해 실행 페이지의 개발자 도구를 열고 콘솔 로그를 확인한다.

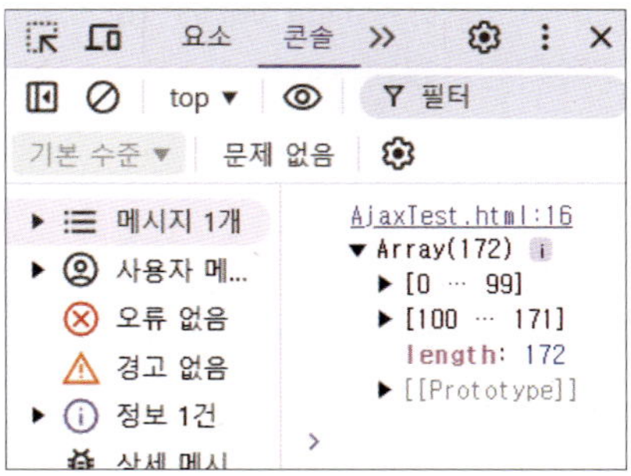

배열의 길이가 172인 데이터가 리턴되었음을 확인할 수 있다.

fetch API는 더 간결한 코드로 Ajax 요청을 작성할 수 있도록 도와준다. Promise 기반으로 동작하며 비동기 처리를 쉽게 구현할 수 있다.

AjaxTest.html

```
1   <!DOCTYPE html>
2   <html lang="en">
3       <head>
4           <meta charset="UTF-8">
5           <meta name="viewport" content="width=device-width, initial-
6           scale=1.0">
7           <title>Document</title>
8       </head>
9       <body>
10          <script>
11              fetch('https://api.thedogapi.com/v1/breeds')
12              .then((response) => {
13                  if (!response.ok) {
14                      throw new Error("네트워크 오류 발생");
15                  }
16                  return response.json();
17              })
18              .then((data) => console.log(data))
19              .catch((error) => console.error("Fetch 오류", error));
20          </script>
21      </body>
22  </html>
```

11라인 : fetch 함수는 브라우저에서 네트워크 요청을 할 수 있도록 하는 내장 API이다. fetch( )에 url을 인자로 전달하여 해당 URL로 GET 요청을 보낸다.

12라인 : 이 함수는 Promise 객체를 반환하므로 비동기 방식으로 처리할 수 있다. .then( )은 fetch 요청이 완료되면 실행된다. response는 서버로부터 받은 응답 객체를 의미한다.

13~14라인 : 응답이 정상적이지 않으면 throw로 오류 객체를 던져 .catch( )로 보낸다.

16라인 : 응답 데이터를 JSON으로 변환한다. 이 메소드는 또 다른 Promise를 반환하며, 이 Promise는 변환된 JSON 데이터를 포함한다.

18라인 : 두 번째 .then( )에서는 JSON 형식으로 변환된 데이터 data를 사용한다.

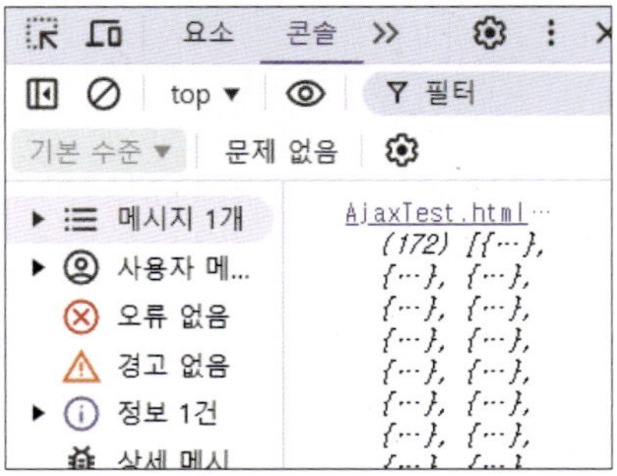

fetch를 사용하면 XMLHttpRequest보다 직관적이고 간결하게 비동기 요청을 구현할 수 있다.

이번에는 jQuery를 사용해 Ajax 요청을 보내는 방법을 살펴보자. jQuery는 Ajax 요청을 간단하게 구현할 수 있도록 다양한 메소드를 제공한다.

AjaxTest.html

```
<!DOCTYPE html>
<html lang="en">
<head>
    <meta charset="UTF-8">
    <meta name="viewport" content="width=device-width, initial-scale=1.0">
    <title>Document</title>
    <script src="https://code.jquery.com/jquery-3.7.1.min.js"
        integrity="sha256-/JqT3SQfawRcv/BIHPThkBvs0OEvtFFmqPF/lYI/
        Cxo="crossorigin="anonymous"></script>
</head>
<body>
    <script>
        $.ajax({
            url: "https://api.thedogapi.com/v1/breeds",
            type: "GET
            dataType: "json",
            success: function (data) {
                console.log(data);
            },
            error: function (xhr, status, error) {
                console.error("AJAX error:", error);
            },
        });
```

```
24        </script>
25    </body>
26    </html>
```

7~9**라인** : jQuery 라이브러리를 외부 URL에서 CDN 방식으로 가져온다.

13~19**라인** : AJAX 요청 메소드이다. 객체 형식의 인자를 통해 요청의 세부 정보를 설정한다.

14**라인** : 요청을 보낼 URL을 설정한다.

15**라인** : type은 HTTP 요청 메소드를 지정하고, 여기서는 데이터 조회를 위하여 GET으로 설정한다. POST로 설정하면 서버에 데이터를 추가하는 요청을 보낼 수 있다.

16**라인** : 응답 데이터 형식을 지정한다. 현재 설정에서는 JSON 형식으로 자동 변환된다.

17~19**라인** : 요청이 성공적으로 완료되었을 때 실행되는 콜백 함수이다. 응답 데이터를 콘솔에 출력한다.

20~22**라인** : 요청 중에 오류가 발생했을 때 실행되는 콜백 함수이다.

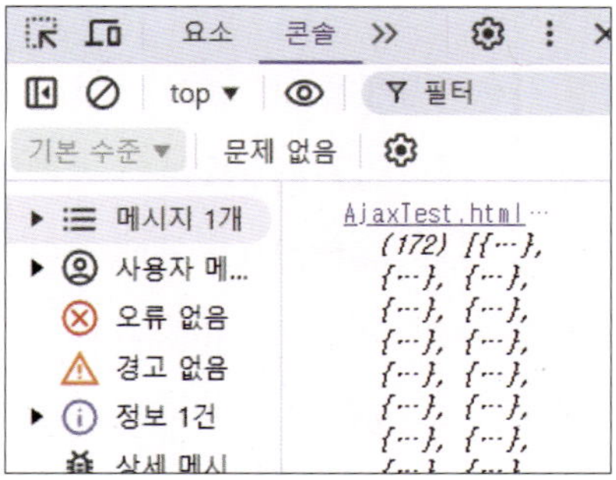

Axios는 Promise 기반의 라이브러리로, fetch와 비슷하지만 기능이 확장되어 있다. 다양한 http 요청 설정 및 오류 처리가 간편하다.

AjaxTest.html

```
<!DOCTYPE html>
<html lang="en">
<head>
    <meta charset="UTF-8">
    <meta name="viewport" content="width=device-width, initial-scale=1.0">
    <title>Document</title>
```

```
7        <script src="https://cdn.jsdelivr.net/npm/axios/dist/axios.min.js">
8    </script>
9    </head>
10   <body>
11       <script>
12           axios.get('https://api.thedogapi.com/v1/breeds')
13           .then(response => {
14               console.log("Response data:", response.data);
15           })
16           .catch(error => {
17               console.error("Error:", error);
18           });
19       </script>
20   </body>
21   </html>
```

7라인 : axios 라이브러리를 외부에서 가져와 사용한다. axios는 브라우저와 서버 모두에서 사용할 수 있는 HTTP 클라이언트 라이브러리로, 비동기적으로 데이터 요청을 관리하기 쉽게 해준다.

12라인 : axios 라이브러리를 사용해 URL을 GET 요청 방식으로 보내고 응답을 처리하는 코드이다. axios.get( ) 메소드는 Promise를 반환해서 비동기 방식으로 요청을 처리하며 이후 .then( )과 .catch( )를 통해 응답과 오류를 처리할 수 있다.

13~15라인 : 요청이 성공적으로 완료되었을 때 실행된다. response는 서버에서 리턴된 응답 객체이며 response.data는 서버에서 리턴된 실제 데이터를 포함한다.

16~18라인 : 요청이 실패했을 때 실행되는 메소드이다.

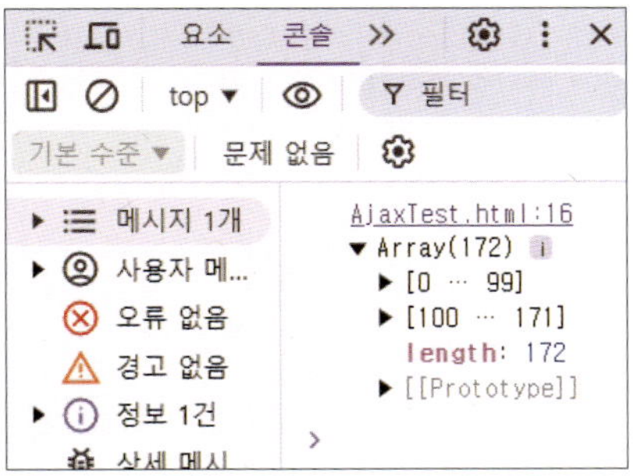

axios 라이브러리를 사용하면 비동기 GET 요청을 보내고 서버 응답 및 오류 처리를 이전 방법들보다 더 간단하고 효율적으로 할 수 있다. 따라서 앞으로 리액트에서 Ajax 처리는 axios 라이브러리를 사용하도록 한다.

REACT

14.2 도서 목록 페이지 구현하기

리액트에서의 Ajax 호출 방식

리액트(React)에서는 보통 useEffect 훅을 사용해 Ajax 요청을 보낸다. React 컴포넌트가 처음 렌더링될 때나 특정 상태나 props가 변경될 때마다 useEffect 훅 안에서 Ajax 요청을 실행할 수 있다. 리액트는 상태 기반의 라이브러리이므로 Ajax 요청 결과를 컴포넌트 상태에 저장하여 화면에 렌더링할 수 있다.

이번에는 리액트에서 Ajax를 사용하는 방법을 살펴보자. 앞서 사용한 여러 방법 중 axios를 사용하도록 한다. 일단 axios를 사용하려면 먼저 axios 라이브러리를 설치해야 한다. 터미널 창에 다음과 같이 axios 설치 명령어를 입력한다.

```
$ npm install axios
```

useEffect를 사용해 컴포넌트가 처음 렌더링될 때 서버로부터 데이터를 받아오는 코드를 작성해 보자. 이전에 만들었던 ListPage.tsx 파일의 ListPage 컴포넌트에 다음과 같이 구현한다.

ListPage.tsx

```
import axios from 'axios';
import React, { useEffect, useState } from 'react';
import bookdata from '../data/Bookdata';

const ListPage: React.FC = () => {
    let [books, setBooks] = useState(bookdata);

    useEffect(() => {
        axios.get('https://jamsuham75.github.io/image/data2.json')
        .then((result)=>{
```

```
11          console.log(result.data);
12          console.log(books);
13          let copy = [...books, ...result.data];
14          setBooks(copy);
15          console.log(copy);
16        })
17        .catch(()=>{
18          console.log('fail');
19        })
20    }, []);
21
22    return (
23        <div>
24            도서 데이터 목록
25        </div>
26    );
27 }
28 export default ListPage;
```

1라인 : axios는 HTTP 요청을 쉽게 처리할 수 있는 라이브러리로, 이 코드에서는 JSON 데이터를 가져오는 데 사용된다.

3라인 : 외부 파일 Bookdata에서 기본으로 제공되는 도서 데이터를 가져온다. 이 데이터를 초깃값으로 설정하여 컴포넌트 안에서 상태 관리에 사용된다.

6라인 : bookdata 데이터로 books 값을 초기화한다.

8라인 : 컴포넌트가 처음 렌더링될 때 한 번만 실행되도록 의존성 배열을 빈 배열로 설정한다.

9라인 : axios의 get 메소드를 통해 URL을 요청한다.

10라인 : 요청이 성공적으로 완료되면 result에 응답 객체가 들어온다.

11라인 : JSON 응답 데이터가 들어온다.

13라인 : 기존에 가져온 books 배열과 새로 가져온 데이터를 병합해 새로운 배열 copy를 생성한다.

14라인 : 상태 변경 함수인 setBooks를 사용하여 books 상태를 copy로 업데이트한다.

수정한 코드를 실행해 보자.

```
$ npm run dev
```

메뉴에서 [Product]를 클릭하고 개발자 도구를 열어보자.

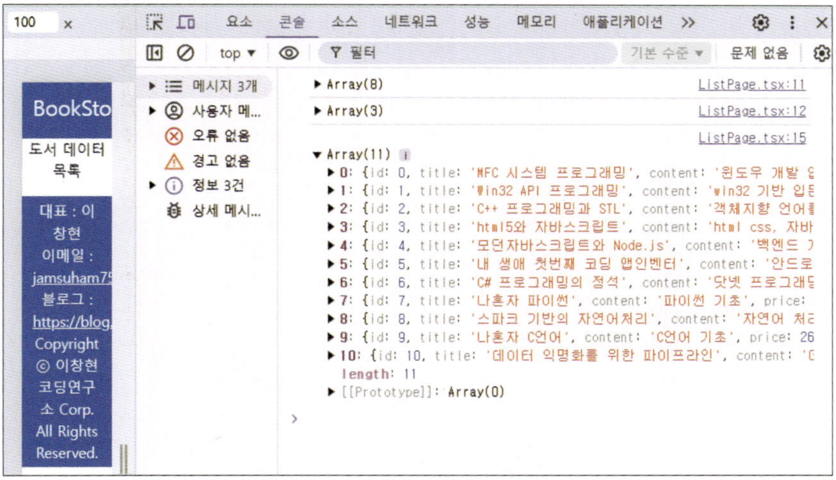

15라인에서 데이터가 결합된 결과를 콘솔에 출력했다. 기존 데이터와 서버에서 받아온 데이터가 잘 결합하여 출력됨을 확인할 수 있다.

Ajax로 불러온 데이터 바인딩하기

가져온 books 데이터를 BookItem 컴포넌트를 사용하여 화면에 데이터 바인딩해 보자.

ListPage.tsx

```
import axios from 'axios';
import React, { useEffect, useState } from 'react';
import bookdata from '../data/Bookdata';
import { Container, Row } from 'react-bootstrap';
import BookItem from '../components/BookItem';

const ListPage: React.FC = () => {
    const [books, setBooks] = useState(bookdata);
    const [loaded, setLoaded] = useState(false);

    useEffect(() => {
        if (!loaded) {
            axios.get('https://jamsuham75.github.io/image/data2.json')
                .then((result) => {
                    console.log(result.data);
                    const copy = [...books, ...result.data];
                    setBooks(copy);
                    setLoaded(true);
                })
                .catch(() => {
                    console.log('fail');
                });
        }
    }, [loaded, books]);

    return (
        <div>
            <Container>
                <div className="project_header_container">
                    <h1 className="project_header">도서 리스트</h1>
                    <div className="hr"></div>
                </div>
                <div>
                    <Row className="text-center">
                        {books.map((item, i) => (
                          <BookItem key={i} book={item}></BookItem>
                          // key 추가
                        ))}
                    </Row>
                </div>
            </Container>
        </div>
```

```
43        );
44    };
45
46    export default ListPage;
```

9라인 : loaded라는 상태 변수를 추가해 데이터 요청이 완료되었는지 여부를 추적한다. 초깃값은 false로 설정한다.

12라인 : loaded가 false일 때만 데이터를 가져오는 조건을 설정한다.

18라인 : 데이터가 성공적으로 로드되면 setLoaded(true)를 호출하여 이후에는 추가 요청이 발생하지 않도록 한다.

29~32라인 : 도서 목록 제목의 스타일을 지정한다. 앞서 작성하였던 베스트셀러 제목 설정과 동일한 스타일이다.

34~39라인 : map 함수를 사용해 books 배열의 각 요소를 item으로 가져와 반복 렌더링한다. BookItem 컴포넌트는 book 데이터를 프롭스로 전달하여 각 도서를 출력한다.

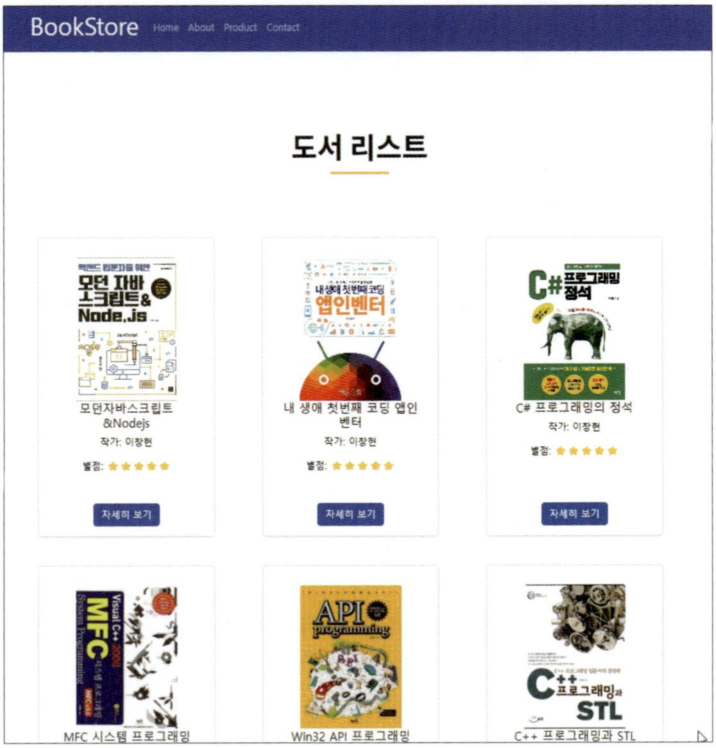

14.3 About 페이지 구현하기

About 페이지 레이아웃 설계하기

이번에는 About 페이지를 작성해 보자. 먼저 페이지의 레이아웃을 잡기 위해 react-bootstrap의 Container와 Row 컴포넌트를 사용해 기본 레이아웃을 구성한다. 페이지는 크게 이미지 섹션과 소개 섹션으로 나누어 좌우에 배치하고, 각 영역은 CSS로 스타일링 한다.

AboutPage.tsx

```
import Row from 'react-bootstrap/Row';
import Container from 'react-bootstrap/Container';
import React from 'react';

const AboutPage: React.FC = () => {
    return (
        <>
            <Container>
                <Row>
                    {/* 이미지 섹션 */}
                    <div >
                        <img src='/image/member.jpg' width={"70%"}
                        alt="대표 이미지" />
                    </div>

                    {/* 소개 섹션 */}
                    <div>
                        <header>이창현코딩연구소 대표, 성신여대 융합보안공학과
                        겸임교수</header>
                        <header>안녕하세요,</header>
                        <header>이창현입니다.</header>
                        <div>
```

```
22                             <span>안녕하세요. 이창현코딩연구소의 이창현입니다.
23                             </span><br />
24                             <span>늘 새로운 개발에 대해 연구하는 것을 좋아하고
25                             </span><br />
26                             <span>개발자되기를 희망하는 청년들을 교육합니다.
27                             </span>
28                         </div>
29 
30                         {/* 버튼 섹션 */}
31                         <div>
32                             <a href='https://blog.naver.com/
33                             jamsuham75'>
34                                 <button className='btn_header
35                                 btnHover'>블로그</button>
36                             </a>
37                             <a href='https://www.youtube.com/@
38                             jamsuham75'>
39                                 <button className='btn_header
40                                 btnHover'>유튜브</button>
41                             </a>
42                         </div>
43                     </div>
44                 </Row>
45             </Container>
46         </>
47     );
48 }
49 
50 export default AboutPage;
```

10~14라인 : 이미지를 배치한다. 이미지 크기를 고정하고 화면 오른쪽에 배치할 CSS를 적용할 것이다.

16~28라인 : 다양한 소개 문구가 포함된다. 이미지 왼쪽에 배치하고 애니메이션을 적용할 CSS를 작성한다.

```
$ npm run dev
```

실행 후 메뉴에서 [About]을 클릭해 보자.

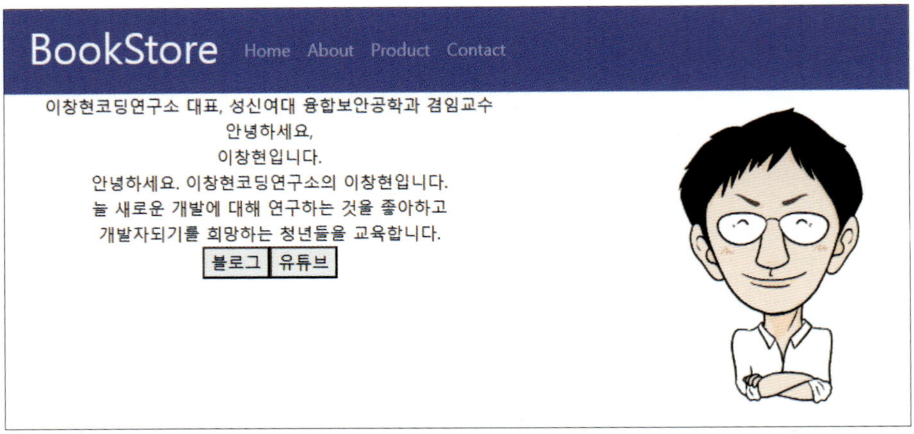

현재는 이미지, 텍스트, 버튼만 출력되는 상태이다. 여기에 스타일을 적용해 보자. App.css 상단에 다음과 같이 About 페이지에 사용할 스타일을 추가한다.

App.css

```
/* About 페이지 스타일 */
.hidden{
  opacity: 1 !important;
  filter: blur(5px) !important;
  transform: translateX(-100%) !important;
  transition: all 1s !important;
}
.show{
  opacity: 1 !important;
  filter: blur(0) !important;
  transform: translateX(0) !important;
}
.header_left_intro{
  margin-top: 74px;
  color: #ffae00;
  font-family: Poppins;
  font-size: 20px;
  font-style: normal;
  font-weight: 700;
  text-transform: uppercase;
}
.header_left_introduce{
  margin-top: 18px;
  font-family: Pretendard;
```

```
  font-size: 54px;
  font-style: normal;
  font-weight: 700;
  line-height: 100%;
}
.header_left_introduce_body_container{
  margin-top: 40px;
  margin-bottom: 40px;
}
.header_left_introduce_body{
  margin: none;
  color: #363636;
  font-family: Pretendard;
  font-size: 20px;
  font-style: normal;
  font-weight: 200;
}
.btn_header{
  font-family: Pretendard;
  padding: 12px 64px;
  font-size: 20px;
  font-style: normal;
  font-weight: 500;
  line-height: 30px;
  background: green;
  color: white;
  border: none;
  width: 210px;
}

…………………………………… 이하 생략 ……………………………………
```

스타일 작성이 끝나면 이를 UI에 적용해 보자.

AboutPage.tsx

```
import Row from 'react-bootstrap/Row';
import Col from 'react-bootstrap/Col';
import Container from 'react-bootstrap/Container';

const AboutPage: React.FC = () => {
    return (
```

```
        <>
            <Container>
                <Row className="text-center">
                    {/* 소개 섹션 */}
                    <Col md={6} className='header_left'>
                        <header className='header_left_intro'>이창현
                        코딩연구소 대표, 성신여대 융합보안공학과 겸임교수</
                        header>
                        <header className='header_left_introduce'>안녕
                        하세요,</header>
                        <header className='header_left_introduce'>이창
                        현입니다.</header>
                        <div className='header_left_introduce_body_
                        container'>
                            <span className='header_left_introduce_
                            body'>안녕하세요. 이창현코딩연구소의 이창현입니
                            다.</span><br />
                            <span className='header_left_introduce_
                            body'>늘 새로운 개발에 대해 연구하는 것을 좋아하
                            고</span><br />
                            <span className='header_left_introduce_
                            body'>개발자되기를 희망하는 청년들을 교육합니다.
                            </span>
                        </div>

                        {/* 버튼 섹션 */}
                        <div className='btn_header_container'>
                            <a href='https://blog.naver.com/
                            jamsuham75'>
                                <button className='btn_header
                                btnHover'>블로그</button>
                            </a>
                            <a href='https://www.youtube.com/@
                            jamsuham75'>
                                <button className='btn_header
                                btnHover'>유튜브</button>
                            </a>
                        </div>
                    </Col>

                    {/* 이미지 섹션 */}
                    <Col md={6}>
```

```
49                            <img src='/image/member.jpg' width={"50%"}
50                            alt="대표 이미지" />
51                        </Col>
52                    </Row>
53                </Container>
54            </>
55        );
56    }
57
58    export default AboutPage;
```

9라인 : align-items-center 클래스는 수평 정렬뿐만 아니라 Row 내부의 모든 콘텐츠를 수직으로 가운데 정렬하여 두 필드가 같은 높이에 위치하도록 한다.

11~28라인 : md-{6}은 화면의 12개 그리드 중 6개를 차지하도록 설정하는 것을 의미한다. 클래스 이름이 header_left로 시작하는 클래스들은 소개 내용과 소개 본문을 각각 스타일링하는 클래스들로 header_left_intro, header_left_introduce, header_left_introduce_body, header_left_introduce_body_container 등으로 각 항목에 적용한다.

48라인 : md={6}은 소개 섹션과 수평으로 배치한다.

About 페이지 기능 구현하기

이제 About 페이지로 진입했을 때 소개 내용이 애니메이션 효과로 화면에 나타나도록 IntersectionObserver를 활용하는 기능을 구현해 보자.

AboutPage.tsx

```
1   import Row from 'react-bootstrap/Row';
2   import Col from 'react-bootstrap/Col';
3   import Container from 'react-bootstrap/Container';
4   import React, { useEffect } from 'react';
5
6   const AboutPage: React.FC = () => {
7       useEffect(() => {
8           const observer = new IntersectionObserver((entries) => {
9               entries.forEach((entry) => {
10                  if (entry.isIntersecting) {
11                      entry.target.classList.add('show');
12                  } else {
13                      entry.target.classList.remove('show');
14                  }
15              });
16          });
17          const elements = document.querySelectorAll('.hidden');
18          elements.forEach((el) => observer.observe(el));
19      }, []);
20
21      return (
22          <>
23              <Container>
24                  <Row className="align-items-center">
25                      {/* 소개 섹션 */}
26                      <Col md={6} className='header_left hidden'>
27
28  ................................ 이하 생략 ................................
```

7라인 : 컴포넌트가 처음 렌더링될 때 한 번만 실행하도록 useEffect를 사용한다.

8라인 : IntersectionObserver는 브라우저의 API로 특정 요소가 화면에 들어오거나 벗어나는지 여부를 관찰하는 데 사용된다. IntersectionObserver 객체를 생성하면 내부에 콜백 함수를 구현해야 한다. 이때 전달되는 emtries는 각 요소에 대한 정보가 포함된 배열이다.

9라인 : entries 배열의 각 요소를 ForEach를 통해 하나씩 가져온다.

10라인 : isIntersecting 속성은 해당 요소가 화면 안에 있는지 여부를 나타낸다.

11라인 : 화면에 들어온 상태일 때는 현재 요소에 앞서 설정한 show 클래스를 추가하여 애니메이션을 적용한다.

13라인 : 화면에서 벗어난 상태일 때는 현재 요소의 show 클래스를 제거한다.

17라인 : .hidden 클래스를 가진 모든 요소를 선택한다. 코드에서는 소개 섹션 전체를 나타내며, 이 요소들은 초기에는 hidden 클래스가 적용되어 보이지 않게 한다.

18라인 : 선택한 모든 요소에 대해 observer.observe(el)를 호출하여 각 요소를 관찰 리스트에 추가한다.

26라인 : 초기 렌더링 시 소개 섹션에 hidden 클래스를 적용하고, 이후 Intersection Observer 기능을 사용한다.

실행해 보자.

```
$ npm run dev
```

14.4 Contact 페이지 구현하기

Contact 페이지 UI 구현하기

이번에는 간단한 비즈니스 연락처 페이지를 구현해 보자. 일반적으로 연락처 페이지는 사용자가 이름, 이메일, 연락처를 입력하고 〈접수하기〉 버튼을 클릭하면 담당자에게 정보를 제출하는 형태로 구성된다. 부트스트랩을 사용하여 이를 구현해 보자.

ContactPage.tsx

```
import React from 'react';
import { Button, Form, Container } from 'react-bootstrap';

const Contact: React.FC = () => {
    return (
        <Container>
            <h1 className="text-center">Business Contact</h1>
            <Form>
                <Form.Group className="mb-3" controlId="formName">
                    <Form.Label className="text-start w-100">이름
                    </Form.Label>
                    <Form.Control
                        type="text"
                        placeholder="이름 입력"
                    />
                </Form.Group>
                <Form.Group className="mb-3" controlId="formEmail">
                    <Form.Label className="text-start w-100">이메일
                    </Form.Label>
                    <Form.Control
                        type="email"
                        placeholder="이메일 입력"
                   />
                </Form.Group>
```

```
25                     <Form.Group className="mb-3" controlId="formContent">
26                         <Form.Label className="text-start w-100">내용
27                         </Form.Label>
28                         <Form.Control
29                             as="textarea"
30                             rows={10}
31                             placeholder="내용 입력"
32                         />
33                     </Form.Group>
34                     <Button
35                         type="submit"
36                         variant="warning"
37                         className="w-100"
38                         style={{ height: '60px' }}
39                     >
40                         접수하기
41                     </Button>
42                 </Form>
43             </Container>
44         );
45     };
46 
47     export default Contact;
```

6라인 : 페이지 레이아웃을 Container 클래스로 설정한다. 기본적으로 양쪽 패딩을 추가하고, 중앙 정렬된 레이아웃을 제공한다.

9~42라인 : form 태그는 사용자의 입력 데이터를 서버에 전송하기 위한 HTML 태그이다. 현재는 action과 method를 설정하지 않아 서버와 연결하지 않는다.

9~33라인 : 이름 입력 필드, 이메일 입력 필드, 내용 입력 필드로 각각 작성한다.

34~41라인 : 사용자가 입력 내용을 서버에 전달할 수 있도록 버튼을 추가한다. 이를 위해 type을 submit으로 설정하고, w-100 클래스는 버튼을 컨테이너의 전체 너비에 맞게 확장하는 역할을 한다.

실행 후 메뉴에서 [Contact]를 클릭해 보자.

BookStore
Home
About
Product
Contact
Business Contact
이름 입력
이메일 입력
내용 입력
접수하기
대표 : 이창현
이메일 : jamsuham75@naver.com
블로그 : https://blog.naver.com/jamsuham75
Copyright © 이창현코딩연구소 Corp. All Rights Reserved.

14.5 로그인 페이지 구현하기

로그인 페이지 UI 구현하기

이번에는 간단한 로그인 페이지를 구현해 보자. 사용자는 아이디와 비밀번호를 입력한 후 로그인 버튼을 클릭하여 로그인할 수 있으며, 회원가입, 계정 찾기, 비밀번호 찾기 등의 링크도 제공할 수 있다. 부트스트랩을 사용하여 로그인 페이지를 작성해 보자.

LoginPage.tsx

```
import React from 'react';
import { Container, Form, Button, Row, Col } from 'react-bootstrap';
import { Link } from 'react-router-dom';

const LoginPage: React.FC = () => {
    return (
        <Container className="d-flex justify-content-center align-
        items-center" style={{ height: '100vh' }}>
            <div
                className="login-box p-4"
                style={{
                    border: '1px solid #ced4da',
                    borderRadius: '10px',
                    boxShadow: '0 4px 6px rgba(0, 0, 0, 0.1)',
                    width: '100%',
                    maxWidth: '500px',
                    backgroundColor: '#fff'
                }}
            >
                <h2 className="text-center">로그인</h2>
                <Form>
                    <Form.Group controlId="formBasicEmail">
                        <Form.Label className="text-start w-100">아이디
                        </Form.Label>
```

```
                        <Form.Control type="email" placeholder="아이디
                        를 입력하세요" />
                    </Form.Group>

                    <Form.Group controlId="formBasicPassword" className=
                    "mt-3">
                        <Form.Label className="text-start w-100">비밀번
                        호</Form.Label>
                        <Form.Control type="password" placeholder="비밀
                        번호를 입력하세요" />
                    </Form.Group>

                    <Form.Group controlId="formBasicCheckbox"
                    className="mt-3">
                        <Form.Check type="checkbox" label="자동 로그인"
                        className="text-start" />
                    </Form.Group>

                    <Button variant="primary" type="submit"
                    className="w-100 mt-3" style={{ height: '60px' }}>
                        로그인
                    </Button>

                    <Row className="mt-3 text-center">
                        <Col>
                            <Link to="/register">회원가입</Link>
                        </Col>
                        <Col>
                            <Link to="/find-account">계정 찾기</Link>
                        </Col>
                        <Col>
                            <Link to="/find-password">비밀번호 찾기</
                            Link>
                        </Col>
                    </Row>
                </Form>
            </div>
        </Container>
    );
};

export default LoginPage;
```

7라인 : 전체적으로 수평과 수직을 중앙으로 정렬하고, 화면 높이를 100%로 설정해 로그인 박스가 화면 중앙에 위치하도록 한다.

11~18라인 : p-4는 패딩 클래스로, 박스 내부에 여백 16px을 추가한다. 테두리 색상과 모서리, 그림자, 너비 등을 설정한다.

22~41라인 : 아이디, 비밀번호, 자동 로그인 체크 박스까지 입력 필드 UI를 설정한다. text-start는 텍스트를 왼쪽 정렬하고 w-100은 라벨 너비를 100%로 설정한다.

43~46라인 : 로그인 버튼을 설정한다. mt-3은 버튼과 위 요소 사이의 간격을 추가한다.

48~59라인 : Row와 Col 기반의 그리드를 사용하여 각 링크를 균등하게 배치하고, Link 컴포넌트를 활용해 다른 페이지로 이동할 수 있도록 링크를 설정한다.

그런데 메뉴에는 로그인 항목이 없다. 로그인 페이지를 출력하려면 브라우저 입력창에 '/login'을 직접 입력해야 한다.

```
http://localhost:5173/login
```

다음과 같이 구현한 로그인 페이지가 나타난다.

로그인할 때마다 매번 /login 요청을 보내 페이지를 이동하는 것은 불편하므로 메뉴에 로그인을 추가하자.

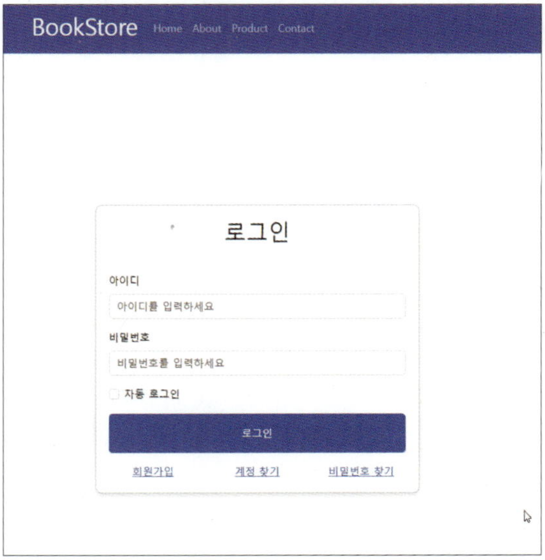

로그인 아이콘 추가하기

메뉴에 텍스트로 'login'을 추가할 수도 있지만, 그다지 멋스럽지 않다. 리액트 부트스트랩 아이콘에서 제공하는 무료 아이콘을 활용하여 로그인 메뉴를 좀 더 스타일리시하게 구성해 보자. 우선 리액트 부트스트랩 아이콘 패키지를 설치해 보자.

```
$npm install react-bootstrap-icons
```

그다음 검색창에 "리액트 부트스트랩 아이콘"을 입력해 공식 홈페이지에서 원하는 아이콘을 검색한다.

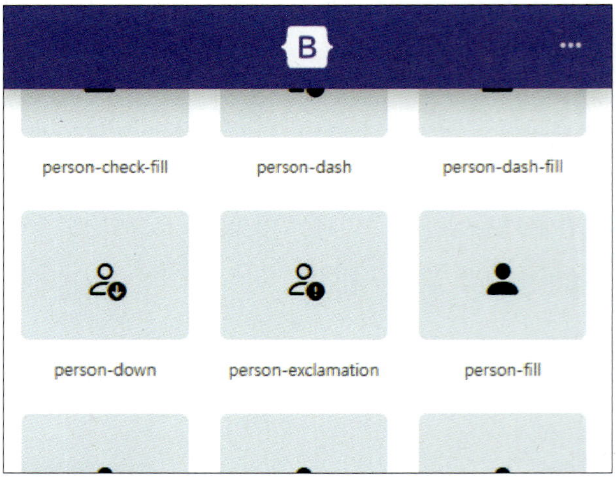

메뉴에 아이콘을 추가할 것이므로 해당 코드로 이동하여 아이콘을 불러들여 보자.

Content.tsx

```
1  ………………………………………… 생략 …………………………………………
2
3  import LoginPage from '../pages/LoginPage';
4  import HomePage from '../pages/HomePage';
5  import { PersonFill } from 'react-bootstrap-icons';
6
7  ………………………………………… 이하 생략 …………………………………………
```

5라인 : 로그인 아이콘으로는 person-fill이 적합해 보여서 {PersonFill}을 추가한다.

그다음 NavBar에 로그인 아이콘을 추가해 보자.

LoginPage.tsx

```
1  ………………………………… 생략 …………………………………
2
3  const Content : React.FC = () => {
4      return (
5        <div>
6          <Navbar style={{ backgroundColor: '#4169E1' }} data-bs-theme= "dark">
7            <Container>
8              <Navbar.Brand href = "/"><h1>BookStore</h1></Navbar.Brand>
9                      <Nav className="me-auto">
10                       <Nav.Link href="/home">Home</Nav.Link>
11                       <Nav.Link href="/about">About</Nav.Link>
12                       <Nav.Link href = "/list">Product</Nav.Link>
13                       <Nav.Link href = "/contact">Contact</Nav.Link>
14                     </Nav>
15                     <Nav>
16                         <Nav.Link href="/login" className="d-flex
17                         align-items-center">
18                             <PersonFill size={20} className="me-2" />
19                             Login
20                         </Nav.Link>
21                     </Nav>
22           </Container>
23         </Navbar>
24         <Routes>
25           <Route path="/" element={<HomePage />} />
26
27 ………………………………… 이하 생략 …………………………………
```

16~17라인 : 하위 요소들을 플렉스 컨테이너로 설정하고, 항목들을 수평 및 수직으로 중앙 정렬한다. 또한 링크를 '/login'으로 설정해 클릭 시 해당 URL로 요청이 보내지도록 한다.

18~19라인 : 부트스트랩 아이콘에서 가져온 PersonFill 아이콘을 출력한다. 크기는 20픽셀로, 간격은 me-2(margin-end : 0.5rem)으로 설정한다.

다음과 같이 NavBar 오른쪽에 PersonFill 아이콘과 Login 텍스트가 표시된다.

[Login]을 클릭하면 로그인 페이지로 이동하는 것을 확인할 수 있다.

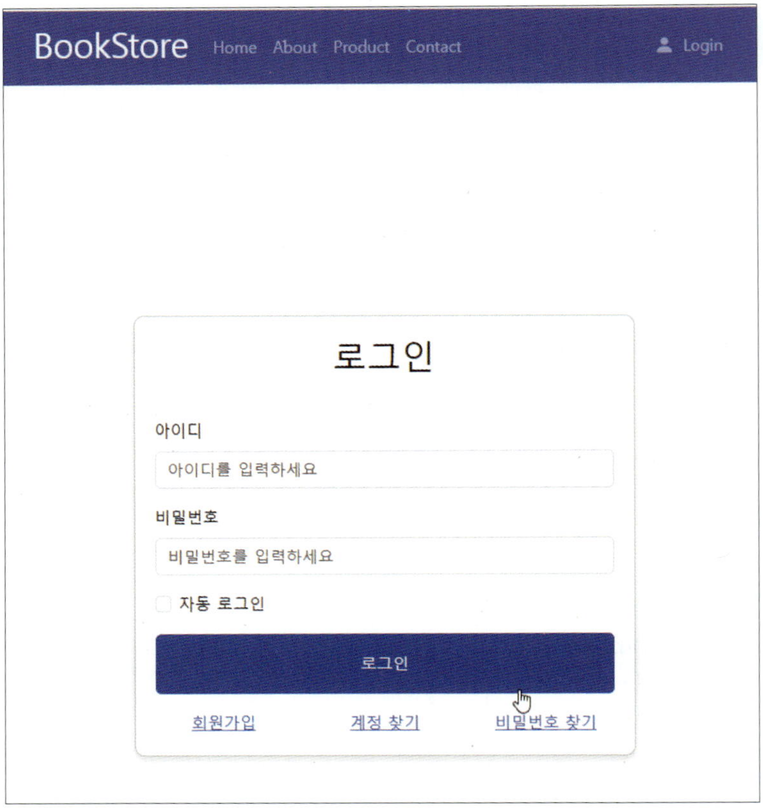

15 장

리덕스 툴킷을 사용한 상태 관리

학 습 목 표

- 리덕스 툴킷을 사용하는 이유와 리덕스 설치 방법을 학습한다.
- 리덕스 store에 상태 저장 및 변경 방법을 학습한다.
- 카트 페이지에 리덕스를 사용한 상태 관리 기능을 적용해 기능을 개선한다.

15.1 카트 페이지 만들기

카트 페이지 구성 요소

이번에는 도서를 담는 카트(장바구니) 페이지를 만들어 보자. 우리가 만들 카트 페이지 레이아웃은 다음과 같다.

카트 페이지에는 상품 정보, 수량, 상품 금액, 주문하기 등의 항목이 포함된다. 이 카트 페이지를 요청하고 출력하려면 어떻게 해야 할까? 카트 페이지를 만들고, 라우터를 통해 요청하면 되지 않을까?

라우터 추가하기

카트 페이지를 추가할 것이므로 '/cart'로 요청할 라우터를 작성해 보자.

Content.tsx

```
…………………………………… 생략 ……………………………………

<Route path='/detail/:id' element={<DetailPage />} />
<Route path="/login" element={<LoginPage />} />
```

```
5    <Route path = "/cart" element = {<CartPage></CartPage>} />
6    <Route path="*" element={'페이지가 존재하지 않습니다. 확인해주세요.'} />
7
8    ……………………………………… 이하 생략 ………………………………………
```

5라인 : 웹 브라우저 URL 창에 '/cart'를 요청하면 <CartPage> 컴포넌트를 호출한다.

우리는 앞서 CartPage.tsx 파일을 pages 폴더 하위에 생성한 적이 있다.

CartPage 컴포넌트 작성하기

기존 CartPage.tsx 파일에 다음과 같이 레이아웃을 작성해 보자.

CartPage.tsx

```
import React from 'react';
import { Button, Col, Container, Row, Table } from 'react-bootstrap';

const CartPage: React.FC = () => {
    return (
        <Container>
            <h2>장바구니</h2>
            <Table bordered>
                <thead>
                    <tr>
                        <th>상품정보</th>
                        <th>수량</th>
                        <th>상품금액</th>
                        <th>주문하기</th>
                    </tr>
                </thead>
                <tbody>
                    <tr>
                        <td>모던 자바스크립트&
                         Node.js</td>
                        <td>1</td>
                        <td>34000원</td>
                        <td><Button>주문하기</Button></td>
```

```
24                         </tr>
25                     </tbody>
26                 </Table>
27                 <Row>
28                     <Col>
29                         <h5>총 상품금액: 34000원</
30                         h5>
31                     </Col>
32                     <Col>
33                         <Button variant="success">주
34                         문하기</Button>
35                     </Col>
36                 </Row>
37             </Container>
38             );
39 }
40 export default CartPage;
```

8~26**라인** : 전체적으로 카트 페이지는 표 형태로 구성되어 <Table> 태그를 사용한다. 표 항목은 상품 정보, 수량, 상품 금액, 주문하기의 총 4개로 구성한다.

알아두세요 효율적으로 만들기 위해 부트스트랩에서 테이블을 검색하여 레이아웃을 복사하고 붙여 넣는다.

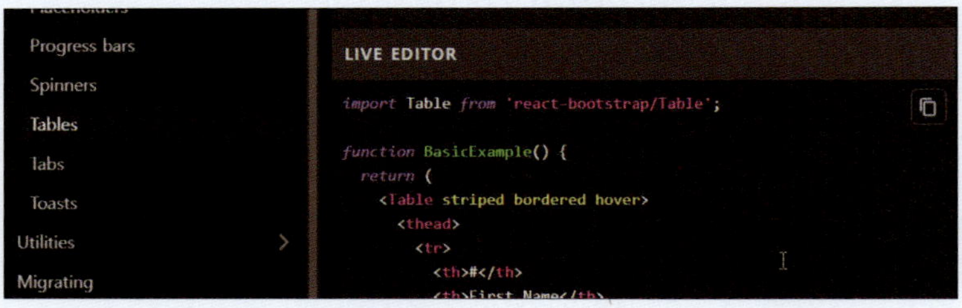

실행해 보자.

```
$ npm run dev
```

웹 브라우저 URL에 다음과 같이 요청한다.

`http://localhost:5173/cart`

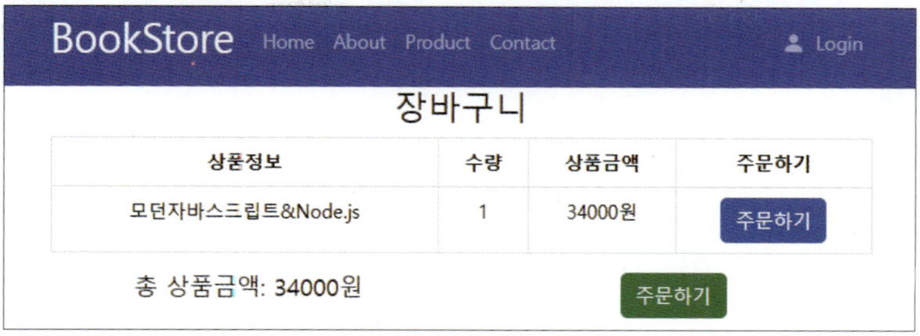

카트 페이지가 잘 출력되는 것을 확인할 수 있다.

15.2 리덕스를 사용하는 이유 및 리덕스 설치

카트 페이지에 데이터 바인딩하기

표 안에 도서에 대한 상품 데이터를 단순히 텍스트로 입력해 넣었다. 그러나 이 방식은 우리가 원하는 방식이 아니다. 도서 데이터는 상태 변수로 관리하고 이를 바인딩하는 방식이 더 적합할 것이다.

CartPage.tsx

```
import React, { useState } from "react";
import { Button, Col, Container, Row, Table } from "react-bootstrap";

interface Book {
  id: number;
  title: string;
  quantity: number;
  price: number;
}

const CartPage: React.FC = () => {
  const [books, setBooks] = useState<Book[]>([
    { id: 1, title: "모던 자바스크립트&Node.js", quantity: 1, price: 34000 },
    { id: 2, title: "C#프로그래밍의 정석", quantity: 2, price: 26000 },
  ]);

  const calculateTotal = () =>
    books.reduce((total, book) => total + book.price * book.quantity, 0);

  return(
  <Container>
      <h2>장바구니</h2>
      <Table bordered>
          <thead>
              <tr>
```

```
26              <th>상품정보</th>
27              <th>수량</th>
28              <th>상품금액</th>
29              <th>주문하기</th>
30            </tr>
31          </thead>
32          <tbody>
33          {books.map((book) => (
34            <tr key={book.id}>
35              <td>{book.title}</td>
36              <td>{book.quantity}</td>
37              <td>{
38              book.price.toLocaleString()
39              }원</td>
40              <td>
41                <Button>주문하기
42                </Button>
43              </td>
44            </tr>
45          ))}
46          </tbody>
47        </Table>
48        <Row>
49          <Col>
50            <h5>총 상품금액:
51            {calculateTotal()
52            .toLocaleString()}원
53            </h5>
54          </Col>
55          <Col>
56            <Button variant="success">주
57            문하기</Button>
58          </Col>
59        </Row>
60      </Container>
61    );
62  };
63
64  export default CartPage;
```

4~9라인 : 도서 데이터의 구조를 인터페이스로 정의한다.

12~15**라인** : useState를 사용하여 초기 도서 데이터를 설정한다. 타입은 Book[]으로 설정한다.

17~18**라인** : calculateTotal 함수는 장바구니의 총 금액을 계산한다. reduce 메소드는 각 도서의 price * quantity를 누적하여 합산한다.

33~45**라인** : map 함수를 사용하여 books에 있는 데이터를 행으로 렌더링한다.

51~52**라인** : calculateTotal로 계산된 총 상품 금액을 화면에 표시한다.

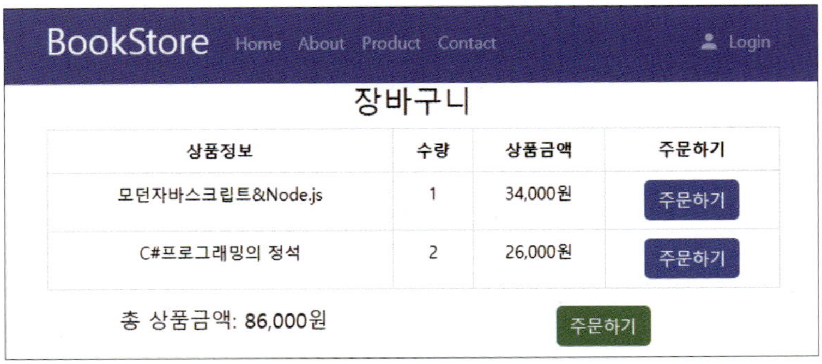

이 코드에서 생각해 볼 구조 문제점 및 개선점

이제 도서 데이터가 UI에 잘 바인딩되어 표시되는 것을 확인할 수 있다. 그러나 현재 구조에는 문제가 있다. CartPage 내부에서 데이터를 생성하면 상태 변수가 중복 관리되어 다른 컴포넌트 간 동기화 문제가 발생할 수 있다. 이로 인해 데이터가 별도로 관리되면서 복잡도가 증가하고 확장성이 부족해진다.

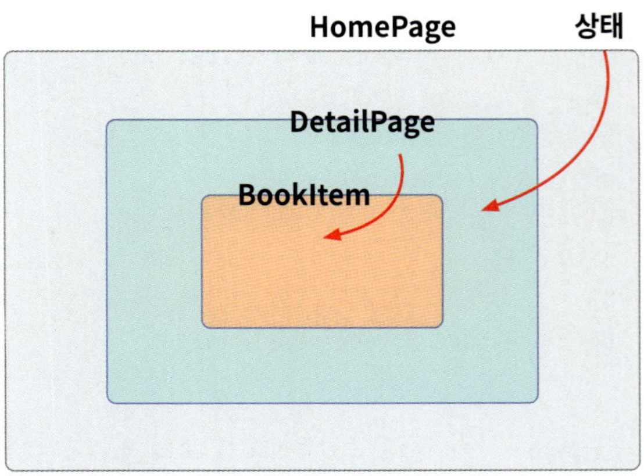

따라서 일차적인 해결 방법은 상태 변수를 최상위 컴포넌트에서 관리하는 것이다. 다시 생각해 보자. Book 타입의 데이터는 이전에 HomePage, DetailPage, BookItem 컴포넌트 등에서 사용되었다. 각 컴포넌트에서는 Book 데이터를 상위 컴포넌트인 HomePage에서 상태로 생성하고 다른 컴포넌트에 프롭스로 전달하거나, useLocation을 사용하여 전달할 수 있었다. CartPage 컴포넌트도 도서 데이터를 따로 관리하기보다는 상위 컴포넌트에서 생성한 데이터를 하위로 전달하는 방식이 더 효율적이다.

하지만 이러한 구조 역시 중첩된 프롭스 전달(Prop Drilling)로 인해 문제를 일으킬 수 있다. 데이터를 전달하기 위해 중간 컴포넌트가 불필요하게 프롭스를 받아야 할 수 있다. 이 과정에서 데이터 흐름이 복잡해지고 코드 가독성이 떨어질 수 있다. 이러한 문제를 해결하기 위한 여러 방법이 있지만, 우리는 상태 관리 라이브러리인 리덕스 툴킷을 사용하여 상태를 중앙에서 관리하고 필요한 컴포넌트에서 그 상태를 사용할 수 있도록 한다.

리덕스를 사용하는 이유

리덕스는 프롭스 전송 없이 상태를 공유할 수 있게 해주는 라이브러리이다.

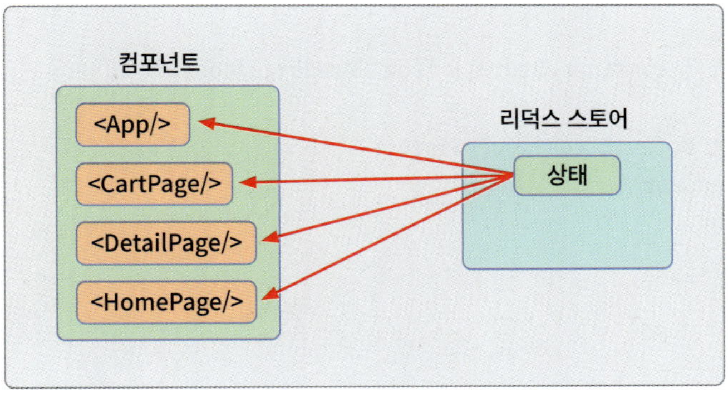

리덕스를 설치하면 자바스크립트 파일 하나에 상태를 보관할 수 있으며, 모든 컴포넌트가 그 상태에 직접 접근하여 데이터를 입출력할 수 있다. 각 컴포넌트는 데이터를 필요로 할 때 프롭스를 전송하지 않고 직접 상태에 접근해 사용할 수 있어 훨씬 편리해질 것이다.

> **알아두세요** 전역 변수는 특정 함수나 블록에 종속되지 않고 애플리케이션 전체에서 어디서든 접근할 수 있는 변수를 의미한다. 이러한 특징을 바탕으로 보면 리덕스의 보관함은 전역 변수와 비슷한 개념이라고 할 수 있다.

리덕스 툴킷 설치하기

리덕스 툴킷은 리덕스를 더 간편하게 사용할 수 있도록 제공되는 공식 라이브러리이다. 터미널을 열고 다음과 같이 입력하면 된다.

```
$ npm install @reduxjs/toolkit react-redux
```

리덕스 툴킷 설정하기

설치가 끝났으면 본격적으로 설정을 시작하자. 먼저 data 폴더 하위에 상태를 저장할 store.tsx 파일을 생성한다. 이 파일은 상태들을 담아놓을 그릇과 같은 역할을 한다. 이를 저장소로 사용하려면 리덕스에서 정한 설정 문법을 따라야 한다. store.tsx에 다음과 같이 작성한다.

store.tsx

```
1  import { configureStore } from "@reduxjs/toolkit";
2  
3  export default configureStore({
4      reducer:{
5  
6      }
7  })
```

1라인 : configureStore는 스토어 설정을 간편하게 만들어주는 객체이다.

3라인 : configureStore를 호출하여 새로운 리덕스 스토어를 생성한다. export를 사용하여 생성한 스토어를 다른 파일에서 불러와 사용할 수 있도록 한다.

4라인 : 애플리케이션 상태를 관리하는 리듀서 함수들을 등록한다. 현재 리듀서가 비어 있는 상태이다.

이번에는 main.tsx로 이동해 방금 생성한 store.tsx를 불러온다. 그다음 render 함수 안에 〈Provider〉 태그를 추가하고 프롭스로 store를 등록한다.

index.tsx

```
1   ...................................... 생략 ......................................
2
3   import store from './data/store';
4   import { Provider } from 'react-redux';
5
6   const root = ReactDOM.createRoot(
7       document.getElementById('root') as HTMLElement
8   );
9   root.render(
10      <Provider store = {store}>
11          <BrowserRouter>
12              <App />
13          </BrowserRouter>
14      </Provider>
15  );
```

3라인 : 리덕스 스토어를 가져온다.

4라인 : Provider는 리덕스 스토어를 리액트 컴포넌트 트리에 주입한다.

10라인 : store를 리덕스 스토어에 전달한다. Provider 하위에 있는 모든 컴포넌트들은 리덕스 상태와 dispatch 기능에 접근할 수 있다.

이 설정은 상태를 중앙 집중식으로 관리하고 여러 컴포넌트 간 데이터를 공유해 데이터 중복을 방지한다. 〈Provider〉로 〈App〉 컴포넌트를 감싸고 있기 때문에 〈App〉과 그 하위 컴포넌트들은 store에 있는 모든 상태들을 사용할 수 있다.

REACT

15.3 리덕스 store에 상태 저장하고 사용하기

리덕스 store에 상태 저장하기

상태를 저장하는 저장소가 만들어졌으므로 상태 변수를 리덕스 store에 저장하는 방법을 살펴보자. store.tsx 파일을 열어 상태 변수를 만들 수 있다.

store.tsx

```
1   import { configureStore, createSlice } from "@reduxjs/toolkit";
2
3   const user = createSlice({
4       name : 'user',
5       initialState : '이창현',
6       reducers : {}
7   })
8
9   export default configureStore({
10      reducer:{
11      user : user.reducer,
12      }
13  })
```

3라인 : 리덕스 툴킷에서 상태 변수와 리듀서를 한 번에 정의할 수 있는 함수이다.

4라인 : Slice의 이름으로 액션 이름을 구분하는 데 사용된다.

5라인 : Slice 초기 상태값을 설정한다. 문자열 '이창현'이 이 상태의 기본값으로 설정된다.

6라인 : reduces는 상태 변경 함수를 정의하는 객체이다. 현재는 비어 있으므로 Slice는 상태를 변경할 수 있는 액션이 없는 것이다.

9~13라인 : 리덕스 상태를 관리하는 리듀서를 등록하는 부분이다. 여기서 user라는 Slice의 리듀서를 user라는 키로 등록한다. 결과적으로 리덕스의 상태는 {

"user" : "이창현"}의 구조를 갖는다. 이렇게 해야만 모든 컴포넌트에서 접근할 수 있다.

리덕스 store에서 상태 가져오기

이제 어떤 컴포넌트에서든 store에 저장된 데이터를 가져올 수 있다. 우리는 CartPage 컴포넌트에서 데이터를 가져오자. CartPage.tsx는 상태 설정 전에 코드로 되돌리고 그 후 다음과 같이 코드를 추가한다.

CartPage.tsx

```
import React, { useState } from "react";
import { Button, Col, Container, Row, Table } from "react-bootstrap";
import { useSelector } from "react-redux";

const CartPage: React.FC = () => {
  const userinfo = useSelector((state)=> state);
  console.log(userinfo);

  return (
     <Container>
         <h2>장바구니</h2>
         <Table bordered>
             <thead>
                 <tr>
                     <th>상품정보</th>
                     <th>수량</th>
                     <th>상품금액</th>
                     <th>주문하기</th>
                 </tr>
             </thead>
             <tbody>
                 <tr>
                     <td>모던 자바스크립트&
                      Node.js</td> <td>1</td>
                     <td>34000원</td>
                     <td><Button>주문하기</Button></td> </tr>
             </tbody>
         </Table>

```

```
30          <Row>
31              <Col>
32                  <h5>총 상품금액: 34000원</h5>
33              </Col>
34              <Col>
35                  <Button variant="success">주문하기</Button>
36              </Col>
37          </Row>
38      </Container>
39      );};
40
41  export default CartPage;
```

3라인 : useSelector 함수를 사용하면 store에 있던 데이터를 가져올 수 있다.

6라인 : useSelector 함수는 리덕스 스토어의 전체 상태 변수를 가져와 userInfo 변수에 할당한다.

7라인 : 가져온 userInfo 변수를 콘솔에 출력한다.

웹 브라우저에서 /cart 경로로 요청한 후 실행되면 개발자 도구를 열어 콘솔 로그를 확인한다.

```
▼ {user: '이창현'} i
    user: "이창현"
  ▶ [[Prototype]]: Object
```

store에 저장된 데이터가 잘 넘어온 것을 확인할 수 있다. 이제 프롭스를 사용하지 않고도 데이터를 공유할 수 있게 되었다.

이번에는 리덕스 스토어에 상태 변수를 하나 더 추가해 보자. 추가 방법은 createSlice를 사용하면 된다.

store.tsx

```
1   import { configureStore, createSlice } from "@reduxjs/toolkit";
2
3   const user = createSlice({
4       name : 'user',
5       initialState : '이창현',
6       reducers : {}
7   })
8
9   const stock = createSlice({
10      name : 'stock',
11      initialState : [500, 600, 700],
12      reducers : {}
13  })
14
15  export default configureStore({
16      reducer:{
17        user : user.reducer,
18        stock : stock.reducer
19      }
20  })
```

9~13라인 : 상태 추가는 createSlice 함수의 사용 형식에 맞게 name, initialState, reducers만 채워주면 된다. 이번에는 stock이라는 이름의 상태를 추가하되 도서들의 재고값이므로 초깃값은 배열로 설정한다.

18라인 : 모든 컴포넌트의 접근을 위해 stock.reducer를 추가한다.

웹 브라우저에서 /cart 경로로 요청한 후 다시 개발자 도구에서 로그를 확인한다.

```
▼ {user: '이창현', stock: Array(3)} i
  ▶ stock: (3) [500, 600, 700]
    user: "이창현"
  ▶ [[Prototype]]: Object
```

도서 데이터를 store에 저장하고 바인딩하기

이번에는 실제로 카트 페이지에 들어갈 도서 데이터를 다뤄 보자. 앞서 살펴본 카트 페이지 요소에는 상품 이름, 가격, 권수 등의 데이터가 포함된다. 이 요소들을 바탕으로 도서 데이터의 상품 정보를 store에 추가해 보자.

store.tsx

```
import { configureStore, createSlice } from "@reduxjs/toolkit";

const user = createSlice({
    name : 'user',
initialState : '이창현',
    reducers : {}
})

const stock = createSlice({
    name : 'stock',
initialState : [500, 600, 700],
    reducers : {}
})

export interface CartItem{
    id : number;
    name : string;
    quantity : number;
    price : number;
}
export interface CartArray {
    cart : CartItem[];
}

const cart = createSlice({
    name : 'cart',
    initialState : {
            cart : [
            { id: 1, name: '백엔드 입문자를 위한 모던 자바스크립트&Node.js',
            quantity: 1, price: 34000 },
            { id: 2, name: 'HTML5와 자바스크립트 기반의 웹프로그래밍 정석',
            quantity: 1, price: 28000 },
      ],
    } as CartArray,
```

```
35        reducers : {}
36    })
37
38    export default configureStore({
39       reducer:{
40          user : user.reducer,
41          stock : stock.reducer,
42          cart : cart.reducer
43       }
44    })
```


15~20라인 : 카트에 담을 데이터 요소의 타입을 CartItem 인터페이스로 정의한다.

21~23라인 : 카트 상태는 CartArray 타입으로 정의하며 cart 배열 안에 여러 CartItem 객체를 포함한다.

25~36라인 : cart는 CartItem 객체들을 포함하는 배열로써 CartArray 타입이다. 현재는 2개의 상품을 직접 입력했다.

42라인 : cart라는 이름으로 cart.reducer를 등록하여 cart의 상태를 관리할 수 있도록 한다.

CartItem과 CartArray는 CartPage에서도 사용할 것이기 때문에 미리 export 키워드를 붙여 놓았다. 이제 데이터 준비는 모두 끝났고, /cart로 요청하여 CartPage 컴포넌트를 호출할 때 store에서 가져온 데이터를 바인딩하기만 하면 된다.

CartPage.tsx

```
import React, { useState } from "react";
import { Button, Col, Container, Row, Table } from "react-bootstrap";
import { useSelector } from "react-redux";
import { CartItem, CartArray } from "../data/store";

interface CartState{
    cart : CartArray;
}

const CartPage: React.FC = () => {
    const cartState = useSelector((state : CartState)=> state);
    console.log(cartState.cart.cart[0].id);
    console.log(cartState.cart.cart[0].name);
```

```
14        console.log(cartState.cart.cart[0].quantity);
15        console.log(cartState.cart.cart[0].price);
16
17        return (
18    <Container>
19    <h2>장바구니</h2>
20
21    ………………………………… 이하 생략 …………………………………
```

6~8**라인** : cart 상태를 설명하는 인터페이스로, CartArray 타입으로 cart 데이터를 포함한다.

11**라인** : CartState 타입으로 상태 전체를 리턴한다. 이 상태에서 state.cart로 접근하면 cart 슬라이스에 저장된 데이터를 사용할 수 있다.

12~15**라인** : state.cart는 store의 cart 슬라이스 상태이고, state.cart.cart는 CartArray의 cart 속성으로 아이템 목록을 나타낸다. 각 아이템 접근 시 배열의 인덱스와 속성으로 각각 접근한다.

```
1
백엔드 입문자를 위한 모던자바스크립트&Node.js
1
34000
```

콘솔 로그를 통해 cart 데이터가 잘 출력됨을 확인할 수 있다. 출력된 cart 객체를 원하는 곳에 바인딩하면 될 것 같다. 다음과 같이 UI에 렌더링해 보자.

CartPage.tsx

```
1    import React, { useState } from "react";
2    import { Button, Col, Container, Row, Table } from "react-bootstrap";
3    import { useSelector } from "react-redux";
4    import { CartItem, CartArray } from "../data/store";
5
6    interface CartState{
7       cart : CartArray;
8    }
```

```
const CartPage: React.FC = () => {
    let cartState = useSelector((state : CartState)=> state);

const getTotalAmount = (): number => {
        return cartState.cart.cart.reduce((total, item) => total + item.
        quantity * item.price, 0);
    };

    return (
        <Container>
            <h2 className="text-center">장바구니</h2>
            <Table bordered className="text-center">
            <thead>
                <tr>
                    <th>도서명</th>
                    <th>가격</th>
                    <th>수량</th>
                    <th>변경</th>
                </tr>
            </thead>
            <tbody>
                {cartState.cart.cart.map((item) => (
                    <tr key = {item.id}>
                        <td>{item.name}</td>
                        <td>{item.quantity * item.price}</td>
                        <td>{item.quantity}</td>
                        <td><Button>변경</Button></td>
                    </tr>
                ))}
            </tbody>
        </Table>
            <Row className="text-center">
                <Col>
                    <h5>총 상품금액: {
                     getTotalAmount()}원</h5>
                </Col>
                <Col>
                    <Button variant="success">주문하기</Button>
                </Col>
            </Row>
</Container>
```

```
51    };
52
53    export default CartPage;
```

13~16라인 : 카트에 담긴 모든 상품의 총 가격을 계산한다. reduce는 배열의 모든 요소를 하나의 값으로 축약하는 메소드이다. total은 이전 반복에서 계산된 누적값이고, item은 배열의 현재 요소를 나타낸다. 0은 초기 누적값이다.

31~38라인 : cartState.cart.cart는 카트의 아이템 배열이다. map 메소드로 배열의 각 항목을 순회하며 각 아이템의 항목을 바인딩한다.

43라인 : 총 상품 금액을 출력하는 함수 getTotalAmount( )를 호출한다.

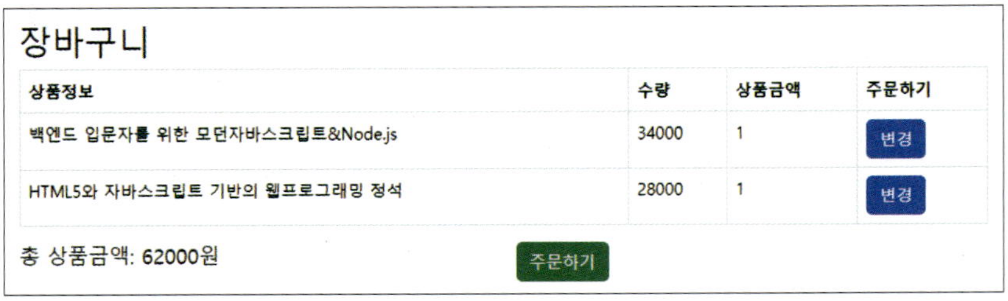

15.4 리덕스 store의 상태 변경하기

상태 변경 함수 정의하기

앞서 store의 상태를 저장하고 읽어와 바인딩하는 작업까지 했다. 이번에는 읽어온 상태 값을 변경하는 방법을 살펴보자. 일반 상태 변수에서도 상태 변경 함수를 통해 값을 변경했듯이, 리덕스에서도 상태 변경 함수를 만들고 값 변경이 필요할 때 해당 함수를 실행해 달라고 store에 요청하는 방식으로 처리한다. 상태를 변경하는 함수를 만들어 보자.

store.tsx

```
1   const user = createSlice({
2       name : 'user',
3   initialState : '이창현',
4       reducers : {
5         changeName(){
6           return '이귀엽'
7         }
8       }
9   })
10
11  export const {changeName} = user.actions;
12
13  ······························ 이하 생략 ······························
```

5~7라인 : reducers는 상태를 변경하는 함수를 정의하는 객체이다. 현재 changeName이라는 리듀서가 정의되어 있으며, 이 리듀서는 상태를 '이귀엽'으로 변경하는 기능을 한다. 상태를 직접 수정하는 대신 새 데이터를 리턴해 상태를 변경한다.

11라인 : user.actions는 createSlice가 자동으로 생성한 액션 생성 함수가 담긴 객체이다. 여기서는 changeName을 추출하여 내보낸다.

상태 변경 함수 사용하기

앞서 상태 변경 함수를 정의했으므로, 실제로 이 함수를 호출하여 사용해 보자.

CartPage.tsx

```
1   import { useSelector, useDispatch } from "react-redux";
2   import { CartItem, CartArray, changeName } from "../data/store";
3   import { Button, Col, Container, Row, Table } from "react-bootstrap";
4   interface CartState{
5   cart : CartArray;
6     user : string;
7   }
8
9   const CartPage: React.FC = () => {
10      const cartState = useSelector((state : CartState)=> state);
11
12      const getTotalAmount = (): number => {
13          return cartState.cart.cart.reduce((total, item) => total +
14          item.quantity * item.price, 0);
15      };
16
17      const dispatch = useDispatch();
18
19      return (
20  ………………………………………… 중간 생략 …………………………………………
21
22                          <Col>
23                              <Button variant="success" onClick={()=>{
24                                  dispatch(changeName())
25                              }}>주문하기</Button>
26                              <div>{cartState.user}</div>
27                          </Col>
28                      </Row>
29          </Container>
30      );
31  };
32
33  export default CartPage;
```

1라인 : useDispatch는 리덕스 액션을 디스패치하는 훅이다. 16라인에 useDispatch 함수를 호출한다.

7라인 : 사용자 이름을 저장할 `user : string`을 추가한다.

25라인 : 〈주문하기〉 버튼을 클릭하면 `dispatch(changeName())`이 호출되어 리덕스의 `user` 상태가 업데이트된다. 즉, 상태를 '이귀엽'으로 변경한다.

리덕스 상태 사용 방법

리덕스 상태를 변경하는 방법까지 살펴보았지만, 약간 복잡하게 느껴질 수 있다. 한 번 정리해 보자.

❶ 초기 상태 정의

리덕스는 createSlice로 슬라이스를 생성하고, 그 안에서 상태와 리듀서를 정의한다. 해당 상태는 전역 변수라고 생각하면 된다.

❷ 스토어 생성

configureStore를 사용해서 리덕스 스토어를 생성한다.

❸ 앱 연결

리액트 애플리케이션 전체를 리덕스 스토어에 연결하려면 Provider 컴포넌트를 사용한다.

❹ 상태 읽어오기

useSelector로 리덕스 스토어의 상태를 읽어 화면에 바인딩한다.

❺ 상태 업데이트

useDispatch로 액션을 디스패치하여 상태를 업데이트한다.

왜 디스패치(dispatch)를 사용할까?

리덕스를 사용하는 방법이 오히려 복잡해 보일 수 있지만, 프로젝트의 규모가 커질수록 리덕스가 오히려 더 편리할 수 있다. store 안에 있는 상태를 수정하려면 먼저 상태를 수정하는 함수를 store에 미리 정의해두고, 컴포넌트는 해당 함수를 호출하여 상태를 수정하게 된다. 단, 한 가지 특이한 점은 상태를 직접 수정하는 것이 아니라 수정해 달라고 간접적으로 요청한다는 점이다. 이는 우리가 알고 있는 콜백 원리와 유사하다.

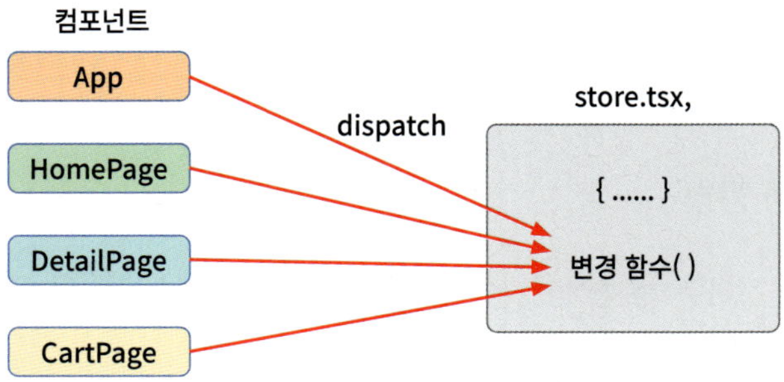

그렇다면 왜 이러한 구조를 사용할까?

만약 컴포넌트가 100개 있다고 가정해 보자. 여러 컴포넌트들이 모두 react라는 상태 변수를 사용한다면 각 컴포넌트에서 react 데이터를 변경하다가 오류가 발생하면 어떻게 될까? 100개의 컴포넌트들을 모두 디버깅해야 할 것이다.

그런데 이번에는 상태 변경 함수를 store.tsx에 미리 정의해두고, 컴포넌트들은 변경 함수를 실행해 달라고 요청만 하면 된다. 이렇게 dispatch() 함수를 사용하면 react 상태 변경 중 오류가 발생했을 때 오류를 찾기가 훨씬 수월해진다. 왜냐하면 오류의 원인은 항상 store 안에 있는 변경 함수이기 때문이다. 즉, 변경의 주도권을 누가 가지느냐의 문제인데, 100개의 컴포넌트가 각각 변경 책임을 갖는 것보다는 하나의 보관함에 책임을 두는 것이 더 통일성 있고 효율적인 구조가 될 수 있다.

15.5 REACT 상태가 object 또는 Array일 경우 변경하기

상태가 object인 데이터 변경하기

이번에는 store에 저장된 상태가 object 타입인 경우 상태를 변경하는 방법을 살펴보자. 슬라이스의 데이터를 기존 문자열에서 object 타입으로 다음과 같이 변경한다.

store.tsx

```
1   const user = createSlice({
2        name : 'user',
3        initialState : {name : '이창현', job : '개발자'},
4         reducers : {
5            changeName(){
6               return {name : '이귀엽', job : '개발자'}
7            }
8        }
9   })
10
11  export const {changeName} = user.actions;
12
13  ……………………………… 이하 생략 ………………………………
```

3라인 : 슬라이스의 초기 상태를 설정한다. 이번에는 오브젝트 타입으로 name과 job 두 개의 속성을 갖는다.

6라인 : 리듀서 함수는 기존 상태를 변경하지 않고 완전히 새로운 상태로 교체한다.

CartPage.tsx

```

interface CartState{
    cart : CartArray;
    user : {name : string, jog : string};
}
```

```
6
7   const CartPage: React.FC = () => {
8       const cartState = useSelector((state : CartState)=> state);
9
10  ………………………………… 중간 생략 …………………………………
11
12                      <Col>
13                          <Button variant="success" onClick={()=>{
14                              dispatch(changeName())
15                          }}>주문하기</Button>
16                          <div>{cartState.user.name}</div>
17                      </Col>
18                  </Row>
19          </Container>
20      );
21  };
22
23  export default CartPage;
```

4라인 : CartState 인터페이스에서 user 객체의 구조를 정의한 코드이다.

16라인 : cartState 상태에서 user 객체의 name 속성에 접근한다.

결과는 앞에서와 동일하다.

그런데 object 데이터 전체를 변경하는 것은 비효율적이다. 변경하려는 데이터만 직접 수정하는 것이 더 효율적이지 않을까? 다음과 같이 코드를 수정해 보자.

store.tsx

```
1   const user = createSlice({
2       name : 'user',
3       initialState : {name : '이창현', job : '개발자'},
4        reducers : {
5          changeName(state){
6                 state.name = '이귀엽';
7          }
8        }
9   })
10
11  export const {changeName} = user.actions;
12
13  ……………………………………… 이하 생략 ………………………………………
```

5~7라인 : state.name은 state 객체의 name 속성에 접근하여 '이귀엽'으로 변경한다. state 구조는 initialState와 동일하게 {name : '이창현', job : '개발자'} 형태를 갖는다.

리덕스 툴킷은 내부적으로 immer 라이브러리를 사용해 상태의 불변성을 자동으로 관리한다. 이 코드에서는 새로운 상태 객체를 반환하는 방식을 사용했다. 물론 상태를 직접 수정하는 코드를 작성하더라도 리덕스는 immer가 이를 감지해 기존 상태를 유지하면서 변경 사항을 반영한 새로운 상태 객체를 생성한다. 즉, 개발자가 직접 수정하는 것처럼 작성하더라도 리덕스 툴킷 내부적으로 새로운 상태를 생성하여 적용한다는 의미이다.

실행 결과는 이전과 동일하다.

이번에는 같은 원리로 object의 숫자 속성 값을 변경해 보자. user 객체에 다음과 같이 id 속성을 추가하고, id 값을 1씩 증가시키는 함수 increase를 추가한다.

store.tsx

```
const user = createSlice({
    name : 'user',
    initialState : {id : 1, name : '이창현', job : '개발자'},
```

```
4         reducers : {
5             changeName(state){
6                 state.name = "이귀엽";
7             },
8             increase(state){
9                 state.id+= 1;
10            }
11        }
12    })
13    export const {changeName, increase} = user.actions;
14
15    ……………………………………… 이하 생략 ………………………………………
```

3라인 : user 객체의 id 속성을 추가한다.

8라인 : increase 리듀서를 추가한다. 이 함수는 id 값을 1씩 증가시키는 리듀서이다.

13라인 : user에서 정의한 액션 생성자들을 구조 분해 할당으로 추출한다. increase 함수를 추가하여 외부 컴포넌트에서 접근할 수 있게 한다.

CartPage.tsx

```
import { CartItem, CartArray, changeName, increase } from "../data/store";

interface CartState{
   cart : CartArray;
   user : {id : number, name : string, job : string};
}

const CartPage: React.FC = () => {
    let cartState = useSelector((state : CartState)=> state);

……………………………………… 중간 생략 ………………………………………

              <Col>
                  <Button variant="success" onClick={()=>{
                      dispatch(increase())
                   }}>주문하기</Button>
                   <div>{cartState.user.id}</div>
              </Col>
          </Row>
```

```
20          </Container>
21      );
22  };
23
24  export default CartPage;
```

1라인 : store에서 생성한 increase 액션 생성자를 불러온다.

5라인 : user의 타입에 id를 추가한다.

15라인 : dispatch를 통하여 increase 리듀서를 실행시킨다. 내부에서 user의 id가 1씩 증가한다.

17라인 : cartState에서 user.id 값을 화면에 출력한다. 상태 변경이 일어나면 해당 값도 자동 업데이트되어 UI에 반영된다.

〈주문하기〉 버튼을 클릭하면 id 값이 업데이트되어 UI에 반영되는 것을 확인할 수 있다.

15.6 REACT

전달 인자를 활용한 상태 업데이트

상태 변경 함수에 전달 인자 전달하기

상태 변경 함수에 전달 인자를 전달할 수도 있다. 전달 인자를 전달하는 형식을 살펴보자.

리듀서 함수는 상태(state)와 액션(action) 두 가지 인자를 받는다. 액션은 주로 type과 payload로 구성되며, payload는 리듀서가 상태를 변경하는 데 필요한 데이터를 전달하는 역할을 한다.

```
리듀서 함수(state, action){
    state.속성 = action.payload;
}
```

❶ **state** : 현재 상태 정보이다.

❷ **action** : 액션 객체로, 일반 함수의 매개변수와 동일하다.

❸ **payload** : 상태를 변경하는 데 필요한 데이터를 담고 있는 값이다. '운반하다' 또는 '담다'라는 뜻을 가진 이 용어는 '액션에 담겨 있는 데이터'라고 생각하면 된다. payload는 일반적으로 액션 객체에 포함되어 전달되는 데이터를 명확히 나타내기 위해 사용된다.

increase 함수에 전달한 action 전달 인자 수만큼 id를 업데이트하는 기능을 구현해 보자.

store.tsx

```
const user = createSlice({
    name : 'user',
    initialState : {id : 1, name : '이창현', job : '개발자'},
    reducers : {
```

```
5          changeName(state){
6              state.name = "이귀엽";
7          },
8          increase(state, action){
9              state.id += action.payload;
10         }
11     }
12 })
13 export const {changeName, increase} = user.actions;
14
15 ………………………………………… 이하 생략 …………………………………………
```

8라인 : increase 함수는 state와 action을 전달 인자로 받아 상태를 변경한다.

9라인 : increase 함수의 기능은 id 값을 증가시키는 것이다. 이를 위해 action.payload에 전달된 값을 state.id에 더하는 방식으로 상태를 업데이트한다.

이렇게 하면 increase 리듀서를 호출할 때 전달 인자로 값을 함께 전달해야 한다.

CartPage.tsx

```
import { CartItem, CartArray, changeName, increase } from "../data/store";


const CartPage: React.FC = () => {
    let cartState = useSelector((state : CartState)=> state);

………………………………………… 중간 생략 …………………………………………

                    <Col>
                        <Button variant="success" onClick={()=>{
                            dispatch(increase(10))
                        }}>주문하기</Button>
                        <div>{cartState.user.age}</div>
                    </Col>
                </Row>
            </Container>
    );
};

export default CartPage;
```

11라인 : increase 액션을 디스패치할 때 10을 payload로 전달한다. 이 값의 전달 의미는 상태를 변경하는 데 목적이 있다. 즉, state.id 값을 증가시킬 때 사용된다.

버튼 클릭 시 increase 액션이 발생하고, 10이라는 값이 액션의 payload로 전달되어 리듀서에서 이것을 처리하고 상태를 10씩 증가시킨다.

카트 페이지 상품의 수량 변경하기

앞서 구현한 기능을 활용하여 카트에 담긴 상품의 수량을 변경하는 기능을 작성해 보자. 〈+〉 버튼을 클릭하면 수량이 1 증가하고, 〈–〉 버튼을 클릭하면 수량이 1 감소하도록 한다. 〈+〉 버튼을 클릭했을 때 수량이 1 증가하는 함수와 〈–〉 버튼을 클릭했을 때 수량이 1 감소하는 함수를 추가하자.

store.tsx

```
const cart = createSlice({
    name : 'cart',
    initialState : {
         cart : [
           { id: 0, name: '백엔드 입문자를 위한 모던 자바스크립트&Node.js',
           quantity: 1, price: 34000 },
           { id: 1, name: 'HTML5와 자바스크립트기반의 웹프로그래밍 정석',
           quantity: 1, price: 28000 },
    ],
  } as CartArray,
  reducers : {
      plusCount(state, action){
           state.cart[action.payload].quantity++;
```

```
14              },
15              minusCount(state, action){
16                  state.cart[action.payload].quantity--;
17              }
18          }
19  })
20
21  export const {plusCount, minusCount} = cart.actions;
22
23  ………………………………… 이하 생략 …………………………………
```


5~7라인 : id 값을 0과 1로 변경하자. 이는 배열의 시작 인덱스에 맞추기 위함이다.

12라인 : 카트의 수량을 증가시키는 리듀서 함수이다. 특정 상품을 식별하기 위해 action에 해당 상품의 id를 전달한다.

13라인 : cart 배열에서 해당 인덱스에 있는 상품 객체를 찾아 수량인 quantity 값을 1 증가시킨다.

15라인 : 카트의 수량을 감소시키는 리듀서 함수이다. 마찬가지로 action에 상품 id를 전달한다.

16라인 : cart 배열에서 해당 인덱스에 있는 상품 객체를 찾아 수량인 quantity 값을 1 감소시킨다.

CartPage.tsx

```
import { CartItem, CartArray, changeName, increase, plusCount,
minusCount } from "../data/store";
    ………………………………… 중간 생략 …………………………………

    <tbody>
        {cartState.cart.cart.map((item) => (
        <tr key = {item.id}>
            <td>{item.name}</td>
            <td>{item.quantity * item.price}</td>
            <td>{item.quantity}</td>
            <td>
                <Button
                    className = "btn-warning"
```

```
14                             style={{marginRight : '10px'}}
15                             onClick = {()=>{
16                                 dispatch(plusCount(item.id))
17                             }}>+</Button>
18                         <Button
19                           className = "btn-warning"
20                           style={{marginRight : '10px'}}
21                           onClick = {()=>{
22                             dispatch(minusCount(item.id))
23                           }}>-</Button>
24                     </td>
25                 </tr>
26                 ))}
27           </tbody>
28 </Table>
29 
30 ……………………………………… 이하 생략 ………………………………………
```

16라인 : <+> 버튼 클릭 시 dispatch를 사용하여 plusCount 액션을 실행한다. item.id는 상품의 id로 몇 번째 상품인지 식별한다.

22라인 : <-> 버튼 클릭 시 dispatch를 사용하여 minusCount 액션을 실행한다.

〈+〉와 〈-〉 버튼을 각각 클릭하여 수량을 변경해 보자. 그 후 가격과 총 상품 금액이 재계산되어 변경되는 것을 확인한다.

REACT

15.7 카트 페이지 기능 개선하기

useMemo를 사용한 성능 개선하기

앞서 훅을 학습하면서 재계산이 자주 발생해 계산 비용이 큰 경우에는 useMemo를 사용하여 메모이제이션할 수 있다고 했었다. 즉, cartState.cart가 변경될 때만 계산하면 되므로 useMemo를 사용하면 불필요한 재계산을 방지할 수 있다.

CartPage.tsx

```
1   import React, { useMemo } from "react";
2
3   ………………………………… 중간 생략 …………………………………
4
5   const CartPage: React.FC = () => {
6       const cartState = useSelector((state : CartState)=> state);
7
8       const getTotalAmount = useMemo(() => {
9           return cartState.cart.cart.reduce((total, item) => total +
10          item.quantity * item.price, 0);
11      }, [cartState.cart]);
12
13      const dispatch = useDispatch();
14
15  ………………………………… 이하 생략 …………………………………
```

8~11라인 : getTotalAmount는 cartState.cart가 변경될 때만 재계산한다. 이렇게 하면 cartState.cart가 변하지 않는 한 같은 값이 반복 계산되지 않아 성능이 개선된다.

카트 메뉴 추가하기

메뉴에 카트 메뉴를 추가해 보자. 로그인 아이콘처럼 카트 아이콘도 리액트 부트스트랩 아이콘을 사용해 보자. 부트스트랩 아이콘 사이트에서 "cart"를 검색하면 다양한 카트 아이콘들을 확인할 수 있다. 그중에서 'basket-fill' 아이콘을 사용해 보자.

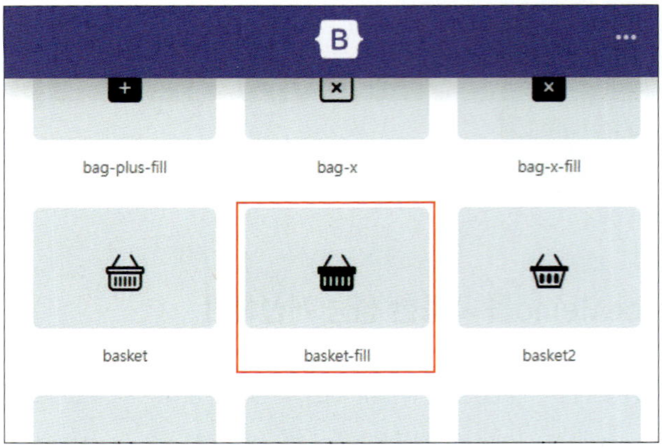

메뉴에 아이콘을 추가할 것이므로 해당 코드로 이동하여 아이콘을 불러들여 보자.

Content.tsx

```
1   ..................................... 생략 .....................................
2
3   import LoginPage from '../pages/LoginPage';
4   import HomePage from '../pages/HomePage';
5   import { PersonFill, BasketFill } from 'react-bootstrap-icons';
6
7   ..................................... 이하 생략 .....................................
```

5라인 : 카트 아이콘으로 basket-fill이 적합해 보여 {BasketFill}을 추가하였다.

그다음 NavBar에 카트 아이콘을 추가해 보자.

Content.tsx

```
..................................... 생략 .....................................

const Content : React.FC = () => {
    return (
      <div>
        <Navbar style={{ backgroundColor: '#4169E1' }} data-bs-theme= "dark">
          <Container>
```

```
8              <Navbar.Brand href = "/"><h1>BookStore</h1></Navbar.Brand>
9                <Nav className="me-auto">
10                 <Nav.Link href="/home">Home</Nav.Link>
11                 <Nav.Link href="/about">About</Nav.Link>
12                 <Nav.Link href = "/list">Product</Nav.Link>
13                 <Nav.Link href = "/contact">Contact</Nav.Link>
14               </Nav>
15               <Nav>
16                 <Nav.Link href="/login" className="d-flex align-
17                 items-center">
18                   <PersonFill size={20} className="me-2" />
19                   Login
20                 </Nav.Link>
21                 <Nav.Link href="/cart" className="d-flex align-
22                 items-center">
23                   <BasketFill size={20} className="me-2" />
24                   Cart
25                 </Nav.Link>
26               </Nav>
27           </Container>
28         </Navbar>
29         <Routes>
30           <Route path="/" element={<HomePage />} />
31
32   ………………………………… 이하 생략 …………………………………
```

21~22라인 : 하위 요소들을 플렉스 컨테이너로 만들어 항목들이 수평과 수직으로 중앙 정렬되도록 한다. 또한, 링크를 '/cart'로 설정하였으므로 클릭하면 해당 URL로 요청이 보내진다.

23라인 : 부트스트랩 아이콘에서 가져온 BasketFill 아이콘을 출력한다. 크기는 20픽셀로 간격은 me-2(margin-end : 0.5rem)으로 설정한다.

다음과 같이 NavBar 오른쪽에 BasketFill 아이콘과 Cart 텍스트가 표시된다. Cart 아이콘을 클릭하면 카트(장바구니) 페이지로 이동하는 것을 확인할 수 있다.

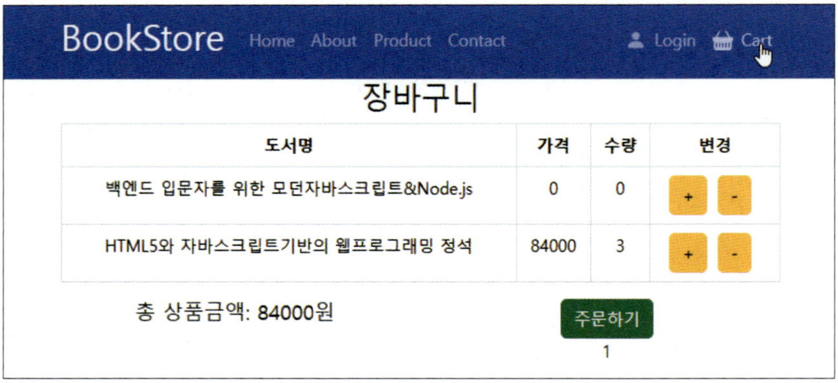

〈카트에 담기〉 버튼을 클릭했을 때 카트에 상품 추가하기

이번에는 상세 페이지에서 〈카트에 담기〉 버튼을 클릭하면 해당 상품이 카트에 추가되는 기능을 구현해 보자. 이 기능 또한 store 상태를 사용해야 하므로 store.tsx에 다음과 같이 코드를 추가한다.

store.tsx

```
const cart = createSlice({
    name : 'cart',
    initialState : {
        cart : [],
    } as CartArray,
    reducers : {
        plusCount(state, action){
            state.cart[action.payload].quantity++;
        },
        minusCount(state, action){
            state.cart[action.payload].quantity--;
        },
        addItem(state, action) {
            const existingItem = state.cart.find((item) => item.id ===
               action.payload.id);

            if (existingItem) {
               existingItem.quantity++;
            } else {
               state.cart.push({
```

```
21                    id: action.payload.id,
22                    name: action.payload.name,
23                    quantity: 1,
24                    price: action.payload.price,
25                  });
26              }
27          },
28      }
29  })
30
31  export const {plusCount, minusCount, addItem} = cart.actions;
32
33  ………………………………… 이하 생략 …………………………………
```


4라인 : 기존에 미리 입력해두었던 도서 상품들의 데이터를 모두 삭제한다. 빈 배열 상태로 만든다.

13라인 : addItem 리듀서 함수는 카트에 새로운 아이템을 추가하거나 이미 카트에 존재하는 아이템의 수량을 증가시키는 역할을 한다.

14~15라인 : state.cart 배열에서 action.payload.id와 item.id를 비교해 동일한 id를 가진 아이템이 이미 존재하는지 검사한다.

17~19라인 : 만약 existingIItem이 존재한다면, 즉 카트에 이미 해당 아이템이 있으면 그 아이템의 quantity를 1 증가시킨다.

20~25라인 : existingIItem이 존재하지 않으면 카트에 아이템이 없다는 의미이므로 새로운 아이템을 카트에 추가한다. state.cart.push()로 새 아이템을 카트 배열에 추가한다. 새 아이템 추가 시 초기 수량은 1권에서 시작하므로 quantity : 1로 설정한다.

DetailPage.tsx

```
import { useLocation, useNavigate, useParams } from 'react-router-dom';
import { addItem } from '../data/store';
import { useDispatch } from 'react-redux';
import { useEffect } from 'react';
import { Button, Card, Col, Container, Row } from 'react-bootstrap';
const DetailPage: React.FC = () => {
```

```
7    ·································· 중간 생략 ··································
8
9        const book = state?.book;
10       const dispatch = useDispatch();
11       const navigate = useNavigate();
12
13   ·································· 중간 생략 ··································
14
15                               <Button
16                                   variant="primary"
17                                   onClick={() => {
18                                     dispatch(addItem({id : book.id, name :
19                                         book.title, price : book.price}));
20                                     navigate('/cart');
21                                   }}>
22                                   카트에 담기
23                               </Button>
24                             </Card.Body>
25                         </Card>
26                     </Col>
27                 </Row>
28             </Container>
29         </div>
30     );
31 }
32 export default DetailPage;
33
34   ·································· 이하 생략 ··································
```

12라인 : 리덕스 상태를 변경하는 액션을 디스패치하는 함수인 dispatch를 리턴한다. store에 정의된 액션을 보내는 데 사용된다.

13라인 : 라우팅을 제어하는 함수로 navigate를 리턴한다. 이 함수를 사용하면 URL을 변경하여 다른 페이지로 리다이렉션할 수 있게 한다.

20~21라인 : useDispatch( )를 통해 가져온 dispatch 함수를 사용하여 addItem 액션을 디스패치한다. addItem 액션은 전달받은 payload({id, name, price})를 기반으로 카트에 아이템을 추가한다.

22라인 : navigate는 useNavigate( ) 훅을 통하여 제공되는 함수로, 페이지 이동 기능을 수행한다. 이 코드에서는 /cart를 요청하여 카트 페이지로 이동하게 한다.

상세 페이지로 이동하고 〈카트에 담기〉 버튼을 클릭해 보자.

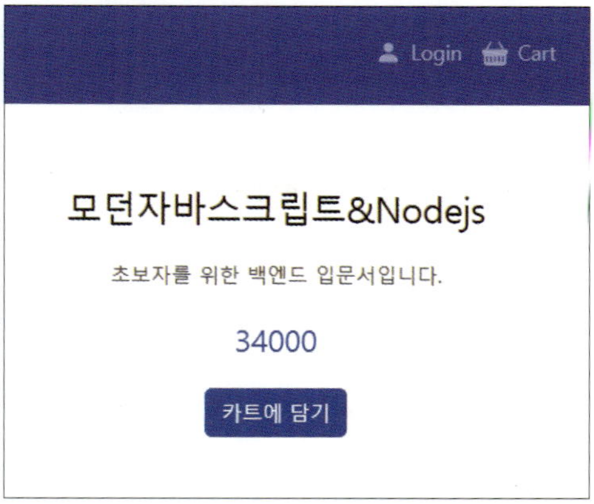

다음과 같이 카트 페이지로 이동하며 방금 추가한 도서 상품이 카트 페이지에 추가되는 것을 확인할 수 있다.

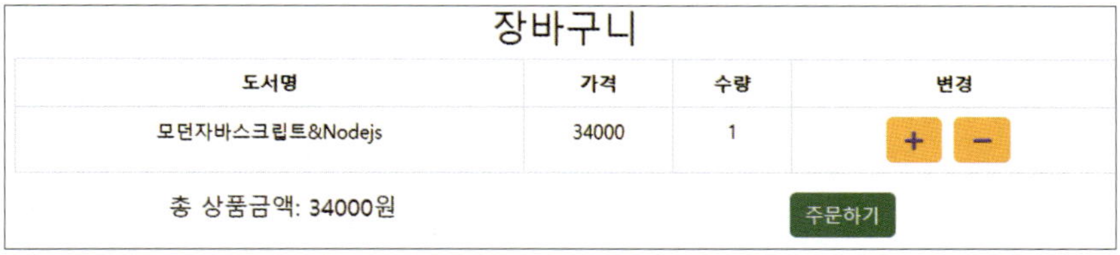

카트의 도서 수량 변경하기

여기에서 문제가 발생한다. 〈+〉 또는 〈−〉 버튼을 클릭해 보자. 아마 다음과 같은 오류 메시지가 나타날 것이다.

```
Cannot read properties of undefined (reading 'quantity')
```

오류의 원인은 state.cart[action.payload].quantity++; 코드에서 상품을 배열 인덱스로 접근했기 때문이다. CartPage에서 dispatch(plusCount(item.id))로 호출할 때 추가한 도서 아이템의 id는 4가 넘어간다. 즉, plusCount(state, action)의 action에는 4가 넘어오고 action.playload는 4가 된다. 그래서 state.cart[4].quantity++;를 수행하는데, 현재 추가한 도서 아이템은 1개뿐이므로 state.cart[0].quantity++;을 해야 제대로 동작한다. 즉, 존재하지 않는 배열 인덱스에 접근하여 수정하려다 보니 오류가 발생한 것이다.

이 문제를 해결하려면 action.payload 값을 디스패치하기 전에 검사해야 한다. payload가 배열 인덱스가 아니라 객체의 id인 경우를 고려하여 코드를 다음과 같이 수정한다.

store.tsx

```
1   ···································· 중간 생략 ····································
2
3    reducers : {
4      plusCount(state, action){
5          const item = state.cart.find((item) => item.id === action.
6          payload);
7          if (item) {
8             item.quantity++;
9          }
10     },
11    minusCount(state, action){
12         const item = state.cart.find((item) => item.id === action.payload);
13         if (item && item.quantity > 0) {
14             item.quantity--;
15         }
16     },
17     addItem(state, action) {
18         const existingItem = state.cart.find((item) => item.id ===
19         action.payload.id);
20
21  ···································· 이하 생략 ····································
```

5~6라인 : state.cart 배열에서 id가 action.payload와 일치하는 항목을 찾는다. find 함수는 조건을 만족하는 첫 번째 항목을 리턴하고, 없으면 undefined를 리턴한다.

7~9라인 : id가 일치하는 해당 항목이 존재하면 quantity의 값을 1 증가한다.

12라인 : state.cart 배열에서 id가 action.payload와 일치하는 항목을 찾는다.

13라인 : 해당 항목이 존재하고 quantity가 0보다 클 때만 실행한다.

14라인 : 조건을 만족하면 quantity 값을 1 감소한다.

카트의 데이터 유지하기

카트에 도서 상품을 추가한 후 다른 페이지로 이동했다가 다시 카트 페이지로 돌아오면 카트에 담아 두었던 데이터가 사라진다. 결국 카트에는 상품이 한 개씩만 추가되고, 새로고침하면 데이터는 초기화된다. 이 문제를 해결하기 위해 redux-persist 라이브러리를 사용해 보자.

> **알아두세요** redux-persist는 리덕스 상태를 저장소에 유지하여 애플리케이션을 재시작할 때도 상태를 복원하기 위한 기능이다.

```
$npm install redux-persist
```

store를 redux-persist로 설정한다. 다음은 리덕스 상태 값을 유지하고 관리하는 기능을 구현한 코드이다.

store.tsx

```
import { configureStore, createSlice, combineReducers } from "@reduxjs/toolkit";
import { persistStore, persistReducer } from "redux-persist";
import storage from "redux-persist/lib/storage";

…………………………………… 중간 생략 ……………………………………

export const { plusCount, minusCount, addItem, resetCart } = cart.actions;

const rootReducer = combineReducers({
    user: user.reducer,
    stock: stock.reducer,
    cart: cart.reducer,
});

const persistConfig = {
    key: "root",
    storage,
};

const persistedReducer = persistReducer(persistConfig, rootReducer);

const store = configureStore({
    reducer: persistedReducer,
});

export const persistor = persistStore(store);
export default store;
```

10~14**라인** : 여러 슬라이스에서 정의한 리듀서들인 uer.reducer, stock.reducer, cart.reducer를 하나의 rootReducer로 통합한다.

16~19**라인** : redux-persist가 상태를 저장할 방법과 위치를 지정한다. key는 루트 상태를 저장할 때 사용할 키로 'root'라고 설정한다. storage는 상태를 저장할 스토리지로, 여기서는 redux-persist/lib/storage를 사용하여 로컬 스토리지에 데이터를 저장한다.

21**라인** : persistedReducer는 : redux-persist에서 제공하는 함수로 rootReducer를 감싸 상태를 영구 저장할 수 있는 리듀서로 변환한다. pesistConfig에 따라 로컬 스토리지에 리덕스 상태를 저장하거나 복원한다.

23~25**라인** : configureStore를 사용하여 리덕스 스토어를 생성한다. reducer 옵션으로 persistReducer를 전달하여 리덕스 상태가 redux-persist와 함께 동작하도록 설정한다.

27**라인** : 리덕스 스토어를 감싸 상태를 유지하거나 초기화한다. persistor는 앱에서 PersistGate와 함께 사용되어야 상태를 복원할 수 있다.

이전에 사용했던 리덕스 상태 관리보다 다소 복잡하게 느껴질 수 있다. 과정을 간단하게 요약해 보자.

❶ 리덕스 상태 관리

user, stock, cart 상태를 각 슬라이스에서 생성하고, combineReducers로 rootReducer를 생성하여 상태를 통합한다.

❷ 상태 영구 저장

persistReducer와 persistConfig를 통하여 리덕스 상태를 로컬 스토리지에 저장한다. 상태를 복원하거나 유지하려면 persistor와 함께 설정해야 한다.

❸ 리덕스 스토어 생성

configureStore를 통해 persistReducer를 사용하는 리덕스 스토어를 생성한다. 상태 변경 시 자동으로 로컬 스토리지에 저장된다.

애플리케이션에서 실행 시 redux-persist가 동작할 수 있도록 다음과 같이 설정한다.

index.tsx

```
1   ………………………………… 중간 생략 …………………………………
2
3   import { Provider } from 'react-redux';
4   import { PersistGate } from 'redux-persist/integration/react';
5   import store, { persistor } from './data/store';
6
7   const root = ReactDOM.createRoot(
8     document.getElementById('root') as HTMLElement
9   );
10  root.render(
11    <Provider store = {store}>
12      <PersistGate loading={null} persistor={persistor}>
13          <BrowserRouter>
14            <App />
15          </BrowserRouter>
16      </PersistGate>
17    </Provider>
18  );
```

12라인 : PersistGate는 애플리케이션이 시작될 때 persistor를 통해 상태 복원이 완료될 때까지 대기한다. loading 속성으로 로딩 UI를 표시할 수 있는데, 리액트 컴포넌트를 전달하거나 로딩 중에 표시할 간단한 텍스트를 설정할 수 있다.

상세 페이지로 이동하여 〈카트에 담기〉 버튼을 클릭해 보자. 여러 도서 상품을 담기도 하고 1개의 상품을 여러 번 카트에 담아보자.

카트에 상품이 추가될 때 store 데이터가 유지되면서 상품이 추가되는 것을 확인할 수 있다.

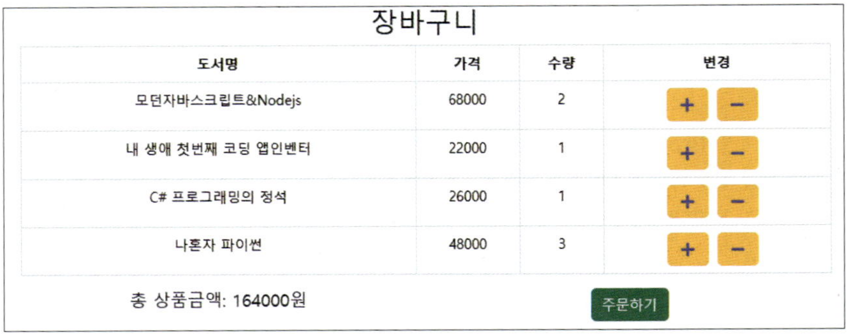

카트 비우기

도서 상품이 카트에 저장되고 유지되는 기능은 완성되었지만, 단순히 도서 상품을 카트에 담기만 할 수는 없다. 결국 카트의 상품을 비울 수 있는 기능도 필요하다. 카트를 비우는 기능을 추가해 보자.

store.tsx

```
………………………………… 중간 생략 …………………………………

        addItem(state, action) {
            const existingItem = state.cart.find((item) => item.id ===
            action.payload.id);

            if (existingItem) {
                existingItem.quantity++;
            } else {
                state.cart.push({
                    id: action.payload.id,
                    name: action.payload.name,
                    quantity: 1,
                    price: action.payload.price,
                });
            }
        },
        resetCart(state) {
            state.cart = [];
        },
    },
});
………………………………… 이하 생략 …………………………………
```

18~20**라인** : resetCart는 리듀서 함수로, 카트를 초기화하여 빈 배열로 만드는 기능을 수행한다. 전달된 인자 state는 store에서 관리하는 현재 상태를 나타내며, state.cart는 이 리듀서가 관리하는 카트 데이터로 배열 형태이다. 빈 배열 [ ]로 설정함으로써 카트 안의 모든 항목을 제거하고 초기화한다.

CartPage.tsx

```
1   ······································ 중간 생략 ······································
2
3                 <Row>
4                     <Col>
5                         <h5>총 상품금액: {getTotalAmount()}원</h5>
6                     </Col>
7                     <Col>
8                         <Button variant="success" style={{marginRight :
9                         '10px'}} onClick={()=>{
10                            dispatch(increase(10))
11                        }}>주문하기</Button>
12                       <Button variant="primary" onClick={()=>{
13                            dispatch(resetCart())
14                        }}>카트 비우기</Button>
15                    </Col>
16                </Row>
17            </Container>
18        );
19    };
20
21    export default CartPage;
```

12~14**라인** : 〈카트 비우기〉 버튼을 생성한다. resetCart()는 슬라이스에서 정의한 함수로 디스패치한다.

〈카트 비우기〉 버튼을 클릭하면 기존 카트 목록에 있던 도서 상품들이 모두 삭제된다.

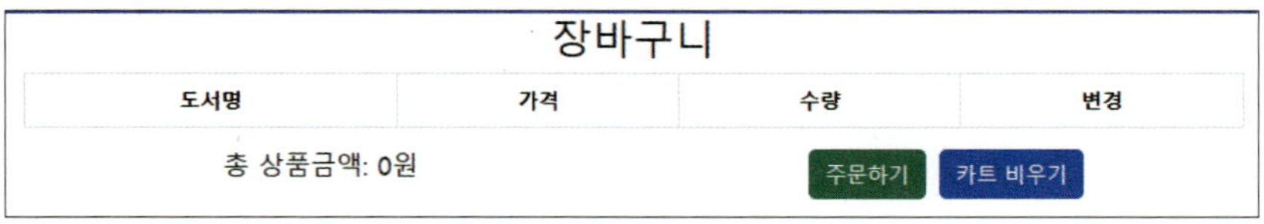

15.8 리액트 배포하기

현재 소스 코드의 리소스 용량

리액트로 UI 개발이 끝나면 이제 배포할 준비를 해야 한다. npm start 명령어로 리액트를 실행시키고 웹 브라우저에서 'http://localhost:5173/'으로 URL을 요청하면 된다.

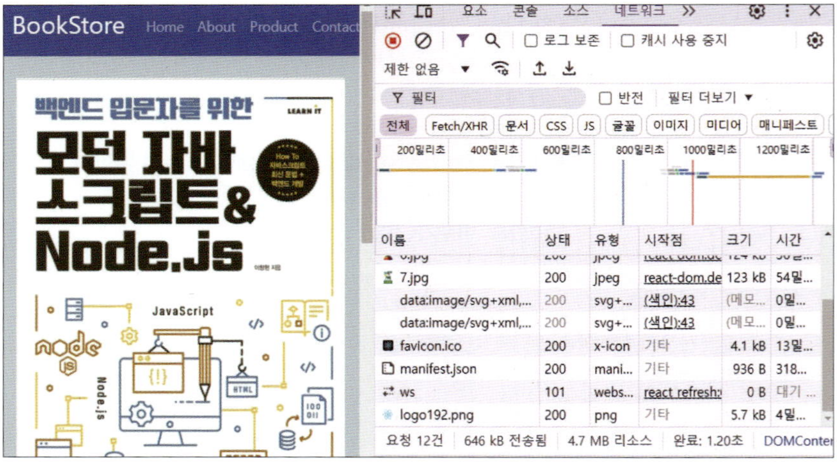

새로고침했을 때 [Home] 메뉴에서 매번 다운로드되는 리소스 용량은 4.7MB로, 기능에 비해 용량이 너무 크다. [About]이나 [Product] 등의 메뉴로 이동해도 다운로드되는 리소스 용량은 비슷하다. 이 상태로 배포하는 것은 적합하지 않으므로 배포를 위해서는 코드 용량을 최소화하고 리액트 앱을 브라우저에서 실행할 수 있는 형태로 변환해야 한다.

배포 파일 생성하기

개발 중에는 npm run dev 명령어를 사용해 개발 서버를 실행한다. 이 서버는 빠른 개발을 위해 최적화되어 있지만, 크기가 크고 느리며 디버깅용 코드가 포함되어 있다. 배포에 최적화된 파일을 생성하려면 npm run build 명령어를 사용해 프로덕션 환경에서 실행할 수 있는 정적 파일로 변환할 수 있다. 이 과정에서 불필요한 코드를 제거하고 번들링 및 압축을 통해 로딩 속도를 개선할 수 있다. 터미널에서 다음과 같이 명령어를 입력하자.

```
$npm run build
```

빌드가 완료되면 왼쪽 탐색기에서 dist 폴더가 생성된 것을 확인할 수 있다. assets/index-CAgvyKP2.js 파일을 열어보면 코드가 공백 없이 처리된 상태임을 확인할 수 있다.

내부에서 수행되는 작업

❶ 코드 변환 및 트랜스파일링(esbuild)

- vite.config.ts 설정을 로드하고, 필요한 플러그인을 적용한다.
- TypeScript(.ts, .tsx)와 JSX를 esbuild로 빠르게 JavaScript로 변환한다.
- .env 파일에서 환경 변수(VITE_ 접두사)를 읽어 import.meta.env로 삽입한다.

❷ 번들링 및 최적화(Rollup)

- Rollup을 사용하여 모든 파일을 하나의 최적화된 번들로 병합한다.
- 코드 스플리팅 : import() 구문을 감지하여 여러 개의 작은 청크 파일로 분리한다.
- Tree Shaking : 사용되지 않는 코드를 자동으로 제거하여 크기를 최적화한다.
- CSS 및 자산 처리 : .css, .scss, 이미지, 폰트 등을 번들링 및 압축한다.

❸ 빌드 파일 생성 및 압축(dist/ 폴더)

- 최종 .js, .css, index.html을 dist/ 폴더에 생성한다.
- esbuild 또는 terser를 사용하여 JavaScript 난독화 및 압축한다.
- 빌드 완료 후 dist/ 폴더를 서버(Nginx, Firebase, GitHub Pages 등)에 업로드하여 배포할 수 있다.

배포 파일 실행하기

로컬 환경에서 dist 폴더를 실행하여 실제 배포된 환경처럼 테스트할 수 있다. 다음과 같이 명령어를 입력하여 간단한 node.js 기반의 서버를 설치해 보자.

```
$npm install -g serve
```

이 명령어는 serve를 전역적으로 설치한다. 설치가 완료되면 serve를 사용해 dist 폴더를 정적 웹 서버로 실행해 보자.

```
$ serve -s dist
```

```
Serving!

- Local:    http://localhost:3000
- Network:  http://192.168.0.34:3000

Copied local address to clipboard!
```

현재 웹 서버에서 배포 파일이 실행되고 있다. 웹 브라우저에서 해당 URL로 접속한 후 개발자 도구를 열어보자.

새로고침했을 때 다운로드된 리소스가 1.2MB임을 확인할 수 있다. 기존 소스 코드에 비해 훨씬 용량이 줄어들었음을 알 수 있다. 이는 실제 배포 환경에서 애플리케이션이 어떻게 동작하는지를 로컬에서 확인하는 과정이다. 홈 화면뿐만 아니라 [About], [Product], [Contact] 등의 메뉴를 클릭하며 제대로 동작하는지 확인한다.

영문

한글

길벗 캠퍼스의 대학교재 시리즈를 소개합니다

길벗 캠퍼스는 교수님과 학생 여러분의 소중한 1초를 아껴주는

IT전문 분야의 교양 및 전공 도서를 IT/AI/Game Campus라는 브랜드로 출간합니다

메타버스 교과서
김영일, 임상국 지음 | 472쪽 | 29,000원 | 2023년 1월 출간

전처리와 시각화 with 파이썬
오경선, 양숙희, 장은실 지음 | 536쪽 | 29,000 | 2023년 5월 출간

파이썬 워크북
이경숙 지음 | 408쪽 | 26,000원 | 2023년 5월 출간

안드로이드 프로그래밍
송미영 지음 | 672쪽 | 36,000원 | 2023년 6월 출간

모던 자바스크립트&Node.js
이창현 지음 | 600쪽 | 34,000원 | 2023년 7월 출간

SQL과 AI 알고리즘 with 파이썬
김현정, 황숙희 지음 | 376쪽 | 27,000원 | 2023년 8월 출간

머신러닝과 딥러닝 with 파이썬
김현정, 유상현 지음 | 424쪽 | 28,000원 | 2023년 8월 출간

4차 산업혁명과 미래사회
안병태, 정화영 지음 | 488쪽 | 26,000원 | 2023년 7월 출간

게임 콘셉트 디자인
남기덕 지음 | 352쪽 | 27,000원 | 2023년 9월 출간

생성형 AI를 활용한 인공지능 아트
김애영, 조재춘 외 지음 | 356쪽 | 26,000원 | 2023년 9월 출간

게임 디자인&페이퍼 프로토타입
이은정 지음 | 352쪽 | 27,000원 | 2024년 1월 출간

분산 컴퓨팅
윤영 지음 | 360쪽 | 29,800원 | 2024년 1월 출간

찐초보 생활 전기
전병칠 지음 | 280쪽 | 21,000원 | 2024년 2월 출간

외국인 학생을 위한 컴퓨터 활용
김의찬, 박혜란 지음 | 464쪽 | 29,000원 | 2024년 5월 출간

C 언어의 정석
조용주, 임좌상 지음 | 584쪽 | 34,000원 | 2024년 6월 출간

블렌더 교과서
김영일 지음 | 608쪽 | 37,500원 | 2024년 8월 출간

일러스트레이터 with AI
허준영 지음 | 368쪽 | 27,000원 | 2024년 12월 출간

포토샵 with AI
이문형 지음 | 432쪽 | 28,000원 | 2024년 12월 출간

생성형 AI 창작과 활용 가이드
김현정, 원일용 지음 | 368쪽 | 27,000원 | 2024년 12월 출간

인공지능 법과 윤리
김명훈 지음 | 416쪽 | 29,500원 | 2024년 12월 출간

PPT

길벗 캠퍼스의 모든 도서는 강의용 PPT 자료를 제공하고 있습니다.
길벗 홈페이지의 해당 도서 교강사 자료실에서 다운 받을 수 있습니다.